公共文化服务：制度与模式

GONGGONG WENHUA FUWU
ZHIDU YU MOSHI

主编 陈 瑶　　副主编 戴 言

执行主编 张卫中

ZHEJIANG UNIVERSITY PRESS
浙江大学出版社

序

浙江省文化厅厅长　杨建新

　　加强文化建设作为改善民生的重要内容之一,越来越成为各级政府的自觉行动和广大人民群众的现实需求。跨入新世纪以来,浙江省进一步重视文化建设,制订并实施了《文化大省建设纲要》。早在 2003 年,就被中央确定为全国文化体制改革综合试点省。近年来,浙江的公益性事业单位改革成效明显,公共文化服务体系建设持续推进,多项重要指标位居全国前列。2010 年,浙江省被文化部确定为代表中国东部地区开展国家公共文化服务体系制度设计综合研究省份。

　　公共文化服务体系制度设计研究,着眼于探索公共文化服务体系建设的模式、路径、方式、方法和措施,深入研究公共文化事业发展的理论政策体系和制度保障框架,充分发挥"决策参考、指导实践、推动立法"的作用。目的是希望突破目前制约公共文化服务体系建设的理论和制度瓶颈,推进公共文化服务体系建设的科学发展。浙江省对此高度重视,专门召开了公共文化服务体系建设制度设计研究工作会议,省政府领导同志出席会议并作了工作部署,全面启动了公共文化服务体系制度设计研究工作。

　　通过各地申报,反复论证,浙江省确定了 22 个子课题作为本次公共文化服务体系制度设计的课题研究范围,由 8 个设区市的文广新局和省文化馆组织研究团队承担课题研究任务。经过一年的努力,各子课题组提交了 50 余万字的前期研究成果。本书正是在这些研究成果的基础上,加以梳理、提炼、筛选而成,力求体现研究的原创性和科学性。

　　本次课题的制度设计研究,不同于一般的科研项目,不仅要形成具体的理论研究成果,更重要的是要提出解决问题的路径、对策和措施,注重针对性,强调实用性。研究成果既要有理论的高度,还应有适当的超前性、突破性;同时,要有可操作性,对实际工作有指导推动价值。

　　本书收集的 31 篇论文,在公共文化资源供给、活动机制、经费保障、队伍建设、评价体系等领域展开研究，总的来说，有以下几个特色：

首先，有较强的现实针对性。本书以浙江省及我国东部地区的公共文化服务实践为主要研究对象，就公共文化服务体系建设中的全局性、战略性和前瞻性的重大问题进行研究，对东部地区，尤其是浙江省公共文化服务体系建设的一些成功案例进行了分析，许多课题还做了大量的问卷调查，获取了第一手资料，揭示了目前公共文化服务体系建设中存在的突出问题。同时，对当前公共文化服务体系建设中的一些热点问题作了深入探讨。如对如何推进公共文化单位的免费开放，本书选取了一组文章，多角度、多层面地对这一问题进行了阐述，提出了一些富有启示意义的制度构想和应对举措。

其次，有一定的理论思考。在我国，关于公共文化服务的理论研究，是近几年才开始的。总体上，学界的理论研究无论从深度、广度和前瞻性上都还比较欠缺，特别是用理论的研究成果来指导当前的公共文化服务实践，就更加显得不足。因此，当前迫切需要的是在推进公共文化服务实践的基础上，大力加强公共文化服务的理论研究。本书的作者，能够充分发挥自己的学术专长，利用管理学、文化学、社会学等学科的一些理论，开展公共文化服务的研究，这对于丰富深化公共文化服务的学术研究是非常有价值的。

第三，有比较开阔的视野。我们国家与西方发达国家相比，虽然体制不同，社会环境也有差异，但西方发达国家在公共文化服务方面，有不少先进经验值得我们学习和借鉴。本书的一些文章，在立足我国东部地区公共文化服务实践的同时，能够较好地结合国际经验，进行对比分析，体现出开放的态度和国际化的视野，这对我们拓展思路，探求公共文化服务的创新是有帮助的。

当然，如果从更高的要求来看，本书的研究还是粗浅的，尤其在总结经验、探索规律，提出解决问题的举措，特别是提出实用和可操作的意见方面，还显得不足。好在本书只是整个课题研究的前期成果，课题组在下一步的研究中，完全可能也一定会在这方面有所深化和提高。我期待着各课题组勇于进行创造性的探索和分析，提出创新的观点、思路和举措，并且可以在国家公共文化服务体系示范区宁波市鄞州区进行试验，以实践效果来检验课题研究的质量。

就在一个月前，中共浙江省委十二届十次全会通过了《中共浙江省委关于认真贯彻党的十七届六中全会精神,大力推进文化强省建设的决定》,提出了浙江从文化大省向文化强省跨越的战略构想。在文化建设面临着战略机遇的历史背景下,在无比丰富的公共文化服务体系建设的实践基础上,公共文化服务的理论研究必将迎来前所未有的有利条件,取得前所未有的丰硕成果,这是文化研究工作者的幸运,也是文化研究工作者的责任所在。

衷心希望浙江省的研究成果能为推动我国公共文化服务体系建设作出应有的贡献,同时也希望我们的研究能得到国内外专家和同行的指导与帮助。

2011 年 12 月 18 日

于杭州

目　录

一　群众文化需求和基本文化权益研究

二　政府公共文化服务主体地位研究

三　公共文化单位免费开放与公益性服务研究

四　公共文化资源供给体系研究

五　社会文化活动机制研究

六　公共文化服务社会参与机制研究

七 公共文化服务经费保障机制研究

八 公共文化服务人才队伍建设研究

九 公共文化服务评价考核体系研究

一

群众文化需求和基本文化权益研究

公共文化服务需求反馈机制研究

王水维　汪志铭　张武刚　洪菲菲[*]

[摘　要]本文在对浙江省公共文化服务需求反馈现状进行调研的基础上,通过总结公共文化服务需求反馈中存在的问题,结合国内外文化大都市公共文化服务先进经验和相关理论研究,提出适用于浙江省乃至中国东部地区公共文化服务需求反馈机制系统模型,并基于该模型对政府公共文化服务需求反馈机制提出政策建议。

[关键词]公共文化服务;需求反馈;机制

一、公共文化服务需求反馈机制研究背景

(一)公共文化服务需求反馈机制是公共文化服务体系建设中的重要环节

2011 年 10 月,中共中央十七届六中全会提出,满足人民基本文化需求是社会主义文化建设的基本任务。必须坚持政府主导,加强文化基础设施建设,完善公共文化服务网络,让群众广泛享有免费或优惠的基本公共文化服务;2000 年中共浙江省委常委会讨论通过的《浙江省建设文化大省纲要》中也提出,到 2020 年,要形成符合社会主义文化发展规律的文化运行机制,构筑与人民群众日益增长的文化需求相适应的文化生产服务体系,营造有利于出人才、出精品、出效益的文化发展环境,努力把浙江建设成为全民素质优良、社会文明进步、科技教育发达、文化发展主要指标全国领先、文化事业整体水平和文化产业发展实力走在全国前列的文化大省。人民需求是文化建设的起点,反馈机制的建设有利于畅通需求表达途径、有效运用信息、提升公共文化服务水平。

(二)公共文化服务需求反馈机制建设是文化民生建设的有机组成部分

公共文化服务的本质是以人为本。现代社会要求实现政府行政由封闭、半封闭向公开、透明的转变,并在此基础上建立健全公共文化利益的实现机制、公平的文化资源分配机制、公共文化权益的保障机制等。“以人为本”既是尊重公民文化权利的伦理取向,也是促进政府公共文化服务模式变革的现实路径。从需求出发,

* 王水维,女,浙江省宁波市文化广电新闻出版局副局长,博士,研究方向:公共文化;汪志铭,男,浙江省宁波市文化广电新闻出版局副巡视员,本科,研究方向:公共文化;张武刚,男,浙江省宁波市文化广电新闻出版局调研员,本科,研究方向:公共文化;洪菲菲,女,华东理工大学人文科学研究院,博士,研究方向:文明与社会现代化。

保障群众基本文化权益,是"以人为本"的民生建设中不可或缺的组成部分。公共文化建设重点在基层,难点在农村。文化惠民,要研究群众的需求,不断拓展服务范围,创新服务手段和方式。

(三)构建公共文化服务需求反馈机制体现出世界文化发展的先进经验

1. 提高公众对文化活动、文化管理的参与度,是公共文化服务需求反馈机制形成的前提

如巴黎以其卓越艺术为载体的公共文化就普遍融入了人们的日常生活,让人们在享受艺术的同时深刻感受了历史与现代的融合,体现了法国公共文化的真谛。公众的广泛参与,使公共文化服务的机制得以构建,并放大和提升了公共文化服务的效应,在提升公众文化品位,塑造和满足文化需求的基础上逐步建立起文化服务的需求反馈机制。

2. 多样的文化活动是构建公共文化服务需求机制的载体

公众参与或开展的各种文化活动是公共文化服务需求机制的重要载体。从纽约、巴黎、莫斯科等城市的公共文化事业看,影剧院文化、节庆文化、广场公园文化是公共文化活动的受人欢迎的几种有效载体。人们可在缤纷多彩的文化活动中形成或发现公共文化需求,在满足公共文化服务需求的过程中,形成有效的服务机制。

3. 完善的公共文化设施是构建公共文化服务需求机制的物质基础

著名的文化景点、文化场馆、文化体育设施等设施不可或缺。纽约公共图书馆的最大特点是服务方便,它不仅是学者、研究人员的必去之处,而且是一般百姓经常去的地方;在美国平均每1.8万人就有一个博物馆,主要依靠社会力量运行、提供非营利性服务。设施的完善为满足公众文化需求提供了平台,对公共文化服务的需求及其反馈基于这一平台得以实现。

4. 培育具有公共文化素养的市民及文化自觉意识,是构建公共文化服务需求反馈机制的本质

公共文化服务需求反馈机制的建立在根本上是为了促进公共文化服务发展,提升人的素质,培育和提升公众文化自觉意识。巴黎博物馆和美术馆对18岁以下的青少年免费开放,免费组织培训,注重提升他们的文化素养;英国政府致力于活动参与与艺术教育相结合,鼓励公众积极参加各种艺术活动,强调文化活动趣味性和教育功能。

5. 构建分散式、多元化和动态的公共文化服务需求管理体制和机制

在公共文化服务提供主体、需求日渐多元化的情况下,对需求的管理和反馈机制也相应呈现出分散式、多元化和动态化的特点。在纽约已形成的数量众多、门类齐全的博物馆系列中,博物馆的创办者不仅有政府,还有民间、个人,构成了独特的博物文化。这种管理格局的形成得益于美国分散式、多元化和动态的文化管理体制。

二、浙江省公共文化服务需求反馈现状

根据课题要求,课题组采取重点调查的方式,以座谈、访谈和直接观察相结合的调查方法对宁波市公共文化服务情况进行了调研。课题组于 2011 年 3 月 28 日～3 月 30 日召开了 4 个座谈会,先后听取文广新闻出版局及部分职能部门、部分文化服务机构,以及海曙、鄞州、余姚、奉化、江东、镇海等区了解公共文化服务体系建设与管理情况,并对文化馆、文化站进行了实地考察;在 2011 年 9 月 8 日～9 月 9 日课题组再赴全国文化先进区鄞州区作典型调查,深入了解了鄞州区在"天天演"、文化站、民办博物馆群等的建设管理中所进行的文化服务需求反馈的尝试、经验及存在的问题。

在对宁波市调研的基础上,课题组还结合浙江省其他城市的相关资料,对全省公共文化服务需求反馈情况进行了梳理,其特征具体表现为以下几点:

(一)公共文化服务与产品日益丰富,但仍有"需求空白"现象,需求反馈难以客观反映真实情况

作为文化大省,浙江省在公共文化服务与产品的不断丰富上居于全国先进水平。但由于社会经济、文化水平发展程度不一,及公共文化服务覆盖范围不全等问题,部分公众仍缺乏参与文化活动的习惯和热情,表现出对公共文化服务、产品、活动的淡漠情绪,甚至存在不想参加任何活动,不知道需要怎样的公共文化服务这种"需求空白"的情况。

"需求空白"并非公众真实的公共文化服务需求反馈,只是其公共文化服务需求处于潜在状态,尚未明朗,需要有意识地引导、培育,通过公共文化服务开展进一步提升公民生活质量与自身素质。

(二)部分项目初步建立了反馈制度,但总体机制未形成,公共文化服务需求情况尚不明晰

在公共文化服务需求的反馈方面,浙江省进行了初步探索,在部分重点项目中通过对服务对象的调研对项目进行评价与完善。但总体而言,还缺少面对所有服务对象的常态化的需求信息反馈制度,文化服务供给方对服务对象的文化需求总体情况只有感性认识,缺乏量化评价,文化服务的针对性和有效性难以评估。由于文化生活的匮乏,部分群体出现"需求空白"的情况,即没有明确的文化需求,而外来务工人员等部分群体文化需求缺乏表达的渠道,成为公共文化服务的"边缘人"。

(三)公共文化服务覆盖面不断扩大,但缺少适当的需求反馈收集、处理机制,文化服务适配性不能完全满足需要

浙江省在公共文化上的投入逐年增加,文化产品也日益丰富。但同时,对于这些文化服务或产品,虽有部分反馈,但对反馈信息的收集、处理未形成机制,反馈信

息不能充分发挥作用，仍存在文化服务及产品形式与内容适配性不足的问题。

一是文化含量较高的公共文化服务产品数量有限。以"看电视"与"读书看报"等"独乐乐"为主的传统文化服务方式仍然是公众享受公共文化服务的主要方式，而参加大众文化活动、观看表演、参观展览等文化含量相对较高的文化服务形式机会较少。

二是公共文化产品内容与现实需求存在一定差距。基层民众的公共文化服务需求应注重从内容上做到"贴近基层、贴近公众、贴近生活"。从现实来看，具有一定文化品位，同时又贴近公众生活，能够引起共鸣的文化产品、文化服务数量相对较少。

（四）公共文化服务转向"以人为本"，但仍缺乏有效的需求反馈途径，供给与需求在一定程度上存在错位

作为文化大省，浙江省在实践中本着"以人为本"的取向建设公共文化服务体系，与此同时，由于缺少适当的反馈途径，公共文化服务供需仍存在一定程度的错位，主要表现为公共文化服务的"供不应求"和"供不适求"。一方面，公共文化服务投入总量不足导致"供不应求"；另一方面，基层公共文化供给中存在"供不适求"的问题，部分地区"送电影下乡"活动中，存在"三多三少"现象：老片多、新片少，城市题材电影多、农村题材电影少，娱乐片多、对农民的适用性少。因而没有满足农民的有效文化需求。

（五）社会力量逐步参与公共文化服务，但部分项目未形成与公众文化需求反馈联结的服务供给机制，社会效益不尽如人意

浙江省民营经济发达，公众文化活跃，近年来在公共文化服务领域民办文化逐渐兴盛。如宁波市的十里红妆博物馆、张德和根艺美术馆、鄞州区民办博物馆群已建成规模；同时，农民自办的文化发展迅速，截至 2008 年年底共有 2800 多支业余文艺团队和 59 支民营职业文艺团队①。但民营文化设施的投入和建设，往往以出资方的个人意愿为出发点，通常不以满足公众文化需求为主要目的，没有根据需求反馈情况进行规划、设计的机制，导致建成后部分博物馆、文化活动场所参观人数少，社会效益不尽如人意。

（六）文化精品工程迭出，但尚未形成以人才集聚为基础的、根据需求反馈创作的文化精品孵化机制

浙江省文化精品工程建设取得显著成绩，在全国各重要文艺奖项中均占一席之地，文化产品与服务的原创水准达到较高的水平。但从基层情况看，人才不足的情况仍然存在：一是专门文化工作人员配备不足，乡镇、街道文化站没有专职站长，

---

① 宁波市文化广电新闻出版局. 坚持以人为本 实现共建共享 着力构建覆盖城乡的公共文化服务体系[M]. 2008 文化创新在宁波，宁波市文化广电新闻出版局，2009.

大多数村文化活动中心(室)的管理人员由村干部兼职,缺编空岗、专干不专的问题还比较普遍,基层文化工作者待遇偏低、人心不稳,明显地影响基层公共文化服务的深入开展;二是文化服务能力有待提高,部分基层文化站工作人员人数偏少、年龄偏大、学历偏低、整体素质和业务技能有待提高。

(七)公共文化服务体系得到不断完善,但对公共文化服务需求满足的情况缺少评价与反馈,公众反馈信息的积极性不高

浙江省在公共文化设施建设、文化工程实施、文化活动开展等方面投入了大量人力物力,并取得了显著成绩。但这些设施、工程、活动在何种程度上满足公众文化需求,目前还缺少一个客观的反馈、分析和量化的评价体系。

同时,也存在公众对公共文化服务需求的反馈参与积极性不高的现象。一是因为反馈缺少回复,无法看到反馈信息发挥作用;二是因为对能看到作用的有效反馈缺少奖励办法,难以激发进一步反馈的热情。

三、构建浙江公共文化服务需求反馈的机制系统

在控制论学科的意义上,"需求反馈"一般指的是"需求信息"的反馈。具体到公共文化服务需求反馈,主要是指服务对象对公共文化所提供的服务模式、服务服务内容以及服务服务态度所产生的评价性反应。根据方式、时效的差异,公共文化服务需求反馈机制的建立主要可以从主动反馈与被动反馈、事前反馈与事后反馈、常态反馈和特定反馈、直接反馈和间接反馈、单一反馈与系统反馈五个方面考虑。

(一)需求反馈机制系统设计

公共文化服务需求反馈机制系统包含公共文化服务的需求培育机制、需求反馈机制、信息处理机制、服务供给机制、精品孵化机制和反馈回复与评价机制及反馈激励机制,是联结公共文化服务供给主体、公共文化服务对象和监管部门三者的有机系统(见图1)。

该系统以公共文化服务对象(包括运行区域内全体人民群众)为中心,公共文化服务主体(包括相关政府部门及企业、非政府组织、社会团体等)为主导,并通过公共文化服务监管部门对系统运行进行监管和矫正。

公共文化服务对象通过一定反馈渠道向服务主体或监管部门提出需求反馈意见,服务主体及监管部门对反馈意见进行回复并予以激励;服务主体通过需求培育机制与服务对象产生互动,并通过反馈信息处理机制、精品孵化机制和服务供给机制提供满足需求的文化服务,并在此基础上不断提升文化服务和文化产品质量,引导公共文化不断向更高层面发展;监管部门通过服务对象的需求反馈情况对服务主体作出评价,保证公共文化服务的质与量的提升。

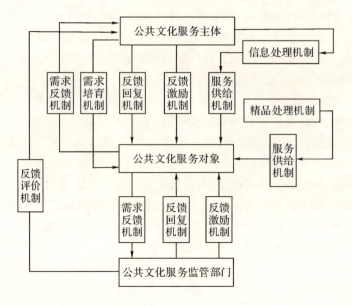

图 1　公共文化服务需求反馈机制

(二)需求反馈机制系统具体构成

1. 以公共文化服务社会化为基础,推进"送文化"、"种文化"、"长文化"为基础的需求培育机制

需求培育机制是指在现有文化需求的基础上,通过不断提升文化服务的广度和深度,激发公众对文化的内在渴望,从而培育出新的文化需求,推动公共文化不断向前发展。文化需求培育的主体是各类文化服务提供单位,对象是文化服务对象。

浙江省近年来在实践中不断探索"种文化"与"送文化"并举的措施,在公共文化产品提供上注重外供与内生相结合,既大力推进文化下乡活动,实施文化"输血",又着重培育文化产品的内生机制,提升"造血"功能,推进公共文化产品生产的种送文化互动化,形成全社会共同参与公共文化服务体系建设、全社会共享文化发展成果的局面。伴随"种文化"与"送文化"的深入,公众文化需求不断生长,从而自发地孕育出越来越多的公众文化组织和文化活动。构建以"种文化"为基础的文化需求培育机制,是调动社会积极性,整合不同文化资源的基础。

2. 以公共文化服务均衡化为目标,建立双向多维需求反馈机制和有效的信息处理机制

公共文化服务的需求反馈机制主要指在服务对象在形成文化需求后,通过一定的渠道和方式向服务供给主体或相关监管部门表达需求的过程与路径。

公共文化服务对象应是辖区内所有人员,包括各年龄段、各职业,涵盖常住人

口及流动人口。公共文化服务的均衡化,体现出社会公平,因此公共文化服务的需求反馈机制必须是双向多维的反馈机制,能以不同形式接收到不同层面的反馈信息。

公共文化服务需求的反馈是互动的双向反馈。不同服务对象所习惯采用的表达渠道也有区别,在被动反馈时也应考虑到不同对象的不同表达习惯,构建多渠道、多层次的多维反馈机制,使意见征询对象更全面,反馈信息更客观准确。

除直接反馈外,间接反馈信息也不容忽视。如部分公共文化设施建好后乏人问津,部分文化活动参与人数较少等,通常是因为在设施设置、活动开展方面有不尽如人意之处,不能充分满足公众文化需求。不能仅从直接意见的情况判断公共文化服务效果,只有将直接反馈与间接反馈相结合,才能对文化服务供给与需求情况作出正确判断。在反馈信息收集过程中,既要重视已有渠道的直接反馈信息,也应定期调研,根据实际活动开展情况设计相关评价指标,对间接反馈进行评估。

3. 以公共文化服务需求为导向,重塑文化服务供给机制

公共文化服务供给机制主要指服务供给主体根据已收集的需求信息,向服务对象提供文化服务的过程。传统的公共文化服务供给是政府主导的,虽然也有对需求的了解,但并非需求导向的。而现代的公共文化服务体系,则要求将公众的文化需求放在首要位置,以满足人民公众日益增长的文化需求为主要目的。因此,应以需求为导向,对公共文化服务供给机制进行重塑。

宁波市的"农村电影放映工程"在实行过程中体现了需求导向,市有关部门每年把数十个放映队、3000多个影片做成目录手册下发到村,农民可以自主选择片目,选择放映队,做到了按需放映。而在大型文化设施兴建、文化工程建设中,更要坚持需求导向,确保公共文化服务投入有效性。

4. 以提升公民素质、培育文化人才为核心,打造文化精品孵化机制

精品孵化机制是一个相对独立的体系,旨在不断提升文化服务和文化产品品质,通过引导公众欣赏和享受高品位文化服务于文化产品起到潜移默化提升公民艺术修养与文化素质的作用。精品孵化机制对社会文化发展有显著作用。

宁波市鄞州区文化馆在文化精品孵化方面做出很多有益尝试,不仅培育出数量可观的获得全国奖项的文艺演出节目,还培育出一支300人的有特色、有实力的"美术创作群体",在发掘人才、培育人才的同时充分带动了鄞州区的公众文化发展。

5. 注重实效,建立需求反馈回复与评价机制

需求反馈回复与评价机制主要包括公共文化服务主体和监管部门对信息提供人的回复及公共文化服务监管部门对服务主体的评价。

文化需求反馈信息的收集十分重要,但要使这些信息发挥作用,产生实效,就必须对反馈信息进行系统的处理、分析,并将反馈信息中的内容有机地与公共文化

服务中各项工作相结合。反馈意见的回复与评价是公共文化服务需求反馈机制的最后一环，只有做好这个环节才能是需求反馈机制真正发挥作用，而非流于形式。如宁波市鄞州区的"天天演"项目中，对演出团队进行三级评估体系，对于公众不满意，未能达到要求的团队要有事后的处理方案。2009年，根据评估结果，鄞州区就有一起通报批评的案例，最终对不合格的演出单位未支付相关费用。

　　6. 有效反馈的激励机制

　　反馈激励机制是对有效反馈进行激励，以增加反馈信息的深度和广度的过程。反馈机制良性运行的基础包括两方面：一是反馈的需求得到满足，二是虽然需求不能完全实现但其反馈行为本身得到肯定。反馈激励机制的建立有利于反馈信息的进一步收集，建立有效反馈的激励机制，鼓励公众表达文化需求是构建需求反馈机制系统的必要组成部分。

四、构建公共文化服务需求反馈机制的政策建议

　　结合浙江省公共文化服务需求反馈现状与六大机制建设，课题组提出以下政策建议。

（一）培育文化自觉意识，提升反馈的真实性和有效性

　　"种文化"是培育公众文化自觉意识的第一步，接下来还要大力发扬和保护已经生长出来的民间文化，可通过公私合作，建立政府主导、市场引导、社会参与的公共文化服务"PPP模式"，对民办文化企业、公众文化团体给予一定的政策支持和资金扶持。

　　PPP模式即公私合作（public-private-partnership），是20世纪90年代开始在英国兴起并迅速在西方国家传播推广的一种准公共产品供给新模式。在这种制度安排下，公共部门与私人部门之间形成合作关系，共同投入资源、共同承担风险，以提供和管理准公共产品。[①]　具体可通过四种方式引导社会力量参与公共文化：一是选择合作企业提供公共文化产品和准公共文化产品；二是政府不直接参与公共文化服务，而是以合同契约的方式，将项目委托给企业；三是资助参股，企业或政府参股由另一方投资的文化设施、资助的公共文化活动；四是通过社会意见征询与反馈制定政府决策。

（二）畅通公众文化需求反馈渠道，使公共文化服务体系进一步均衡化

　　形成公共文化服务需求的多渠道反馈，针对不同人群设置有针对性的反馈渠道，通过社区、学校、公共文化服务设施、各种媒体征集反馈意见。如设立公共文化服务意见征集的热线、网站栏目，在公共文化服务设施、基层文化站点内设置意见

---

　　①　薛薇，张明喜，郭榕. 准公共科技产品的供给新模式[J]，高科技与产业化，2011(6).

箱,并设领导接待日,定期开展公众满意度调查等。对外来务工人员、留守儿童、孤寡病残等弱势群体设有专门的需求反馈渠道,并提供相应的公共文化服务。

同时强化对薄弱地区和弱势群体的扶持,加强公共文化统一规划与管理,推动公共文化资源共建共享,保障"文化低保"地区和群体的权益,实现公共服务均等化。可按照财政收入水平将不同地区分类,根据不同类别确定公共文化服务投入比例,经济水平高的地区自负比例高,经济水平较低的地区上级财政补贴比例适当增加。

(三)构建需求反馈信息的处理、分析系统,充分发挥反馈机制作用

公共文化服务需求反馈包括事前反馈和事后反馈。事前反馈指的是实际工作开始之前进行的反馈,是未来导向的,即在公共文化服务提供前提出需求;事后反馈就是通常意义上的反馈,是指某件事情发生之后做出的反应,即在公共文化服务提供后针对需求满足情况作出的反应。

对各渠道收集的公共文化服务需求反馈信息,各文化服务供给单位和监管部门有专人定期进行汇总、分析和处理,并形成制度,使反馈信息能够有效地转化为工作动力,推动公共文化服务体系建设。

公共文化服务的供给是以公众文化需求为基础的,要确保公共文化投入的有效性,就需要事前了解需求,作为提供服务的依据,事后了解评价,作为进一步提高的基础。整合公共文化服务的事前反馈、事后反馈,有助于对公共文化服务效果的全面掌控。

(四)以健全人才机制为前提、需求反馈信息为依据打造文化精品

文化精品的培育离不开人才的发掘、培养,要加强人才保障。推进人才队伍建设,培养一大批拥有专业技能、富有创新精神的文化产品创作人才,一大批热衷文化参与、具有一定水平的群文人才,一大批懂文化、懂市场的文化经营管理人才。

要吸引人才、留住人才,最重要的是有良好的氛围,形成凝聚力。如宁波市鄞州区文化馆,就为美术创作群体无偿提供创作基地,并组织交流活动,通过不断提升群体水准产生集聚效应,使"找人才"变成"人才找",不断扩大影响,汇聚优秀人才。目前该群体内博士学历、硕士学历的人才达到数十个,创作水平在国内领先。

(五)构建包涵需求反馈机制系统的评价体系

公共文化服务需求反馈机制的构建需要每一相关部门及人员的配合与落实。将反馈机制建立及运行的各项工作与各单位、各岗位的考核指标及项目评估指标相结合,使需求反馈机制有机地融入到公共文化服务主体的各项工作中,使公众需求成为公共文化服务工作的出发点与目标。

同时,还应形成需求反馈信息的回复制度,只有对反馈信息有回复,有处理意见和落实行动,才能激发公众进一步表达需求的欲望,使整个机制系统正常运行。所以在对反馈意见的处理方面一定要有专人负责,可以直接处理的事项、处理结果可通过网站、媒体等形式向社会公布,或直接回复当事人;暂时无法处理的对公共文化服务规划性的意见应作出分析,供有关部门参考。

(六)采取激励措施提升公共文化服务需求信息反馈广度、力度和效度

公共文化服务需求反馈一方面可了解公众文化需求,另一方面也起到集思广益,集社会力量建设公共文化服务体系的作用。因此,对以反馈中具有重要意义的信息应予以适当奖励。具有重要意义的信息主要包括指出现有公共文化服务中较大的缺陷和漏洞、对公共文化服务建设提出建设性意见、对公共文化服务运行体系进行监督并发现较严重问题等方面。奖励可采取荣誉奖励或物质奖励形式,也可采用免费使用有偿文化设施的方式予以奖励。

［参 考 文 献］

［1］陶虹洁.论360度反馈机制在我国企业管理中的应用[J].中国市场,2010(31).

［2］顾建中.强化反馈机制,提高节目质量[J].电视研究,2000(11).

［3］薛薇,张明喜,郭榕.准公共科技产品的供给新模式[J].高科技与产业化,2011(6).

［4］李晋华.建立双向反馈机制,构筑立体交叉网络[J].中国质量认证,2002(1).

［5］金家厚.我国都市公共文化需求的发展趋势[J].长白学刊,2009(3).

［6］金锡万,白琳.项目后评价的反馈机制[J].安徽工业大学学报,2002(7).

［7］李红梅.浅析在线反馈机制[J].现代情报,2011(6).

［8］高建华.以客户为中心的信息反馈机制[M].北京:商务印书馆,2006.

［9］姜涌.反馈机制的认识论含义[J].山东师范大学学报,1996(3).

［10］柴英主编.2008文化创新在宁波.宁波市文化广电新闻出版局,2009年5月.

［11］柴英主编.宁波市文化广电新闻出版系统2007年度调研论文汇编.2008年.

［12］徐福宁主编.宁波文化发展研究与思考[M].宁波:宁波出版社,2000.

城乡群众基本文化权益内容初探

沈力行　顾金孚*

[摘　要]研究表明城乡群众基本文化权益主要包括享受文化成果、参与文化活动、接受文化教育、开展文化创造等四个方面的内容,并提出了15个量化指标。对嘉兴市的调查也显示:看电视、看电影、读书、看报、听音乐、听广播是群众主要的基本文化需求。因此提供更新及时、方便借阅、实用有效、数量充足的图书信息服务;技术先进、城乡同步、频次适当、场地舒适的广播影视服务;种类丰富、水平优秀、贴近生活、强调参与的文艺演出服务;参与便利、设施齐全、环境良好、服务优质的文化活动服务;范围广泛、形式多样、切合实际、费用低廉的教育培训服务是保障城乡群众基本文化权益的主要内容。

[关键词]文化权益;基本;平湖;内容

党的十七大报告首次提出了"提高国家文化软实力,使人民基本文化权益得到更好保障"的新思想、新论断,这是文化工作在构建社会主义和谐社会、落实科学发展观所要解决的一个重大历史性课题。深刻理解这一重大命题的丰富内涵,对于推动我国当前的公共文化建设具有重大的理论和现实意义。

一、有关文化权益的研究综述

(一) 文化权益的概念

国外更多使用"文化权利"的概念,从1989年起任联合国教科文组织人权、民主与和平部主任的雅努兹·西莫尼迪斯将文化权利概括为受教育的权利、文化认同权、文化信息权、参与文化生活的权利、文化创造权、享受科学进步的权利、保护作者物质和精神利益的权利、国际文化合作的权利(雅努兹,1999)。我国台湾学者施正峰则认为文化权利是人们在思考、语言、行动、或是与他人互动,都在反映其文化特色。文化权利包括文化认同权、文化自决权、文化选择权、文化财产权、文化补偿权(陈建荣,2006)。大陆地区较早一部介绍文化权利的著作中将文化权利归纳为四种,即享受文化成果的权利、参与文化活动的权利、开展文化创造的权利以及对个人进行文化艺术创造所产生的精神上和物质上的利益享受保护的权利(艺衡,

---

* 沈力行,男,平湖市文广新闻局局长,课题负责人;顾金孚,男,嘉兴职业技术学院教授,课题执笔人。

2005)。

目前文化权益的研究成果总体上看可以分为两类,一类认为人民基本文化权益的内容极为丰富,包括享受文化成果、参与文化活动、接受教育、信仰自由、文化审美、文化产品创造的自由、知识产权受保护、文化产业创业的自由、文化资财受保护等方面的一系列权益等,体现于人民文化生活的各个方面和各个环节;但更多的论述将文化权益的范围界定较小,如人民应该享有从事文化创造的权利、享受人类文化成果的权利、参与文化活动的权利、创造的文化成果受保护的权利(张筱强,2008);文化权益是指公民应当享有的不容侵犯的文化利益,包括参与文化生活的权利、分享文化发展成果的权利、文化活动及文化创造自由的权利以及文化成果得到保障的权利(张凤琦,2008);文化权益就是人们满足精神需要的权利,包括文化创造权、文化享有权、文化传播权、文化选择权等(李庆霞,2009);公民文化权益是指公民在社会文化生活中应该享受的不容侵犯的各种自由和利益,包括享受文化成果的权益、参与文化活动的权益、参与文化事务管理的权益、开展文化创造的权益、文化产权有受保护的权益(刘起军,2006);文化权益主要包括享受公共文化服务权、享受文化科技进步权、参与文化生活权、接受教育和培训权、文化创意权等(嵇亚林,2006),也有学者提出文化权益＝文化权利(H)＋文化利益(I)＝文化生活参与权＋文化成果拥有权＋文化方式选择权＋文化利益分配权(王列生,2009)。对一些特殊人群的文化权益,也有学者作了很多研究,比如农民工作为普通公民,其文化权益和其他公民一样,也应该具有享受公共文化服务权、参与文化生活权、接受教育和培训权(刘启营,2010);青年文化权益应该包括享受文化成果、参与文化活动、参与文化事务管理、开展文化创造、文化产权受保护等五项文化权益(李建国,2010)。尽管不同学者在文化权益具体内容上有不同的表述,但享受文化成果、参与文化生活、开展文化活动、接受文化教育、保护文化产权等文化权益得到比较一致的认可。

(二)对"基本"的理解

党的十七大报告提出了"使人民基本文化权益得到更好保障"的新思想,因此对基本文化权益概念的把握非常重要。尽管我们认为享受文化成果、参与文化生活、开展文化活动、接受文化教育、保护文化产权等文化权益得到比较一致的认可,但何为"基本文化权益"值得进一步研究。参加文化生活权益所确认和保护的利益,并不是现实生活中具有特殊身份人在文化生活领域中的客观需求,而是作为文化存在物的人的一种普遍需求,其具体体现是这种客观需求不会因"种族、肤色、性别、语言、宗教政治或其他见解、国籍或社会出身、财产、出生、年龄、残疾、性取向"由而有所区别。因此,参加文化生活权益确认和保障的文化利益普遍性,正是参加文化生活权益作为普遍人权的一种表现。参加文化生活权益确认和保护的利益,是直接关系到人作为一种文化生物存在和发展的、在文化生活领域中存在的基本的客观需求,而不是人人都希望能够满足其更高层次和更为发达的文化生活质量的超出基本需求范围的客观需求。日本人权学家大须贺明教授也指出,"让人们失去了精神上的舒适,阻碍了人们内部的精神活动,即夺走了国民充分地维持健康的精神文化生活的基本条件"(大须贺明,2001)。

但也研究对此提出不同的观点,认为如果说基本文化权益是指最起码的文化权益,是指文化权益意义内置中的政府文化责任底线甚至文化诉求的社会道德底线,那也就意味着这个概念的义项结构中的每一意义单元都可以直接换算为民生起点,都可以直接换算为刚性计量指标并以此作为责任政府的合法性存在警示牌,都可以直接换算为政府责任追究的清晰性法律条文和公民拥有的公益诉讼原则,而且在理论上按照罗旺垂最低需求线"(the Rowntree Line of lowest needs)和恩格斯的观点,都只有在存在的临界位置才能找到最低文化需求线,如果我们在今天的社会发展条件下仍然把基本文化权益理解为最起码的文化权益,就不仅无法在实践层面进行操作,而且也会在理论层面失去学理性支撑(王列生,2009)。

尽管将基本文化权益定义为一种最低的文化权益存在值得商榷的地方,但是无论如何,这种"基本"的判断标准应当与特定时空的社会物质生活条件保持一致。否则,人们在文化生活领域的美好追求就只能是一种激情的宣泄,而不会成为一种应有的利益。"如果什么文化权益都是基本的文化权益,那么,基本的文化权益就什么都不是"(蔡建芳,2010)。举例而言,现在存在两种人人都希望享有的文化利益,一种是国家不妨碍每个人享受文化珍品所产生的文化利益,一种是国家保证每个人免费享受公共和私人收藏的文化珍品所产生的利益。按照人的文化本性的基本需求和大须贺明教授的评价标准,前者是一种基本的文化利益,而后者并不具有基本性。因此我们对基本文化权益的理解是"作为较低限度一种相对公平的面向普通大众的文化权益",与"性别、收入、教育程度、职业、民族、城乡"等因素无关。当然,强调指向普遍的文化权益,并不禁止为保障妇女、残疾人和少数民族等特殊权益主体平等享有普遍的文化权益而对他们提供专门保护。同时我们也必须承认,随着经济、政治和社会的发展,人的基本文化权益的内容也会越来越丰富。

二、有关基本文化需求与基本文化权益的调研

基于以上分析,我们认为在现阶段国情下,城乡群众基本文化权益主要包括享受文化成果、参与文化活动、接受文化教育、开展文化创造等四个方面的内容。李长春同志认为"现阶段,我们界定的基本文化需求主要包括读书看报、听广播看电视、进行公共文化鉴赏、参加公共文化活动等";"人民群众的基本文化需求,是社会主义制度下人民群众必须得到保障的基本文化权益"。

　　为了进一步厘清群众基本文化权益的具体表现形式，课题组进行了问卷调查，以嘉兴市 7 县（市、区）为问卷抽样调查地区，每地发放问卷 150 分，共发放问卷 1050 份，收回问卷 926 份，问卷回收率 88.19％，有效问卷 801 份，有效问卷回收率 76.29％。问卷回收率和有效问卷回收率都在统计学上可接受的范围内，满足问卷调查的要求。问卷分析结果显示，看电视、看电影、读书、看报、听音乐、听广播在群众基本文化需求中仍居前列，群众对文化需求的期望与实际结果比较一致，但由于时代的发展，在一些具体需求上也发生了很多变化。比如，听广播，由于电视、网络的便捷与发达，实际上群众对听广播的需求在逐渐降低，我们调查的结果也表明，听广播的人群主要集中在学校在校学生、出租车司机等特殊人群中，他们由于工作性质或其他原因，平时不容易接触到电视，因此不得已选择听广播，实际上电视对于广播的替代性非常强。再比如上网和打麻将、玩牌、下棋等文化需求，在群众的基本文化需求中期望上排名并不是十分靠前，但由于其他公共文化服务设施或活动的缺乏，上网、打麻将、玩牌、下棋成为很多人在业余时间的一种选择，这一点在年轻的外来新居民中表现得非常突出。就外来新居民中 18～30 岁人群的分析表明，上网在实际的文化需求中甚至仅次于看电视，排名第二，而且上网地点主要集中在网吧。有些项目，比如看电视，随着国家各种政策支持和项目推进，至少在嘉兴这种经济比较发达地区已经不成为问题，不管是乡村还是城市，不管是本地居民还是外来新居民都能很方便地看上电视，下一步的重点是推进电视内容的丰富性、可看性以及便捷性。

　　总体上看现阶段城乡群众对基本文化需求集中在以下几类：更新及时、方便借阅、实用有效、数量充足的图书信息服务；技术先进、城乡同步、频次适当、场地舒适的广播影视服务；种类丰富、水平优秀、贴近生活、强调参与的文艺演出服务；参与便利、设施齐全、环境良好、服务优质的文化活动服务；范围广泛、形式多样、切合实际、费用低廉的教育培训服务。

三、基本文化权益的具体内容与量化指标

　　我们将基本文化权益的内容和具体表现形式的对应关系列表如下：

表 1　城乡群众基本文化权益内容和量化指标

基本文化权益内容	具体表现形式	量化指标
享受文化成果权益	读书、看报、听广播、看电视(电影)	X1:每万人拥有公共图书馆数=公共图书馆数/人口数[a] X2:人均公共图书馆藏书量=公共图书馆藏书总量(千册)/人口数(万人) X3:人均送书下乡=送书总量(千册)/人口数(万人) X4:人均送电影次数=送电影总场次/人口数(万人)
参与文化活动权益	社区文化活动、国民文化艺术教育活动、文艺演出、文化娱乐活动、体育比赛、文化交流活动	X5:人均群众文化活动场所=群艺馆、文化馆、文化站等总数[b]/人口数(万人) X6:人均送戏次数=送戏总场次/人口数(万人) X7:人均送展览次数=送展览总场次/人口数(万人) X8:人均文化活动数量=文化活动总场次[c]/人口数(万人)
接受文化教育权益	文化教育、文化宣讲、文艺培训	X9:每万人公共文化从业人员数=各级各类公共文化从业人员总数[d]/人口数(万人) X10:每万人均公共文化培训班次数=公共文化培训班总数/人口数(万人) X11:人均公共文化培训量=公共文化培训总人次[e]/人口数(万人)
开展文化创造权益	组建文艺团队、开展文化活动、进行文化创造	X12:每万人拥有的文艺表演团队机构数=机构总数/人口数(万人) X13:每万人拥有的文艺表演从业人数=表演人员总数/人口数(万人)
文化投入		X14:文化支出占财政支出的比重=文化机构事业费支出/财政支出 X15:文化机构事业费支出=文化机构事业费支出/人口数

[a] 指常住人口(下同),即户籍人口加上暂住 6 个月及以上的外来人口减去外出半年以上的户籍人口;

[b] 按照各种场馆的面积之和计算;

[c] 纳入文化部门统计范围的各类活动场次之和;

[d] 不包括文化行政管理部门人员,但包括文化行政部门下属事业单位如群艺馆、文化馆人员;

[e] 一人参加一次为 1 人次,多次参加的可重复计算。

(一)享受文化成果权益

文化为人民所创造,文化成果理应为人民所享有。社会经济、政治地位方面的差异不应成为人们在占有社会文化资源和接受文化服务方面的差异的根据。作为人民的一项基本权益,人人都有权平等享受人类文化成果,任何个人或社会集团、社会阶层都不能倚仗经济或政治的强势地位,强行将某种文化成果据为己有;也不能借口是文化原生地或原创者,而将某种文化列为专属。人民享有传承、接受、分享人类一切优秀传统文化成果的权利。让文化成果应用于日常生活,发挥文化在日常生活中的功能,是人民享有文化成果权利的一项重要内容。读书、看报、听广播、看电视是人民群众享受文化成果权益在日常生活中的具体表现。如果文化成果不能转化成人民日常生活的一部分，那么它的实际价值就难以真正实现。只有实现了文化成果与日常生活的完好结合，人民的基本文化权益才能真正落到实处。

(二)参与文化活动权益

文化活动的形式多种多样，只有实际参与文化活动，文化成果才能得到更广泛推广，文化价值才有可能被全社会所接受。在文化活动中，人民既是文化的接受者，也是文化的创造者，文化活动的过程就是文化传播的过程。文化活动必须坚持正确导向，反映人民的思想意志、情趣品位、审美态度。社区文化活动、国民文化艺术教育活动、文艺演出和文化娱乐活动、体育比赛、文化交流活动等都是文化活动的重要形式，要努力探索广泛开展这些活动的有效形式。文化普及也是文化活动的一种。近年来国家通过"文化共享工程"、文化"下乡"活动、文化进城市居民社区活动、流动图书馆建设、社区信息中心建设、建设学习型企业组织、建立外来务工人员文化之家等活动，使文化成果被全体人民所共享，使人民群众作为文化主人的身份在这些文化活动中得到确认。文化节庆活动也是文化活动的一种重要形式。在节庆活动中，人民会感受到文化带来的快乐，会被激发出强烈的参与热情，形成强烈的文化认同感。个人在不断的融入性文化参与中充满热情地向社会表达，充满热情地为自己娱乐，充满热情地在丰富多元的文化诉求中追求精神幸福和心灵快乐，实现其社会价值目标，完成人与社会的现实统一。

(三)接受文化教育权益

享有受教育的权利，这是人民基本文化权益的核心。只有接受了一定的文化教育，才能在提高个人的文化水准中获得幸福感；只有具有了一定的文化水准，才可能充分运用和享受阅读与欣赏图书、报刊、电视、电影、互联网等传统与现代的文化读物和产品。《中华人民共和国义务教育法》已经把免费的义务教育首次用法律的形式固定下来，以此来确保全体人民受教育的权利。十七大报告更加注重保护公民受教育的权利，并把教育放在民生建设的首要位置。在崇尚教育的社会中，每一个公民都有接受文化教育的权利，在接受不同的文化教育过程中，不断提高自身的文化水平和文化修养，更新自己的知识结构，提高劳动技能，自觉实现民族文化界化、传统文化现代化的转换，以适应现代科技更新换代、不断发展的需要。这种把娱乐活动与接受教育、技能培训和锻炼结合起来的做法，不仅自身受益匪浅，而且有力地促进了社会发展。这种权利有着更多自由空间，既可以从国家提供的公共文化服务中获得，也可以从社会其他渠道中获得。政府要提高文化基础服务设施建设标准，通过财政资金倾斜，对存量资源进行升级改造，改善场地、设备不健全的状况；加大对运营经费的预算支出，并形成制度，通过经费保障促进文化教育服务人员队伍结构和素质的提升，整合服务资源、提高服务能力；定期或不定期组织参观活动和农民及文化干部辅导培训工作，为本地农民和社区居民举办各类教育和辅导培训服务。

（四）开展文化创造权益

这一权利体现了人民的文化主体地位，反映了社会主义的本质属性。人民是文化的创造者，人民鲜活的生活状态、社会活动和生产实践是文化生存和发展的直接源头和丰厚土壤。群众不仅仅是文化的接受者，更应该是文化的创造者，而且文化创造的过程恰恰就是文化传播的过程。在文化创造中，文化工作者具有重要的地位，负有特殊的责任，通过他们的辛勤劳动，文化产品得以从比较粗糙的原生状态转化为文化精品。随着经济的繁荣、社会的发展和科学技术的进步，人民大众已经有闲暇、有能力、有条件直接参与各种文化创造活动。例如网络技术的发展，直接促成了无数网络写手的出现，而随着电脑的普及和数码技术的发展，开始有更多的普通民众参与诸如摄影大赛、家庭 DV 制作、动漫创作等文化活动。

更重要的是普通群众鲜活的生活状态、社会活动和生产实践，才是群众文化的直接源头和丰厚土壤，这些东西要从比较粗糙的原生态转化为文化产品，需要引导，需要与主流文化进行对接。否则，这些年经常开展的文化下乡等活动是无法长久地待在农村。帮助农民培育自己的文化骨干队伍很有必要。同时保护群众的文化创造权益也是保护文化遗产的有效方式，以非物质文化遗产的保护为例，"生产性保护和活态保护"成为非遗产保护的一个重要途径。为非遗传承人和民间艺人开展文化创造提供必要的支持和扶持，既保护了群众的开展文化创造的权益，也使非物质文化遗产得到活态传承。在一些乡村旅游开发较好的地区，除了由政府主导的公共文化服务之外，农民自发组织的文化产业开发也是激发农民进行文化创造的重要因素。农家乐、乡村旅游将颇具地域特色的乡村文化转变成产业化经营，农民自娱自乐的同时还能促进文化的再生，走上了一条可持续发展的路子。为此，我们要保护人民群众广泛参与文化创造的热情，努力提高全社会对文化创造劳动的尊重程度。文化创造是个性化色彩很强的劳动，需要有独到的思维、独特的手法和表现形式。因此必须遵循"保护文化创造——认可文化劳动成果——承认文化成果的社会价值——有效实施对文化成果的社会保护"的路径，对所有有益的文化创造劳动给予支持和鼓励。

［参 考 文 献］

［１］［日］大须贺明，林浩译. 生存权论［M］. 北京：法律出版社，2001：26.

［２］李步云. 人权法［M］. 北京：高等教育出版社，2006：18.

［３］史蒂芬·霍尔姆斯，毕竟悦译. 权利的成本——为什么自由依赖于税［M］. 北京：北京大学出版社，2004：126.

［４］艺衡，任裙，杨立青. 文化权利：回溯与解读［M］. 北京：社会科学文献出版社，2005：148.

［5］陈正良,何先光."保障人民基本文化权益"论析[J].中共成都市委党校学报,2009(8):33
　　－36.

［6］嵇亚林.公共文化权利与公共文化服务[J].艺术百家,2006(7):121－125.

［7］李长春.正确认识和处理文化建设发展中的若干重大关系,努力探索中国特色社会主义文
　　化发展道路[J].求是杂志,2010(12):3－13.

［8］李建国.试论青年文化权益的维护[J].中国青年研究,2010(10):73－76＋95.

［9］李庆霞.社会转型期文化权益的实现途径和保障机制[J].思想政治教育研究.2009(5):46
　　－48.

［10］刘起军,孙岳兵.试论社会转型时期公民文化权益保障[J].湖南社会科学,2006(6):87
　　　－91.

［11］刘启营.农民工文化权益_困境与保障机制分析[J].理论与改革,2010(4):113－115.

［12］任广伟.关于保障人民基本文化权益的几点思考[J].劳动保障世界,2009(10):88－89.

［13］王列生.论公民基本文化权益的意义内置[J].学习与探索,2009(6):54－61.

［14］雅努兹·西摩尼迪斯,黄觉译.文化权利:一种被忽视的人权[J].国际社会科学杂志(中文
　　　版),1999(4):95－108＋5.

［15］肖荣莲.改革开放三十年:公民文化权益的保障与提升[J].北方经贸,2008(12):4－5.

［16］张凤琦,胡攀.人民群众文化权益保障现状与对策研究[J].重庆邮电大学学报(社会科学
　　　版),2008(5):13－18＋31.

［17］张筱强,陈宇飞.充分保障人民的基本文化权益[J].中共中央党校学报,2008(3):95
　　　－100.

［18］蔡建芳.参与文化生活权利研究[D].吉林大学博士论文,2010:46.

［19］陈建荣.台湾客家族群文化权利研究[D].(中国)台湾师范大学博士论文,2006:75.

［20］赵宴群.文化权利的确立与实现[D].复旦大学博士论文,2007:18.

［21］中国共产党第十七次全国代表大会文件汇编[G].北京:人民出版社,2007.

［22］杨雪梅."盘算"农民的基本文化权益[N].人民日报,2010－12－29,013版.

温州市公共文化服务均等化调研报告

张永苏　阮　静　陈成义 *

[摘　要]基本公共服务均等化问题已成为当前我国经济社会发展的一个重要热点问题。实现公共文化服务均等化,人人享有公共文化服务也是我党提出的促进社会公平正义、让人们共同分享发展成果的重要内容和基本途径。本文从公共文化服务均等化的角度对温州市公共文化服务体系的现状及问题做了调研和分析,认为当前温州市基层和农村的公共文化服务体系建设严重滞后,均等化程度不高,公共文化产品供给能力有限,其整体发展水平与全面建设小康社会的目标要求不相适应,与人民群众日益增长的精神文化需求不相适应,必须尽快予以改进;并结合当前该市城乡撤扩并的实际情况,提出了实现我市农村公共文化服务均等化的若干意见。

[关键词]公共服务;文化服务;文化建设;均等化;温州

在现代社会,公共服务均等化已成为国际法承认的不容剥夺的、人类共同的最基本人权之一。基本公共服务均等化问题已成为当前我国经济社会发展的一个重要热点问题。党的十六届六中全会提出"实现公共文化服务均等化"。党的十七大进一步强调要扩大公共服务,并将人人享有公共文化服务作为促进社会公平正义、让人们共同分享发展成果的重要内容和基本途径。基于为时半年的全面调查,本文根据温州的实际情况,结合我们承担的省《公共文化服务均等化指标体系研究》的课题,试图从公共文化服务均等化的角度对"十一五"以来温州市公共文化服务体系的现状及问题进行了分析和研究,并以当前温州乡镇撤扩并、农村转并联为契机,结合政府部门的相关要求,提出了加快公共文化服务体系建设,实现温州公共文化服务均等化的若干意见。

---

* 张永苏,男,温州市图书馆,副研究馆员,研究方向:图书馆学,地方社会文化;阮静,女,温州市文化馆,馆员,研究方向:群众文化;陈成义,男,温州市图书馆,馆员,学士,研究方向:图书馆自动化。

一、温州市公共文化服务体系调查和分析

(一)温州市公共文化服务体系建设现状

近年来,温州市政府以加强公共文化服务体系建设为重点,为发展文化事业采取的一系列措施,先后建成公共图书馆、文化馆、博物馆、大剧院等一批标志性建筑,建成省级东海明珠、市级金海岸文化明珠乡镇 162 个,全国文化信息资源共享基层分中心 179 个,初步形成市、县、乡、村四级文化网络,广播电视人口综合覆盖率分别达 98.50% 和 98.38%。农村广播电视基础设施也日臻完善,取得令人瞩目的成绩。但是,从公共文化服务均等化的角度来看,投入的总体情况不容乐观。十一五期间,我市文化固定资产投资近 1.2 亿,约占整个社会投资的 0.3%,比全省 0.4% 均值要低;"十一五"我们的财政文化事业费支出也只有 9.62 亿元,整个文化事业费只占有全市 1093 亿的财政预算总支出的 0.88%,而且年人均文化事业费只有 23.52 元,远远低于 34.84 元的省平均值。我市城乡公共文化服务体系建设与国内公共文化建设先进的省市相比,如大连、苏州、深圳、东莞、厦门等地,有较大差距;而且与省内兄弟市相比,据省文化厅公布的 2010 年浙江省基层公共文化服务评估数据显示,其公共文化服务体系的各项指标,无论经费、设施,还是人员,均处于倒数的位置,尤其是人均文化事业费更是远远低于全省的平均值。

表 1　2010 年温州市公共文化服务均等化评估主要数据

指标＼地区	公共文化事业费占地方财政预算支出比重(%)	人均文化事业费(元/人)	人均拥有公共图书册数(册/人)	每万人拥有公共文化设施建筑面(平方米/万人)	公共文化事业从业人员占总人口数比重(人/万人)
温州市	0.85	29.03	0.36	1186	0.37
鹿城	0.60	9.24	0.10	518	0.68
龙湾	0.51	10.59	0.25	731	0.33
瓯海	1.09	9.94	0.11	354	0.29
瑞安	0.57	11.92	0.34	1517	0.93
乐清	1.09	17.05	0.32	1395	0.82
洞头	0.52	34.34	0.99	1271	2.64
永嘉	1.33	19.95	0.29	929	1.11
平阳	0.64	11.29	0.24	1014	1.30
苍南	1.21	23.98	0.16	1219	1.91
文成	0.72	27.67	0.69	1569	1.63
泰顺	1.33	22.08	0.46	1230	2.13
全省均值	1.55	44.08	0.50	1535	1.1

根据《2010 年浙江省基层公共文化服务评估数据》和相关调查统计资料编制

由此可见,温州市基层和农村的公共文化服务体系建设严重滞后,均等化程度

不高,公共文化产品供给能力有限,其整体发展水平仍与全面建设小康社会的目标要求不相适应,与人民群众日益增长的精神文化需求不相适应,必须尽快予以改进。

(二)问题原因分析

造成温州市基层公共文化服务体系建设落后,均等化程度低的原因很多,主要表现在立法滞后支撑乏力、长期投入不足、发展不均衡、体制制约、人才短缺以及供求矛盾突出等几个方面:

1. 缺乏刚性法规支撑

近几年,国家、省对"公共文化服务体系建设"和"农村文化建设"相继出台了相关政策,但由于立法滞后,各级公共文化服务体系建设缺乏刚性的法规政策支撑,特别的乡镇、社区(村居)公共文化服务体系建设没有明确的均等化指标;城乡新区建设中,没有文化建设规划和文化配套设施;社会力量兴建文化没有出台相关优惠政策。这些现象不但使各级政府文化建设的责任难以到位,而且还造成人们对公共文化建设和投入的观念淡薄,给文化事业带来巨大的负面影响,严重阻碍温州市公共文化事业的健康发展。

2. 总体投入长期不足

温州市公共文化发展起点低、基础差、欠账多,其中一个主要原因就是各种投入偏少。从财政投入看,如"十一五"期间,全市文化事业费占财政支出总额的比重偏低,人均文化事业费还不到全省的均值的三分之二。各县(市、区)文化事业费占财政总支出的百分比明显偏低,不但经济欠发达地区,文化事业费绝对投入不足,就连发达地区的文化事业费相对投入也不足。根据 2010 年统计数据显示,鹿城区占 0.6%、龙湾区占 0.51%、瑞安市占 0.57%(省平均值为 1.55%)。财政投入不足直接导致了文化基础设施匮乏,基层文化单位缺乏正常运行的经费支持,公共文化服务功能弱化,人民群众的基本文化权益难以得到保障。另外,社会力量支持文化建设的渠道不畅通。目前温州市公益文化事业单纯依靠政府投入,除了永嘉,社会各界对公共文化事业投入经费与总人口数比例几乎为零。其原因是多方面的,如政策宣传力度不够,难以形成普遍的社会共识;缺乏有吸引力的荣誉制度,捐助人得不到应有的表彰;税前列支的优惠政策程序繁琐,税务部门和捐助企业的积极性都不高,使得有关政策在实际捐助过程中可操作性不强。这无疑妨碍了全社会的文化共建共享。

3. 发展不均差距明显

一是区域差异。温州虽然经济较为发达,但不平衡,经济发达地区和不发达地区的差异很大,所以各地的公共文化服务水平也很不一致,尤其是城乡差异更为明显。近几年,城市公益性文化服务水平不断提高,图书馆、博物馆、文化馆等公益文化设施不断完善,加上专业文化团体、大型文化娱乐设施和丰富多彩的文化活动大都集中在城市,城市的文化资源相对丰富,使城镇居民的精神文化生活有了较好的保障。另一方面,农村文化资源因缺乏集聚效应相对匮乏,文化活动场馆建设相对不足,文化消费水平普遍低下。比如,全市2百来万平方米的各类公共文化服务设施,其中在不到总人口四分之一(170.20万)的城镇,就占了一半以上(1205320平方米),而在人口占四分之三以上5407个乡村,却只有3千来个文化室,而且大部分有名无实,服务能力有限。特别是偏远农村地区,公共文化服务均等化程度更为薄弱。公益性文化服务场所和设施严重短缺,公益性文化服务产品总量不足,需求与供给脱节,农村的文化活动形式陈旧,对群众缺乏吸引力,一些封建落后观念活动在农村仍然很有市场。与城市相比,农村文化事业严重落后于经济社会发展,农民群众享受文化权益得不到很好的保障。

二是群体差异。随着城市化进程加快,大量农民涌入城市,城市因此出现了大量的"新"市民。温州市现有300多万外来民工,由于缺乏身份归属感,在城市中处于物质生活和文化生活的双重边缘化困境,更由于自身文化素质等影响,很少去享受或者是享受不到应该享受的文化服务。因为与城市原住民不同,城市原有公益性文化基础设施对于他们而言,是有点陌生的,由于生存压力和自身文化素质的约束,他们不懂得主动去运用城市公益性文化服务设施,不知道如何享受公益性文化服务这项基本文化权益。而城市的文化设施也很少或主动为这些新市民开展针对性的服务,从而降低了其社区公益性文化服务的可获得性,使其应有的文化权益旁落,这在一定程度上弱化了公益性文化服务的均等化。

4. 机制不顺效益不高

现有的文化管理体制,存在权责分家、职能交叉混乱等弊端,制约了公共文化事业发展。以图书馆为例,总分馆制是提高投资效益、加快基层文化建设、盘活用人机制、强化专业管理有效途径,然而,由于体制原因,无法在物权和用人制度上有突破,结果不能普遍推广。而文化站由于其职能与图书馆、文化信息共享工程交叉、定位混乱,工作重心不突出,加上多头管理,效率普遍不高。另外,缺乏具有约束力、有激励作用的用人机制,这在一定程度上束缚了公共文化服务人员的积极性和主动性,制约了公共文化服务效率和水平的提高。

5. 基层短板人才缺乏

虽然,从表面上看来,温州一些基层文化事业从业人员比例好像不是很低,但实际情况是:基层文化专业队伍缺编少人、专干不专是文化体系建设中一个突出的问题。从文化员编制情况看,当前我市文化员有788人,其中90%以上属兼职,专业人员不到200,大部分文化员负责计划生育、综治或乡镇其他工作。基层文化工作者文化程度普遍不高,缺乏文化专长,无力胜任组织、协调、辅导基层农村文化活动。乡镇级文化员尚且如此,村级文化人才更是短缺,甚至连村级1名文化管理员都难以保证。

6. 供求矛盾依然突出

随着社会发展和人民生活水平的提高，人民群众对公共文化服务的需求越来越多样化、多层次、多方面，但现有的公共文化服务的运行机制和模式还不完善，政府提供队伍公共文化产品和能力也很有限，而且提供的服务的往往是主观意愿出发，分不清群众的最基本文化需求是什么，政府的责任在哪里，哪些该管，哪些要放，大包大揽，还是因势利导？结果是人家要的没有，不要的一大堆，"文化下乡"也流于形式，送给农村的图书、电影等用品设施成了摆设，许多文化活动形式内容单一，缺乏创意，组织辅导乏力，一刀切的服务方式难以满足广大群众日益增长的文化需求的多样性和差异性。

二、实现温州市公共服务均等化的总体思路

要彻底改变温州文化建设落后面貌，实现公共文化服务均等化，就必须加快温州市基层公共文化服务体系建设。在"十二五"时期，推进我市公共文化服务体系建设的基本思路是：明确目标、坚持原则、创新模式，按照体现公益性、基本性、均等性、便利性的要求，依循"保基本、强基层、建机制"的基本路径，以城乡社区（村）为重点，着力统筹规划、以城带乡，着力整合资源、均衡发展，全面提升均等化水平，努力形成具有温州地域特点，涵盖市、县、镇、社区（村）四级，结构合理、功能齐备、运行高效、惠及全民的公共文化服务体系。

(一)明确目标

在当前的情况下，要抓住"1650800"大都市建设工程，即1个中心区，6个副中心区，50个强镇，800个新农村社区，利用乡镇撤扩并、农村转并联这个契机，立足温州经济社会发展水平、人口结构、环境条件，以加强基层文化阵地建设为重点，以满足人民群众的精神文化需求为出发点，以保障人民群众文化权益为核心，以公益性文化单位为骨干，以全社会积极参与为依托，扎实推进基层文化事业建设。力争在2013年完成打造"全面十五分钟文化活动圈"和"村落30分钟文化圈"；2015年，每百人拥有公共文化设施面积20平方米，人均公共藏书量达1册以上，到2016年，实现"浙江省文化先进县"全覆盖，全面提高公共文化服务均等化水平，切实保障人民群众看电视、听广播、读书看报、进行公共文化鉴赏、参加大众文化体育活动等基本文化权益。

(二)坚持原则

实现公共文化服务均等化，确保我市公共文化体系建设顺利进行，就必须坚持以下基本原则：

1. 公益性原则

公益性是公共文化服务体系建设的根本原则。公共服务是公民享有的基本权

利,建设公共文化服务体系要把社会效益放在首位。公共文化服务提供的是公益性极强的公共物品,公共文化服务追求的是公共利益的最大化,体现的是全体社会成员的共同利益。提供公益性公共文化服务是现代政府的基本职能,构建公共文化服务体系必须发挥政府的主导作用,因此,要坚持政府主导为主。公共文化产品的生产、服务和提供应主要由政府或政府资助的公益性机构来承担,并且免费或优惠提供给全体公民,以弥补市场的不足,保证公民享有必要的精神文化生活。

2. 基本性原则

构建公共文化服务体系是为了满足群众基本文化需求,保障群众基本文化权益,因此必须坚持基本性原则。群众的精神文化需求是多层次的,既有基本的需求,也有较高层次的需求。从经济社会发展现实出发,我们所构建的公共文化服务体系,应着力建设基础性公共文化设施,生产和提供基础性文化产品,以满足人们生存和发展所必需的基本文化需求。超出基本文化需求的服务,公民可以通过文化市场获得。

3. 均等性原则

均等化是公益性公共文化服务具体表现。就是说生产和提供的公共文化产品与服务不是面向某个群体或个人,而是面向大众,面向基层,面向社会各个群体,使每个人都享受到获得公共文化服务的权利。因为满足广大人民群众的文化需求是公共文化服务体系建设的出发点和落脚点,所以,政府应不断加大财政资金投入,扩大公共文化服务的覆盖和辐射力,尽可能让广大群众都充分享受到各种文化成果,参与各种公益文化活动,使公共文化服务体系真正惠及全民。要优化地区之间、城乡之间的公共文化资源配置,特别是要加大向基层尤其是低收入和特殊群体提供免费文化服务的力度,着力丰富农村、偏远地区、进城务工人员的精神文化生活,让文化建设成果惠及全体人民。

4. 便利性原则

公共文化服务单位对象是全社会公民。为了保证所有人都能享受到政府的文化服务,必须做到公共文化服务具有最大程度的便利性。应当把便民利民的原则贯彻到各个环节、各个方面,在公共文化设施建设、公共文化产品生产、产品和服务的提供、文化消费的价格等的制定等都要考虑到普通老百姓的多样性要求和实际承担能力,实现公民就近、有选择地从事文化活动,着力方便群众、服务群众,让群众通过最便捷的方式和渠道,充分享受公共文化产品和服务。

(三)开拓创新

创新是各项事业发展的不竭动力,要深化文化体制改革,在公共文化服务领域培育创新意识,倡导创新精神,完善创新机制,营造创新氛围,用新的思维、新的方法、新的手段解决新的问题,加快现代科技应用步伐,创新公共文化服务方式,丰富公共文化产品、提高公共文化服务能力,真正实现文化惠民。

1. 打造新模式

市县两级政府要按照"结构合理、发展均衡、网络健全、运行有效、惠及全民"的原则,实行城乡统筹,通过以城补乡、示范引导和辐射带动,不断完善重大文体设施体系,充分发挥市、县图书馆、文化馆、影剧院、体育馆、青少年宫、文化广场等基础设施龙头作用,把建设的重心放在基层和农村,充分利用现有设施,统筹规划、加大投入、因地制宜、分步实施,着力改善农村和相对欠发达地区公共文化服务网络,形成城乡、区域文化协调发展的生动局面。中心镇要在按标准建设好综合文化站的基础上,组建集图书阅读、广播影视、宣传教育、文艺演出、科技推广、科普培训、体育和青少年校外活动等功能为一体的中心镇公共文化活动中心;农村社区建设采取1+X模式,即1是根据"15分钟文化活动圈"建成一个全省领先、全国一流的农村社区公共文化服务中心,X是在15分钟以外的偏远农村建立文化服务分中心。农村社区文化服务中心公共文化设施要达到"五个有"的标准,即有不少于300平方米的综合文化活动室、有社区图书馆(农家书屋)、有不少于800平方米的文体广场、有文化信息共享工程服务网点或公共电子阅览室、有文化活动设备和体育健身器材。

与市、县、镇、社区(村)四级公共文化服务设施网络相配套,建立以温州市图书馆为核心,以县(市)、区图书馆为区域中心,以中心镇图书馆为纽带,以农村社区图书馆和城市社区ATM机(图书自助借阅机)为基础,以企业、学校等行业系统图书馆联合加盟为补充,打破体制束缚,构建覆盖全市、城乡一体、功能完善、资源共享、管理规范、具有温州特色的新型公共图书馆服务体系。

2. 构建指标体系

构建"指标体系"的主要目的是创建公共文化服务均等化评估指标体系,为推进公共文化服务体系建设提供重要坐标和参考,从投入、产出、效能的角度帮助解决公共文化设施建设中诸如经费投入、设备配置、人员要求等令人头疼的指标问题。通过对公共文化服务"均等化"指标的研究,不但能直接为温州市乃至全省公共文化服务体系建设提供理论数据支持提供智力支持,促进早日建成覆盖全社会的公共文化服务体系,同时也为公共文化服务设施建设提出政策建议,促进公共文化服务体系建设制度创新。深入开展这项研究,用实践检验理论,在研究过程中通过理论和实践的多次互动,明确公共文化服务均等化指标体系构建的内涵,能引起有关方面对相关指标的关注,有利于保障人民群众基本文化权益,促进文化惠民。

三、推进温州市基层公共文化服务均等化建设的建议

(一)加大财政投入力度

要按照公益性、均等性、便利性、基本性的原则,坚持以政府为主导、以财政投

入为保障,以城乡均衡发展为要求,以满足人民群众的基本文化需求为目标,全面加快推进基层文化阵地建设工程,三年内基本建成"十五分钟文化活动圈"。根据《浙江省基层公共文化服务建设专项补助资金管理办法》(浙财教〔2011〕208号),对温州市基层文化设施建设给予相应的资金配套。鹿城、瓯海、龙湾三区给予200万元奖励,其他县(市)给予154万元奖励;对新建的市级中心镇综合文化中心建设,"兰区"给予100万元的奖励,其他县(市)给予70万元奖励;对整合提升或改扩建的综合文化中心,给予20万元的奖励;县图书馆中心镇分馆每建好一个奖励10万元;农村社区文化服务中心建成后市财政将分别给予"三区"20万元、其他县(市)15万元的奖励,对整合或改扩建的农村社区文化服务中心,给予5万元的奖励。为加强文化设施的后续有效运行工作,市级财政将对中心镇(街道)综合文化中心的日常运行经费给予"三区"年10万元的补助,其他县(市)给予年6万元补助;对856个农村社区文化服务中心日常运行给予"三区"年5万元的经费补助,其他县(市)给予3万元补助。各区要实行配套不少于1∶1的运行经费补助,县(市)要实行配套不少于1∶2的运行经费补助。同时要加大公共文化设施资源整合力度,要充分利用现有资源,不搞重复建设,要本着共建共享的原则,充分整合利用不同领域、不同系统文化设施,有组织地实施学校、企业等社会公共文化设施资源的开放共享,为广大城乡居民提供更多的公共文化服务,建成功能结构合理、地区分布均衡、高效便捷可及的公共服务设施网络。统筹好有关社会服务事业方面的建设内容,更好地发挥农村文化设施的服务功能。

(二)加强公共文化队伍建设

公共文化工作队伍是公共文化服务体系建设的重要环节。要树立人才是第一资源的观念,按照素养优良、业务精湛、结构合理的要求,努力建设一支适应新形势下文化发展要求的公共文化服务人才队伍。首先,要着力抓好三支队伍建设。一是公共文化单位要配足配强各类业务干部,理顺用人机制,建立健全竞争、激励、约束机制和岗位目标责任制,进一步增强公共文化服务的责任感和使命感。在市、县文化馆实行业务干部"基层文化辅导制度",明确规定每个业务干部每年下基层文化辅导六次以上,并将此作为业务干部评先、评优、评职称的标准之一。充分调动文化馆业务干部积极性,发挥专业特长,服务于公共文化建设,积极为农村社区文化建设进行文艺技能方面的辅导和培训。二是加强基层文化工作队伍建设。进一步明确乡镇(街道)综合文化站工作职责和主体地位,着重解决专职文化站长的配备、使用、待遇等问题,建设、培育一支专兼职相结合的社区文化员、村落文化员队伍。要求中心镇综合文化站(文化中心)每1万人配一个文化专业人员(大专以上学历),有专职图书管理员。中心镇综合文化站站长享受镇中层干部待遇。农村社区文化中心在人员配备方面,专职人员不少于3人,有专职图书管理员。三是要把文化志愿者作为公共文化工作队伍建设的一项重要工作,摆上重要议事日程。建立科学合理的管理机制、激励机制和培训机制,提高文化志愿者的素质,使志愿者更好地投身于公共文化服务,积极促进文化志愿在公共文化服务体系中发挥重要作用。其次,要加大业务技能培训力度。建立健全公共文化人才培养培训和继续教育制度,以基层和农村公共文化服务人才为重点,整合资源、完善机制、创新内容、扩大规模,构建多层次、多渠道、多门类的公共文化服务人才培养培训体系。

(三)提供优质文化产品与服务

公益性文化单位要充分发挥在城乡公共文化服务中的骨干作用,面向基层、面向群众,提供优质高效、普遍均等的公共文化产品和服务,丰富人民群众精神文化生活。进一步加大政府购买服务的力度,博物馆、纪念馆、爱国主义教育基地等要免费向社会开放。深入实施农村社区"五个有"活动的目标,即:每天有文化服务、每周有电影放映、每月有送戏演出、每季有文体竞赛、每年有节庆活动。要打造"县有品牌、镇有特色、社区有特点"的"文化品牌"战略,尤其是农村社区文化中心在创建过程中,结合实际,找寻特色,打造品牌,充分挖掘当地特色,了解当地群众喜好,根据自身优势,创社区特点的文化品牌。另外,市、县文化馆和中心镇(街道)文化员对农村社区文化品牌创建,应该给予提供业务上的指导。

(四)健全公共文化体系建设保障机制

探索建立公共文化服务体系建设联席会议制度,努力形成各部门相互配合、齐抓共管的格局。继续深化公益性文化单位内部人事与分配制度改革,建立健全竞争、激励和约束机制,创新公共文化服务方式、方法,探索建立面向基层群众、适应社会主义市场经济要求、保障社会公平正义的公共文化服务运行机制。进一步加强公共财政的效用,通过政府购买、项目补贴等形式,逐步实现基本公共文化服务均等化。要切实建立稳定的公共文化投入机制,加大政府对公共文化服务的投入,确保每年投入增长幅度不低于经常性财政收入的增长比例,确保政府兴办的各类公益性文化事业单位经费稳定增长。建议在市、县两级设立基层文化建设专项资金,重点补助农村社区公共文化基础设施建设、扶持公共文化产品创作与生产、培育基层公共文化队伍、完善公共文化共享工程和加大"送文化"、"种文化"、"建文化"力度。同时要健全县(市)区、乡镇(街道)公共文化机构正常运行的经费保障机制,将公共文化建设经费纳入财政预算。要制订公共文化服务均等化相关指标,并以此为标准,强化对县(市)区、乡镇(街道)公共文化服务工作的考核。

表 2 温州市中心镇综合文化站建设标准

要素 级别	必备要求	设置配备	其他
省级	①室内面积 3000～5000 平方米以上（城市街道 1500 平方米以上）； ②600 个座位以上的影剧院； ③容纳 3000 人的文化广场（公园）； ④设多功能厅、舞蹈排练厅、培训室等场地； ⑤设图书馆，阅览室面积不少于 250 平方米，阅览座席（包括电子阅览）80 个以上，藏书人均 1 册以上； ⑥有乡镇广播电视站规划（符合省级相关文件规定的标准），功能健全。	舞蹈排练厅包括电视机、DVD、音箱、功放、卡座； 培训室包括桌椅、书画桌、投影机、电动幕布、会议音响、数码相机、数码摄像机； 图书馆、阅览室包括六层双面钢书架（成人）、三层双面书架（少儿）、服务台、期刊柜、书车、电脑桌、阅览桌（三人）、服务椅、阅览椅、图书管理系统服务器； 文化共享工程乡镇服务点包括服务器、电脑、交换机、路由器、机柜； 多功能厅包括调音台、效果器、DVD机、无线手持套装、无线领夹套装、电容话筒、全频音箱、全频功效、音响、分频器、话筒架、电源时序器、灯光。	
市级	①室内面积 2000 平方米以上（城市街道 1000 平方米以上）； ②300～400 个座位以上的影剧院； ③容纳 2000 人的文化广场（公园）； ④设多功能厅、舞蹈排练厅、培训室； ⑤设图书馆，阅览室面积不少于 200 平方米，阅览座席（包括电子阅览）60 个以上，藏书人均 1 册以上； ⑥有乡镇广播电视站规划（符合省级相关文件规定的标准），功能健全。	舞蹈排练厅包括电视机、DVD、音箱、功放、卡座； 培训室包括桌椅、书画桌、投影机、电动幕布、会议音响、数码相机、数码摄像机； 图书馆、阅览室包括六层双面钢书架（成人）、三层双面书架（少儿）、服务台、期刊柜、书车、电脑桌、阅览桌（三人）、服务椅、阅览椅、图书管理系统服务器； 文化共享工程乡镇服务点包括服务器、电脑、交换机、路由器、机柜； 多功能厅包括调音台、效果器、DVD机、无线领夹套装、电容话筒、全频音箱、全频功效、音响、分频器、话筒架、电源时序器、灯光。	
民族镇（乡）	保持原标准		

表 3　温州市农村社区文化服务中心建设标准

级别\要素	必备要求	设置配备	其他
中心社区点1个	①文化中心室内面积 300 平方米以上（城市社区 200 平方米以上）； ②室外文体活动场地不少于 800 平方米； ③图书馆（农家书屋），1.5 万册藏书，阅览座席（包括电子阅览）20 个以上，30 种报刊以上 ④设有演出舞台、宣传长廊。	数码相机； 服务台、期刊柜、电脑桌、阅览桌、服务椅、阅览椅； 文化共享工程乡镇服务点包括服务器、电脑、交换机、路由器、机柜； 多功能厅包括电视机、DVD、音箱、功放、卡座、调音台、效果器、DVD机、音响。	
X（普及）	①文化中心室内面积 150 平方米以上（功能健全）； ②室外文体活动场地不少于 500 平方米； ③图书室（农家书屋），1 万册藏书，阅览座席（包括电子阅览）12 个以上，10 种刊物以上。	数码相机； 服务台、期刊柜、电脑桌、阅览桌、服务椅、阅览椅； 文化共享工程乡镇服务点包括服务器、电脑、交换机、路由器、机柜； 多功能厅包括电视机、DVD、音箱、功放、卡座、调音台、效果器、DVD机、音响。	

二

政府公共文化服务主体地位研究

公共图书馆总分馆体系建设的实践与思考

——以东部地区为例

彭世杰[*]

[摘 要] 本文在分析公共图书馆推行总分馆体系的内在必然性的基础上,以浙江嘉兴、江苏苏州和福建厦门为例研究了我国东部地区公共图书馆总分馆体系建设的现状,并在此基础上指出了总分馆制是我国公共图书馆服务体系发展的基本方向和模式,同时提出了今后公共图书馆总分馆体系建设的对策建议。

[关键词] 公共图书馆;总分馆体系;东部地区

公共图书馆是"开展教育、传播文化和提供信息的有力工具,也是在人民的思想中树立和平观念和丰富人民大众的精神生活的重要工具",在整个公共文化服务体系中占有重要地位。但是,受原有体制的影响,各图书馆之间自成一家、城乡分割、重复建设现象严重,因此,优化公共图书馆服务体系显得尤为迫切。近年来,许多地区尤其是东部地区探索实践总分馆体系,在优化资源配置、提升服务效益等方面取得了良好的效果。

一、公共图书馆推行总分馆体系是大势所趋

一般而言,公共图书馆总分馆体系是指由同一个建设主体资助、同一个主管机构管理的图书馆群,其中一个图书馆处于核心地位作为总馆,其他图书馆处于从属地位作为分馆。分馆在行政上隶属于总馆,或与总馆一起隶属于同一个主管部门,在业务上接受总馆管理。[①]

(一)总分馆体系的优越性

作为一种先进的办馆模式,总分馆制具有许多单馆制所不具有的优越之处。一是有利于优化公共图书馆的服务布局。总分馆制包括一个总馆及其所辖的若干个分馆,这些馆构成一个网状的形态,面向社会提供服务。以美国为例,纽约公共图书馆有 89 个分馆和 77 所社区图书馆;芝加哥公共图书馆包括 1 所主馆和 2 所

---

* 彭世杰,男,中共嘉兴市委党校讲师,硕士,研究方向:公共文化政策。

① 邱冠华,于良芝,许晓霞.覆盖全社会的公共图书馆服务体系:模式、技术支撑与方案[M].北京图书馆出版社,2008:8.

区馆,总分馆一共79所分布在全市;洛杉矶郡立公共图书馆管辖了84所区域的社区分馆,4辆图书流动车,以及7个专门的参考资料和文献资料中心。① 总分馆制使城乡图书馆网络布局合理化,城市图书馆总分馆制的推广将使城市中心图书馆上规模、上档次。二是有利于统筹公共图书馆的服务管理。总分馆制的突出优点是可以全面规划本地区图书馆网络的布局,促使其均衡、健康发展;可以对本地区文献资源进行规划、调整、协调,建立地区性文献资源保障体系;可以使公共图书馆组织更完善、更健全、更有序,各种业务工作实现标准化、规范化、网络化。这种发展趋势促使城市图书馆事业发展走上集群化道路,而且可以使城市图书馆体系形成健全的服务网络,更加方便群众、贴近社会,提高城市图书馆的整体服务功能和效益。三是有利于提高公共图书馆的整体效益。在总分馆体制下,总馆具有较为集中的管理人、财、物的权力。一方面统一申报经费,按统一标准选择、任命工作人员;另一方面,通过协同采购、联合编目的方式,从而避免图书资源的简单、重复建设,达到馆藏资源的充分利用,最终达到提升图书馆的整体效益的目的。

(二)东部地区推行总分馆体系的可行性

党和政府对公共文化事业的重视,国内图书馆界的有力推动,以及东部地区经济快速发展,为探索实行公共图书馆总分馆体系奠定了良好基础。一是政策基础。近年来,党和政府从建设和谐社会、社会主义新农村,满足人民群众基本文化需要的目标出发,提出构建覆盖全社会的、比较完备的公共文化服务体系,并出台相关政策对公共图书馆实行总分馆制作出指导,为公共图书馆推行总分馆体系提供了政策上的保障。2002年初,国务院办公厅明确提出:"有条件的地方要积极推行中心图书馆与分馆制,发挥中心图书馆的资源优势"。2006年9月,《国家"十一五"时期文化发展规划纲要》要求:"县(市)图书馆逐步实行总分馆制,丰富藏书量,形成统一采购、统一编目的图书配送体系,充分发挥县图书馆对乡镇、村图书室的辐射作用,促进县、乡图书文献共享"。在国家的重视和支持下,很多地区纷纷着手建设公共图书馆总分馆体系,不断推进着我国公共图书馆事业向前发展。二是制度基础。由于图书馆界的推动,我国公共图书馆事业的建设和发展逐步走上了快车道。由中国图书馆学会起草的《关于推进公共图书馆服务体系建设的建议》为政府部门提供了决策参考,对推动农村地区图书馆政策的出台起到了重要作用。2008年,《公共图书馆建设用地指标》、《公共图书馆建设标准》两个国家标准正式颁布执行。我国图书馆立法工作也在文化部的支持下,由中国图书馆学会和国家图书馆牵头,紧锣密鼓地进行着。"图书馆法"的出台,将极大地推进我国图书馆事业的发展。三是经济基础。公共图书馆建设的发展进步与一个地区、一座城市的社会经济发展程度息息相关。一方面,城市发展水平的提高,带动了市民对文化、知识、信

---

① 王嘉陵.美国公共图书馆总分馆制考察[J].图书馆理论与实践,2011(4):66—70.

息的需求不断增加。另一方面,城市的发展为公共图书馆提供充足的并且是持续增长的经费保证。改革开放以来,东部地区一直是我国发展最快的地区。以浙江为例,2010 年全省生产总值为 27227 亿元,人均 GDP 为 52059 元(按年平均汇率折算为 7690 美元);2010 年全省财政总收入和地方财政收入分别达到 4895 亿元和 2608 亿元,比 2005 年增长 1.3 和 1.4 倍。[①] 城市经济发展了,人民生活富裕了,地方财政也稳定增长,对城市的文化设施建设加大了投入,也包括公共图书馆建设的投入。

二、东部地区公共图书馆总分馆体系建设的实践探索

近年来,作为经济相对发达的东部地区,许多城市从本地经济、文化发展水平的实际出发,在公共图书馆总分馆体系建设方面进行了许多新的探索,积累了许多新鲜经验。

(一)浙江嘉兴:以行业示范、政府主导为特色的乡镇分馆模式

嘉兴市开展公共图书馆总分馆体系建设的探索始于 2005 年,这种通过契约形成的总分馆模式在扩大总馆影响、提升分馆业务水平的同时,也面临着协调管理成本高、工作队伍难于稳定等一系列问题。2007 年,在统筹城乡发展的指导思想下,嘉兴市开始探索在乡镇设立市图书馆紧密型分馆的方式,首先在南湖区余新镇和秀洲区王江泾镇分别建立了市图书馆乡镇分馆。两个分馆试点获得成功后,嘉兴市委市政府出台了一系列政策文件,明确提出两年内在嘉兴市本级全面建设乡镇分馆的目标,下辖的五个县(市)乡镇分馆的建设工作也全面启动。2008 年 2 月,嘉兴市政府出台了《关于构建城乡一体化公共图书馆服务体系的实施意见》,明确了乡镇分馆建设的总体目标和具体任务等,并根据各乡镇的人数、地域范围、图书馆的有效覆盖能力,对分馆的网点布局进行整体规划,提出了统一的建设标准。同时,市政府和市文化局出台了一系列配套的政策文件,对乡镇分馆的管理职责、资金管理、人员管理、设备管理、乡镇分馆服务与读者权益、绩效考评等问题予以明确。

嘉兴市"政府主导、统筹规划,多级投入、集中管理,资源共享、服务创新"的总分馆建设模式,重点是突破城乡二元结构,主要特点有:一是三级政府投入。在分馆建设过程中,由乡镇政府提供分馆的馆舍,分馆的开办经费核定为 30 万,由市、区、镇财政各负担 10 万,不足部分由乡镇承担。建成验收合格后由市馆和区文教体局把市、区承担的部分拨到乡镇。分馆图书、期刊等资源由市馆统一采购、分编、配送。市财政确定每建一个分馆,首先给市馆一次性增加 30 万购书经费,专项用于分馆的基础资源建设;进入正常运营后,每个分馆每年拨付资源购置费 10 万。

---

① 数据来源:《2010 年浙江省国民经济和社会发展统计公报》(2011 年 1 月 28 日)。

同时每建一个分馆，市人事局给市馆增加 2 名编制。区财政每年为每个分馆提供 10 万元补助经费，由市馆专款专用。主要用于分馆日常设备的添置更新和日常业务活动的开支，多余部分根据考核补助给乡镇。① 二是市馆集中管理。市图书馆作为当地文献书目信息中心、图书资源配置中心、网络服务和业务管理中心，在整个公共图书馆服务体系中居于枢纽地位，对分馆的人财物和业务实施集中管理。市馆作为乡镇分馆的总馆，负责管理乡镇分馆的经费、人员、设备、资源建设。乡镇分馆的业务工作也由总馆统一规划，资源统一采购、统一编目、统一配送、统一开放时间、统一标识和统一服务标准。② 这种方式彻底改变了原来乡镇图书馆经费缺乏、资源匮乏、专业技术力量不足、管理单元太小而难以有效地为广大乡镇民众提供公共图书馆服务的局面，建立起以市馆为总馆、乡镇图书馆为分馆的服务网络，实现了城乡图书信息资源的共享，提高乡镇图书馆的服务能力和水平。

截至 2010 年底，嘉兴市、县两级图书馆（除海盐县外）均达到部颁一级标准；全市 54 个乡镇建有高标准的乡镇分馆，已实现乡镇图书馆的全覆盖；累计建筑面积 3.1 万平方米，总藏书 121 万册，报纸杂志 13500 册，书架 4175 个，电脑 967 台，工作人员 169 人，初步形成了较为完善的城乡一体化公共图书馆服务网络。试点以来平均每个乡镇分馆年到馆人次超出十万，社会效益达到或超出全国县级公共图书馆平均水平。这一成功探索已引起社会各界的高度关注，被誉为打破"篱笆墙"的公共图书馆和中国公共图书馆总分馆建设的"嘉兴模式"，在一定范围内具有创新性、导向性、带动性和科学性。③

（二）江苏苏州：以紧密型分馆为特征的社区分馆模式

苏州图书馆总分馆制建设的一个重要背景就是苏州市着力建设"社会主义文化大市"并出台了相应的规划纲要和行动计划。随着市政府对图书馆事业投入的加大，2001 年，苏州图书馆新馆建成，但是读者的阅读需求非常旺盛，超过了新馆的设计容量；而当时整个苏州市区 7 个区当中只有 4 个区建有图书馆，而且规模都不大。为解决读者需求旺盛与图书馆接待能力不足之间的矛盾，苏州图书馆开始探索具有苏州特色的总分馆制。2005 年，苏州图书馆主动与各区政府、相关街道办事处联系，积极寻找建设社区分馆的合作伙伴。10 月与沧浪区政府合作开设了第一所直接管理的分馆沧浪少儿分馆。在第一个分馆合作成功的示范下，一些区政府、街道办事处纷纷主动与苏州图书馆联系合作建设分馆。这些分馆均为新建，且以合作方式存在。合作条件是：对方提供馆舍、装修、设备，并提供年度物业费用，向苏州图书馆每年提供 5 到 8 万元的人员和购书经费；苏州图书馆安装管理系

---

① 《嘉兴市人民政府专题会议纪要》（嘉政办发〔2007〕66 号），2007 年 9 月 5 日。
② 《嘉兴市图书馆乡镇分馆管理暂行办法》，2008 年 4 月 10 日。
③ 《浙江嘉兴市：城乡一体化公共图书馆服务体系建设》，http://www.cpcss.org/_d271555002.htm。

统、委派工作人员、提供分馆初始藏书并定期补充调配、征订报刊、开通馆藏数字化资源,并负责开放;读者享受免证阅览和免费上网,使用统一的借书证外借图书和音像资料,并实现通借通还。① 在这个过程中,苏州市政府给予了很大的关心和支持,将社区分馆建设连续列入了 2006、2007、2008 年的市政府实事项目,并从 2007 年起增加苏州图书馆年度购书经费 180 万元。

这种模式被业内专家称作"苏州图书馆—社区分馆"模式,其突出的特色包括:(1)紧密型总分馆体系。苏州图书馆对其所建立的分馆具有较宽的权限:分馆的人员由苏州图书馆派出,属于总馆的合同制员工;分馆的服务标准由苏州馆制定并监督实施,分馆读者享受和总馆同样的服务。(2)"动态资产权"基础上的物流和通借通还。苏州图书馆突破现行财政体制和国有资产管理办法的约束,让资产权与图书一起流动:馆藏地点即为产权地点,总馆将书调拨到哪里或读者将书归还到哪里,图书的资产权就"流"到哪里;对于因异地借还而"流动"的图书,系统将根据读者的还书地点自动变更其资产权记录,使其作为接受还书的图书馆资产,在当地继续流通。(3)"孵化"式馆员培训。苏州图书馆分馆的工作人员由总馆派出,接受总馆领导。总馆从本馆有经验的合同制员工中挑选配备分馆人员;新员工总是先受聘于总馆,待专业技能成熟后才有机会被派往分馆。(4)从市馆到社区分馆的扁平网络。苏州图书馆与其分馆一起构成了当前苏州市公共图书馆服务网络;现有的四个区级图书馆均没有被纳入网络。由于苏州图书馆实行的是紧密型总分馆关系,这就使由此形成的服务网络具有扁平而紧凑的结构。②

(三)福建厦门:以多种类型并存为特征的城乡一体化模式

由于厦门市原有的乡镇图书馆(室)隶属各级政府,财政分级拨款,图书馆(室)之间条块分割、各自为政。厦门市从 2005 年开始,以乡镇为试点,统筹规划图书馆农村服务网点,致力于构建"一网、三化、三统一"的"城乡一体化公共图书馆服务体系",把分散的、隶属关系不一的乡镇图书馆(室)整合成以总分馆制模式为基础的图书馆网络组织。所谓"一网"是指建立以总分馆制为模式的"中心—乡镇图书馆"合作网络体系;所谓"三统一"是指建立统一规划、统一组织、统一行动的管理机制;所谓"三化"是指建立以自动化、网络化、一体化为保障的业务运作体系。为此,厦门市图书馆一方面通过多种渠道,大力宣传构建城乡一体化公共图书馆服务体系的重要性,积极呼吁政府牵头推动这项工程的建设和发展;另一方面极力探索各种办馆模式,创办乡镇分馆,以点带面,推动农村图书馆服务网络建设。

在分馆建设模式上,厦门市图书馆积极探索适应本地区情况的多种类型分馆

---

① 邱冠华.苏州城区总分馆建设的实践与思考[J].图书情报工作,2009(1):15—16.
② 于良芝.为了普遍均等的图书馆服务——评苏州图书馆的分馆建设[J].国家图书馆学刊,2007(3):18—19.

并存的建设模式，经多年的实践，目前已初步形成由直管型、联办型、加盟型和托管型等四种分馆类型构成的总分馆模式，初步建立起符合厦门特色的城乡一体化公共图书馆服务体系。(1)直管型分馆。直管型分馆实质上是总馆的派出机构，馆舍、经费、人员、藏书全部属于总馆所有。鼓浪屿分馆与公园分馆属于这种类型。(2)联办型分馆。联办型分馆是在一定的共享协议的规范下，双方基于共同兴趣和需求合作共建，分馆提供场所、人员、设备等，总馆提供文献资料和业务指导。73152部队分馆、海警三支队分馆和园博苑古籍文献分馆属于这种类型。(3)加盟型分馆。加盟型分馆借鉴图书馆联盟模式，以一个中心馆为主导，实行各级公共图书馆的全面合作。各自独立、功能完备的公共图书馆，在不改变原有行政隶属、人事和财政关系的情况下，通过签订协议参加图书馆公共服务体系，接受这个合作组织的管理与指导，成为其成员馆之一。同安区分馆等属于这种类型。(4)托管型分馆。托管型分馆是由乡镇政府与图书馆签订协议，将其所属的图书馆委托厦门市图书馆筹建与管理，从而以规范化的管理形式，为本地区广大群众提供文献信息服务的办馆模式。杏林分馆、灌口分馆、同安工业集中区分馆和火炬翔安产业区分馆等属于这种类型。①

基于以上这四种总分馆办馆模式，厦门市图书馆面向社会、面向基层，积极主动创办分馆。在目前已建成的12个分馆中，有2个直管型分馆、3个联办型分馆、6个托管型分馆、1个加盟型分馆。通过多种模式创办和发展的分馆，在满足基层群众共享公共信息资源的同时，也使厦门市图书馆的整体效应得到了加强，文献流通量逐年大幅增长，全馆总流通量从2007年的79万册次，上升至2008年的195万册次。②

三、促进公共图书馆总分馆体系可持续发展的几点思考

不可否认，东部地区实践中的总分馆制在很大程度上代表着中国公共图书馆服务体系建设的基本方向，但是在促进其可持续发展方面，仍然需要在体制、立法等方面不断创新。

(一)增加总馆的能力和权力

在现有的"准总分馆体系"中，总馆通常扮演着业务中心的角色，负责整个图书馆体系的资源统一采购、分编、计算机网络平台的维护、参考咨询平台搭建等核心业务；分馆则在资源、管理、技术、服务等许多方面依赖于总馆。在总馆不具有行政管理权的条件下，其业务能力就成为其凝聚力的关键。在经济发展水平较高和社

---

① 李国海.厦门市图书馆总分馆模式运作分析[J].江西图书馆学刊,2009(1):10—11.
② 林起.2009年厦门文化体制改革与文化发展蓝皮书[M].厦门大学出版社,2009:244—247.

会协调发展要求强烈的东部地区,在构建"准总分馆体系"的过程中(特别是规划或协议谈判阶段),扮演总馆角色的图书馆首先要向自己的建设主体(省、市、县政府)争取足够、稳定的总分馆建设的政策支持和经费保障,如管理制度、财经制度、考核制度及管理经费、购书经费、系统开发经费等;其次,要尽可能争取对分馆的人员管理权。苏州图书馆在建设所有分馆时,都要求掌握分馆的人员管理权,并把这一权力作为签订协议的基本条件。嘉兴市在建设秀洲分馆时,也争取到了人员管理权,这些图书馆的经验都可以借鉴。实践证明,当总馆有足够的能力和对分馆的控制权的时候,越有利于实行统一的、规范化的总分馆体系建设,其建设成效也越大。同时,在文化建设上求同存异,不断发展和增加统一的要素,形成共同的凝聚力和感召力①。在这一方面,杭州市图书馆做得比较好,先后在服务体系内实行了统一的"杭州一证通标识"、制订了《杭州市公共图书馆服务公约》、《杭州市公共图书馆一证工程技术标准》等。

(二)调整公共图书馆服务体系的建设主体

当前,总分馆制已被图书馆界视为代表着中国图书馆事业未来发展的基本方向。但是,要建设人财物统一管理的总分馆体系,就必须对现有的建设主体进行调整。中国图书馆学会"图书馆服务网络构建研究"课题组建议,在综合考虑行政区划和城乡界限的基础上,由不同层级的政府担任区域内公共图书馆总分馆体系的建设主体。具体如下:将大城市(直辖市和部分公共图书馆较发达的副省级城市)的区政府界定为全区公共图书馆的建设主体,将中小城市的市政府界定为整个城区公共图书馆的建设主体,将县政府界定为全县公共图书馆的建设主体。将省政府界定为省级公共图书馆的建设主体,但在经济发展不均衡的省份(如广东、山东、江苏),可以参考澳大利亚部分州的做法,将省政府和县政府确定为该县公共图书馆的联合建设主体。② 这样有以下几方面的优势:一是进一步明确了责任主体,责任主体可对区域内公共图书馆建设进行统一规划、合理布点,有利于区域内公共图书馆的一体化建设;二是由于建设主体上移,原有"一级政府建设和管理一个图书馆"体制下社区/村一级公共图书馆建设主体悬空的问题迎刃而解;三是由于区域内各图书馆之间在文献资源、设备、人力资源等方面高度贡献,有利于形成区域内联系紧密的真正意义上的总分馆体系,方便读者享用区域内所有公共图书馆的资源。

(三)推动公共图书馆管理的法律化和制度化

通过立法,对于公共图书馆在经费、办馆方针及科学管理等方面,将提供重要保障和支持。东部地区在实践中已经充分意识到这一问题,并且不少地区也出台

① 《图书情报工作》杂志社编著.图书馆与多样化服务[M].海洋出版社,2009:108-112.
② 于良芝,陆秀萍,刘亚.公共图书馆总分馆建设的法律保障:法定建设主体及相关问题[J].图书情报工作,2008(7):6-11.

了具有一定法律效力的地方性图书馆条例，如《上海市公共图书馆管理办法》（1996年11月）、《深圳经济特区公共图书馆管理条例（试行）》（1997年7月）、《北京市图书馆条例》（2002年7月）、《浙江省公共图书馆管理办法》（2003年8月）等，但是这些条例和规章往往内容比较笼统，没有解决当前图书馆发展中亟须解决的一些重要问题。因此，文化主管部门要加大公共图书馆法规建设力度，在颁布《公共图书馆用地标准》、《公共图书馆建设标准》的基础上，制定具有推动我国图书馆事业发展的真正意义上的《图书馆法》，在法律层面上引导、推动公共图书馆总分馆体系建设，解决目前阻碍我国公共图书馆事业发展的体制、机制问题，使政府真正承担起公共图书馆服务建设主体和管理主体的责任，为实现真正意义上的总分馆制提供法律保障。从法律上明确公共图书馆内部实行行业垂直管理，坚持服务网络"区域单元"合适、合理的原则，建立起分工明确、职责明晰、协作共享的不同层级的图书馆总分馆体系，从而促进公共图书馆事业的进一步发展。

（四）利用社会力量推动公共图书馆事业发展

图书馆属于公益性社会机构，应当主要依靠国家财政支持其建设和日常运转。但是，我国在图书馆学教科书上历来都把"坚持国家办馆和社会办馆相结合"作为图书馆事业建设的原则之一。事实上，世界上很多国家在建设公共图书馆方面都十分注重吸收社会力量的参与。比如，美国图书馆的建设高潮完全可以说是由个人捐赠激起的，卡内基的图书馆捐助活动，掀起了一场有声有色的公共图书馆运动。因此，作为我国经济相对发达的东部地区，在建设公共图书馆总分馆体系的过程中，完全可以借鉴国外经验，在坚持政府主导的基础上，补充以社会力量。政府通过制定有针对性的政策措施，鼓励和引导社会组织等参与到公共图书馆服务设施的投资、建设、运营和管理中来，在政府之外，通过事业基金会、企业参与、志愿者活动等多种形式，培育一个多方主体参与的公共图书馆服务供给市场，提高公共图书馆服务供给的质量与效率，促进公共图书馆服务供给主体的多元化。

[参 考 文 献]

［1］李超平.中国公共图书馆服务体系"嘉兴模式"研究[J].中国图书馆学报,2009(10).

［2］李国新.公共图书馆的"嘉兴模式"[N].中国文化报,2008－9－21.

［3］林起.2009年厦门文化体制改革与文化发展蓝皮书[M],厦门:厦门大学出版社,2009.

［4］罗雪明.论公共图书馆总分馆制的可持续发展[J].图书馆论坛,2010(3).

［5］邱冠华,于良芝,许晓霞.覆盖全社会的公共图书馆服务体系:模式、技术支撑与方案[M].北京:北京图书馆出版社,2008.

［6］粟慧,刘丽东,祝茵.创新理念引领下的公共图书馆服务网络——以东南沿海城市公共图书馆为例[J].图书情报工作,2007(7).

［7］韦艳芳.总分馆制:一种有效的资源共享模式[J].图书馆建设,2006(2).

县(区)图书馆总分馆制建设研究
——以桐庐为例

褚树青　程建宇　张玉娥　何瑜英　刘　莹

周宇麟　叶爱芳　俞小红　方　瑛[*]

[摘　要] 近年来,公共图书馆服务网络建设实践显示,在公共图书馆多级服务网络建设中,采用由多级网络中最顶层级包揽建设和管理整个服务网络的方法在建设初期起到了较好成效,但在可持续发展上遇到了一些瓶颈。本课题以桐庐县图书馆为例,调研、观察其作为一个县级图书馆在建立县(区)图书馆总分馆中的实践,总结出县(区)级图书馆对乡镇总分馆建设的作用、价值、可行性,确立其在整个公共图书馆网络建设中的区域中心地位,进而提炼具有一般适用意义的县(区)总分馆建设模式,供建设者参考。

[关键词] 县(区)图书馆;总分馆;桐庐县图书馆

一、研究的背景

进入新世纪以来,普遍均等的图书馆服务理念在我国公共图书馆业界逐步得到认同并实践。同时,政府对公共文化的建设思路也越来越清晰和坚定,先后制定《关于进一步加强基层文化建设的指导意见》《国家“十一五”时期文化发展规划纲要》等一系列文化发展政策和规划,确立了公共图书馆在公共文化服务体系中的地位和作用。在这样的背景下,政府和公共图书馆开始共同着力于以普遍均等服务为目标,覆盖全社会的公共图书馆服务体系的构建工作,北京、上海、天津、广州、深圳、杭州、佛山、东莞、苏州、嘉兴等地的公共图书馆,在政府的支持和推动下,开展四级服务网络(市、区县、街道/乡镇、社区/村)建设的实践与探索,形成了多种模式,创造了宝贵的经验。服务网络建设的重大意义在于将基层图书馆由一个孤立的文化设施,变为大服务体系的末梢组织,极大地丰富了基层图书馆的文献资源和

* 褚树青,男,杭州图书馆长,研究馆员,研究方向:公共图书馆管理与服务;程建宇,男,桐庐县图书馆,馆员,研究方向:公共图书馆管理与服务;张玉娥,女,衢州学院,讲师,硕士,研究方向:非营利组织研究;何瑜英,女,杭州图书馆,副研究馆员,学士,研究方向:公共图书馆管理与服务;刘莹,女,杭州少年儿童图书馆,馆员,研究方向:读者服务;周宇麟,男,杭州图书馆,馆员,学士,研究方向:读者服务;叶爱芳,女,桐庐县图书馆,馆员,研究方向:读者服务;俞小红;女,桐庐县图书馆,馆员,研究方向:读者服务;方瑛,女,杭州图书馆,馆员,学士,研究方向:读者服务。

信息资源,改善了基层居民平等获取信息的机会、缓解了农村居民看书难的问题。

在取得成效的同时,也暴露了一些问题,由于城市公共图书馆在多级服务网络建设中,一般都采用由市级图书馆包揽建设和管理整个服务网络的模式,即区/县图书馆、街道/乡镇图书馆,甚至是社区/村图书馆,在业务规划管理、文献资源统筹协调、技术支持支撑等方面,以平行关系的形式,直接接受市级图书馆的统一指导和统一调配,整个服务网络在系统上由四级变为两级,其结果是,区县图书馆作为区域中心的职能被大大弱化,甚至虚无;市级图书馆因压力过大而顾此失彼,而乡镇及基层图书馆因缺乏有效支持而失去生命力。为此本课题提出,建立多层分级管理理念,特别是强化区县级图书馆在乡镇分馆建设中的作用,是增强乡镇图书馆发展动力的有效选择。这一观点得到杭州图书馆"一证通"工程"县/乡镇总分馆模式"的有力支持。

近年来,杭州图书馆在图书信息服务"一证通"工程基础上,对图书馆服务有效向下延伸进行了进一步的研究与探索。乡镇图书馆由于设施落后、人才缺乏、管理水平低下、服务无规范,单靠中心馆直接辐射的形式几乎无法带动乡镇图书馆的成长与发展,它更需要在人力、财力、物力、服务规范等方面得到实际的、有力的支持与帮助。据此,杭州图书馆借鉴国内外的相关发展经验和教训,设计、规划了"中心馆——县/乡镇总分馆制"模式,并在桐庐县进行试点,取得了可喜的成效。"中心馆——县/乡镇总分馆制"模式,即杭州图书馆作为业务协调管理中心、文献资源保障中心、网络技术支持中心,增强县级图书馆的业务指导能力与带动辐射能力,提高对乡镇分馆人、财、物统一配置与统一管理的水平,改善乡镇分馆发展环境,增强乡镇图书馆内在发展动力,扶持乡镇图书馆的健康成长。

本课题将以桐庐县图书馆为例,通过对其在乡镇分馆建设中的地位、职责、作用、价值的评价与研究,获得总结和分析性数据,设计出切实有效、具有可推广性和可持续发展的区县公共图书馆辐射乡镇分馆建设的模式,明确区县公共图书馆在服务网络建设中的地位,并利用其区位优势和应有的职能,激活乡镇分馆的生命力,提升乡镇图书馆的服务能力,推动普遍均等的图书馆服务实践。

二、乡镇分馆建设对城市公共图书馆服务体系建设的意义

列宁曾指出:"值得公共图书馆骄傲和引以为荣的,在于如何使图书馆在人民中间广泛流传,吸引了多少读者,如何满足读者对图书的一切要求"。乡镇分馆作为一个城市构建公共图书馆服务体系的末梢组织,是公共图书馆服务实现城乡统筹的重要因素,其不仅承载了最广泛的群众基础,更能使公共文化服务透过乡镇分馆的服务得以在广大人民群众中发挥最大效益,保证基层广大群众实现受教育的权利、参与文化活动的权利、享受科学进步的权利,最终实现公共文化服务的城乡

一体。

(一)乡镇分馆读者服务对象具有最广泛性

乡镇分馆的服务人口占我国人口的大多数。根据我国国家统计局 2010 年统计年鉴显示,我国乡村人口为 71488 人,是人口总数的 53.41%。也就是说,超过我国人口总数一半以上的人都是乡镇图书馆的现实读者和潜在读者。如此广大的群体正是决定公共文化服务是否真正实现均等的重要条件,也是整个公共文化服务体系是否能够惠及全民的决定性因素。

(二)乡镇分馆的服务内容具有普适性

乡镇分馆是公共图书馆服务在基层的延伸,其服务内容更具有当地特色,也更能满足基层群众的实际需求。据我国国家统计局有关资料显示:在农村就业人口中,文盲占 9.5%,小学及初中文化程度人口占 86.2%,高中以上学历人口仅占 4.3%。农村人口文化素质相对偏低的现状,要求公共文化服务的方式、内容要更具有针对性和普适性。乡镇公共图书馆能够因地制宜地根据当地文化特色、群众科学文化素质水平、文化生活需求等进行馆藏建设和服务定位,使图书馆的各项服务更贴近基层群众,以他们所喜闻乐见的形式和内容举办各类放电影、故事会、科技讲座等阅读和文化活动,从而潜移默化地使基层群众形成正确的思想道德观念,养成良好的行为习惯,提升精神生活质量。这在各地进行的总分馆建设中,已有多个成功案例证明。以读者需求为服务宗旨的乡镇图书馆受到当地群众的欢迎,不少村民从麻将桌上回到了图书馆的书桌前,而图书馆为村民量身定做的农业技术类信息情报资料更是对村民的农业生产提供了科学、有效的指导。此外,乡镇分馆在保存、开发地方特色文献方面有着重要的意义。很多流失于民间的地方文献都可能通过乡镇图书馆的馆藏建设工作重新得以保存,在一定程度上促进我国文化遗产的保护和传承。

(三)乡镇分馆的服务方式具有均等性

作为公共图书馆服务体系中的重要成员,乡镇分馆秉承公共图书馆免费、开放、均等的服务宗旨,平等的向每一位公民提供知识教育、信息提供、文化普及。据有关资料显示,我国城市化率已超过 47%,成为 30 年来城市化率增速最快的国家之一。"城中村"现象越来越多,同一城市不同区域间的资源分布不均、发展不协调现象普遍存在,因此,通过建设乡镇公共图书馆可以较好地统筹城乡公共文化资源,从而推进区域文化建设,实现公共文化服务均等化和惠及全民的目标。而数字技术在图书馆服务中的大量应用,更是加快缩小了城乡间的信息鸿沟。此外,文化部关于三馆免费开放的政策必将进一步提高乡镇图书馆的开放程度,提升服务质量。

三、目前乡镇图书馆建设与发展中存在的问题

目前,全国乡镇图书馆生存状况、服务质量参差不齐,经济发达地区与欠发达地区之间,东部地区和中、西部地区之间存有较大差距。在经济欠发达地区的乡镇图书馆发展逐渐萎缩,即便在经济发达的东部、沿海地区如江苏、浙江、广东等有不少的乡镇图书馆,但其在发展过程中也存在诸多问题。通过对桐庐的实际调研,发现桐庐县乡镇图书馆在发展中反映出来的问题和矛盾,与制约全国乡镇图书馆发展的本质问题具有一致性,即:乡镇图书馆发展的基本保障、公共图书馆服务体系中角色定位和乡镇图书馆的基本面。

(一)缺乏立法保障和制度保障,乡镇图书馆发展动力不足

立法保障和制度保障是公共图书馆可持续发展的根本所在。在桐庐调研的访谈中,发现一个重要的共性,即所有已经建立分馆的乡镇(街道)的文化分管领导都对总分馆制建设投入极大的热情和极大的支持。从中也突显出乡镇图书馆的建设在很大程度上属于主观自愿行为和行政要求,而非客观必须行为,属于意识行为,而非刚性要求。即使通过政府发文的形式,也只体现了行政要求,而非法的要求。如换一任领导,换一种思路,影响乡镇图书馆的推广和未来可持续发展因素产生的几率就会大大增加。

(二)各级公共图书馆角色定位不清,导致功能重复或弱化

公共图书馆的服务是成网络体系布局的,各级图书馆在整个网络体系中扮演不同角色,各司其职。但目前状况下,往往存在角色定位混乱,功能重复或弱化的现象。如市级图书馆直接扶持乡镇图书馆建设,势必会造成区级图书馆功能的弱化,也会造成市级图书馆在整个服务体系中负担过重,无暇顾及;区级图书馆无力支持和管理乡镇图书馆的发展,任其自身自灭,导致乡镇图书馆在业务管理和资源建设上无以维系。同时,各级图书馆间除了松散的业务合作关系,缺乏业务调控和管理,各自为政,导致资源浪费、重复设置,也难以实现资源的合理调配和平衡发展。

(三)乡镇图书馆基本面欠佳,发展起点较低,基础较差

由于缺乏基本的立法保障和制度保障,公共图书馆服务体系的不健全,导致乡镇图书馆在经费、人力、场地、设备设施等方面,状况较差。经费上,图书馆建设后期资金无保障,既无力购书,更无力雇人;人力上,馆员队伍不稳定,专职不专用,即使专用人员也缺乏基本的业务知识;场地方面,大部分乡镇图书馆没有自己专属的独立场所,而沿用相对破旧、环境差的旧建筑,阅读条件的缺陷,对读者的吸引力进一步降低;此外,设备设施随意挪用现象严重,无法正常用于乡镇的读者服务工作当中。

四、总分馆制模式在国内外的成功案例分析与借鉴

(一)国外总分馆制探索和案例分析

国外图书馆总分馆制大部分都以法律的形式规定公共图书馆的建设主体,使得同一个系统内的服务标准相对统一,明确了各级单位的不同职责。各图书馆系统都在一定范围内实现了人、财、物的统一管理,做到了相对完善的总分馆制。

英国作为世界上最早建立公共图书馆制度的国家,早在 1850 年就颁布了世界上第一部公共图书馆法,1919 年和 1964 年,英国两度重新颁布了公共图书馆法。法案中明确政府为责任主体。

美国作为一个联邦制国家,其公共图书馆服务体系的结构相对复杂,不能简单理解为清一色的"总馆—分馆"制,"地方政府"和其他法人成为当地公共图书馆的建设主体。虽然它的建设主体类型相对丰富,但在同一个系统内的服务标准相对统一,其建设主体的职责和权力也相对明确。

德国在各个城市设一个中心馆,下设若干个分馆,统采统编,统一管理,由中心馆馆长任命分馆馆长管理图书馆业务,实现人、财、物的统一管理。

(二)国内总分馆制建设现状和分析

国内图书馆总分馆制建设起步于本世纪初,因开始时缺乏有效的整体规划,所以总分馆制建设出现多种模式共同发展的局面,比如以苏州为代表的委托制模式;以上海为代表的区域联盟模式;以浙江嘉兴为代表的先有委托模式,后发展为总分馆模式;以佛山禅城为代表的纯粹意义的总分馆体系,所有这些模式的实践与探索对平衡区域间的服务差异,增强乡镇图书馆的服务能力与服务水平起到革命性的作用。但鉴于我国公共图书馆的体制框架是"一级政府负责一个图书馆",到目前为止,仅仅依靠市级图书馆的力量,在其辖区范围内对乡镇一级的图书馆实现全覆盖尚存在一定差距,一是市级图书馆在技术支持、业务指导、文献统一采编等方面承受巨大压力而导致力所不能及;二是乡镇图书馆基础差,力量弱,一旦缺乏或失去外来有效的帮助与指导,建成后或无馆可开,或处于休眠状态,或就直接关门。杭州图书馆自 2009 年起,以桐庐县图书馆作为试点,力推"中心馆—总分馆"模式。其体系特点是市级馆为中心馆,负责提供对全市服务网络的技术支持、管理指导和业务规划,县级馆为总馆,通过人、财、物统一管理的形式,负责乡镇分馆建设,目的是充分发挥县级图书馆对乡镇图书馆的辐射作用,以提升乡镇图书馆的服务能力与服务水平。

五、桐庐县图书馆乡镇分馆建设案例分析

桐庐县地处浙江省西北部，总面积 1825 平方公里，辖 2 个街道、7 个镇、4 个乡，总人口 40 余万，百姓居住较分散。2009 年，杭州市各县（市）GDP 排行桐庐人均 GDP 42902 元，全市第 3，属于杭州市二类地区，相对于萧山区、余杭区有一定差距，同时又优于淳安县，与建德、临安等县、市（区）相仿，其政治、经济综合状况在我市区、县（市）中属中游水平，具有一定的代表性和典型性。从 2007 年开始，桐庐县图书馆着手在全县 183 个行政村（社区）建立图书流通服务点，至今覆盖率已达100%。并于 2009 年 1 月正式启动总分馆建设，至 2010 年底，实现了全县范围内乡镇图书馆分馆建设全覆盖，即全县 13 个乡镇街道建立了 12 个乡镇分馆（桐君街道除外），初步形成了县、乡（镇）、村三级图书服务网络。桐庐总分馆体系建设的实践，主要体现出以下特色：

（一）以市馆为中心馆、县馆为总馆、乡镇馆为分馆的构建模式

以中心馆—总分馆制运营模式，整合市、区、县（市）、乡镇（街道）、村（社区）图书馆（室）资源，是桐庐县图书馆总分馆制试点工作开展的基础和核心。通过上述体系的构建，明确各级图书馆在体系中的角色和职能。杭州图书馆作为全市公共图书馆服务网络的中心馆，主要承担对区、县（市）公共图书馆业务的规划、指导、协调、评估考核等工作，整合区、县（市）公共图书馆资源，建立统一的技术平台、检索平台和服务标准。桐庐县图书馆为总馆，负责本辖区范围内各级图书馆的具体业务操作，根据总分馆体系的具体任务要求，组织落实统一采购、集中编目、通借通还、数字资源库建设、资源共享等工作任务，统筹管理乡镇分馆的购书经费、人员经费、资源建设和相关业务活动。乡镇图书馆作为桐庐县图书馆分馆，接受县总馆业务管理，其主要职责在于拓展乡镇分馆的服务领域和服务功能，创新服务手段，提高服务质量和服务水平，采取多种服务方式提高文献信息资源利用率，充分发挥其宣传教育、陶冶情操、娱乐休闲等多种功能，为当地经济社会发展和科学文化普及提供服务。

（二）县—乡总分馆建设的保障措施

1. 政府主导，分级投入

2009 年 5 月 14 日，桐庐县人民政府办公室专门出台了桐政办关于《桐庐县构建城乡一体化公共图书馆服务体系实施意见》（〔2009〕70 号）的文件通知，确定了总体目标、工作任务和要求，明确了乡镇图书馆由县、镇（乡）两级政府共同投入（即镇（乡）政府每年必须确保人均 1 元以上的购书经费；县财政按 1:1 落实配套经费，并交县图书馆（总馆）统一采购），桐庐县图书馆为管理主体的指导思想。并通过制订了《桐庐县图书馆乡镇分馆管理暂行办法》，明确乡镇分馆的管理职责、资金

管理、人员管理、设备管理、乡镇分馆服务与读者权益、绩效考评等。桐庐县文化广电新闻出版局作为县政府文化行政主管部门,还与各乡镇政府签订《乡镇(街道)分馆合作共建协议书》,约定和明确了县图书馆总分馆建设的主体和管理责任,建立了合作共建机制和长效管理机制。此外,县政府分配了13个人员指标,用于各分馆工作人员的配备,同时各乡镇根据分馆的规模和实际,配置1名以上工作人员,以确保乡镇分馆的正常工作。

2. 实行人力资源集中管理的模式,奠定馆员队伍保障体系

根据"政府主导、分级投入、集中管理"的主导思想,颁布了《桐庐县图书馆乡镇分馆管理暂行办法》,为稳定馆员队伍,提升队伍的专业素质打下了基础。乡镇分馆建成后,由总馆派出工作人员,负责日常业务管理;乡镇负责配备一定数量具有相应资质的管理人员。乡镇配备的管理人员,原则上根据县总馆的要求向社会公开招聘。试用一定期限后,经县总馆考评能够胜任分馆工作的,由乡镇与其签订岗位合同;为保证基层图书馆业务开展的专业性和规范性,乡镇配备的管理人员,由总馆统一培训,统一考核,统一管理。对表现优秀的管理人员给予表扬和奖励,对考核连续两年不合格的管理人员,乡镇政府不再续聘。

3. 建立了统一采购、统一编目、统一配送的文献保障模式

县、乡镇两级政府投入的购书经费交予总馆即县图书馆,由总馆集中管理,统一规划、统一管理、统一采购、统一编目、统一资源配置,总馆设立农村图书流通部,主要负责乡镇(街道)分馆文献资源的管理工作。集中管理购书经费优化了全县范围内的文献资源和布局结构,实现了文献编目工作的标准化和规范化,避免了机构重复设置和人员重复劳动,提高了工作效率。这种集中采购,集中编目,按时配送的文献运作模式,极大地保障了总分馆制内各级分馆文献的有序增长和书目数据的统一连贯,并且节约了资源、优化了馆藏,为通借通还和服务一体化打下了坚实的基础。

4. 通过通借通还、资源共享,建立读者服务保障体系

据调研,桐庐县总分馆制依附于中心馆"图书馆集群管理系统",通过互联网技术,实现全杭州地区图书馆书目检索、数字资源的共享共用。乡镇分馆与县总馆进行网络系统整合,进行计算机网络化管理,实行"一证通",图书在全县乡镇各总分馆内通借通还;分馆与总馆资源整合,包括纸质图书资源和数字信息资源,分馆图书报刊资料由总馆统一配置,书刊至少每两个月送书上门流通一次,数字资源与市中心馆共享。读者无论在总馆还是分馆,均可以通过统一的检索平台,检索服务网络内全部的文献资源。与此同时通过全国文化信息资源共享工程平台,读者在分馆可以享用县、市公共图书馆的电子图书、数据库等数字资源、全国文化信息共享工程数据等,初步实现了面向乡镇读者的服务保障。

（三）县—乡总分馆制的实施成效

桐庐县图书馆总分馆制的试点工作实践证明，桐庐县实行总分馆制模式是合理配置图书馆资源、统筹城乡文化发展、拓展图书馆服务网络的有效方式。自2009年1月15日，桐庐县首个乡镇分馆——凤川镇图书馆正式挂牌成立，拉开了桐庐县总分馆制建设的序幕，同月18日，合村分馆也开馆启用，标志着桐庐县图书馆总分馆制模式正式启动。之后，合村、莪山畲族乡、江南、分水、横村、瑶琳、百江、富春江乡镇分馆相继启动，至目前全县100％的乡镇建立了分馆，真正实现了基层群众身边有图书馆。

乡镇分馆的设立，缩短了公共图书服务与老百姓的空间距离，扩大了服务面，基层群众读书逐渐形成氛围。阅读日渐成为大众的习惯，许多村民的兴趣从麻将桌转到了图书馆。2009年成立的瑶琳图书分馆在当年暑期中名副其实地成了人气最旺的地方，这里每天要接待160余人次的读者，不少学生都是常客，把分馆当成了自己的"第二课堂"。乡镇分馆的建设使文献信息资源的利用达到了最大化，有力地推进了县公共图书馆的延伸服务，有效地解决了农村居民"看书难，看报难"的问题，深受广大读者欢迎。

在提升读者服务质量的同时，对各级图书馆内部管理也起到了积极的推进作用。县联合编目中心的快速建立与高效运作，调整和优化了包括总馆在内的全县图书资源，实现了工作效率的最大化；在全县范围乃至杭州地区内实现了书刊借阅的"一证通"管理，促进了公共图书信息和数字资源共建共享；通过统筹配置，优化和拓展了县域技术资源、人才资源及服务资源，极大地提升了服务效率；实现了乡镇图书馆和村图书室的规范有序管理和运作。

此外，乡镇分馆的设立运行，促进了农村公共图书馆建设，获得社会各界的普遍认可，也得到了他们的热心支持和帮助。如美国加州圣裕图书协会，近年来以每年一万元的额度支持桐庐县畲乡分馆的图书事业；中国电信杭州分公司也投入6万元帮助改建畲乡图书分馆，并帮助该馆安装了立式空调。

（四）县—乡总分馆制的发展前景

为促进浙江省公共图书馆服务均等化，完善城乡一体化公共图书馆服务体系建设，满足广大人民群众基本文化需求，浙江省出台了《关于推进全省城乡一体化公共图书馆服务体系建设的指导意见》，杭州市委办公厅、杭州市政府办公厅出台了《关于进一步加强杭州市公共图书馆服务体系建设的实施意见》。在杭州市"一证通"工程的研究实施基础上，缓解杭州图书馆的总馆压力，将其担任的基层馆总馆的角色转交给区县图书馆，充分发挥区县图书馆积极性和作用，保证乡镇图书馆正常有序发展，保障基层广大读者能够得到全面平等服务。在此基础上，杭州市推行"中心馆—总分馆制"，以杭州市图书馆为中心馆，区县馆为总馆，并在桐庐县进行了区县图书馆总分馆制的试点实施，并取得了可喜成绩。

　　根据"中心馆—总分馆制"实施设想,整合全市公共图书馆资源,建立服务网络覆盖城乡、组织结构科学合理、文献资源统一调配、服务质量基本一致、运行高效节约的公共图书馆服务体系。争取在"十二五"期末,建成规模适当、产权清晰、功能完备、运行高效的四级公共图书馆服务网络。到"十二五"期末,实现乡镇(街道)分馆的全覆盖。

　　至2009年底,桐庐县实现了乡镇分馆全覆盖和全县183个行政村(社区)图书流通服务点全覆盖。桐庐县图书馆总馆、各乡镇分馆与杭州市图书馆数字资源完成共享,实现"一证通",图书在全县总、分馆内通借通还,初步实现了桐庐县公共图书馆的普遍均等服务。桐庐县图书馆总分馆制的初步成功实施,为在杭州市其他地区推行区县总分馆制构筑了有利条件,奠定了良好基础。

(五)县—乡总分馆制建设实践中碰到的困难

　　以桐庐县为代表的总分馆制建设虽然在某种程度上体现了行政管理和专业管理的相互融合,并且代表着县—乡总分馆建设新的探索。在建设实践中也碰到了一些困难与问题,主要表现在三个方面:第一,分馆工作人员年龄偏大、职业素养偏低,开拓精神缺乏;第二,分馆专业基础较差,服务质量与水平的提升需要较长时间的培育;第三,总馆在工作人员配置方面压力不断加大。由于总分馆制的实施,总馆在文献统一采编、业务辅导、财产浮动管理等方面的工作量随之增加,但相应工作人员并无同步增加。以上这些问题需要在完善制度、深化实践的过程中,逐步得以改善。

六、研究结论

　　我国现有公共图书馆建设体制是"一级政府建设并管理一个图书馆",其特点是分级财政基础上的多元建设主体和多层管理体制,这种的体制下,一个区域的公共图书馆服务能力与该区域的财政能力有密切的联系。鉴于行政级别越低,财力就越弱的事实,乡镇分馆建设一直举步维艰,很难走出建设——关门——再建设——再关门的循环。为了完善公共图书馆服务体系的构建方法,并将服务触角向下延伸,以推动公共图书馆服务体系对全社会的覆盖,本课题组借鉴国外总分馆建设先进经验、总结我国各地图书馆服务网络建设实践、评析桐庐县—乡总分馆建设案例,据此提出县—乡总分馆的构建模式与运行构想:以市级公共图书馆为中心馆,县级公共图书馆为总馆,镇级图书馆为分馆的总分馆模式,实现人、财、物的集中管理与调配,制定统一的服务标准和服务内容;以县级政府为主导,在中心馆的规划和指导下,充分发挥县级公共图书馆的功能和主体作用,为乡镇级公共图书馆发展提供支撑和发展动力。

(一)建设主体角色定位

政府是公共图书馆的建设主体,公共图书馆是实现公共文化服务目标的主要力量。在县/乡镇总分馆建设实践中,存在县乡两级政府、市县镇三级图书馆的互动关系。所以,厘清参与各方的角色地位与职责,是推进总分馆建设并逐步得以完善的重要前提。在各类关系中,县级政府主导、中心馆服务网络建设规划与指导实施是关键要素。在桐庐模式中,参与各方有明确的分工:乡镇一级政府承担乡镇分馆的建馆费用(场地、设备设施)及开馆后的日常运行经费,并落实每年户籍人口人均1元以上的购书经费;县级政府承担每个乡镇分馆1个临聘编制的人员经费;县财政按1:1落实配套购书经费,提供文献资源建设支持;中心馆负责总分馆模式设计、指导、监管总馆履行职责,自动化管理系统建设、服务标准规范的制定、参考咨询、馆际互借平台搭建及整个服务网络运作所需的技术支持与技术维护。县级图书馆负责乡镇分馆的业务管理,内容包括文献资源采编、加工、调拨与物流;人员培训、业务指导;乡镇级分馆在总馆的指导下为区域人群提供文献信息服务。上述投入方法的调整,弥补了现行的财政体制的缺陷,分散了基层图书馆建设的财政压力,符合乡镇分馆的建设发展需要。

(二)地方政策保障

作为公共品的公共图书馆,承载着保障公民基本文化权利、提供普遍均等文化服务的职责。服务网络建设实践也证明,总分馆制建设仅仅依靠图书馆行业的努力,力量薄弱且不稳定,必须有赖于地方政策的政策支持与保障。所以,地方政策要发挥其指导、规范与保障功能应具备下列特点,一是建立在相应的经济背景和理论基础上;二是科学明晰,易于执行;三是政策法定化。桐庐案例中,地方政策所规定的发展方针、发展目标、发展任务、具体措施等,既纳入了中心馆的专业要求和建设性意见,也符合县/乡镇两级财政的保障能力;并在监督管理、经费来源、分馆设置与运行、服务标准、考核奖惩等方面的内容进行定性或定量的规范,非常方便执行,大大提高了总分馆的建设效率,有利于形成良好的可持续发展前景。

(三)财政投入模式

根据我国现行的行政体制,政府级别越低,财政能力就越弱;公共服务的保障能力越弱,其对应的图书馆的服务能力自然也越弱。所以乡镇图书馆虽然是公共文化服务的重要组成部分,却基本得不到公共财政的有效支持,所以实现乡镇级图书馆经费投入的常态化、经常化,除乡镇级政府的量力投入外,需要依托县级财政的适当补助,中心馆的文献资源保障与技术支撑,县级总馆的物流与人力配置。桐庐县总分馆制建设在寻求公共财政支持方面,采用分级投入的方式,即乡镇分馆建设和运营保障,由县、镇(乡)两级政府共同投入。乡镇财政承担乡镇分馆的建馆费用及开馆后的日常运行经费,并落实每年户籍人口人均1元以上的购书经费;县财政按1:1落实配套购书经费,同时承担每个乡镇分馆1个临聘编制的人员经费。

这种分级投入的方法,既适应现行的财政体制,又分散了基层图书馆建设的财政压力,极大地缓解了乡镇分馆的建设经费难题,为乡镇分馆发展注入了强大的动力。

(四)运行模式

采用垂直管理方式,将人、财、物及服务管理权限集中到总馆,以促进区域内的图书馆服务平衡发展。集中管理的优势主要体现在:一是集中资源,统筹规划,避免重复浪费;二是节省投入,提高经费使用效率;三是明确统一的服务标准,消除区域内服务能力和水平的差异;四是弥补乡镇分馆资源、技术、人力的不足,带动其共同提高与发展。集中管理的内容包括:工作人员的配置与培训;文献建设经费、人员管理经费的集中管理与使用;文献财产的归属、馆舍及相关设施用途;制定统一的服务标准及服务内容。在桐庐模式中,将区县、乡镇两级政府投入的购书经费交予总馆即县图书馆,由总馆集中管理。总馆设立农村图书流通部,负责乡镇分馆文献资源的统一采购、统一编目、统一配送等工作;乡镇分馆的工作人员由县总馆统一招聘、统一培训、统一考核、统一管理,使各分馆摆脱原有的经济条件、馆舍条件、馆藏资源和人员业务水平等诸多约束因素,极大地改善了图书馆的分布和服务能力,提高了服务人口的实际覆盖率。

(五)技术支撑模式

总分馆服务网络建设中,分馆核心服务的开展,诸如通借通还、参考咨询、馆际互借等都离不开技术的支撑与保障。从优化运转、保障能力的角度看,由市级中心馆承担业务管理系统建设,并确保系统稳定运行更具现实性和可靠性,县级总馆在中心馆的指导下,实施分馆日常运作中的技术操作培训与维护。在桐庐模式中,中心馆承担了网络平台的建设、网络运作的管理、业务管理系统的维护、对总馆人员的技术培训,通过分级管理,形成稳定安全的技术系统。

(六)良好的工作机制,完善的配套制度

要将服务触角向下延伸并保证乡镇分馆工作的健康有序开展,需要建立良好的工作机制,以实现对乡镇分馆设置和运作的监管、指导、检查、整改、评价与奖惩,其中考核评价是保障乡镇分馆建设有效推进的重要手段。鉴于乡镇分馆对于县级总馆具有十分紧密的依赖关系,所以考核评价对象除乡镇分馆外,还应包括县级总馆,以保障总馆对乡镇分馆的辐射与支持。在桐庐模式中,专门成立了领导小组负责政策、规章的出台和督导、考核、奖惩的实施。比如出台了《关于构建桐庐县公共图书馆城乡一体化服务体系的实施意见》、《桐庐县图书馆乡镇分馆管理暂行办法》、制订了《乡镇(街道)分馆合作共建协议书》和乡镇分馆考核细则。为了保障乡镇分馆的服务朝着既定目标推进,中心馆专门设计阶梯式考核方式,即每年依据标准,中心馆考核县级总馆,县级总馆考核乡镇分馆,以保障县级总馆的履职效率与质量,从而保障乡镇分馆的成长与发展。

[参 考 文 献]

［1］程建宇,顾慧.桐庐县总分馆市的实践与探索[J].图书馆学研究与工作,2010(1):47－48.

［2］曹海霞,李振.县以下基层图书馆总分馆体系建设探究[J].图书与情报,2010(4):62－65.

［3］何蓉,崔晓文.美国纽约皇后区图书馆的公众服务体系[J].四川图书馆学报,2005(1):73－76.

［4］刘兰,黄国彬.国外公共图书馆总分馆制典型案例分析及其启示:以洛杉矶公共图书馆总分馆市为例[J].图书馆建设,2010(8):2－6.

［5］孙慧明,倪晓建.国外城市公共图书馆服务体系建设及其启示[J].图书馆建设,2011(3):81－84.

［6］王世伟,冯洁音.纽约公共图书馆的发展历史及服务管理特点:世界级城市图书馆研究之一[J].图书馆杂志,2003(3):61－67.

［7］李国新.中国图书馆年鉴:2006[M].北京:现代出版社,2006.

［8］邱冠华,于良芝,许晓霞等.覆盖全社会的公共图书馆服务体系:模式、技术支撑与方案[M].北京:北京图书馆出版社,2008.

［9］中华人民共和国国家统计局[EB/OL]. http://www. stats. gov. cn. 查询时间 2011－09－20.

互联网时代沿海发达地区农村综合
文化站工作的历史转型

王全吉[*]

[摘　要]互联网时代,农村综合文化站工作面临着重大的历史转型,改变传统的群众文化工作模式,将群众文化工作向互联网延伸,让互联网助推农村文化工作的蓬勃发展,在沿海发达地区迫在眉睫。它将深刻地改变农村文化建设的主体人群,有效提升农民文化生活品质,拓宽农民日常文化生活空间,缩小城乡居民的文化差距,为新农村文化建设注入新的活力。

[关键词]文化站;互联网;历史转型

送戏下乡、送书进村等有限的文化服务,与农民日益增长的文化需求相比,无疑是杯水车薪。在信息化时代,互联网却是缩小城乡文化鸿沟的一个有效载体,有效地突破城乡文化设施建设、文化资源分布不均衡等瓶颈。随着农村年轻网民的大量涌现,互联网正在逐渐改变农村文化的面貌,成为新农村文化建设、乡村社会经济发展的引擎。当互联网成为农村青年日常生活的重要部分,农民文化生活才可能出现质的飞跃,农民文化生活的多样性才有可能实现。

在互联网时代,农村综合文化站工作面临着重大的历史转型,改变传统的群众文化工作模式,顺应农村群众多样化的文化需求,将群众文化工作向互联网延伸,让互联网助推农村文化工作的蓬勃发展,这在沿海发达地区更是迫在眉睫。

一、互联网时代,沿海发达地区农村综合文化站网络化趋势的历史必然性

(一)沿海发达地区农民的经济条件

沿海发达地区是我国市场经济起步较早的地区,改革开放以来,这些地区市场化改革取得了显著成就,市场化进程位居全国前列,农村经济迅速发展,农民经济收入大幅提升。以浙江为例,浙江农民是市场经济的弄潮儿,他们勤劳、务实,敢为天下先,走南闯北找市场,民营经济迅速发展,农民收入稳步提高。根据国家统计局浙江调查总队的统计,2003年至2008年,浙江农村居民人均纯收入由5431元

---

*　王全吉,男,浙江省文化馆,研究馆员,研究方向:农村文化。

增加到 9258 元,2009 年浙江农民人均收入达 10007 元,首破万元大关,农村居民收入水平自 1985 年开始,已连续 25 年位居全国第一。浙江农民的 10007 元纯收入比全国平均水平要高出一倍[1]。经济的蓬勃发展,农民收入的不断增长,是浙江等沿海发达地区中青年农民走进互联网时代的经济基础。

(二)沿海发达地区的农村电脑拥有量情况

根据中华人民共和国国家统计局编的《中国统计年鉴 2009 年》资料,中国农村居民家庭平均每百户年底家用计算机拥有量(台),2000 年为 0.47 台,2005 年为 2.10 台,2006 年为 2.73 台,2007 年为 3.68 台,2008 年为 5.36 台。从这些数据中,可以看到农村居民家庭计算机拥有量的逐年上升趋势。应该看到,由于经济条件的不同,东部沿海和中、西部地区农村的家庭计算机拥有量有着显著的差异。以国家统计局的统计数据,2008 年东部地区农村居民家庭每百户拥有家用计算机 12.15 台,中部地区为 2.65 台,西部地区仅为 1.45 台,上海、浙江、广东、福建、江苏、山东等沿海省份远远超过全国平均水平[2]。据浙江省统计局统计,2008 年浙江农村居民家庭每百户家用电脑拥有量为 23 台[3]。杭州市统计局根据全市 1100 户农村居民家庭抽样调查数据显示,到 2009 年末,农村居民家庭平均每百户家用计算机拥有量为 36 台,家用计算机消费成为新的亮点[4]。根据目前发展态势,农村居民家用电脑的拥有量还在呈逐年递增的趋势,给农村带来了现代化的生活气息,以及多样化的文化选择。

(三)沿海发达地区的农民受教育水平

改革开放以来,我国大力发展教育事业,人口受教育程度不断提高,特别是沿海发达地区,在经济水平不断跃上新台阶的同时,农村教育事业取得了长足的发展,九年制义务教育得到全面普及,农村人口受教育程度不断提高。第五次人口普查资料表明,浙江省 2000 年,全省 7～12 岁的适龄儿童中,在校学生占 99.6%。浙江省劳动力文化素质的逐步提升,还可以从农村住户抽样调查资料中得到进一步的印证,1985 年农村劳动力的平均受教育年数为 5.80 年,1990 年为 6.55 年,2000 为 7.67 年,2001 年为 7.85 年。2001 年,拥有初中以上文化程度的劳动力占 58.9%[5]。农民受教育程度的提高,有助于农村社会互联网的推广。

(四)沿海发达地区的农民触网情况

网络以独特的优势,对农村青年人产生强大的吸引力。2010 年 4 月 15 日,中国互联网信息中心(CNNIC)在京发布《2009 年中国农村互联网发展状况调查报告》,截至 2009 年 12 月底,我国农村网民达到 10681 万人,网民规模保持增长,年增长 2220 万人,年增长率 26.3%。与网民总体的年龄结构相比,农村网民更加趋于年轻化。农村网民中 30 岁以下群体所占比例高达 69.2%,其中 19 岁以下年轻网民所占比重达 41.1%。报告认为,农村网民商务应用远落后城镇,娱乐应用比例持平,以网络音乐和网络游戏这两种使用率最多的网络娱乐应用为例,城镇使用率分别为 83.8%、68.6%,农村网民使用率为 82.7% 和 69.9%^[6]。从东部沿海地区农村电脑家庭拥有量来看,沿海发达地区农村网民数量更多。除了家庭电脑上网,在沿海发达地区,几乎每个乡镇都有网吧,一定数量的青年农民喜欢在网吧里上网。

二、互联网时代,网络对沿海发达地区农村文化可能产生的积极影响

虽然现在上网费用居高不下,但农村网民数量不断增长却是不争的事实。互联网正在改变传统乡村社会中信息闭塞的现象,助推农村社会的现代化进程,同时潜移默化地改变着农村文化的现状,对沿海发达地区的农村文化建设产生深远的冲击。

(一)深刻地改变当前农村文化建设的主体人群

当前在农村文化活动场所里,最活跃的是老人和妇女,青年人相对较少。主要原因是在沿海发达地区,逐渐富裕起来的家庭里,老人们有大量闲暇的时间,从事健身锻炼和文化娱乐活动,妇女们对健身活动有着强烈的参与意识,2006 年以来浙江乡村排舞推广活动成效显著,妇女唱主角。在农村文化活动中,农村里的年轻人参与热情明显不高,长期以来,他们在农村文化建设中的缺席,带来了一定程度的副作用。

但是互联网不一样,农村网民中,30 岁以下的年轻人成为主体。如果乡镇文化站能以高度的文化自觉,组织发动网民积极参与乡村文化建设,充分发挥农村青年网民的文化创造性,那将深刻地改变当前农村文化活动主体人群的构成,改变当前农村文化发展态势,对农村文化建设起到积极的推进作用。

(二)有效地提升当前农民业余文化生活品质

由于长期以来城乡两元化结构的影响,城乡公共文化设施布局、公共文化经费投入存在着显著的差异,农民精神文化生活处于边缘化的地位。农民日常文化生活从 20 世纪 80 年代以前的电影广播时代,走进了电视时代,看电视、参与健身和娱乐活动,成为农民业余文化生活的重要部分。进入互联网时代后,海量的网络信息,丰富的文化娱乐,网络成为农村年轻一代日常生活的重要组成部分。最新的新闻动态,电影在线观看,娱乐即时进行……农村网民享受着网络带来的全新文化生活。互联网突破时空的限制,缩小城乡文化的鸿沟,对当前农民业余文化生活品质,起到了显著的提升作用。

(三)有利于传承乡村社会优秀的传统文化

在现代化进程中,乡村民俗逐渐衰微,一些依托于民俗节日这个平台的民间传统文化处于消亡的边缘。电视等现代传媒进入农民的日常生活,对乡村民间传统文化的传播带来一定的冲击。农耕时代传统民俗节日里盛大的民间艺术狂欢的场景,已经很难寻觅了,民间老艺人只有在黄昏中寂寞地回味着曾经属于手艺人的好

时光。然而在互联网进入乡村社会后，作为一个崭新的传播载体，互联网可以承载起乡村民间艺术现代传播的使命，其具有的超越时空性的特点，为乡村社会优秀传统文化的传播和弘扬，提供了极为有效的传播平台。

（四）有力地拓展当前农民日常的生活空间

互联网在沿海发达地区农村的推广，将不断拓展农民特别是青年农民日常生活空间，改变过去地域闭塞带来的生活单调的现象，为青年农民与外界的沟通交流提供新的渠道，改变了传统的生活方式和经营方式，有利于乡村社会公民意识的培育，推进农村的现代化进程。特别值得关注的是，农村年轻的网民开始尝试着网络购物，在网上推销农副产品，寻找感兴趣的经济信息，以互联网为平台，从事经济事务和经营活动。《2009 年中国农村互联网发展状况调查报告》提供的数字表明，在网上购物、网上支付这两种典型的商务应用中，农村使用率仅为 17.6%、15.1%，农村网民逐渐从互联网中获得实惠。浙江龙泉农民在网上推销竹制品、茶叶、黑木耳、香菇等农产品，在网上的交易额每年都在上千万元[7]，就是一个典型的案例。

（五）逐渐地缩小城乡居民之间的文化差距

互联网进入乡村社会，给乡村社会带来的积极影响显而易见。与城市相比，农村永远不可能有大剧院、大型图书馆等优质的公共文化设施，没有中外经典的文艺演出，城里的影院可以同步放映好莱坞大片，而乡村电影放映与城里的影院根本不能同日而语。但是互联网给农村网民带来的文化选择性却是多样的，可以与城市网民共享相同的网络资源。在互联网上，城里的市民与乡村的农民浏览的网页，点击的电影，听到的歌曲，网络上的购物，论坛上发帖，却是同步的。互联网是逐渐缩小城乡居民之间文化差距的有效路径，在互联网世界里，没有城乡的分界，只有开放和共享。

三、互联网时代，沿海发达地区农村综合文化站工作的历史转型

从历史发展的视角来看，新中国成立后我国农村文化事业经历了三个发展阶段，一是上个世纪 50 年代至 70 年代，是电影（广播）时代，电影和广播等作为农村主要的文化载体。二是 20 个世纪 80、90 年代，是电视时代，电视作为主要的文化载体。三是进入本世纪以来，是电脑时代，互联网作为主要的文化载体，进入农村里年轻人的生活。在这三个不同的发展阶段，电影、电视、电脑这三个典型的文化载体，直接影响着农民的文化生活水平。

当前，沿海发达地区农村综合文化站处在特定的历史转型时期，不能再停留在以往的工作模式和思维惯性中，要充分看到互联网对农村文化建设发展带来的作用，把握千载难逢的历史机遇，把群众文化工作向互联网拓展，让网络文化生活与传统文化活动相映生辉，比翼齐飞，实现农村综合文化站工作的历史转型。

（一）根据互联网的丰富性特点，开展互联网知识普及培训，为青年农民开启通往互联网世界的入口

互联网使人类迈进信息化时代。巨大的信息量和及时的更新，使农村网民走上信息的高速公路。农村网民最初接受互联网知识，大致有几种途径，一是中小学里的电脑教育；二是从城乡的网吧接触互联网，三是村民间的手帮手传习。沿海发达地区乡村学校里对学生的互联网启蒙，对于日后成为网民有着积极的意义。比较而言，从网吧里接触互联网，可能更会受到网络上的亚文化影响。乡镇综合文化站应该承担起普及互联网知识的重任。一方面，在一些发达乡镇具有客观的条件，信息共享工程建设购置了一定数量的电脑设备，中小学电脑资源可能共享，乡镇政府机关和学校里有懂电脑的人才；另一方面，农村有一定文化基础的青年人对互联网普及存在着需求。乡镇综合文化站应该站在信息时代的制高点，开展电脑普及培训，从根本上改变城乡文化不对称的现状。通过开展互联网基础知识、电子商务、优秀网站推荐等普及培训，造就沿海发达地区的新一代农民。宁波慈溪市庵东镇文化站 2006 年以来积极开展电脑技术培训，并在当地民营企业支持下为企业青年职工普及电脑基本知识，取得了一定的成效。当互联网成为农村青年日常生活不可缺少的一部分，他们的文化生活就变得丰富多彩，从互联网中获得文化上的满足和经济上的收益。浙江义乌市青岩刘村常住人口 1500 人，背靠义乌大市场开起了网店，村里的民风渐变，打麻将的少了，开网店创业的村民多了，村子里白天静静地，都窝在家里做网上生意，到下午 4 点多，网店老板们把打包好的货搬出来，快递公司一家家地来收货，忙碌和热闹的景象一直要延续到晚上 9 点多，互联网改变了他们的日常生活[8]。

（二）根据互联网的互动性和即时性特点，增强虚拟空间与现实文化工作的互动，扩大乡镇文化工作的发展空间

互联网互动性和即时性的特点，使乡镇综合文化站工作向互联网延伸，有了巨大的发展空间。一是建立网站或网页。乡镇综合文化站应该在当地乡镇政府网站下，建立文化站网页，通过论坛发帖、站长信箱等形式，了解当地网民以及群众的文化需求，使群众文化工作有的放矢，提高群众的文化参与度。二是建立文艺团队QQ 群。QQ 聊天等网络即时通讯工具，为群众文化团队的建设提供了便捷的方式，有利于增强业余文化团队的凝聚力。浙江温岭市横峰街道文化站建立"鞋乡戏迷 QQ 群"，经常在 QQ 群里交流越剧的演唱流派、越剧演出等信息，切磋越剧表演艺术，坚持每月的第一个星期六聚会，吸引了省内上千名戏迷朋友到此聚会，也给横峰当地的戏迷朋友提供了每月过戏瘾的机会[9]。三是文化活动的网络化。乡镇综合文化站通过组织网上的摄影大赛、网络征文比赛等群众文化活动，将比赛的信息、作品展示、网民投票等，在互联网上进行，吸引群众的广泛参与，扩大群众文化活动的社会影响。浙江嘉兴市秀洲区王江泾镇的连泗荡网船会，是与江南水乡渔

民生产、生活习俗相关的民间水上庙会活动，是国内唯一的一处水上庙会。2010年元旦起，该镇文化站联手浙江省摄影家协会，组织"中国江南网船会"民俗风情摄影比赛，拍摄内容为江南渔民习俗——网船会相关活动，以及王江泾镇的民俗风情、人文景观、运河风光、连泗荡风光。摄影大赛的信息在网上发布后，被网友纷纷转载，影响不断扩大，嘉兴地方论坛、浙江摄影网，以及上海、江苏等地论坛都转载本次摄影比赛的信息，来自全国各地的摄影爱好者纷纷参与，应征的摄影作品众多，既达到了宣传、推广当地民俗文化的成果，又提升了文化活动的社会影响[10]。乡镇文化工作中自觉运用互联网这个载体，更能吸引农村里青年网民的参与和支持。

（三）根据互联网的开放性特点，实现网络文化资源共享，突破农村文化空间的封闭性这一传统瓶颈

传统农村文化空间的封闭性，使乡镇文化站工作不可避免受到许多因素的制约。文化设施、文化设备有限，文化下乡不能常态化，城乡二元治理结构使农村文化建设呈现出先天不足的现象。然而在互联网时代，曾经制约农村文化发展的瓶颈可望得到很大程度上的突破。互联网最根本的特性，便是它的开放性，互联网就是建立在自由开放的基础之上。在互联网时代，乡镇综合文化站在开展公共文化服务中，要充分重视互联网信息量大、文化资源丰富，以及高度的开放性、便捷性特点，组织开展佳片欣赏活动、举办网上展览、网上群众文艺辅导等活动，突破农村文化空间的封闭性，共享网络丰富的文化资源。综合文化站定期推荐观看优秀影视作品，欣赏网络上精彩的文艺演出，听取网络上的人文讲座和文艺辅导，引导农村业余文艺骨干学演农民喜闻乐见的优秀文艺作品，强化先进文化的影响力，以优秀的文化来抵御亚文化和庸俗文化的侵袭。

（四）根据互联网的超时空性特点，推动传统文化展示的网络化，传承和弘扬优秀的民族民间文化

互联网具有越时空性，信息可以超越时间的限制，在网站或者网页上保存与传播，可以超越地域的限制，在更为广阔的空间里进行远距离传播。根据互联网的越时空性特点，在沿海发达地区的乡镇综合文化站，积极创造条件，通过互联网这个极好的信息载体，建立当地文化网站或网页等，以图文并茂的方式，包括推出传统地域文化的视频，推动乡村传统文化的传承、弘扬和创新。浙江湖州市南浔区练市镇文化站建立文化网站，设置"练市风情苑"、"民间传说"、"民间俚语"、"群文活动"等，重点推介练市的地方文化，如练市船拳、水乡古桥、民间俚语等，吸引了许多网民浏览、跟帖和评论，扩大了练市传统文化的社会影响。有网友看了《练市船拳与含山轧蚕花》的文章和精美的图片后，"纷纷发帖或询问其内涵，或探寻其根源，对江南水乡这一独特的地方传统文化表现出了浓厚的兴趣。"浙江《青年时报》的记者从网上看到"水乡古桥"专题中近百座形态各异的练市古桥，赶来拍摄并撰文介绍，认为"练市的这些古桥,对运河申遗有着至关重要的作用,因为这些桥上,都包含着当时的年号、桥位置、当时风貌等丰富的信息。"①当现代化、城市化进程中,农耕时代的传统民间文化逐渐失去其存在的土壤时,互联网恰到好处地成为乡村传统文化展示、弘扬的有效载体。乡镇综合文化站应该把握这一历史的机遇,加快地域传统文化的数字化进程。

(五)根据互联网的个性化特点,引导青年农民建立个性化的文化博客,展示新一代农民的文化创造和精神追求

互联网使人们的个性文化得到了前所未有的发展。随着农村电脑普及率的不断攀升,农村网民群体的日益扩大,农村文化建设面临着极好的发展机遇。沿海发达地区的乡镇综合文化站应该以文化自觉,以互联网为载体,通过组织乡镇的博客大赛、建立乡镇的文化博客圈子等形式,发挥博客在乡村文化建设中的积极作用,引导和鼓励青年农民建立个性化的文化博客,展示信息化时代农民的文化创造和文化自信。如沿海发达地区的一些乡镇,就有民间摄影团队,综合文化站干部引导摄影爱好者建立自己的博客,上传摄影作品,既展示农民的摄影习作,博客同时又是讨论、交流摄影艺术的平台,博客圈的建立将有效地扩大博客的影响,网络互动则推进了网民的文化参与。互联网作为传播先进文化的新途径,将充分满足青年农民的文化需求,激发青年农民的文化创造力,展示新一代农民的文化自信。

诚然,乡镇综合文化站工作的网络化转型,关注的是农村里的青年以及少年,不能惠及老年群体,但是农村青少年是最有活力的,是新农村文化建设最重要的力量,更是新农村文化的未来,

在互联网时代,如果我们继续对互联网视而不见,漠视互联网对农村文化建设巨大的促进作用,我们的群众文化将落后于时代。

［参 考 文 献］

［1］浙江去年农民收入破万元 高出全国水平一倍. 2010－01－26. 中国新闻网 http://finance. qq. com/a/20100126/004444. htm.

［2］国家统计局. 中国统计年鉴,2009.

［3］浙江省统计局. 浙江农民生活向全面小康迈进. http://database. ce. cn/district/sy/fz/200910/26/t20091026_20274210. shtml.

［4］农村居民家庭耐用品更新步伐加快. http://www. hangzhou. gov. cn/main/xxbs/T311672. shtml.

［5］浙江省人口普查课题组.浙江省人口文化素质与劳动就业问题研究.浙江省统计信息网,2003－01－07.

---

① 沈虎生.基层群众文化向网络延伸的实践与启示.

［6］中国互联网络信息中心.2009 年中国农村互联网发展状况调查报告.新华网.http://news. xinhuanet. com/eworld/2010-05/27/c_12150060. htm.

［7］浙江龙泉农村新气象：电脑作嫁妆网上卖农货.金农网,2005-06-19,http://www. agri. com. cn/doc/2005/6/19/76521. htm.

［8］陈聿敏.1 号淘宝村：地下室里创富忙.钱江晚报,2010－08－13.

［9］"鞋乡戏迷会"越办越有名气了 浙闽沪三地戏曲票友在横峰举办专场展演.温岭新闻网. http://wlnews. zjol. com. cn/wlrb/system/2009/11/08/011559281. shtml.

［10］"中国江南网船会"民俗风情摄影比赛征稿启事.嘉兴摄影网. http://www. jxsyxh. com/article. asparticleid＝11921.

浙江省乡镇综合文化站建设现状与发展对策研究

邢吴翔*

[摘　要]本文对"十一五"期间我省乡镇综合文化站建设取得的成就,存在的问题和发展对策进行研究探讨,着力在免费开放背景下,加强乡镇文化站综合性功能建设,提升乡镇综合文化站公共文化服务效能。

[关键词]文化站;建设现状;发展;研究

乡镇综合文化站是连接城乡公共文化服务体系的重要组成部分,是推动文化大发展大繁荣的基础环节,是党委政府开展农村文化工作的基本阵地,对于活跃农村文化生活,促进农村经济社会协调发展,具有不可替代的重要作用。近年来,在文化部的关心支持下,在浙江省委、省政府的重视、领导和各级文化部门的努力下,我省乡镇综合文化站建设取得了重大进展,呈现出不断上升的良好发展态势,当然也存在着一些制约乡镇综合文化站发展的问题。

一、近年来乡镇综合文化站建设的成绩

(一)乡镇综合文化站建设受到普遍重视

近年来,省委、省政府高度重视农村文化建设工作,围绕加快建设文化大省、实施文化建设"八项工程",出台了一系列政策措施,积极发展农村文化事业。特别是省委《关于进一步加强农村文化建设的实施意见》(浙委办〔2007〕38 号)、省政府《浙江省人民政府办公厅关于进一步加强乡镇综合文化站建设的意见》(浙政办〔2008〕66 号)等重要文件的出台,为我省各地不断加强和持续推进乡镇文化站建设提供了强大动力和有力保障。2008 年 3 月至 4 月,我厅分别分类召开了乡镇综合文化站设施建设工作会议,检查各地乡镇综合文化站设施建设的质量与进度,布置"十一五"后三年乡镇综合文化站建设规划。同年 11 月 7 日,在宁波召开全省乡镇综合文化站建设现场会,省委常委、副省长葛慧君出席会议并作讲话。会议进一

---

　* 邢吴翔,女,浙江省文化厅社会文化处,副主任科员,本科,研究方向:群众文化,乡镇综合文化站建设工作等。

步统一了各级领导的思想认识,明确了相关省级单位的工作任务。2010年3月17日,在苍南召开乡镇综合文化站建设推进会,34个建设任务较重的县(市、区)文化广电新闻出版局负责人参加了会议,共同谋划推进全省乡镇综合文化站建设的新举措。2010年6月29日,在海宁市召开全省农村文化建设现场会,全省各市、县(市、区)文化广电新闻出版局负责人参加会议,会议总结交流全省"十一五"期间农村文化建设成果,进一步探讨推进乡镇综合文化站建设的新路子、新方法。

近几年,杭州、宁波、嘉兴、温州、湖州、金华、丽水、绍兴等市主要领导或分管领导,均对包括乡镇综合文化站建设在内的农村文化建设工作进行了专题调研。各地还结合"十一五"规划的制定,普遍将乡镇综合文化站建设工作纳入了当地的经济社会发展总体规划。这些举措有力推动了当地乡镇综合文化站建设的进程。

(二)乡镇综合文化站设施建设有了新的进展

乡镇综合文化站基础设施是农村文化建设的主要依托,是提供丰富的文化产品和文化服务的基本载体,是满足农民群众的基本文化需求,保障农民群众文化权益的前提条件。近年来,我省各级党委政府以创建省、市级"东海明珠"和文化信息资源共享工程等为主要抓手,实施文化基础设施建设工程,不断加大对乡镇综合文化站建设的投入力度,新建和改建了一大批以乡镇综合文化站为主的基层文化设施。据全省社会文化动态数据填报系统统计,我省90个县(市、区)共有1510个乡镇(街道),共建有乡镇综合文化站1509个,其中已达标乡镇综合文化站1122个,达标率74.3%,比"十五"末提高了44%,一、二、三类地区达标率分别为70.85%、77.33%、79.26%。全省乡镇综合文化站平均面积为1086.36平方米(见表1),比"十五"末平均面积增加了约50%。（数据统计截至2010年12月）

表1 全省文化站站舍建筑总面积统计表

地市	文化站数	建筑总面积(m²)	平均建筑面积(m²)	馆舍平均面积排名
杭州	200	320392	1601.96	3
宁波	145	304395.60	2099.28	1
温州	292	192168.12	658.11	9
湖州	70	79477.30	1135.39	5
嘉兴	70	123365.90	1762.37	2
绍兴	116	162300.24	1399.14	4
金华	154	118096.44	766.84	8
衢州	107	69210.81	646.83	10
舟山	43	39025.08	907.56	7
台州	131	142225.39	1085.69	6
丽水	181	88662.85	489.85	11
全省	1509	1639319.4	1086.36	

(三)专兼结合的乡镇文化工作队伍基本形成

乡镇综合文化站工作队伍是农村文化建设的基本力量,是政府公共文化服务职能的主要承担者和实施者。目前,在全省 1510 个乡镇综合文化站中,有专兼职在职人员(包括招聘和临时聘用)3524 人,超出核编人数的 3.3%(见表2)。其中大专以上学历工作人员有 2395 人,占总人数的 67.9%。(数据统计截至 2010 年 12 月)

组织实施农村文化队伍素质提升工程。自 2007 年开始,每年在全省范围内组织实施农村文化队伍素质提升工程,将全员培训全省乡镇文化员作为"十一五"目标任务列入,为构建农村公共文化服务体系提供人才支撑。2010 年,省本级培训基层两馆馆长、文化站长和群文业务干部 700 余名,各市县文化部门全年累计培训乡镇文化员 1966 名、村文化管理员 2217 名、业余文艺骨干 15180 名,进一步提高文化站长和群文业务干部的专业技术水平和管理水平。

此外,每年由文化站组织开展的文艺活动次数达 33913 次,观众总人数达 1999 余万人次,全省乡镇综合文化站每年平均开展文艺活动 24 次(见表3)。全省乡镇综合文化站还活跃着 22191 支文体团队,这些队伍门类齐全,有腰鼓队、舞龙舞狮队、乒乓球队、象棋队、老年健身队及大量的地方戏曲团队等,覆盖老、中、青各个年龄层次。这些文体团队以乡(镇)文化站及各类文化广场为主要阵地开展活动,丰富了农民业余文化生活,成为繁荣农村文化的重要力量。

表2　浙江省各地市文化站从业人员情况表

地市	文化站个数	核编人数	现有在职人员人数
杭州市	200	438	439
宁波市	145	277	387
温州市	292	782	749
湖州市	70	217	201
嘉兴市	70	184	218
金华市	116	309	327
绍兴市	154	266	297
衢州市	107	151	143
舟山市	43	84	101
台州市	131	398	393
丽水市	181	305	269
总计	1509	3411	3524

表 3 浙江省文化站文艺活动情况统计表

地市	文化站数	文化站文艺活动次数	平均文艺活动次数	观众总人次	平均每场观众人次
杭州	200	5864	29	3874706	660
宁波	145	3945	27	2658741	673
温州	292	4068	13	2005338	492
湖州	70	1783	25	1204635	675
嘉兴	70	1933	28	1241758	642
绍兴	116	3732	32	2489896	667
金华	154	2600	17	1689547	650
衢州	107	2140	20	1367450	638
舟山	43	878	20	412589	470
台州	131	3738	29	1895820	507
丽水	181	3232	18	1154741	357
全省	1509	33913	24	19995221	585

(四)乡镇综合文化站工作机制进一步创新

创新是推动乡镇综合文化站不断发展的动力。乡镇综合文化站建设不能搞一刀切,一种模式,要根据全省各地的实情,积极探索多种样式、多种模式,充分激发乡镇综合文化站的活力。近年来,我厅对全省乡镇综合文化站评估定级标准和方法进行了修订,从办站条件、公共服务、业务建设、管理水平等方面对全省乡镇综合文化站开展了评估定级工作,全面促进乡镇综合文化站规范化建设,科学化管理,提高工作质量和服务水平。

为积极探索新形势下乡镇综合文化站管理运行模式,我厅开展了乡镇综合文化站试点工作,通过抓好城市街道站、中心集镇站、城郊结合站、山区海岛站、民族特色站等五种类型的乡镇综合文化站业务试点,探索不同类型乡镇综合文化站的建设管理经验,总结若干个既具有地域特色、民族风格,又体现时代特征、适合不同经济发展水平地区的乡镇综合文化站建设模式,用以指导全省乡镇综合文化站建设。经过 2 年的试点推进,2010 年 6 月底,在海宁召开的全省农村文化建设现场会上我厅对各试点乡镇(街道)综合文化站的创新举措、工作亮点及取得的成就进行综合展示,进一步总结经验,指导全省各综合文化站发挥优势、创新发展。下一步,我厅将继续发挥试点工作"以点带面"的特点,将各试点文化站的典型做法和经验在全省推广,推动全省乡镇综合文化站建设。

二、当前我省乡镇综合文化站建设存在的问题

今年是"十二五"开局之年，按照省委、省政府到"十一五"，全省实现"乡乡有一站（综合文化站）"的目标，根据 2010 年报统计数据，全省乡镇综合文化站建设达标率为 97.7%，有少数乡镇因为各种原因无法如期完成达标任务。究其原因，主要存在四个方面问题：

（一）乡镇综合文化站建设投入机制不健全

截至 2010 年底，还有少数乡镇综合文化站未达标，不少欠发达地区乡镇综合文化站处于"无房、无钱"的二无境地，出现"一站一人一桌"的现象。这主要是因为一些地方领导对乡镇综合文化站建设重视不够，造成地方文化经济政策落实不到位，农村文化投入长期偏低，相当一部分乡镇综合文化站没有经费预算，事业建设、业务活动等难以保障。一些欠发达地区的乡镇综合文化站经费几乎是空白。由于受经费的制约，无法建立有效的运行机制和保障机制，一些乡镇综合文化站处于闲置状态，即使偶尔"蜻蜓点水"式地开展一些文化活动，也往往量少质差，形式简单，难以满足农村群众日益增长的文化需求。

（二）乡镇文化员队伍管理有待加强

全省共有乡镇综合文化站专兼职人员 3711 人，其中在编人员 3037 人，缺编比例为 18.2%，"挪作他用"与"专职不专用"现象普遍，还有一批闲职人员长期游离在乡镇文化工作之外。由于基本待遇偏低等因素影响，一些乡镇文化员信心不足，工作上缺乏积极性。

（三）乡镇综合文化站管理体制机制不顺畅

目前，全省多数地区对乡镇综合文化站实行的是"行政隶属乡镇政府领导，业务上接受文化主管部门指导"的管理模式。由于有的乡镇领导对文化工作的重要性认识不足，看不到文化建设对于推动农村经济和社会发展的积极作用，往往重经济而轻文化，忽视了乡镇综合文化站建设。而一些县级文化主管部门则由于体制问题指导不到位，致使一些乡镇综合文化站处于"两不管"的窘境。

（四）乡镇综合文化站基础设施利用率不高

一些已建有文化设施的乡镇由于存在设施的空间布局不合理、或与农民群众的需求相脱节、或服务不到位等问题，造成设施的利用率较低。据统计，乡镇综合文化站的年平均接待群众为 3820 人次，每个文化站图书室的读者平均年借阅人次为 4200 万人次，图书陈旧、报刊偏少、借阅率普遍较低。

三、关于乡镇综合文化站改革发展的意见建议

(一)加强规范化建设

一要在财政投入上突出持续性建设,加大对乡镇文化建设的投入,建立文化投入的稳定增长机制,确保文化事业经费的增长不低于当地当年经常性财政支出的增长幅度,为乡镇综合文化站建设提供必要的经费保障。二要在文化设施上突出实用性建设,根据各地经济社会发展水平和开展活动需要,科学指导,区别对待,突出人文特点和文化资源优势,在打造特色上下工夫。要坚持乡镇综合文化站及其设施、设备公益性质,不得企业化或变相企业化,不得以拍卖、租赁等形式改变其用途。三要在文化队伍上突出素质性建设,分批分专业对乡镇文化员进行教育培训,统筹解决好欠发达地区乡镇文化员的养老保险、医疗保险、失业保险等基本保障问题,深化内部劳动、人事、分配等方面的改革,建设一支稳定的充满活力的乡镇文化队伍。四要在机制上突出长效性建设,按照加强农村文化建设和公共文化服务体系建设的要求,研究制订科学的乡镇综合文化站评估定级标准,建立健全乡镇综合文化站检查评估机制,通过对乡镇综合文化站设施建设、日常运行情况以及队伍管理、服务方式及效果等方面的评估,促进乡镇综合文化站的规范化管理,切实提高乡镇综合文化站的公共服务能力。

(二)统筹整合资源

长期以来,在农村文化建设中存在两种偏向,一方面,农村文化资源总量偏少;另一方面,现有的一些文化资源利用率不高,出现闲置浪费现象。为此,要把统筹和整合农村现有文化资源作为当前乡镇综合文化站建设的重点。一要整合利用好城市与乡村文化资源。以乡镇综合文化站为中介,通过送文化与种文化活动相结合、送戏下乡与引戏进城相结合,充分发挥文化馆等公益性文化事业单位的功能作用,推动文化资源向农村倾斜,促成各类文化资源要素的全面整合与有效利用。二要整合利用好公共图书馆资源和文化信息资源。大力推行公共图书馆总分馆制建设,充分发挥县级公共图书馆的资源优势,选择人口比较集中、经济较为发达乡镇推行图书馆乡镇分馆制,提高乡镇综合文化站的资源利用率,促进公共图书馆城乡一体化服务,有效解决农村群众借书难、看书难的问题。加快文化信息资源共享工程建设,建成覆盖大部分农村乡村的服务网络,让广大群众能够就近、方便和廉价地享受各类网上公共文化资源。三要整合利用好社会资源。由于乡镇综合文化站承担着多种文化服务职能,涉及文化艺术、教育、科技、体育等多个方面,为确保规划项目能够顺利推进,并使乡镇综合文化站的各项功能得以充分发挥,需要地方多个部门共同协作,明确任务分工,落实相关责任,形成乡镇综合文化站建设的强大合力。同时要营造良好的社会氛围,鼓励吸收社会力量参与乡镇综合文化站建设。

(三)建立考核机制

推进乡镇综合文化站建设,领导重视是关键。各级党委政府要切实把乡镇综合文化站建设纳入各地经济和社会发展总体规划,纳入中心镇及小康乡镇建设指标。建立县、乡政府领导班子任期责任制的考核体系,确保乡镇综合文化站建设在议程上有位置,内容上有安排,资金上有支持,考核上有指标,措施上有保证。

同时,政府要与乡镇综合文化站签订年度目标责任书,明确文化站的年度工作目标和服务规范,并严格考核奖惩标准。乡镇(街道)文化站对其工作人员同样实行目标管理,根据岗位性质和职责,明确年度工作任务要求,严格考核奖惩标准。对于文化站、文化活动室及工作人员的考核,均应以目标责任的履行完成状况为基础,并结合农民群众的满意不满意评价而进行。

在继续推进文化设施建设的同时,要着力用好用足文化设施,提高使用效益,既要防止"边建设边流失"的状况出现,又要避免"边建设边闲置"的现象发生。

"十二五"期间,浙江省文化厅将立足浙江经济社会发展实际,以十七届六中全会精神和省委全会精神为指导,在认真总结经验的基础上,坚持以乡镇为依托,加强乡镇文化站综合性功能建设,加强文化资源的配置整合,重点改善乡镇综合文化站开展公共文化服务所需的设备条件,提升服务效能。对符合条件乡镇综合文化站配备配套的设施、设备。针对我省乡镇综合文化站建设和管理的基本情况,制定《浙江省乡镇综合文化站服务规范》,做到服务标准,有章可循,努力建成"全覆盖"、"可持续"、"系统化"、"有保障"、"见实效"、"走前列"的公共文化服务体系,基本实现公共文化服务均等化。

余杭乡镇综合文化站建设与发展模式研究

龚　蓓[*]

[摘　要]余杭乡镇综合文化站，通过在基层公共文化服务体系建设机制和体制、内容和形式、方法和手段等方面的创新性；在积极探索实现公共文化服务普惠、均等的路径，实现城乡文化协调发展，提高政府公共服务的水平和公共产品的质量，充分体现政府主导等方面的导向性；在与实践紧密结合，促进村（社区）级公共文化设施大幅增长，群众文化活动日益繁荣，各项文化工作稳步推进，走入全省乃至全国先进行列等方面的带动性；在结合具体实践，遵循公共文化服务体系建设规律，根据当地经济、社会和文化发展的状况，建立责任明确、富有效率、服务优良的管理体制和运行机制等方面的科学性，实现了乡镇综合文化站投入稳定，设施完备，队伍健全，活动丰富，服务效果显著，形成了较为完善的公共文化服务网络。

[关键词]综合文化站；模式；特性

乡镇综合文化站是构建、完善公共文化服务体系，保障广大农民群众基本文化权益，加快社会主义新农村建设的关键所在。自党的十七届三中全会把乡镇综合文化站建设写入报告后，各地纷纷掀起乡镇综合文化站建设高潮，出现了许多建设与发展模式。本文通过对杭州市余杭区乡镇综合文化站建设与发展模式研究，找出其建设与管理服务体系的制度优势，为促进完善公共文化网络建设，提升公共文化服务水平，满足农民群众精神文化需求，提供具有普遍意义的启示和借鉴。

一、创新性

杭州市余杭区在乡镇综合文化站建设的组织机制、队伍建设机制等方面不断创新，确保了乡镇综合文化站机构的独立性，解决了乡镇综合文化站与其他非同类部门混合设置的问题；建立了专职文体干部队伍、业余文体团队可持续发展的管理机制，提升了公共文化服务能力，营造有利于乡镇综合文化站发展的环境。

（一）明确机构，创新组织机制管理模式

乡镇综合文化站作为一级政府的一个机构，在经历了乡镇事业单位机构改革后，其设置及归并，各地有着显著的区别。余杭模式为：明确乡镇文体服务中心（即

---

* 龚蓓，女，杭州市余杭区文广新局，副研究馆员。

乡镇综合文化站)是必设机构之一,属公益性事业单位,正科级,保持乡镇综合文化站为乡镇(街道)所属独立的文化事业单位建制,解决了与其他非同类部门混合设置的问题。经费实行全额拨款。人口在 3 万以上的乡镇(街道)综合文化站配备 2 至 4 名专(兼)职工作人员,其他乡镇(街道)配备 1 至 2 名专(兼)职工作人员。乡镇机构改革后,余杭基层文化工作机构不撤、职级不减、人员少。余杭模式,以强化乡镇文化事业机构的公共文化服务职能为立足点,突出了乡镇综合文化站的主体地位,确立了公共文化服务体系中乡镇综合文化站的服务功能,建立了乡镇综合文化站可持续发展的保障机制,突破了现行体制障碍,为充分发挥乡镇综合文化站公共服务能力打下了扎实基础。

(二)强化能力,创新文体干部管理模式

良好的业务能力是乡镇文体干部组织开展好文体工作的关键。由于乡镇综合文化站的干部配备不是由文化主管部门决定的,因而往往会出现"有人"但不一定"有能"的现象。为了解决这一问题,余杭从强化专职队伍业务能力为出发点,加强乡镇综合文化站文体干部学习力、创新力、执行力的学习与培训,并配以能说、能写、能拍、能画、能组织、能策划等一系列技能比武,建立一种全新的管理模式。透过这一模式,每个乡镇综合文化站文体干部的培训出勤、比武得分、技能特长等一目了然,每个乡镇综合文化站业务能力得分在全区的排位也十分清楚,并且这些结果,都将计入当年对本乡镇文体工作的考核。乡镇综合文化站干部的业务能力,直接影响到本人、本乡镇的文化形象,所以促使文化干部从"要我学"到"我要学",改变以往对业务培训总是文化主管部门"剃头挑子一头热"的局面。同时,也促使乡镇政府在配备综合文化站干部时,更多的选配适应该岗位特长的同志。这一管理模式,突破了现行体制障碍,找到了乡镇综合文化站干部配备与使用的结合点,从根本上实现了乡镇综合文化站文体干部素质的全面提升。

(三)等级评定,创新文体团队管理模式

业余文体团队是丰富群众基层文化生活的一支"生力军"。为充分发挥业余文体团队的积极性,加强管理,余杭以"等级评定"为载体,规范业余文体团队管理模式。文体团队分设一、二、三等级,从队伍人数、活动次数、参赛成绩、团队特色等方面进行考评定级,凡评上等级,给予相应级别的经费扶持,每次等级评定有效期二年。凡评上等级的文体团队,文化主管部门每年为他们提供"请上来"、"送下去"的免费培训,提升他们的整体水平,同时,积极给予上等级业余团队上台表演,外出交流演出的机会,在实践中加以锻炼。等级评定机制,改变了业余文体团队无人管理、无资金来源、无活动场地、无演出机会的困境,将其纳入文化工作管理体系,极大地调动了业余文体团队的积极性,业余团队积极向专业水准靠拢,有力推进基层群众文化的繁荣。

二、导向性

杭州市余杭区乡镇综合文化站建设和管理模式以保障广大群众的基本文化权益为立足点，积极探索实现公共文化服务普惠、均等的路径，实现城乡文化协调发展，提高政府公共服务的水平和公共产品的质量，充分体现政府主导，有较强的典型性，适合经济发达地区借鉴与推广。

（一）以保障群众基本文化权益为立足点，建立乡镇综合文化站建设支撑体系

乡镇综合文化站在我国长期实行县（市、区）文化局直接管理，文化站的人事权、财权等都在县（市、区）文化行政主管部门。随着乡镇综合文化站的经费、人事权下放到乡镇政府后，县（市、区）文化局、文化馆与乡镇综合文化站只存在一种业务指导关系，乡镇综合文化站建设出现了不同模式。余杭作为浙江省内较早探索城乡统筹和新农村建设的区（县）之一，为保障群众基本文化权益，多年来十分重视乡镇综合文化站建设。先后制定出台了如《余杭区文化名区建设规划》、《关于加快基层文化体育设施建设的意见》、《余杭区"十一五"文化体育事业发展规划》、《关于推进镇乡机构改革工作的意见》、《关于进一步加强余杭区乡镇综合文化站建设的实施意见》、《余杭区新农村建设五年行动计划（2011—2015年）》等一系列关于加强乡镇综合文化站建设的政策，并且专门成立余杭区乡镇综合文化站建设领导小组，坚持乡镇综合文化站建设"五纳入"，即纳入国民经济和社会发展规划，纳入精神文明建设重要内容，纳入乡镇、街道财政预算，纳入新农村建设目标，纳入对乡镇领导班子的考核内容。建立了政府统一领导、相关部门分工负责、社会团体积极参与的管理体制和工作机制。正是在这种支撑体系下，形成了乡镇综合文化站建设"余杭模式"，并在实践层面上已证明"余杭模式"是经济发达地区乡镇综合文化站建设最优模式。

（二）以满足群众精神文化需求为出发点，建立乡镇综合文化站建设资金保障体系

经济发达地区群众对精神文化需求的特点是：多层面、多种类、多参与、多体验。以满足群众精神文化需求为出发点的乡镇综合文化站建设，就必须加大投入力度，改进投入方式，建立起稳定高效的公益性文化事业经费保障长效机制。为构建乡镇综合文化站资金保障体系，余杭制定出台《关于进一步加强农村文化建设的实施意见》：要求各级财政加大对农村文化建设的投入，扩大公共财政覆盖农村文化的范围。区财政每年安排2000万元文化建设发展专项经费，主要用于乡镇综合文化站设施建设和开展重大文体活动。乡镇（街道）也必须安排一定的农村文化专项经费，以确保文化设施的建设和正常运转以及文体活动的开展。同时，区财政和省市文化主管部门对创建成功的"东海文化明珠"乡镇、信息资源共享工程、图书

"一证通"工程、乡镇特色文化活动、文化队伍建设等方面都给予相应的资金扶持。对乡镇新建大型文体设施更给予土地、规费等方面的支持和优惠。2010年,在确保每年2000万元文化建设发展专项资金的基础上,余杭每年再安排2000万元的文物保护专项资金,主要用于支持乡镇组织实施优秀乡土建筑等不可移动文物的修缮保护。稳定长效的经费保障机制,不仅有力地促进乡镇综合文化站的发展,而且在建设过程中更好地体现公益性、均等性、惠民性,为群众提供更多更好的公共文化服务和文化产品。

(三)以推进整体公共文化服务为切入点,建立乡镇综合文化站建设管理体系

公共文化服务是政府服务职能的重要组成部分,通过将分散在不同部门的公共文化服务资源有效整合,形成综合、系统、运行有效的公共文化服务网络,实现便民惠民。余杭在乡镇机构改革中,明确了乡镇综合文化站承担公共文化服务、指导基层文化工作、协助管理农村文化市场等七大功能,体现其公益性服务职能。在管理模式上,各乡镇(街道)负责乡镇综合文化站的日常管理,区级文化主管部门负责对乡镇综合文化站的监督和检查,区文化馆、图书馆等相关文化单位负责对乡镇综合文化站开展对口业务指导与辅导。区发改、财政、人事(编制)、规划、国土等部门各司其职,积极支持乡镇综合文化站的建设与发展。综合文化站由乡镇人民政府设立,区、乡镇双层管理,以乡镇管理为主的体制、模式,使乡镇、区文化主管部门、其他部门等关系理顺,职责厘清,责任明确,改变了过去机构设置过多、职能不清、效率不高等现象,各机构的职能得到细化和明确,机构之间的工作条块关系更清楚、顺畅,促进了分工协作,提高了整体服务能力,发挥综合效益。

三、带动性

自乡镇综合文化站建设"余杭模式"形成并取得初步成果以来,带动村(社区)级公共文化设施大幅增长,群众文化活动日益繁荣,各项文化工作稳步推进,走入全省乃至全国先进行列。全国各地文化部门及乡镇(街道)前来余杭考察交流频繁,乡镇文化队伍建设经验成为省市开展该项工作蓝本,"余杭模式"在一定范围内具有较大影响力和带动作用。

(一)带动村级文化设施增长

指导村文化室(俱乐部等)和农民自办文化组织建设,辅导和培训群众文艺骨干是乡镇综合文化站的重要职能。余杭通过乡镇综合文化站,着力加强村(社区)级文化设施建设,开展了区级文化村(社区)创建工作。至目前,已有288个村(社区)成为区级文化村(社区),占全区村(社区)总数92.3%,室内活动总面积达140000平方米以上,健身苑、点覆盖所有村(社区),每个村(社区)都组建有业余文体团队,"一村一品"文化活动正成为村级文化活动趋势。2006年2月21日,《中国文化报》以《浙江余杭文化村标准化建设结硕果》头版头条宣传余杭村级文化建设。

(二)带动群众活动广泛开展

积极组织开展各类文体活动，是乡镇综合文化站的中心工作。定期举办文化艺术节和人民运动会，是余杭乡镇文化活动的特点，至今所有乡镇均在举办，最长已坚持18年。同时，特色品牌活动，已成为余杭乡镇文化的"金名片"。各具特色的中国超山梅花节、中国竹笋节、塘栖枇杷节、径山茶圣节、仓前羊锅节、鸬鸟蜜梨节等"一镇一品"文化活动亮点突出、深受社会各界欢迎。其中，中国超山梅花节、中国竹笋节已发展成为杭州市级品牌。"相约周末"文化夜市被评为"全国特色广场文化活动"。余杭乡镇特色品牌活动的影响力已经从本地辐射到省市乃至全国。

(三)带动群文创作日趋活跃

乡镇群文创作一直是群文工作中的薄弱环节。余杭鼓励群文创作，各乡镇综合文化站拨专款为广大业余群文创作者搭建一个创作平台。各乡镇都设有文艺创编室，都编印自己的乡土刊物，如《临平山》、《唐栖》、《闲林埠》、《三白潭》等，最长的已坚持编印20余年，许多刊物，办出了影响，办出了魅力，成为宣传展示当地文化的重要载体。《临平山》、《唐栖》还在浙江省群文刊物评比中荣获一等奖。不少文艺工作者以基层文化生活为创作来源，创作加工基层群文精品，荣获国家级荣誉。如舞蹈《运河渔歌》获全国"四进社区"文艺汇演金奖；小品《汇报咏叹调》、民间舞蹈《余杭滚灯》、小戏《燕归来》、曲艺杭摊《西湖春秋》、《青凤收徒》等先后荣获全国"群星奖"；民间文学集《古歌悠扬》获第八届中国民间文艺"山花奖"等。

(四)带动文化遗产深入保护

文化遗产保护包括文物保护和非物质文化遗产保护两部分，而乡镇综合文化站恰恰是实施保护的重要力量。余杭明确乡镇综合文化站在保护工作中的职责，建立全区"文物守望者"队伍、乡镇文保员队伍、非遗保护志愿者队伍，有力促进文化遗产保护工作。在非遗普查中，通过乡镇综合文化站建立的普查员队伍，协助开展大量的普查工作，普查出5774个非遗项目，很好的摸清了余杭的家底，为后续申报各级目录打下扎实基础。非遗保护机制提炼为"余杭经验"，被浙江省文化厅在全省推广。同样在第三次全国文物普查工作野外调查中，乡镇综合文化站积极配合区级专家调查队，调查出1681处文物点。在此基础上，余杭启动不可移动文物保护修缮5年行动计划，乡镇综合文化站又投入到文物修缮项目工作中，余杭文物保护水平稳定提升。2009年，在北京全国文物工作地区表彰大会上余杭作为唯一县级代表经验汇报。

(五)带动文化市场规范管理

配合做好农村文化市场管理及监督工作是乡镇综合文化站职能之一。余杭拥有1105家文化市场经营单位，年经营产值约50亿元，从业人员近3万人。偌大的文化市场维持其繁荣有序除了区级行政主管部门,乡镇均成立了文化市场管理领导小组,乡镇综合文化站起主要作用,配合做好各项专项整治行动,打击违法经营行为,开展安全大检查,为区级执法中队进驻乡镇提供工作场所。健全的文化市场监管体系和规范有序的经营秩序,吸引了人民书店总部、"天畅科技"等一批在业内具有较大影响的文化企业入驻。"创意良渚"、"创意临平"、"创意西溪"等文化产业基地相继成立,余杭的文化产业基础得到加强。2008年,余杭获"全国服务农民服务基层文化建设先进集体"。

四、科学性

乡镇综合文化站建设应遵循公共文化服务体系建设规律,根据当地经济、社会和文化发展的状况,建立责任明确、富有效率、服务优良的管理体制和运行机制。余杭乡镇综合文化站建设的模式,符合经济发达地区的特点,适应"分级行政"、"分灶吃饭"的现行行政与财政体制,体现了各级政府应提供公共服务的责任,调动了各方面的积极性。

(一)制度设计科学化

优化乡镇文化服务方式,提高乡镇综合文化站的服务绩效,根本的途径在于科学有效的制度设计。乡镇综合文化站"余杭模式"中,有一整套被证明为行之有效的制度。例如组织制度设计,明确规定乡镇(街道)统一设置乡镇综合文化站,为正科级公益性文化事业单位,经费实行全额拨款;明确机构编制数,乡镇综合文化站以当地人口数量为依据配备相应的工作人员。例如准入制度设计,乡镇综合文化站站长由熟悉文化工作的同志担任,享受中层正职待遇。乡镇(街道)文体中心工作人员首先在乡镇(街道)现有适合岗位需要、素质好的人员中选调,人员不足,在征得区人事(编制)部门同意后,会同区文化管理部门向社会公开招考,严把文化干部素质关。余杭乡镇综合文化站制度的设计,符合余杭的实际情况,不仅能使有文化特长、素质优良的人员在乡镇文化站上有"用武之地",而且文体干部福利待遇得到保障,工作积极性得到了充分发挥,工作热情普遍较高。

(二)阵地运行科学化

乡镇综合文化站实行"硬件"建设与"软件"建设并重,加强以管理和服务为核心的"软件"建设,在"管好"、"用好"公共文化设施上下工夫,努力提高公共文化服务的能力和水平。余杭乡镇综合文化站阵地突出公益性,文化体育设施齐全,纳入乡镇政府的财政专项经费,保障文化活动中心的正常开放;各类免费的活动项目,保障群众的基本文化权益;全天候开放、延时开放、错时开放等管理举措,惠及全民;《余杭区体育健身设施公众责任保险办法》、《余杭区全民健身工程设施维修更新管理办法》,对公众免费使用的健身苑点进行投保和维修更新,更好地体现公益性。同时，为吸引人气，扩大服务范围，减轻文化活动中心运营成本，部分条件成熟的乡镇综合文化站还设置社会化运作的文化产业项目如歌舞厅、游泳池、乒乓球俱乐部、台球房、网吧等，纳入文化市场管理。

（三）评价体系科学化

绩效评价对农村文化建设起着管理、监督和激励的作用。余杭实施的乡镇文化干部个人、乡镇综合文化站年度工作实绩和乡镇政府任期目标考核三重评价体系，使得考核制度更贴近实际工作，考核工作更具操作性，考核结果更科学公平。每个乡镇综合文化站在编文化干部参加培训比武的成绩，计入年度乡镇综合文化站考评，因而个人成绩的高低将影响单位考核的成绩。对乡镇年度文化工作的考评，有共性和个性项目量化标准，包含乡镇综合文化站所有工作内容，并且这个量化标准每年修订。考评结果纳入区政府对乡镇年终综合考评，占乡镇年终考核总分 100 分中的 5 分。该评价体系的科学性在实践中得到检验，由于将乡镇综合文化站建设与其他工作放在同等重要的地位，使乡镇政府和县（市、区）文化主管部门形成工作合力，直接影响政府公共文化服务成效。同时，在评价体系的作用下，乡镇政府对文化工作的重视普遍提高，促使基层文化工作主体地位得到了提升，综合文化站干部积极性得到充分发挥，余杭文化体育活动蓬勃开展，受惠者众。

完善建设机制　提高使用效益

——公共文化设施建设机制和使用效益问题调研报告

杨供法　苏小锐　王问宇[*]

[摘　要]我国东部地区公共文化设施的建设和使用的主要问题,是公众文化需要难以充分满足与公共文化设施不能有效使用的矛盾。解决这个矛盾,要真正树立执政为民的理念,形成"政府—专家—公众代表共同参与"的规划机制和决策机制,以及"政府主导、分级负担、社会资金参与"的资金投入保障机制。浙江目前的公众文化需求结构处于从传统型向现代型过渡之中,公共文化设施之间普遍存在线性替代关系,决定了现有公共文化设施使用的低效益。提高公共文化设施使用效益,最根本的就是政府在提供文化服务上,贯彻以人为本的执政理念,寻找适当途径,采取各种形式,服务和保障公众对公共文化产品的自主选择权。

[关键词]公共文化设施;机制;使用效益;评价指标

目前,我国东部地区的公共文化设施建设和使用上存在着比较复杂的矛盾:一方面,随着东部地区经济的迅速发展,公众的文化需求结构也发生了很大变化,而政府又无力提供足够的适合公众需要的文化设施;另一方面,在近年兴起的新农村建设和文化建设热潮中,东部地区的网络化公共文化设施已经建成,但这些文化设施的使用效益并不理想,闲置现象比较普遍。这就形成了公众文化需要难以充分满足与公共文化设施不能有效使用的矛盾。这个矛盾已成为提高人民群众生活水平、全面建设小康社会的制约因素。因此,积极探索公共文化设施建设机制,提高现有公共文化设施的使用效益,是当前乃至今后较长时期内东部地区文化建设的一项重要任务。

一、公共文化设施的建设机制

如何解决上述矛盾,更好地满足公众的文化需要?基本的思路是在经济发展的基础上,构建充满活力的公共文化设施建设机制和管理机制,增加供给,改善管理,不断满足公众的文化生活需要。现就公共文化设施建设机制的主要方面分述

　*　杨洪法,男,台州学院副教授,法学硕士,主要从事地方文化研究;苏小锐,男,临海市文广局局长;王问宇,男,临海市文广新局文化科科长。

如下：

（一）公共文化设施建设的动力机制

所谓公共文化设施建设的动力机制，是指推动公共文化设施建设所必需的动力的产生机理，以及维持和改善这种动力机理的各种经济关系、组织制度等构成的综合系统。浙江各地的公共文化设施建设的动力机制主要包括以下几个方面（见图1）。

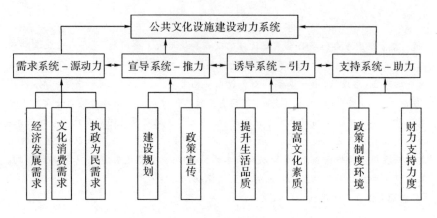

图 1　浙江公共文化设施建设动力机制结构示图

第一，经济发展需求和文化消费需求的增长，是公众参与公共文化设施建设的动力之源。经济发展为公众提高文化消费需求创造物质基础和条件，而公众文化消费需求提高，必然要求提高公共文化设施建设水平。2010年，浙江省城镇居民人均食品消费支出6118元，比上年增长9.2%，扣除价格因素实际增长仅1.6%；而教育、文化、娱乐等文化消费支出2586元，同比增12.7%，其中文化娱乐服务类支出增长高达27.7%。数据表明，浙江居民释放出来的巨大文化消费需求，为公共文化设施建设提供了强大的动力。

需要指出的是，政府既然参与公共文化建设和管理，自然它也有个动力源问题。但政府作为社会公共部门，从本质上说并没有自己独立的文化消费需要，因而，政府参与公共文化设施建设的动力不可能来自自己的文化需要，只能来自其"执政为民"的理念。"执政为民"体现在公共文化设施建设上，就是政府从事公共文化设施建设要以满足人民文化需要为出发点和落脚点。因此从根本上说，政府基于"执政为民"理念从事公共文化设施建设，与公众为了满足"文化消费需求"参与公共文化设施建设是完全一致的。

第二，政府文化发展规划与文化发展政策宣导，推动着公共文化设施建设和发展。我国从中央到地方都把公共文化设施建设作为全面建设小康社会，构建社会主义和谐社会，满足人民不断增长的物质文化需要的一个重要途径，在十年规划和五年计划里,都指明了文化发展目标和相应的文化设施建设规划。通过这些规划和其他相关政策的制定、宣讲,会进一步促进公众对公共文化设施建设的认同,激发公众参与公共文化设施建设的热情。

第三,提升生活品质和提高文化素质,诱导着公众的文化消费欲求。随着生活水平的提高,公众已不再满足于物质需求,开始将目光投向满足精神需求的文化消费上。而文化产品的生产者和销售商利用各种信息渠道,将文化消费塑造成为一种高雅时尚的生活,塑造成人们文化消费的理想目标,这也诱导着人们参与公共文化设施的建设和使用。

第四,良好的政策环境和强大的资金支持,是公共文化设施建设的助力。资金支持和政策环境组成了浙江公共文化设施建设的支持动力系统。在政策环境上,近年来,浙江省相继出台了文化发展和公共文化设施建设的一系列政策措施,为浙江公共文化设施建设创造了良好的政策环境。在财力支持方面,则主要从资金、土地、税收和人才培训等多方面支持公共文化设施建设,为浙江公共文化设施建设提供了强有力的支持。

(二)公共文化设施建设规划机制

科学合理的建设规划,是高效使用公共文化设施的必要条件。而能否让公众参与规划,则是保证规划科学和合理的前提。现有公共文化设施使用的低效,很大程度上可归因于以往的文化设施建设只是政府行为,缺失真正的建设和使用主体——公众的主动参与。因此,为了保证规划的科学性和合理性,有必要构建体现公众主体性的规划机制。台州形成的"政府—专家—公众代表共同参与"的规划机制可资借鉴。在编制《文化产业发展规划》时,台州专门成立了两个小组:一个是规划编制专家组。这个专家组由相关领域的专家组成,负责设计和编制规划;另一个是评估委员会,负责论证规划。委员会组成人员除了相关专业的专家和政府相关部门负责人外,还有一定比例的公众代表。规划制定出来后,还须公示,以吸收公众的批评和修改建议。这个规划机制,以制度的形式保证了公众在规划中的主体地位,有利于形成政府、专家和民众群策群力的局面,保证公共文化设施建设规划的科学性和合理性。

(三)公共文化设施建设的决策机制

公共文化设施建设因其公共性,一旦决策失误,带来的不仅是设施本身的低效和损失,而且可能会引发政治、社会问题。因此,构建保证公众参与的民主决策机制至关重要。浙江一些地方在多年的实践中找到了不少好形式,安吉建立了由领导、专家和群众相结合的决策机制,2009 年开始推行重大公共文化设施决策社会征询、专家论证、公示听证制度。① 台州市规定"重大公共文化设施建设项目"②的决策必须进行听证，基本流程如下（见图2）。

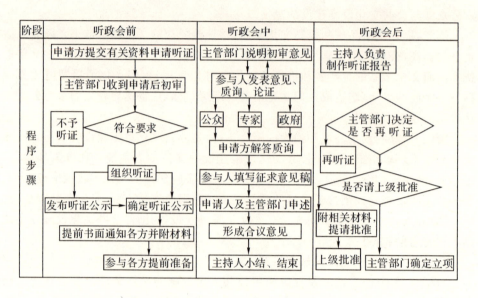

图 2　台州公共文化设施建设项目听证流程

这些决策机制比较有效地保障了重大公共文化设施项目决策的科学性和合理性。但现在看来，局限于"重大项目"的民主决策是不够的。从单个项目看，"中小型公共文化设施建设项目"决策的失误，似乎影响不大，但从整个市看，中小型公共文化设施建设项目的总量却不是一个小数目。如果在其中出现大量的决策失误，所造成的影响绝不可小觑。因此，这些地区的决策机制有待进一步完善，除了要扩大民主决策的空间，即从重大公共文化设施项目扩大到一般项目外，还需进一步扩大决策主体和完善决策程序。

（四）公共文化设施建设的激励机制

"以奖代补"是目前浙江公共文化设施建设主要的激励机制，它在促进一些富裕地区的公共文化设施建设的同时，也显露出了明显的致弱作用：

一是"以奖代补"拉大了公共文化设施建设水平在不同社区的差距。浙江一些农村地区实施"以奖代补"，一般采取"政府出一点（奖励），农民自己出一点"的办法。但由于"政府出一点"是以"农民出一点"为前提的，富裕农村的农民愿意且有能力"出一点"，也就比较容易得到"以奖代补"的项目资助。但富裕农村一般都已

---

① 中共安吉县委：《推行重大事项决策社会征询、专家论证、公示听证制度》，安委办〔2008〕4 号.

② 台州把投资一千万元及以上的公共文化设施建设列入"重大公共文化设施建设项目"。见《关于加快推进"百分之一公共文化计划"的实施意见》，台市委办〔2009〕40 号。

有良好的公共文化设施,得到这些项目及其补贴,对他们来说不过是锦上添花。而对于贫困社区来说,居民和集体可能都出不起这"一点",因而也就无法获得项目以及政府的那"一点"。结果就是,富村和穷村在公共文化设施建设上的差距越来越大,形成经济差距与文化差距一并拉大的现象。

二是"以奖代补"也会损伤贫困地区居民的积极性。"以奖代补"设计的初衷是激励公众参与公共文化设施建设的,但不少地方政府的财政无法承担大面积奖补,于是,一方面不得不减少"以奖代补"的额度;另一方面提高"以奖代补"的条件和门槛,实际上也就减少了能够得奖的项目。如2010年台州一些县市"以奖代补"的项目就比2009年减少了一半。这样一来,对于那些被"以奖代补"激发出热情,希望参与公共文化设施建设的居民而言,无疑是冷水浇头。

面对这种既希望激发公众参与热情又无力大面积奖补的尴尬境遇,我们认为,"以奖代补"必须建立在比较完备的保障机制的基础上,如果得不到有效的保障,那么,这些地区的公共文化设施建设连启动都难,更遑论维护和运行了。

(五)公共文化设施建设保障机制

保障机制是为公共文化设施建设和运行提供物质和精神条件的。就目前情形看,浙江各地形成的保障措施主要有政策和制度保障、资金投入保障以及人才保障三大类。

1. 政策和制度保障

在《浙江省建设文化大省纲要(2001—2020)》、《关于加快建设文化大省的决定》的文件里,浙江省政府提出适当增加省级财政投入,减轻县级财政在"以奖代补"项目上的负担,降低村组集体或农民自筹的配套资金比例;实行文化扶贫政策,坚持基本公共服务均等化原则,大力推进"文化低保"工程等。这些政策的推出,对推动贫困地区的公共文化设施建设、缩小地区差距提供了有力的政策和制度保障。

2. 资金投入保障

在公共文化设施建成后,最大问题是,市县乡镇各级受经济状况影响,财政投入很不稳定,配套资金和后续资金很难到位。因此,必须建立政府主导、分级负担、社会资金参与的资金投入保障机制。这就是说,不但要明确政府作为公共文化设施建设的投入主体地位,更要明确各级政府之间的投入责任。同时,要不断拓宽资金筹措渠道,积极引入社会资本,以补充地方财政投入的不足。鄞州区在全国率先出台了政策,通过财政杠杆进行有效引导,鼓励和扶持社会力量举办公益性文化事业,形成了以公共财政投入为主、社会投入为辅的公共文化服务的多元化投入机制①。台州则另辟蹊径,提出并实施"百分之一文化计划",建立了公共文化设施建

---

① 鄞州区主要颁布了《关于鼓励促进我区民办博物馆发展的意见(试行)》及《〈关于鼓励促进我区民办博物馆发展的意见(试行)〉实施暂行办法》两个政策。

设的多元投入机制。① 与鄞州借助财政杠杆不同,台州的"百分之一文化计划"是以制度的形式,规定了社会资本参与公共文化设施建设,既扩大了公共文化设施投入主体的多元化,也较大程度保证了资金投入的稳定性。

3. 人才保障

公共文化设施建设至少涉及两类部门。一是文化设施管理部门,二是规划建筑部门。两个部门"术业有专攻",文化管理部门的人懂文化设施的功能却不懂建筑,建筑部门的人懂建筑却不懂文化设施。这就决定在公共文化设施建设和运营上,难免出现管理不善的现象。因此,需要建立一种人才保障机制,将文化管理部门与规划建筑部门两方面的人才集聚起来。2001 年的杭州大剧院项目首创"代建制",②保证了公共文化设施使用单位能够选择一支合适的"代建队伍",有效解决了文化管理部门缺乏建筑技术和工程管理专门人才的问题,实现了文化管理部门和建筑部门人才的强强联合、优势互补。实践证明,这是一个很好的公共文化设施建设人才保障机制。

二、公共文化设施使用效益评价

公共文化设施建成后,其使用效益如何就成了它的关键问题。与一般的企业经济效益评价不同,评价公共文化设施使用效益,不但要看它的经济效益,更要看它的社会效益;不仅要对其效益进行量的评价,更要考虑使用者的价值评价。而且公共文化设施评价的主体不是提供设施的公共部门,而是使用设施的公众。因此,在构建公共文化设施使用效益评价指标体系时,必须设定足够的公众偏好的权重。

(一)公共文化设施使用效益评价指标

我们确定公众偏好的权重,是通过广泛的问卷调查实现的。在设计问卷的问题时,我们先将各项指标项一一列出,以最重要、重要、次重要三个等级作为选项,让调查对象选择,再将调查的结果进行统计,得出各个指标的权重系数(见表1)。

(二)当前公共文化设施使用效益的基本评价

从收回的调查问卷看,浙江一些地区公共文化设施的使用状况呈以下特点:

1. 公众对现有的公共文化设施"基本满意"

在收回的问卷中,只有 6.08％的公众表示"很满意",有 39.99％表示"比较满意",45.17％表示"一般",7.09％表示"不满意",1.37％表示"很不满意"(见图 3)。综合计算的结果是"基本满意"。

---

① 所谓"百分之一文化计划",是指在政府性建设工程、城市临街建设项目、占地 2 公顷以上的工业企业项目、总投资额在 3000 万元人民币以上的公共建筑、居住小区等在项目建设投资总额中提取 1％的资金用于公共文化艺术设施建设。

② "代建制"的基本做法是:政府通过招标的方式选择专业管理单位,由专业管理单位负责公共文化设施的投资管理和组织实施工作,建成后再交付使用单位。

表1 公共文化设施使用效益评价指标

一级指标	二级指标(权值)	三级指标(权值)
公共文化设施使用效益	财政对公共文化建设投入度(0.09)	财政对文化设施投入占财政总支出的比重(0.18)
		财政对文化设施经费投入增速与一般财政收入增速的比重(0.25)
		人均文化设施投入经费支出(0.31)
		财政对设施维护费用的稳定投入(0.26)
	社会资金对公共文化建设投入度(0.10)	公共文化设施投入占总投资的比重(0.39)
		公共文化设施投入增速与一般投入增速的比重(0.26)
		社会资金对设施维护费用的稳定投入(0.35)
	公众占有率(0.22)	人均公共文化设施单位面积(0.12)
		人均图书馆藏书册数(0.26)
		互联网覆盖率与公众上网率(0.17)
		广播电视人口综合覆盖率(0.15)
		公共文化设施周开放时间(0.25)
		大型文化活动年举办次数和公众参与比率(0.23)
	公众选择率(0.26)	可供公众选择的文化设施和文化产品的种类(0.23)
		公众使用公共文化设施的次数和频率(0.34)
		公众参与文化活动的人次和频率(0.25)
		吸引新公众使用和参与的比率(0.18)
	公众满意度(0.17)	文化服务态度和水平满意度(0.46)
		使用设施事故发生次数(0.23)
		公众投诉的次数(设置投诉电话、意见箱(簿)、网络投诉系统,投诉渠道畅通)(0.31)
	公众受益度(0.16)	公众因享受文化设施和参与文化活动满足程度(0.42)
		文化氛围满意度(0.31)
		社会生活感受满意度(0.27)

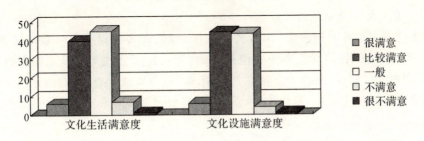

图3 公众对目前公共文化设施的总体评价情况

同时,城市公众与乡村公众对公共文化设施建设的评价也存在较大差距,城市公众的满意度要明显好于乡村公众(见图4)。

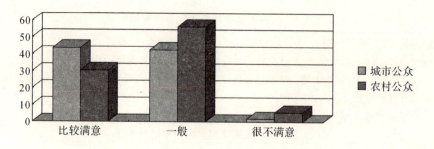

图4　城乡公众对目前公共文化设施的评价对比

2. 公众文化需求结构处于从传统型向现代型过渡

农村公众的文化需求结构处在从传统向现代过渡之中,以传统文化消费为主;而城镇公众的文化需求结构则大致呈传统与现代并存,以现代文化消费为主①,同时带有知识经济社会文化消费的一些特征。在问卷中,选择在家看电视的比例高达67.4%,其余依次是村(社区)文化活动室25.15%、书店23.54%、图书馆23.42%、广场22.65%、乡镇(街道)文化活动中心19.85%、博物馆和纪念馆等场所14.06%、电影院10.07%、网吧8.82%、剧院6.08%(见图5)。

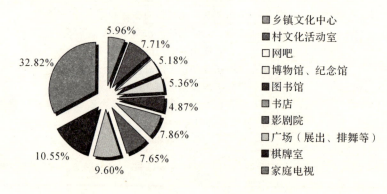

图5　社会公众享受文化生活的场所选择情况

3. 公共文化设施使用效益总体不高

文化设施按要求建起来,在数量上达标了,但许多的设施很快就成了摆设。2011年7~8月,我们就上表中权值最大的"公众使用公共文化设施的次数和频率"一项做专门调查,在台州选取了22个样本②进行实地调查,另由浙江籍学生在自己家乡进行问卷调查,发放1000份,带回有效问卷714份。③ 通过对这些调查

---

① 所谓"传统文化消费"主要是在家看电视听广播、打牌包括麻将、读书看报,"现代文化消费"则主要是观看演出、休闲娱乐、参观展览、体育和旅游等。

② 具体样本为城区图书馆6个,村文化俱乐部10个,镇文化活动中心6个。

③ 带回有效问卷的地区分布如下:杭州112份、嘉兴78份、湖州89份、宁波151份、绍兴85份、金华126份、衢州73份。

所得数据统计,结果如下(见表2)。

表 2　台州 22 个城乡居民使用公共文化设施的次数和频率①

地区文化设施	经常去的农(居)民	偶尔去的农(居)民	从来不去的农(居)民
城区图书馆	22.7%	58.1%	20.2%
城区体育场	25.3%	53.6%	21.1%
村文化俱乐部	18.6%	38.1%	43.3%
镇文化活动中心	20.2%	44.4%	35.4%

表 4 的数据表明,经常去图书馆、体育场、文化俱乐部和活动中心的受访者,只有二成左右,浙江各地城乡公共文化设施使用效益总体上并不高。

(三)公共文化设施使用低效的原因分析

1. 过渡型文化消费结构决定了现有公共文化设施使用的低效

现有的公共文化设施是在党的十六大以后开始大规模建设的,大规模的建设虽然在尽可能短的时间内,满足了公众的文化需要,但以这样的方式建设,有一个致命的缺陷,就是公共文化设施一旦建成,它在一定时期内就具有相对稳定性,而人们的文化需求结构却随着经济的快速发展,出现快速变化和不断提升,于是,已有的传统的公共文化设施也必然被大规模闲置。随着浙江经济和社会的快速发展,随之形成的全新的文化消费方式使人们离开了传统的文化设施,原先人们在空余时间到棋牌室打牌、到图书室看书,去剧场看戏、看电影,现在转为去网吧或者酒吧、咖啡厅聚会,或者外出去健身房锻炼,甚或外出旅游等等,传统文化设施的使用效益必然下降。在对奉化的调查中,我们发现,公众文化消费转向的趋势已十分明显,看电视、读书看报等传统的文化消费需求已大大降低,而"参加大众文化活动"、"参观展览"等新的文化需求明显提升(见图 6),这样一来,投入大量资金建成不久的文化设施使越来越多地被闲置了。

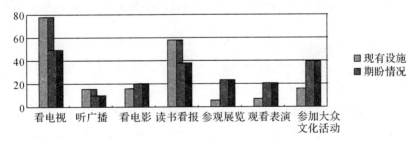

图 6　现有公共文化设施与公众期盼对比情况

①　数据来源:根据对台州 22 个城乡居民使用文化设施情况的问卷统计所得,2011－8－21.

同时我们也要看到,在大规模的公共文化设施建设中,总有一定数量的具有超前性的设施,而当公众整体文化消费水平尚未达到应有的程度前,这些具有超前性的高端设施,如博物馆、纪念馆、剧院等,一时难以进入公共的消费能力范围,因此,这些投入高、文化含量高的设施,使用的人却不多,因而无论是经济效益还是社会效益必定不高。

2. 个人文化消费支出相对下降

随着经济的发展,浙江居民人均文化消费支出的绝对量有所增加,但相对量即个人的文化消费支出占总消费支出的比重呈明显下降趋势。在 2004—2008 年之间,台州个人的文化消费支出占总消费支出的比重从近 12％下降为不到 6％,四年时间降低了近 50％,2008 年后至今,这个比重依然在低位前行(见图 7)。

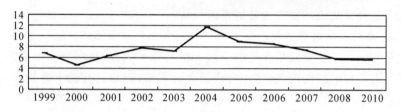

图 7　台州全市城镇居民文化娱乐支出在家庭收支中的比较

我们认为,公众个人文化消费支出比重下降,主要缘于公共文化设施在使用中存在的线性替代关系。从 2008 年开始,台州的有线电视数字、光缆传输、宽带 IP 网络已覆盖全市,公众文化消费的方式和手段随之现代化和多样化。有了数字电视,到露天剧场或电影院看戏、看电影的人就少了;家里添置了电脑,在网络上可以欣赏喜欢的文艺作品,看电视的人也就会少许多。以临海为例,2008 年电影观众为 250 万人次,2009 年降为 220 万人次,2010 年再降为 185 万人次,年均下降率达 14％。[①] 由此可见,网络与电视之间、数字电视与电影、戏剧之间存在着线性替代关系,在网络、数字电视全覆盖的台州,传统文化设施如电影院、剧场的使用效益下降也就自然不过了。

3. 公共文化设施运行、维护资金不足

在公共文化设施建设的前期建设中,因有考核指标要求,上级财政积极投入,但当各地普遍推进公共文化设施建设时,上级政府的财政便无力承担了,更没有多少能力资助各地公共文化设施的运行和维护,只能把它交给乡镇。于是在有实力的乡镇,公共文化设施能够正常运行;而在实力弱的乡镇,公共文化设施的运行往往难以为继。

以台州为例,在 20 世纪 90 年代后期到新世纪之间,有一个明显的下行拐点,

---

① 　数据来源:《临海统计年鉴》(2010 年),第 167 页。

此后的 2002—2010 年间,投入公共文化设施资金占财政总支出的比重虽然保持基本稳定,大致维持在 1.8% 上下,但这一时期正是台州大规模推进公共文化设施建设时期,因而各地能摊到市级财政资助的金额其实是减少的(见图 8)。

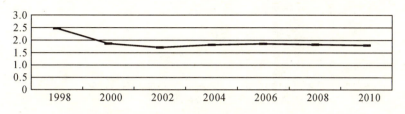

图 8　台州各县市区文化事业费用支出占财政总支出的比重

而且,考虑到物价上涨和人工费增加等因素,财政投入总量增加的部分,被公共文化设施建设和运行的成本剧增所吞噬,许多县市公共文化设施管理部门,虽然取得了与往年等额的财政拨款,但其运行却愈加困难,许多设施无力更新。2008年末临海市图书馆馆藏图书 38.8 册,到 2009 年末依然为 38.8 册。[①] 特别是乡村文化设施,由于后续资金投入缺乏,现有的文化设施根本无从更新,很快便丧失吸引力,村里的图书室和乡镇文化活动中心普遍陷入无人问津的尴尬境地,文化站有站无人,农家书屋"铁将军把门",几乎成了常态。

4. 基层文化活动组织者缺乏

公共文化设施建成后,除了需要足够的后续资金投入外,它的运行还需要有人来管理,更需要有人去用。这就需要有懂文化、善管理的人去挖掘文化活动骨干,组织公众开展文化活动。但基层的现实恰恰在于缺乏这样的人。有些乡镇虽然成立了文化站,设置了编制,但这些编制大多虚置着。临海市的 30 个乡镇均设有文化站,每个乡镇根据管辖面积和人口状况,每站设 1～6 个专职人员不等。可事实是,有的乡镇由于财政拮据,文化站往往是"有站无人"。有些经济实力较强的乡镇聘用了文化站工作人员,但他们常常被借调他用,文化工作反而成为他们的兼职,总之,许多乡镇的文化活动既无专人管也无专人做,在这样的情况下,一些公共文化设施也就难免被闲置。

5. 公共文化服务与公众需求脱节

公共文化设施使用效益的高低,并不单单取决于设施本身,还与文化内容是否为公众所喜欢密切相关。如果我们不能提供公众喜欢的文化产品,公共文化设施也不可能是高效的。

在调查中,受访者多次向我们强调,村民对文化"三下乡"有着热切的期待(见图 9),可"三下乡"的内容大多不适合村民的口味。送书下乡,因图书内容不合村

---

① 数据来源:对临海市图书馆调研所得。

民口味而没人看,农村图书室便不能发挥其应有的功能;送电影下乡,因内容老旧也少有人看,乡镇的电影院和剧场的功能就不能得到发挥。

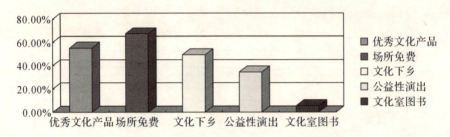

图9 公众对政府提供文化产品服务的需求情况

我们认为,问题的根源在于"送"的机制里缺少了最为重要的精神——村民对公共文化产品的自主选择权。农村地域广阔,各地农民的文化需求很不相同,但送下乡的文化产品不是由农民自己选择的,而是由专家和领导审定并由相关部门配送的,比如送下乡的图书书目的审定权就是"全国送书下乡工程领导小组"的,而不是作为读者——村民的,这样很容易导致送下乡的图书不合村民的"口味"。"送戏下乡"、"送电影下乡"同样存在这样的问题。尤其是"送电影下乡",送下乡的都是些老片子,考虑到版权和票房收益,新片和大片并不愿送下乡。送下乡的是没人看的影片,农村剧场又何谈使用效益?

(四)提高文化设施使用效益的对策

1. 采取"菜单式"服务

增加可供公众选择的文化设施和文化产品,采取"菜单式"服务,这是保障公众自主选择文化产品,满足公众文化需要的有效方式,也是政府在提供文化服务上贯彻以人为本,尊重公众文化消费主体地位的表现。比如浙江图书馆推出的"你点书我买单"制度,实现了读者在图书馆购书上的主体性,使相同的投入发挥出更大的图书使用效益;再如台州、鄞州在文化"三下乡"前,就将影片、戏剧和图书目录分发到各村镇,由基层群众按需"点菜",实现了由上级"配送"到村民"自主选择"的转变,也同样保障了村民在公共文化消费中的主体性,提高了公共文化设施和文化产品的使用效益。

2. 培养文化活动骨干队伍

培养一支稳定的、高素质的文化队伍,建立富有活力的"专职文化人员＋民间文艺骨干＋公众"联动机制。要构建这样的联动机制,一是要巩固和增加各乡镇文化人员编制,确保文化员专职专用;二是要拓宽渠道大力发掘社会人才,包括流动人口的文化人才;三是坚持定期和不定期相结合的培训辅导制度,有计划、有针对性地对乡镇文化员和文化骨干进行业务培训;四是解决从事文化管理和文化活动人员的待遇,提高文化工作人员的经济和政治待遇。这些都是让他们安心乐业的人本之策。

3. 协调各部门行为

建立系统的管理制度,协调有关公共文化设施建设管理部门行为,避免重复建设和多头管理,这是降低建设和管理成本、提高公共文化设施使用效益的制度保障。至少要建立以县市区为文化管理单位,打破文化主管部门"各自为战"的局面,将分散在各部门的公共文化设施和资源整合起来,实行系统化使用、维护和管理,避免无效的重复。

4. 优化公共文化设施配置

随着信息化和城市化的加快,以及人们知识水平的迅速提高,人们对文化设施功能的要求也会发生相应的改变。有些文化设施使用的低效益,往往不是因为布局不合理,也不是管理人员的管理不善,很可能就是不适应人们新的文化需求。因此要对现有的公共文化设施做一番梳理,对那些不适应公众新的文化需求的,该并的并,该撤的撤,该改的改,该换的换,代之以新的适应时代进步、能满足人们新需求的文化设施。以新汰旧,如果能满足公众新的文化需求,无疑也是提高公共文化设施效益的一种途径和方式。

[参 考 文 献]

［1］宁波市财政局. 积极探索公共文化设施建设运营管理新模式[J]. 中国财政,2008(22).

［2］孙丽深. 福州公共文化设施专项规划的研究[J]. 福建建筑,2009(11).

［3］石晓波. 公共文化设施项目建设的新模式:杭州大剧院"代建制"的事件探索[J]. 浙江经济,2006(15).

［4］谭平. 文化设施配置优化问题研究[J]. 科学学研究,2010(8).

［5］谢琳琳,陈兰,傅鸿源. 公共投资建设项目建立听证制度探讨[J]. 基建优化,2005(5).

［6］RYU C, KIM Y J, CHAUDHURY A, et al. Knowledge acquisition via three learning processes in enterprise information portals: Learning-by-investment, Learning-by-doing, and Learning-from-other[SJ]. *MIS Quarterly*, 2005, 29(2): 245-278.

论公共文化工作目标导向机制和互动机制

陈文兵[*]

[摘　要] 公共文化目标责任管理机制主要包括运行、动力和约束三大机制,运行机制是管理机制的重要组成部分,目标导向和互动机制是运行机制的有机组成部分。目标导向机制包括:以建设社会主义核心价值体系为根本任务,以弘扬中华民族优秀文化为根本宗旨,结合文化部门的实际,结合当地的民情民俗,指向文化生活贫乏的群体。互动机制主要论述了公共文化组织之间互动、与其他部门互动、与服务对象互动以及与传统文化互动。

[关键词] 公共文化;目标导向机制;互动机制

公共文化目标责任管理机制主要包括运行、动力和约束三大机制。运行机制是指组织基本职能的活动方式、系统功能和运行原理。动力机制是指管理系统动力的产生与运作的机理,主要由利益驱动、政令推动和社会心理推动三个方面构成。约束机制是指对管理系统行为进行限定与修正的功能与机理,约束机制主要包括四个方面:权力约束、利益约束、责任约束和社会心理约束。

公共文化工作目标责任运行机制是公共文化工作目标责任管理机制的重要组成部分,管理机制的合理与优越是保障文化活动健康发展的基本条件。运行机制是指组织基本职能的活动方式、系统功能和运行原理。运行机制主要由目标导向机制、运行管理机制、项目运作机制和互动机制构成,其本身具有普遍性。本文主要论述运行机制中的目标导向机制和互动机制。

一、目标导向机制

公共文化工作的重要性日益得到重视。国际间经济、政治、军事实力的竞争,归根到底取决于国家间在科技文化实力、国民文化素质的较量。科技文化知识谱系日益庞大,以及社会生产生活方式的日益多样化,政府在推动知识革新、进步、传承,提高民众文化素质方面的作用和责任越来越大。各国文化部门都将公共文化服务作为一个重要的施政领域,公共文化工作目标正是满足群体的文化利益需求,

---

* 陈文兵,男,金华教育学院,教授,文学硕士,研究方向:中国现当代文学、文化研究。

以公信的平台、公平的环境、公益的行为，全心致力于和谐文化的建设，全面推动社会的和谐发展。

（一）以建设社会主义核心价值体系为根本任务

十七届六中全会指出，坚持中国特色社会主义文化发展道路，深化文化体制改革，推动社会主义文化大发展大繁荣，必须全面贯彻党的十七大精神，高举中国特色社会主义伟大旗帜，以马克思列宁主义、毛泽东思想、邓小平理论和"三个代表"重要思想为指导，深入贯彻落实科学发展观，坚持社会主义先进文化前进方向，以科学发展为主题，以建设社会主义核心价值体系为根本任务，以满足人民精神文化需求为出发点和落脚点，以改革创新为动力，发展面向现代化、面向世界、面向未来的，民族的科学的大众的社会主义文化，培养高度的文化自觉和文化自信，提高全民族文明素质，增强国家文化软实力，弘扬中华文化，努力建设社会主义文化强国。

"社会主义核心价值体系是兴国之魂，是社会主义先进文化的精髓，决定着中国特色社会主义发展方向。必须强化教育引导，增进社会共识，创新方式方法，健全制度保障，把社会主义核心价值体系融入国民教育、精神文明建设和党的建设全过程，贯穿改革开放和社会主义现代化建设各领域，体现到精神文化产品创作生产传播各方面，坚持用社会主义核心价值体系引领社会思潮，在全党全社会形成统一指导思想、共同理想信念、强大精神力量、基本道德规范。"社会主义核心价值体系的基本内容包括马克思主义指导思想、中国特色社会主义共同理想、以爱国主义为核心的民族精神和以改革创新为核心的时代精神、社会主义荣辱观。这四个方面的内容，相互联系、相互贯通、相互促进，是一个有机统一的整体，都是社会主义意识形态最重要的组成部分，是从我们党领导人民在长期实践中形成的丰富思想文化成果中提炼和概括出来的精华，是对社会主义核心价值体系深刻内涵的科学揭示。坚持马克思主义的指导地位，抓住了社会主义核心价值体系的灵魂；树立共同理想，突出了社会主义核心价值体系的主题；培育和弘扬民族精神和时代精神，掌握了社会主义核心价值体系的精髓；树立和践行社会主义荣辱观，打牢了社会主义核心价值基础。

（二）以弘扬中华民族优秀文化为根本宗旨

在现代社会，公共文化在文化领域中占主导地位，对于当代中国而言，它是社会主义文化建设的重要阵地，担负着形成有利于社会主义现代化建设和全面改革开放的舆论力量、价值观念、文化条件和社会环境的重任，它创造激发人民群众献身现代化建设的巨大热情与创新能力的精神食粮，为建设具有高度民主和文明的社会主义强国提供源源不断的精神动力和智力支持。

公共文化具有鲜明的教育性，突出体现在它所具有的内容上。公共文化服务及其提供的文化物品中蕴藏着世代相传的民族文化传统和国家文化意识，因此其外表虽是物质形式的，内里却有着大量非物质的内涵，凝聚着代表民族身份与国家形象的社会文化心理。这些涵义使公共文化物品和另外的公共服务有了分别,要求公共文化服务组织在维护、实现公民文化权利和社会文化福利的前提下,肩负起保护、利用和开发公共文化资源的任务,承担起弘扬民族身份认同和塑造国家形象的使命。它们通过自身价值的实现,换取差不多价值等量的资助,负有不可推卸的社会责任:挖掘、保护、传播和推动中国博大精深的传统优秀文化,宣传社会主义核心价值观,努力培养一个良好的公益社会氛围,提高民族文化素质。

"优秀传统文化凝聚着中华民族自强不息的精神追求和历久弥新的精神财富,是发展社会主义先进文化的深厚基础,是建设中华民族共有精神家园的重要支撑。要全面认识祖国传统文化,取其精华、去其糟粕,古为今用、推陈出新,坚持保护利用、普及弘扬并重,加强对优秀传统文化思想价值的挖掘和阐发,维护民族文化基本元素,使优秀传统文化成为新时代鼓舞人民前进的精神力量。"中华民族是一个有着悠久历史的民族,在发展过程中,形成了独特的优秀文化。注重整体利益、国家利益和民族利益,强调对社会、民族、国家的责任意识和奉献精神。推崇"仁爱"原则,追求人际和谐,讲求谦敬礼让,强调克骄防矜。倡导言行一致,强调恪守诚信。追求精神境界,把道德理想的实现看作是一种高层次的需要。重视道德践履,强调修养的重要性,倡导道德主体要在完善自身中发挥自己的能动作用。此外还有廉洁自律、宽厚待人、艰苦朴素、勤劳节俭、孝敬父母、尊老爱幼、尊师敬业,以及刚健有为、自强不息、舍生取义、见义勇为、奋发图强等。优秀文化是中华民族的瑰宝,公共文化肩负着弘扬中华民族优秀文化的重任。

(三)结合文化部门的实际

文化部门大多属于事业单位,政府通过财政安排、设立基金、提供场所或政策设计支持文化部门发展,但文化部门在确定文化目标是仍然应该遵循自己本来的属性即社会组织的属性去运行。就提供的内容而言,公共文化服务组织与其他公共物品供给机构一样,其组织性质是非营利性,组织目标是普惠性的,组织功能是实现公益性的文化物品供给。

公共文化物品实质为无形的文化资源与有形的物质媒介结合,所形成的人工产品和历史遗迹,它具有象征性的内涵意义,旨在人们精神、情感上的需求。所以,公共文化服务组织的运作应该以向公民提供一种可再生、可分享和可循环使用的精神与情感资源为导向。

在文化系统中,有着不同层次、不同职能的公共文化组织,其文化目标责任是不尽相同的。文化馆是县、市一级的群众文化事业单位,是文化活动中心,作用是开展群众文化活动,并给群众文娱活动提供场所。文化馆在确立工作目标时,就要围绕文化馆的工作职能,以普及文化知识,开展文化活动,组织并指导群众文艺创作,开展群众文化工作理论研究等为主。图书馆,是搜集、整理、收藏图书资料供人阅览、参考的机构,图书馆有保存人类文化遗产、开发信息资源、参与社会教育等职能。图书馆工作目标的确立与文化馆是有明显区别的,要依据各自的职能确定工作目标。

(四)结合当地的民情民俗

制定公共文化工作目标要从当地的实际情况出发,结合当地的民情民俗展开。各地的自然条件、人口情况、经济条件等不一样,文化工作的重点就应该不一样。因为经济是基础,政治是经济的集中表现,文化是经济和政治的反映。一定的文化由一定的经济、政治所决定。民俗风情是一个民族生命力的继承与延续,各地的民俗风情,与文化发展都有密切的关系。在文化发展的进程中,必须建立在适合当地民情民俗的基础上,寻求自身文化发展的轨迹,而不是对其他模式的照抄照搬。

以浙江省金华市为例,浙江金华素有"小邹鲁"之称,历来为文化礼仪之邦,人文底蕴深厚,历史上讲学群起,书院迭兴。婺文化的起源可以追溯到遥远的原始时代。早在距今约一万年前,金华的先民们就已经初步掌握了水稻耕种技术,创造了较成熟的原始稻作文明。商周以后,金华地区又有姑蔑文化与越文化互相融合而形成的"乌伤文化",其突出标志是发达的青铜器、玉器和原始青瓷制作技术。尤其是原始青瓷的制作技术,处于同期全国的领先水平。进入秦汉时期,金华地区的青瓷制作技术日趋成熟,最终促成作为中国早期青瓷代表之一的婺瓷的兴起。

婺文化作为一种地域文化体系,从东汉时期起逐渐开始形成,其发展过程大致可以分为四个阶段:魏晋至隋唐为初兴期,宋元时期为兴盛期,明清至近现代为发展期,新中国成立以来,为转型期。特别是改革开放以来,金华的社会发展进入全面走向现代化阶段,各项事业蓬勃向上,文化建设日新月异,婺文化也得到了重大发展。事实上,各地在筹划文化项目时,只有结合当地民情民俗,才能取得良好的社会效益和经济效益,如金华黄大仙旅游节、义乌国际小商品博览会、永康五金博览会、东阳木雕博览会、武义温泉节、兰溪李渔文化节等。

(五)指向文化生活贫乏的群体

只有保障绝大多数人的文化权利,才能真正代表广大群众的利益,真正体现公共文化的公益性。公共文化事业应向文化生活贫乏群体倾斜,向农村进城务工人员、残疾人、老年人、妇女儿童等倾斜。

公共文化具有鲜明的公益性,公益性首先表现为社会公有性,公共文化绝大部分是由国家投资兴建和拨付日常经费进行管理的。其次表现为社会共享性,公共文化为全社会共享,主要追求社会效益。公益性还表现为社会公用性,公共文化要面向全社会,面向公众,全心全意做好各项工作,是广大公民能够平等地、充分地享受公共文化服务。公共文化服务组织提供的服务应遵循公平性原则。服务对象具有全体性——既包括城市、中心发达地区的居民,也要包括农村、边远落后地区的公民。公众多元化的文化需求也使得公共文化服务组织需要根据服务群体种类的不同特点,向社区居民、白领、外来务工人员、未成年人、老年人、残疾人等人群提供不同的服务。

繁荣和发展公共文化事业是调节社会分配和体现社会公平的重要手段，构建和谐社会要求文化工作目标应更多面向文化生活贫乏的群体，应更关注文化生活贫乏群体的文化需求状况，"完善面向妇女、未成年人、老年人、残疾人的公共文化服务设施"。文化生活贫乏群体具体由三部分构成——传统弱势群体、城市原有的就业困难者、从农村进入城市的务工人员。传统的弱势群体主要是指各方面的条件、环境不利于他们的人群，例如残疾人群体、孤寡老人群体、未成年人群体（尤其是农村留守儿童）。城市原有的就业困难者主要指社会转型中产生的失业下岗人员和城市原有剩余劳动力、待业人员等。城市外来打工者是随着改革开放进程加快、人们思想观念转变，农村大批剩余劳动力、年轻劳动力纷纷涌入城市而出现的，"引导企业、社区积极开展面向农民工的公益性文化活动，尽快把农民工纳入城市公共文化服务体系"。

公共文化服务组织的公益性、教育性和非营利性特点决定了其在改善文化生活贫乏群体的文化生态中能够发挥独特的作用。

二、互动机制

党的十七届六中全会指出，推动社会主义文化大发展大繁荣是全党全社会的共同责任，要健全共同推进文化建设工作机制。公共文化建设不仅是文化部门的事，也是全社会的共同责任。在公共文化运行管理中，要形成互动机制，合力推动发展，合作谋求共赢。

（一）公共文化组织之间互动

党的十七大提出："和谐社会要靠全社会共同建设。我们要紧紧依靠人民，调动一切积极因素，努力形成社会和谐人人有责、和谐社会人人共享的生动局面。"当代中国社会已经形成了各类不同社会主体共同合作承担建设和谐社会的责任、解决社会公共问题、提供公共服务、共享和谐社会的趋势；公共领域的各种合作风起云涌，呈现出范围广、数量大、多类型、多元化等一系列全新的特点。公共文化服务体系建设，离不开社会各界的支持，也离不开文化部门之间的通力合作，既包含纵向的合作，比如省市县三级文化部门之间的合作互动。也包含横向各文化部门之间的合作，比如图书馆、文化馆、大剧院、博物馆之间的合作互动。

许多公共文化组织可以按照行政辖属关系排列起来；一些公共文化组织可以按照业务辖属关系排列起来，即通过业务上的领导把相关的目标有机地联系起来，形成一个事业整体；相同层次的组织目标，以分工协作、和谐共处的方式互相补充。不同文化部门之间的互动能有效地配置不同主体所拥有的各类文化资源，共同推动文化的大发展大繁荣。

（二）与其他部门的互动

社会是一个有机整体，公共文化事业的发展离不开其他组织的大力支持，公共文化组织与其他组织之间应形成良好的互动机制。虽然与其他各类组织之间也存在竞争，但合作共生是主要的基调。在公共文化服务过程中，应形成政府主导，非营利组织、企业等社会各方共同参与、协商和对话的有效机制，才能更好地履行满足人民群众公共性文化需求的职责。

公共文化服务组织与政府的互动。在外部关系中，公共文化建设与发展主要属于政府行为，与政府的联系直接关系到公共文化服务组织的长远发展。双方共存、共处与合作的基础在于它们都致力于社会公众利益的提升。所以政府的支持和鼓励是公共文化服务组织运作的有利环境，要想营销成功，就必须得到政府的许可和承认，以及经费、信息、技术、设施等支持。所以，项目运作中需有意识加强与政府的互动，不断完善自身，争取更多资源和发展空间，增强公共文化服务组织的活力。

公共文化服务组织与其他非营利组织的互动。各组织之间能够基于各自的核心竞争优势，获取合作伙伴的互补性财产，共同维护竞争秩序，扩大自身利用外部资源的边界，降低运营成本。从而，双方获得了仅靠自身力量无法得到的竞争优势地位，形成了共生共荣的局面。建立信息共享机制。除了联合举办活动、提供信息服务等短期项目之外，还可以尝试打造一些长效机制，如签订长期联盟合作关系，促进资源流通和管理的规范化；加强对其他机构的信息援助，辅导建立各部门自己的流动服务点等等。比如，对于图书馆来说，可采取策划书等方式向合作机构介绍统计概况，报告的内容可涵盖馆藏数量、内容变化、借阅人次，以及图书馆近期计划中的推广活动和学术研究进展情况等，以便于与其他组织进行合作时，更好地找到契合点。

浙江东阳市文化局在这方面做得比较好，首先是东阳市文化局在东阳市杨家村组织了公共文化活动，吸引了大量的外来民工，然后与工会、司法局、公安局等联合，取得了很好的社会效应，东阳杨家村也成了"社会管理创新的一个绝好样本"，今年东阳农民工租住地工会建设项目获 2010 年全国工会基层组织建设工作创新成果二等奖，成为浙江省唯一获得二等奖的县市级获奖项目。这就是文化部门与其他部门互动的结果。

公共文化服务组织与企业的互动。市场经济体制下，企业资源主要来自经营性营利。公共文化服务组织作为非营利组织，既能够遵循市场规则，但同时又能超越市场，在运行中创造一种新的资源配置方式。有效的互动机制，能使公共文化服务组织和企业的联系越来越紧密。比如公共文化服务组织的营销活动需要筹集大量的社会资源，这部分资源大多来源于企业的社会捐赠及项目支持。具体方式可以是聘请捐赠企业的主要负责人担任顾问、理事、监事等荣誉性职务，同时邀请媒体,对捐赠者及行为进行宣传报道,提高其知名度、声誉度,提升其无形资产。

(三)与服务对象的互动

在现代社会,公共文化服务的层次与水平是社会文明程度的重要体现,它所服务的对象是全社会范围内广大人民群众,因而服务对象具有广泛性和差异性特点。要使公共文化服务产生巨大的社会效益,与服务对象的有效互动是必不可少的。

公共文化组织要考虑服务对象的年龄、性别、文化程度等因素,要深入了解服务对象的不同文化需求,提升服务对象的满意度,有的放矢地做好公共文化服务工作。在进行公共文化服务时,不仅要考虑服务项目、服务质量,还要精心设计人性化的服务。同时,公共文化组织基于社会效益为先的任务,在处理自身目标和市场的关系上,不得不作长远考虑。比如以开发高雅艺术为己任的服务组织,就不能一味投人所好地为地方社区提供简单的娱乐消遣方式。公共文化服务不能仅依据市场变化而变化,还必须遵循自己的使命提供特定的服务内容,在服务对象的长期和短期需求之间取得平衡。因此,这更加要求公共文化服务组织与服务对象加强交流。实现交流机制作用的重要途径是使公众知晓机构运营、发展、举行活动的各项信息资料,可通过报纸、电台、电视、网络等媒体发布公共文化信息,让公众了解公共文化服务组织、公共文化服务内容、公共文化服务政策等相关信息。

与服务对象的有效互动不仅能提高公共文化服务的社会效益,而且能激发服务对象参与公共文化活动的热情,提高服务对象的参与度。与此同时,服务对象可以通过自身或社会组织合法地向公共文化服务组织表达自己的文化利益诉求,这也是实现自己的民主权利、保护自身的文化利益的一项途径。采取的具体方式可以是在文化部门的网站上留言和建议,形成公众意见反馈及回应,或者参加文化部门的咨询委员会等。

(四)与文化传统等的互动

一个国家的文化、历史传统也是公共文化服务组织运行的外部环境的一个组成因素。欧洲的志愿服务和社会服务传统甚为深厚,这也使得 20 世纪 80 年代末的"福利制度改革"中,发展民间非营利组织代替政府机构提供福利服务的这一举措具有历史渊源的支撑。而美国文化历来崇尚"小政府、大社会",对政府权力的严加限制由来已久;同时美国的志愿组织对建立北美民主制度作出过特别的贡献,因此这种传统的延续也令其非营利机构在提供公共服务方面有着得天独厚的优势:一方面,民众愿意选择非营利机构来进行公益捐赠,他们认为这和通过税收交给政府来进行公共服务是一样的,甚至更值得信任和监管。另一方面,非营利机构也在这样宽松的环境当中获得了切实的鼓励。

中国传统文化是中华文明演化而汇集成的一种反映民族特质和风貌的民族文化,是民族历史上各种思想文化、观念形态的总体表征,具有鲜明民族特色的、历史悠久、内涵博大精深、传统优良的文化。它是中华民族几千年文明的结晶,除了儒家文化这个核心内容外,还包含有其他文化形态,如道家文化、佛教文化等等。传统文化核心就是道德教育。其中也包含着强烈的民族凝聚力、宽容之心和经世致用等内涵。要充分了解文化传统的特点,发挥文化传统的优势,使之与公共文化服务形成良好的互动关系。

在公共文化服务中,要吸收外来文化的优良传统,与中华文化传统有效互动,能为公共文化服务提供更好的外部环境。

[参 考 文 献]

[1] 柏定国:《文化品牌学》,湖南师范大学出版社,2010 年 6 月版。

[2] (美)弗雷德·卢森斯等著:《跨文化沟通与管理》,人民邮电出版社,2008 年 3 月版。

[3] 白靖宇:《文化与管理》,科学出版社,2010 年 10 月版。

[4] 方彦富:《文化管理引论》,福建教育出版社,2010 年 12 月版。

[5] 徐文中:《打开文化管理之门》,社会科学文献出版社,2011 年 1 月版。

[6] 李兰芬、崔绪治:《管理文化——管理哲学的新视野》,苏州大学出版社,1999 年 1 月版。

[7] 徐家良:《公共事业管理学基础》,北京师范大学出版社,2008 年 8 月版。

[8] (美)多丽斯·A 格拉伯:《沟通的力量——公共组织信息管理》,复旦大学出版社,2007 年 7 月版。

[9] (美)乔纳森·R 汤普金斯著,夏镇平译:《公共管理学说史——组织理论与公共管理》,上海译文出版社,2010 年 11 月版。

[10] 朱立言、谢明:《公共管理概论》,中国人民大学出版社,2007 年 10 月版。

[11] (美)乔治·伯克利、约翰·劳斯著,丁煌主译:《公共管理的技巧》,中国人民大学出版社,2007 年 5 月版。

[12] 孙萍主编:《文化管理学》,中国人民大学出版社,2011 年 1 月版。

[13] 魏鹏举编著:《文化创意产业导论》,中国人民大学出版社,2010 年 6 月版。

[14] 田川流、何群:《文化管理学概论》,云南大学出版社,2006 年 12 月版。

[15] 徐浩然、雷琛烨:《文化产业管理》,社会科学文献出版社,2006 年 7 月版。

[16] 李向明、王晨、成乔明:《文化产业管理概论》,陕西人民出版社,2006 年 8 月版。

充分发挥公共文化服务在推进社会主义核心价值体系建设中的作用

汪仕龙　毛炳聪[*]

[摘　要] 建设社会主义核心价值体系，关键在于用实践精神和创新意识使这个体系的科学内容为广大群众普遍接受、真正认同、自觉践行。在这个过程中，公共文化服务在弘扬社会主义核心价值体系上无疑可以发挥着重要作用。本文试图通过加强公共文化产品创作生产、丰富公共文化活动内容、做好文化遗产保护、建设公共文化服务人才队伍、营造良好社会文化环境氛围等途径，将社会主义核心价值体系融入到公共文化服务体系建设中，实现社会主义核心价值体系在社会生活中的制度化，最终转化为人们的自觉追求、自觉行动和行为准则。

[关键词] 公共文化服务；社会主义核心价值体系

党的十七届六中全会提出：社会主义核心价值体系是兴国之魂，是社会主义先进文化的精髓，决定着中国特色社会主义发展方向。必须强化教育引导，增进社会共识，创新方式方法，健全制度保障，把社会主义核心价值体系融入国民教育、精神文明建设和党的建设全过程，贯穿改革开放和社会主义现代化建设各领域，体现到精神文化产品创作生产传播各方面。《浙江省委关于贯彻十七届六中全会精神推进文化强省建设的决定》中也提出：以建设社会主义核心价值体系为根本任务，以满足人民群众精神文化需求为出发点和落脚点，以改革创新为动力，着力增强先进文化的凝聚力、公共文化的服务力、文化产业的竞争力、文化发展的创新力、区域文化的影响力和文化人才队伍的支撑力。

建设社会主义核心价值体系，关键在于用实践精神和创新意识使这个体系的科学内容为广大群众普遍接受、真正认同、自觉践行。在这个过程中，公共文化服务在弘扬社会主义核心价值体系上无疑可以发挥着重要作用。通过将社会主义核心价值体系融入到公共文化服务体系建设中，使其基本要求在公共文化服务的各项制度措施中得到充分体现。实现社会主义核心价值体系在社会生活中的制度化，最终转化为人们的自觉追求、自觉行动和行为准则。只有这样，社会主义核心价值体系建设才能取得实效。

---

* 汪仕龙，男，浙江图书馆，图书资料馆员，研究方向：农村文化建设；毛炳聪，男，温岭市文化遗产保护中心，研究方向：文化遗产保护工作。

一、加强公共文化产品创作生产，发挥好文化产品在社会主义核心价值体系建设中"统一思想、凝聚人心"的作用

任何一种价值观和道德信仰的形成，都是通过文化产品和有效的传播途径，被广大民众潜移默化地接受的。公共文化产品潜移默化地影响着人们的思想观念、价值判断、道德行为，把社会主义核心价值体系渗透到公共文化产品创作生产之中，对于推进社会主义核心价值体系建设具有不可替代的独特作用。

(一)着力强化政府对公共文化产品创作的引导和规范作用

在我国，各级政府是公共文化产品的主要生产者和提供者。但是由于"重经济效益、轻社会效益"思想，政府对公共文化产品的创作生产的重视程度还不够，体现宣传社会主义核心价值体系的优秀公共文化产品还不多。抓紧建立完善公益文化事业保障、文化市场管理、电视剧和电影事业管理等方面的法律法规，建立健全公共文化产品创作生产、传播流通的准入机制、监督机制和约束机制。加强对公共文化产品的创作引导，完善项目申报、扶持、考核、奖励办法，特别是政府采购公共文化产品时，产品要能体现社会主义核心价值体系的内涵。加强对各种社会创作基金、发行基金、传播基金的管理，实现依法管理、有效管理。把社会主义核心价值体系的理念和内容鲜明地体现在公共文化产品的各个方面，大力倡导一切有利于民族团结、社会进步、人民幸福的思想和精神。特别是要加强对公共文化产品创作思想的引导，对体现社会主义核心价值体系的优秀公共文化产品给予鼓励和支持，对亵渎经典、低价媚俗等现象予以抵制，形成有利于推进社会主义核心价值体系建设的良好文化生态。

(二)着力提高公共文化产品生产的组织化程度

体现社会主义核心价值体系的公共文化产品的创作生产，除了政府主导规范外，提高创作生产的组织化和社会化程度，创作生产更多、更便捷的公共文化产品，更好地宣传社会主义核心价值体系建设。在遵循文艺创作规律、尊重艺术家个性劳动的基础上，完善对公共文化产品的创作、生产、传播过程实行全方位扶持的工作机制。以精神文明建设"五个一工程"为龙头，加大电影电视剧精品工程、国家舞台艺术精品工程、重点文学选题扶持工程的组织实施力度，加大资金的投入力度，集中扶持一批宣传社会主义核心价值体系的代表性公共文化产品。着眼于满足人们的精神文化需求，运用各类文化形式和产品生动具体地表现社会主义核心价值体系，把积极的人生追求、高尚的情感境界、健康的生活情趣传递给人民，让人们在美的享受中受到鼓舞、得到陶冶、获得启迪。特别是要把农村题材更多地纳入舞台艺术生产、电影和电视剧制作视野，加大群众文艺人才培养和精品创作的扶持力度，通过举办农村题材的小戏、小品比赛、展演、评奖等活动，不断推出新人新作，为农村文艺舞台注入生机和活力。

(三)着力丰富公共文化产品传播途径的多样化发展

随着科技进步、投入增加、资源整合等,现阶段公共文化产品传播途径不断增加。除了原有传统报刊图书、广播影视、戏剧演出等传播途径外,还增加——了数字报刊、手机网站、手机报刊、移动数字电视、网络广播、网络电视等新兴传播载体。而新兴传播载体也恰恰是广大青少年所喜爱的。放松对新兴传播途径的管理,社会主义核心价值体系的宣传影响力就会大大弱化。一定要高度重视社会主义核心价值体系在新兴传播载体中的宣传推广。另外,还要关注公共文化服务对象群体,针对公共文化服务对象的具体情况,积极创造条件,分类别、多层次提供各类体现社会主义核心价值体系的文化产品,使广大群众各取所需,各享所爱。要根据城市居民、农民群众、青少年学生、外来务工者、残疾人等各类群体的不同需求特点,加强针对性调查研究和创作生产,多种形式宣传社会主义核心价值体系,增强文化产品的多样性、丰富性和差异性。

依托农村党员干部远程教育和中小学远程教育等网络,开展农村社区数字化文化信息服务。在建设资源库中,要注重群众需求,加入群众喜爱的各类社会主义核心价值体系数字资源,让包括外来务工人员在内的广大群众,能够就近、方便、低成本地享受和利用网上公共文化资源,进一步加强社会主义核心价值体系在基层农村的宣传推广。

(四)着力扩大公共文化产品的对外影响力

当今时代,文化越来越成为综合国力竞争的重要因素,社会主义核心价值体系是社会主义意识形态的本质体现。扩大文化对外的影响,本质上是社会主义核心价值体系通过文化产品的对外影响。要组织国家之间的文化年、城市之间的文化周以及各类重大对外文化交流活动。注重规划,加强指导,下工夫打造一批有浙江风格和中国气派的、符合国外文化市场需求的文化艺术精品项目,变文化资源优势为产品和市场优势。积极支持全省各地文化部门打造能够走出去的演出和展览精品,重点支持杭、宁、温、金等地的对外文化产品生产。强化对外文化交流平台建设。筹划在省内举办"浙江国际文化艺术(博览)年"。支持浙江省文化艺术交流促进会广泛开展对外文化交流活动。着眼长远,精心谋划,广泛开展多渠道多形式的对台文化交流活动,促进两岸人民的文化共识和同胞情感。

二、丰富公共文化活动内容,发挥好文化活动在社会主义核心价值体系建设中"以文娱人、以文化人"的作用

各种形式的公共文化活动,是建设社会主义核心价值体系的有效形式。要把社会主义核心价值体系的要求体现在开展群众性文化活动、送文化下乡、"种文化"活动、文化先进评选等活动中。

（一）在开展群众群众性文化活动中体现社会主义核心价值体系

着眼于促进社会和谐，广泛开展各种形式的群众性文化活动，引导人们正确对待利益，妥善处理矛盾，培训和谐精神，融洽人际关系，形成良好风尚。抓好重大庆典文化活动。以国庆日、纪念日为契机，举办重大庆典活动，拓展爱国主义教育基地等宣传文化的功能，使之在传播社会主义核心价值体系方面发挥独特作用。抓好"群星奖"系列活动。做好全国"群星奖"作品评选与辅导，认真组织音乐、舞蹈、戏剧、曲艺、美术、书法、摄影等七大艺术门类的作品加工和创作，推出一批反映社会主义核心价值体系，具有浙江地域特色和民俗风情、群众喜闻乐见的精品佳作。打响群文活动品牌。通过组织开展浙江省社区文化艺术节系列群文活动、浙江省排舞大赛、浙江省十大城市戏曲演唱邀请赛、浙江省社区群众文艺汇演等社会反响热烈、群众广泛参与，有规模、上档次的大型群众文化活动，努力打造浙江群文品牌。

（二）在开展送文化下乡和"种文化"活动中体现社会主义核心价值体系

一方面要深入开展"送"文化活动。进一步发挥钱江浪花艺术团、雏鹰计划万里行、浙江舞台艺术新年演出季、赏心乐事音乐会、高雅艺术进校园等文化服务项目的示范导向作用，继续开展各种形式的文化科技卫生"三下乡"、"下基层"等公益性文化活动，在内容上要体现社会主义核心价值体系的要求。在省级统筹指导下，采取图书流动车送书下乡、送书上门和定期更换图书等方式，加大社会主义核心价值体系方面书籍的采购比例，充实"农家书屋"，满足农民群众看书需求。另一方面，要认真开展"种"文化活动。"种"文化是在"送"文化基础上的一种创新和创造。要充分发挥基层群众尤其是广大农民群众在文化建设中的主体作用，把丰富与普及文化生活、弘扬与传承优秀民俗文化、创作与传播大众文化产品、培养与壮大农村文体队伍、倡导社会主义核心价值体系为主要的任务，以竞技、比赛、表演、展示等为主要形式，举办农民文化节、运动会、才艺展示会、文艺调演等各类文体活动，搭建各类展示"种文化"成果的平台，开展群众性"种文化"竞赛，充分展示宣传社会主义核心价值体系的成果。

（三）在开展文化先进评选活动中体现社会主义核心价值体系

开展各类文化先进评选活动，对于引导全省文化建设方向、提高文化发展水平具有重要的作用。要在今后的浙江省文化先进县、浙江省东海文化明珠、浙江省文化示范村（社区）等评选活动中，把社会主义核心价值体系的有关内容有机融入。

三、做好文化遗产保护工作，发挥好文化遗产在社会主义核心价值体系建设中"传承发展、继承创新"的作用

社会主义核心价值体系是中华传统文化的升华和创新，而中国传统文化是社会主义核心价值体系建构中不可或缺的思想源泉之一。丰富的文化遗产是中国传

统文化的重要内容,保护好文化遗产,必将有益于弘扬中华文化,建设中华民族共有的精神家园,同时形成强有力的精神支柱和精神力量。

(一)研究和梳理传统文化

要注重对传统文化的精华和糟粕进行全面科学的梳理,为建设社会主义核心价值体系提供历史的智慧、现实的参照。要注重对传统文化的精华进行现代阐释,跟随时代步伐进行扬弃和更新,按照现代社会的表达方式和语境进行解读,运用现代传播技术进行推广,推进优秀传统文化走进大众、走进现代生活,成为人们修身养性、健康生活的"催化剂",成为人们在传统文化与现代文化的融合中领悟和接受社会主义核心价值体系的"助推力"。

(二)深入推进特色博物馆体系和爱国主义教育基地建设

重点加强设区市综合性博物馆的建设,支持和指导有条件的各县、市(区)建设各具特色的博物馆;扶持和鼓励各类民办博物馆建设。进一步繁荣博物馆的展览展示活动,加强藏品资源的整合利用,推进展览的馆际交流与协作,充分利用全省馆藏文物资源和民间文物资源,组织更多更好的精品展览。加快做好爱国主义教育基地免费开放工作。要坚持把社会效益放在首位,采取有力措施,为继续扩大免费开放创造有利条件。在省级爱国主义教育基地落实向社会免费开放,省以下爱国主义教育基地也要争取条件,逐步做到全部免费开放。通过文物展览和爱国主义教育基地的开放,让广大群众更好地了解我国的历史,增加爱国主义思想教育,自觉学习和实践社会主义核心价值体系建设。

(三)发掘和整理非物质文化遗产

世代相传的民间传说、乡规民约、民俗民风、民间信仰,都属于非物质文化遗产范畴,其中蕴含着文明和谐进步的深刻哲理,完全可以在维系民族团结、促进社会稳定方面发挥积极作用。要推进非物质文化遗产生态保护区试点建设,继续在全省开展"服务传承人月"活动,加强传承人保护措施,把优秀的非物质文化遗产传承下来。同时加大创新力度,通过创作一些非物质文化遗产的宣传文化作品,更好地宣传社会主义核心价值体系建设。

四、建设公共文化服务人才队伍,发挥好文化人才队伍在社会主义核心价值体系建设中"建设主体、第一资源"的作用

树立人才资源是第一资源的观点,健全以业绩为依据,由品德、知识、能力等要素构成的人才评价、选拔和激励保障机制,激励和引导广大文化人才队伍自觉践行社会主义核心价值体系。

(一)加强专业文化人才队伍的思想建设,提高创作水平和责任意识

大力提高文化工作队伍的政治、思想和业务素质,加强社会主义核心价值体系的学习和教育,以适应当前形势的需要。重点办好目前我省唯一的综合性全日制

高等艺术院校——浙江艺术职业学院,构建具有鲜明特色的文化艺术人才培训基地,为文化大省建设提供艺术人才保障。进一步深化教学改革,在巩固现有省级重点专业的同时,力争使戏剧、音乐、舞蹈等特色专业居全国领先地位。在课程设置和教学实践中突出体现社会主义核心价值体系的内容。

(二)加强基层队伍的思想建设,提高他们对社会主义核心价值体系的认同感

要让社会主义核心价值体系得到群众的认同,首先必须得到文化人才队伍的认同。要在文化人才队伍的培训中,突出体现社会主义核心价值体系的内容。实施全省农村文化队伍素质提高计划,系统培训各文化馆、图书馆干部,乡镇文化员及各艺术门类骨干,切实提高农村公共文化产品的生产能力。通过组织知识竞赛、技能比赛、作品展示等,发现人才,培养人才,激发他们的文艺创作能力。积极探索研究,对乡镇文化工作人员实行从业资格制度,把社会主义核心价值体系作为从业资格制度的一项重要指标。充分发挥村文化员在农村文化建设中的骨干作用,逐步建立专兼职相结合的村文化员队伍,为社会主义核心价值体系建设提供人才支撑。

(三)加强文化志愿者队伍建设

成立一支人数众多、机构完善、思想统一的文化志愿者服务队伍,是加强社会主义核心价值体系建设的重要手段。省里成立浙江省文化志愿服务部总团,各市、县、乡镇成立相应的分支组织,负责本地区文化志愿都服务活动的规划、管理、组织、协调和指导工作。要在全省建立一支3万人左右的文化志愿者队伍。要充分发挥志愿者在社会主义核心价值体系建设的重要作用,积极开展文化志愿者活动,为全省广大人民群众提供更多更好的文化服务。文化志愿者组织和文化志愿者要积极参与各级宣传文化部门组织的文化活动,积极依托社区服务中心、乡镇综合文化站、村文化活动室等基层文化服务阵地开展各类文化活动,积极参与企业文化、乡镇文化、校园文化、社区文化、广场文化和其他公益性文化活动。要大力提倡具备条件的各类文艺人才和其他社会公民积极参加志愿者服务活动。对优秀文化志愿者组织、个人和支持文化志愿者服务的组织、个人进行表彰奖励。

五、营造良好社会文化环境氛围,发挥好文化环境在社会主义核心价值体系建设中"潜移默化、熏陶教育"的作用

社会环境直接影响着人们的行为方式、思想观念和价值取向。要创造优美整洁、安定有序的生产生活环境,形成诚信和谐、惩恶扬善的社会人文环境,让人们在日常生活工作中潜移默化地受到熏陶、得到教育。

(一)形成良好的公共文化环境

加大博物馆、图书馆、纪念馆、展览馆等公益性文化设施的建设力度,营造普及社会主义核心价值体系的宏观情境。从政府机构、标志性建筑、大型广场,直至各

种公共场所、产品包装,都有可能成为宣传教育的生动教材,使社会主义核心价值体系的基本内容和要求无所不在、无时不有。加快建立覆盖城乡的公共文化设施网络,降低文化消费门槛,扩大公益性文化设施免费服务的范围,建立党报党刊和政治教育资料免费向基层赠阅的新机制。

(二)形成浓厚的人文关怀氛围

发挥社会主义核心价值体系的导向作用,推进人们在基本信念、基本价值、基本规范上形成共识,消除彼此之间的分歧和隔阂,增强归属感和向心力,形成我为人人、人人为我的社会风尚。发挥宗教在人文关怀方面的积极作用,努力发掘和弘扬宗教中有利于社会发展、时代进步和健康文明的内容。大力加强心理健康教育,加快建立社会各个领域的情感护理机构和专业心理咨询网络。

(三)形成强大的社会声势

充分发挥党委政府的主导作用,发挥工会、共青团、妇联等人民团体的桥梁作用,发挥行业组织、社会中介组织、民众自治组织的辅助作用,激发人民群众的主体作用,形成全社会齐心协力推进建设社会主义核心价值体系的强大合力。

(四)形成完善的政策体系

充分发挥政策的导向作用,积极促进社会主义核心价值体系的要求转化为政策制度。在浙江文化发展指标体系中融入社会主义核心价值体系内容。具体是在指标体系中设置思想道德文化素质指数,主要反映一定区域公众的思想道德状况和文化素质水平。建设社会主义核心价值体系是推动文化大繁荣大发展的根本。提高思想道德文化素质是建设社会主义核心价值体系的内在要求。社会主义意识形态是文化的核心部分,是世界观、人生观、价值观的集中体现,影响整个文化的发展。只有不断提高公民的文化素质,才能使广大劳动者适应科学技术日新月异的变化,推动先进生产力的发展,实现浙江省经济社会发展的转型升级。在社会力量参与文化建设中突显社会主义核心价值体系的内容。在"百分之一文化计划"中,在总投资额在 3000 万元以上的公共建筑项目建设投资总额中提取 1% 的资金用于公共文化设施建设,要求所建设的公共文化设施必须是能使公众免费享受或者参与的,并且能反映社会主义核心价值体系建设内容的项目。

浙江省农民工文化建设研究

梁 莹*

[摘 要]浙江省作为经济大省每年吸引大量农民工来浙就业,近几年,浙江省努力建设公共文化服务体系,提高农民工精神文化生活,涌现出多个典型地区,全省农民工文化水平有较大提高,但在农民工工作机制、投入等方面仍存在一些问题。本文对浙江省农民工文化建设的基本情况、建设成绩、政策措施、存在问题等进行了分析阐述,并提出相应目标和对策。

[关键词]农民工;文化;建设

2011 年 9 月,为进一步保障农民工基本文化权益,丰富农民工精神文化生活,文化部、人力资源和社会保障部与中华全国总工会近日下发《关于进一步加强农民工文化工作的意见》,这是我国第一次对农民工文化建设进行专门的部署。农民工是我国改革开放和现代化建设的重要参与者和贡献者,关心农民工精神文化需求、维护和保障农民工权益、促进农民工城市融入是贯彻落实科学发展观、构建社会主义和谐社会的重要内容。

一、浙江省农民工基本情况

浙江省作为全国经济增长速度最快和最具活力的省份之一,每年都吸引了大量外来农民工来浙就业发展。目前浙江省农民工群体呈现数量庞大、增幅迅速、以中青年为主、文化程度普遍较低、文化精神生活较贫乏、对我省经济发展有重要贡献等特点。

(一)数量庞大

根据省统计局发布的数据显示[1],由 2005 年全国 1‰人口抽样调查的初步汇总数据推算,2008 年我省农民工总数为 1783 万人,约占全省非农产业就业人员总数的四分之三(77‰)。在农民工总数中,本省农民工约为 1260 万人,外省农民工约为 523 万人。到 2009 年 6 月底,在我省的农民工则上升至 1800 万。[2]

---

* 梁莹,女,杭州师范大学浙江省公共文化服务研究中心,硕士,研究方向:公共文化服务。

① 本文浙江省统计局数据来自"浙江统计信息网"www.zj.stats.gov.cn。

② 杨建华:《浙江农民工群体生活状况调查》,《观察与思考》,2010 年 04 期。

（二）增幅迅速

从 2000 年至 2010 年间,我省常住人口总量大幅增加,主要原因就是省外流入人口迅速增加。据浙江省第六次人口普查,2010 年,全省常住人口中的省外流入人口为 1182 万人,占全部常住人口的 21.7%,即每 5 个常住人口中就有 1 人以上来自省外。

（三）以中青年为主

据浙江省第六次人口普查,省外流入人口不仅数量大,年龄结构也相对较年轻。省外人口中 50 岁以下的占到 95.5%,比全省常住人口高 22.0 个百分点,年龄中位数为 28.9 岁,比全省常住人口低 7.7 岁。

（四）文化程度普遍较低

省第六次人口普查数据显示,2010 年省外流入人口以初中及以下人口为主,占 84.8%。《2010 年宁波市人口发展报告》中指出,宁波市外来劳动力中,初中及以下文化程度的人员占总人数的 74.63%,高中及中专的占 19.14%。由于文化程度较低,绝大多数外来劳动力无技能,而且 2010 年无技能的外来劳动力所占比重有较大幅度提高,占 75.29%。

（五）文化精神生活较贫乏

根据相关调查,我省农民工的精神文化生活总体上还较为贫乏。一是,农民工文化娱乐设施和场所较少,统计结果显示,在农民工住处,19.5% 的人没有任何活动设备,45.5% 的人只有电视机,而同时拥有电视机、电脑、音箱、VCD 等多种设备的只占调查总人数的 3.9%;二是,农民工的文化活动范围较小,有 69.2% 的农民工,他们的业余文化活动对象只有其家人、亲戚或同乡,其中 56.4% 的农民工只与家人和亲戚一起活动;三是,文化生活较为单调,有 80.2% 的农民工在业余时间选择看电视、聊天,而新生代农民工主要休闲方式就是上网。除此之外,农民工的其他业余生活主要有打牌、搓麻将、看书等,其中选择打牌、搓麻将的占 6.1%,选择看书学习的占 5.9%,选择上网的占 4.6%。[①]

（六）对我省经济发展有重要贡献

据省统计局抽样调查数据显示,2010 年,全省经济活动人口(即就业人口＋失业人口)中,省外劳动力约占 33.2%。省外劳动力占第一、二、三产业全部从业人员的比重分别为 2.9%、48.1% 和 23.4%,而据 2010 年浙江省国民经济和社会发展统计公报,当年全省生产总值为 27227 亿元。其中第一产业增加值 1361 亿元,第二产业增加值 14121 亿元,第三产业增加值 11745 亿元,分别比上年增长 3.2%、12.3% 和 12.1%,第二、三产业是我省经济发展的主要动力,而作为第二、三产业中的主要劳动者,农民工可以说为我省经济发展作出了极其重要的贡献。

---

① 陈彩娟:《丰富农民工文化生活的对策研究》,《政策瞭望》,2008 年第 6 期。

二、浙江省农民工文化建设成绩

一直以来,我省十分重视外来农民工的文化建设问题,全省各地利用各类公共文化服务资源,向农民工提供文娱、培训等各类文化产品和活动,尤其在外来农民工聚集的地区,涌现出如东阳市、长兴县、衢州市等许多农民工文化建设的典型。总体而言,我省农民工文化生活已有初步改善。

(一)全省公共文化设施网络基本建成,农民工可"零门槛"享受公共文化产品与服务

经过"十一五"期间的重点建设,目前我省覆盖省、市、县、乡、村五级的公共文化设施网络基本形成。农民工无论是在城市还是在农村打工,都可以到附近的公共文化场所享受免费的文化产品和服务,不受任何身份上的限制,真正实现"零门槛"。

(二)农民工文化建设氛围浓厚,各地涌现多个农民工文化建设示范典型

浙江省是外来农民工的用工大省,经常会出现"民工荒"的情况,如何吸引农民工长期在我省发展,缓解用工紧张的问题,对于我省经济发展有重要意义。近年来,全省各地都十分重视农民工的问题,许多地方通过丰富农民工文化生活的方式,帮助他们尽快融入当地生活,收到了很好的经济和社会效果,涌现出许多典型代表。比如东阳市,由文化行政主管部门牵头,其他各部门合作,社会参与,共建农民工服务平台。以文化活动吸引人气,将农民工集中到一起,随后在文化活动的平台上,联合政法、计生、工会、社区等各部门共同建设服务平台,再吸引企业等社会力量参与,从各个方面共同帮助农民工解决实际问题。目前东阳市已有杨家、五马塘和大田头 3 家专门给农民工免费进行文化活动的"农民工文化活动中心",前二者建筑面积分别达 1200 平方米、2400 多平方米,中心内配备各类文化书籍和设备,开设各类文化技能培训班、知识讲座、免费文娱活动等。在建设好硬件设施的基础上,东阳市同时做好软件的配套管理。目前东阳市有专门的农民工文化活动领导小组、农民工文化活动工作班子、农民工文化活动中心指导小组及联系制度、管理制度、轮值制度和文化活动实行专人负责制等相关制度。良好的硬件和软件使东阳市的农民工文化建设能够有序推进,切实落到实处,不仅减少了当地的不稳定因素,降低了政府管理成本,而且增加了当地居民的收入,搞活了当地经济。东阳市已成为我省有名的农民工宜居地之一,中新社记者这样评价东阳农民工文化活动中心:"在农村中,通过建设惠及外来务工人员、当地农村居民的公共文化设施,尽力消除农村城市差距,用丰富多彩的文化活动去与另类'精神寄托'争夺农村思想文化阵地,不失为加强稳定因素的一个新载体。"

（三）全省农民工文化水平逐步提高，群体自身文化生产力增强

通过近几年的农民工文化建设，我省农民工对获取文化知识的积极性明显提高，农民工的整体文化水平，较以前有很大进步，出现了一些优秀的农民工文化团体和文化成果。2007 年底，全国首家专门为农民工而设立的文学之家，浙江民工文学创作基地在杭州市拱墅区上塘街道文化中心挂牌。文学基地成立以来，省作家协会定期组织文学专家到基地指导，由街道文化站负责日常管理，为广大农民工文学爱好者搭建起文学互动性和学识性的交流平台。目前基地已有 140 名会员，出版了农民工文学诗集《运河呵，我的母亲》等作品。

2011 年 8 月，浙江民工文学桐庐创作基地在桐庐挂牌成立。同时，2011 年浙江省民工文学培训班也正式开课。在培训班里，著名作家黄亚洲等对农民工学员进行培训，同时，另有多位作家与培训班里的学员结成了文学"帮扶对子"，对他们进行一对一的有针对性的文学创作辅导，以帮助他们提升创作品质。培训班中的学员有的已有很高的文学创作水平，如 55 岁的民工诗人西芒现经营一个服装辅料摊，已出版了两部诗集；安徽农民工冬子在浙江首届民工文学大赛中获二等奖，第一部个人诗集也将出版。

另外，还有许多农民工文化团体在各类文化活动中获奖。如在 2011 年全民阅读活动中，温州市总工会的女职工读书俱乐部、湖州市图书馆的农民工文化之家获得浙江省全民阅读活动优秀项目。

三、浙江农民工文化建设政策措施

近几年来，我省农民工文化建设紧紧围绕丰富农民工文化精神生活为主题，针对农民工的特点和需求，以公共文化服务体系为依托，坚持贴近生活、贴近实际的原则，采取多项政策措施满足农民工群体的文化需要，让他们与本地人享受同样无差别的文化生活和服务。

（一）率先实施免费开放工作，创新公共图书馆服务理念，切实发挥公共文化服务设施的作用

2011 年 2 月，文化部、财政部联合下发了《关于推进全国美术馆、公共图书馆、文化馆站免费开放工作的意见》，要求在全国推广"两馆一站"免费开放的工作，而此项工作在我省早就率先进行。2003 年 5 月 18 日，杭州市属的 15 家博物馆、纪念馆、艺术馆全部实行免费开放；2004 年，浙江省博物馆与中国丝绸博物馆也面向社会常年免费开放；2007 年 12 月 1 日，浙江图书馆取消借书证年费，成为全国首家实现免费开放的省级图书馆，引起社会广泛关注。

在免费开放的基础上，我省公共图书馆还创新服务理念，形成了新型服务体系。比如嘉兴市构建城乡一体化新型公共图书馆服务体系，形成"政府主导、统筹

规划,三级投入、集中管理,资源共享、服务创新"的总分馆建设模式。乡镇图书馆已成为城乡居民和外来务工人员的乐园。另外,长兴县图书馆为方便农民工看书,还在农民工比较多的 120 家企业建起了图书馆企业分馆,由县图书馆免费配送图书。

(二)大力开展各类农民工文化培训活动,提高农民工文化与职业水平

为了进一步满足外来务工人员多方面、多层次的精神文化需求,省文化厅安排专项经费,实施了公益性培训"星光计划"。该计划依托省群艺馆、图书馆的人才和信息优势,采取有计划发放文化消费券的形式,着重对外来务工人员、民工子弟等部分特殊社会群体实行免费培训,提高他们的文化和职业水平。

同时,各县(市)也结合地方实际,为当地农民工提供多种免费文化培训服务。如宁波市群众艺术馆以打造"群星"系列公共文化服务品牌为抓手,积极服务农民工群体。2007 年,宁波市群艺馆推出了"群星课堂"这一免费文艺培训项目。针对农民工生活和工作的特点,走出教室,把课堂办到企业、社区、外来务工人员聚居地、民工子弟学校等地,让农民工不出门就能享受到免费的文艺培训服务。

(三)积极引导企业建设农民工文化,形成"政府主导,企业参与"的多元化建设力量

我省政府及部门积极引导社会力量,重点是企业,积极参与农民工文化建设,和谐劳资关系,建设企业文化,丰富农民工的文化生活,从而留住大批外来职工,保证企业的持续、稳定发展。

2009 年 3 月,省总工会与省文化厅联合下发了《浙江省"文化共享工程进企业"行动实施意见》,2009 年 8 月 18 日,由省总工会、省文化厅联合组织的浙江省文化共享工程进企业活动在杭州启动。目前我省已建成"职工电子书屋"5644 家。

在政府部门的引导和支持下,浙江省各市也结合自身特点,积极加强外来民工集聚企业的文化建设。比如慈溪市从 2005 年起,启动以教育培训、舆论宣传、书报阅览、健身娱乐、综合活动、信息交流"六大阵地"为主要内容的"文化明珠企业"创建活动,有效丰富了企业职工的文化生活。

(四)深入开展理论研究与实地调研,正确引导农民工文化建设方向

在农民工文化建设过程中,我省十分注意理论研究与实地调研,及时发现实际建设中的问题和矛盾,总结优秀的工作经验和建设模式,努力以科学的理论引导农民工的文化建设。

2010 年中央一号文件《中共中央、国务院关于加大统筹城乡发展力度,进一步夯实农业农村发展基础的若干意见》发布,文件提出要"着力解决新生代农民工问题",这是我党文件中第一次使用"新生代农民工"这个词,传递出中央对约占农民工总数 60% 的 80 后、90 后农民工的关切。同年,我省组织力量设立"浙江省新生代农民工文化生活现状调研课题",在全省主要农民工聚集地展开大型调研,对新

生代农民工业余文化生活内容、形式,享受文化生活所存在的困难,心理诉求以及相应的文化服务对策等进行专题研究。2011 年 10 月 9 日,浙江省新生代农民工文化生活调查课题文本加工会在桐乡举行,嘉兴市、宁波市、舟山市、丽水市、绍兴市、慈溪市、嵊州市、象山县、武义县等有关县市的领导和群文调研干部参加。截至目前,此次全省性的"新生代农民工文化生活现状调查"已经完成前期的问卷调查和文本撰写工作,现已进入文本加工阶段,研究结果将对政府部门下一步农民工文化建设工作有重要的参考作用。

四、浙江省农民工文化建设的问题

我省农民工的文化建设工作虽然取得了一定的成绩,但也存在一些不容忽视的问题,其中主要的有:

(一)各地政府的重视程度不一,农民工文化建设工作机制尚未形成

目前我省一些地方对农民工文化建设工作还不够重视,未认识到农民工文化建设对繁荣经济、稳定社会和促进和谐的重要作用。我省农民工文化建设还处在"人治"阶段,主要依靠当地政府及部门领导对该项工作的看法观念和重视程度。同时,农民工文化建设牵涉的部门众多,在具体建设过程中,各地还都处于摸索阶段,许多地方的工作尚未形成齐抓共管、分工明确、责任到位的工作机制。

(二)农民工文化建设总体投入偏少,各地建设不平衡

由于各地对农民工文化建设的重视程度不同,及各地经济发展水平的不同,全省各地农民工文化建设情况呈现不平衡的状态。而从全省总体情况看,我省投入到农民工文化建设的专门经费还是偏少,从几个农民工主要聚集地区的调查来看,当地的农民工文化建设经费主要还是靠当地集体经济性质投入为主,企业和当地政府部门给予小部分的资助。如东阳市的 3 个农民工文化活动中心的建设和管理资金都是由当地村集体投入,后续资金的不足,影响到文化活动中心的扩展和运行。同时,全省各图书馆、文化馆等文化部门获得的经费也未有提高,导致这些部门对农民工的文化服务不能做到常态化、经常化。

(三)企业农民工文化建设相对薄弱

许多吸纳数量众多农民工的重要工业园区,都处在远离城市中心甚至农村中心的偏远新区,周边的文化设施比较缺乏,而企业自身主要精力都投入于生产建设,无暇顾及企业文化建设,在这些园区内工作的农民工吃住都在园区内,既无法享受到公共文化服务体系内的产品和服务,也无法在企业内部寻找到文化精神生活的支持,很容易形成"文化孤岛"。同时,受企业主自身素质和经济情况的局限,各企业文化建设在资金投入、氛围营造、活动设计、管理机制等方面都存在一些问题。

(四)农民工整体文化水平仍待提高

虽然经过近几年我省的努力建设,农民工文化生活得到了很大改善,能便利地享受各类公共文化设施、产品和服务,但是我省农民工的整体文化程度依然处在较低水平,政治思想、科学文化和职业技能等素质都偏低,在提高农民工整体文化水平的道路上,我省还有很长的路要走。

五、浙江省农民工文化建设对策

丰富外来农民工的精神文化生活,保障他们基本的文化权利,提高他们的文化素质,对于我省维护社会稳定,构建和谐社会,促进经济持续发展具有极为重要的意义。未来我省应在继续执行现行有效的政策措施,同时,针对目前农民工文化建设的问题,结合我省实际,现提出如下对策:

(一)建立农民工文化建设工作及考评机制

总结全省各地尤其是典型地区的优秀经验做法,建立一套科学、规范、符合我省实际的农民工文化建设工作及考评机制。

1. 提高各地对农民工文化建设的重视,出台相关法律法规。认真落实文化部《关于高度重视农民文化生活,切实加强农民工文化权益的通知》、《关于进一步加强农民工文化工作的意见》的精神与要求,结合《浙江省推动文化大发展大繁荣纲要(2008－2012)》和《浙江省文化发展"十二五"规划》内容,出台农民工文化建设的相关法规和办法,从法律制度上保障农民工文化建设的进行。

2. 联合政府各部门与社会各界,设立农民工文化建设专门机构,形成统筹规划、齐抓共管的良好管理机制。农民工文化建设是一项复杂的系统工程,需要打破条块分割,联合文化、财政、劳动、公安、计生、工会等部门的力量,还需要社会力量,尤其是农民工用工企业的积极参与。建议各地成立农民工文化建设工作领导小组,由当地分管文化的政府领导任组长,文化、财政、劳动、公安、计生、工会、宣传、民政、总工会及当地重要企业代表等部门人员为成员,对农民工文化建设的组织领导、工作管理、资金投入、资源配置等进行统筹规划、优化整合,形成以政府为主导,各部门共同参与,分工明确、统筹协调、密切联系的共建平台,形成整体合力,共同把此项工作落到是实处。

3. 文化部门牵头,联合相关部门及各界力量,建立农民工文化活动机制。各级文化主管部门要切实发挥作用,加强与其他部门、社区街道及企业主的联系,针对农民工的特点及需求,从实际出发,制定各类文化活动及服务的组织领导、工作计划、管理办法、活动指导等,使农民工文化活动能有序开展,并形成长效机制。

4. 建立健全农民工文化建设绩效评价体系。根据文化部的要求,把加强农民工文化建设,丰富农民工文化生活列入各级文化部门的重要工作任务,其成绩纳入年度绩效考核;把农民工文化服务纳入公共图书馆、文化馆评估考核体系;制定反映当地农民工文化建设情况的指标,纳入文化厅动态填报系统,及时反映各地建设情况。对于考评成绩优秀的地区,给予适当的奖励或补助。

(二)建立农民工文化建设投入机制

依据"政府主导、社会参与"的原则,多渠道增加投入,建立稳定的投入机制。

1.当地政府部门应给予农民工文化事业发展经费补助,并列入当地财政预算,并逐年增加,让农民工与当地居民享受同等待遇。

2.上级文化部门适当给予配套设施或活动经费补助。在年度预算中,按各地区的经济发展程度,以活动点为单位,给予不同等级的补助或奖励资金。

3.积极调动社会力量,鼓励社会资金投入农民工文化事业建设。充分利用社团、企业、个人的捐资,扩大投入渠道。建立农民工文化活动基金,以全面保障农民工文化活动中心的正常运作与社会效能发挥。

(三)拓展农民工文化活动的空间平台,丰富农民工的文化活动形式

1.加强农民工文化活动中心的硬件设施建设。室内外配套设施予以优先配置和优化配置,满足农民工各个不同层次对文化的基本需求。

2.加强农民工图书馆(室)建设,多渠道为农民工提供电子和报刊阅览平台。培养农民工的阅读兴趣,提升农民工的科技文化知识水平。

3.加强企业与社区之间,企业与机关事业单位之间,企业与社会团体之间的文化互动工作。实施企业、社区、社团间的"文化走亲"活动,丰富农民工的文化生活。

(四)加强农民工文化队伍建设,鼓励农民工自办文化

培养和挖掘农民工文艺人才,壮大农民工文艺骨干力量,挑选符合要求的人才充实活动中心专职管理员队伍,政府给予一定补助,或收入行政编制。同时,充分发挥农民工文艺队伍的积极作用,广泛开展文艺活动。政府还应该鼓励和扶持农民工自办文化。建立激励机制鼓励农民工自办文艺团队、文化学习团体、民工书屋等,扶持现有的优秀农民工文化团体,政府给予必要的引导和支持,引导农民工自办文化的健康发展。

(五)鼓励企业加强企业文化建设,将企业文化融入企业发展中去

引导企业提高对农民工文化建设的重视,通过各地示范地区的优秀实例宣传让企业认识到,企业文化建设对凝聚人心、解决用工缺口、提高经济效益的切实作用。以企业投资,政府或文化部门奖励或补贴等方式,鼓励、引导有条件的企业设立图书室、娱乐室等基本的文化设施,并结合企业具体实际组织农民工开展一些文娱活动和职业技能培训。

(六)发挥社区文化服务功能,以社区为主要载体和平台,加强对农民工的文化服务和管理

充分考虑城市社区内农民工的规模、特点和文化需求,规划建设和优化配置社区文化设施和服务,构建以社区文化设施为依托的农民工文化服务平台;以社区为载体,将农民工管理纳入社区管理范围,使他们和其他市民无差别对待;有针对性地举办各种娱乐活动、文化知识与法律知识讲座、劳动技能培训等,进一步提高城市社区面向农民工的公共文化服务能力,激发农民工对文化活动的兴趣和参与热情,进一步提高农民工文化活动参与能力,改变农民工文化交往的封闭性,促进农民工与当地社区居民的交往、融合,使农民工在生活上、心理上真正融入到城市社区生活中。

(七)整合农村公共文化服务资源,实现文化资源共建共享

农民工文化活动中心建设应当充分利用所在地的公共文化设施,尤其是"30分钟文化活动圈"的建设成果,努力实现文化资源的共建共享。

(八)加大公共文化服务体系的辐射力度,提高供给和服务能力

进一步完善公共文化服务体系的建设,继续加强基础设施建设,合理规划公共文化服务体系的布局,尤其是在一些偏远的工业园区,要进行重点的基础设施建设,增强公共文化服务体系的辐射力度。

三

公共文化单位免费开放与公益性服务研究

免费服务是基础 提升服务是根本
——公共图书馆免费服务探究

粟　慧　胡　芳[*]

[摘　要] 公共图书馆作为一种向全体公民获取信息与知识的保障性社会制度,主要应由国家财政投入向公众提供免费的服务,但由于种种原因,我国的公共图书馆免费开放走过了一段曲折的历程,至今仍有数量众多的图书馆面临免费开放的一系列困境,本文就公共图书馆免费开放所涉及的四个方面进行论述:回顾公共图书馆从收费走向免费的过程;阐述公共图书馆免费开放的理论基础;提出政府决策层理念的转变是公共图书馆免费开放保障的第一要素;强调公共图书馆免费开放的研究重点是在保证免费开放的同时,给予每一位市民百姓最好的服务,公共图书馆的发展趋向是成为向大众提供高质量学习、交流、创意、休闲、展示的"公共文化空间"。

[关键词] 公共图书馆;免费开放;公共文化空间

一、公共图书馆免费开放历程

20 世纪 80 年代始图书馆由于面临一系列困境(如政府投入不足,同时读者量增加且服务需求的提高),出现了图书馆引入商业化管理机制参与社会信息产业竞争的主张,相当多的图书馆采取了"收费"的策略,特别是当市场经济、信息产业化浪潮扑面而来时,图书馆被划入信息服务业范畴,"图书馆产业化论"一度甚嚣尘上,看看论文的标题,"知识经济时代的图书馆产业化策略","公益性不是图书馆产业化的障碍","产业化经营是未来地方和行业图书馆生存和发展的根本出路",这些文章虽然没有明确提出改变图书馆的属性和职能,但内含的倾向性是不言而喻的,其核心是要改变图书馆作为社会文化公益性机构将图书馆推向市场,给予图书馆一种新的市场职能作用,产业化是代表性的观点[1]。"多年来人们已习惯于无偿服务,但随着经济的发展,对图书馆的服务性必须重新认识,实行有偿服务才能使图书馆的信息服务走向产业化之路"[2];"知识经济时代的到来促使图书馆实现产业化,图书馆应该调节自己的内部管理机制,加入市场经济队伍,它不仅是一个服务性文化机构,更是获取知识、加工知识、配置知识资源的基础产业"[3],"有偿服务

* 粟慧,女,杭州图书馆,研究馆员,学士,研究方向:图书馆学;信息资源管理;胡芳,女,杭州图书馆,馆员,学士,研究方向:图书馆管理。

是图书馆自身适应市场经济发展要求，实施改革的一项重大举措。"[4]更为严重的是在这些理论及观念的引导下，政策也出现了错误的导向，"以文养文"、"以图养图"成为政策习惯性用词，1987年文化部、财政部、国家工商行政管理局《关于颁发文化事业单位开展有偿服务及经营管理活动的暂行办法通知》中明确表示在搞好无偿服务的同时也可进行合理的有偿专业服务。有了政策的依据，囿于政府投入相对缺乏、长期经费紧张的全国各类型图书馆积极投入到有偿服务的队伍，并将有偿服务理解为一个简单的"收费"涵义，于是借书证收费、阅览座位收费、索书条收费、咨询收费、视听借阅收费、上网收费、自修收费、存包收费，甚至还有图书出租，可以这样说在图书馆服务项目中找到收费的项目远比免费的项目容易。

"图书馆产业化论"是中国社会人文意识严重缺失的反映[5]，不论是掌握资金分配权的政府部门，还是提出产业化主张的研究者，在提出自己的观点和出台相关政策时图书馆的文化性、公益性已经脱离了他们的视野，一切均纳入了商品经济的范畴。图书馆学理论界的言论也透出研究的急功近利与浮躁心态，由于缺乏从图书馆本质、根源上的潜心研究，图书馆本质属性、社会价值和定位出现错误的界定，整个意识被狭隘和短视所笼罩。

进入21世纪，一些图书馆专家和权威人士意识到这种研究和实践中方向性错误问题，将严重影响到图书馆今后的发展命运。2002年范并思以纪念曼彻斯特公共图书馆创建150周年为名发表了"维护公共图书馆的基础体制与核心能力"[6]一文，论文从经济学、政治学角度阐述了公共图书馆的社会定位、社会价值，文中明确提出：公共图书馆不但是一种社会机构而且是一种社会制度，图书馆代表的是一种社会用以调节知识或信息分配，以实现社会知识或信息保障的制度。此文的发表开启了图书馆学理论界的拨乱反正，一系列研究论文随之出现，关于图书馆公益性、核心价值、现代图书馆理念、信息公平、社会责任、公共图书馆精神都曾经在图书馆学期刊中以专题的形式推出过，"公益性是图书馆永恒的价值取向和价值准则"[7]、"收费使图书馆不仅失去了精神与灵魂，也由此失去了在社会存在，获取社会支持的基本理由"[8]、"公共图书馆要免费向所有人开放，让每个灵魂拥有免费的图书馆服务"[9]、"公共图书馆是通过'还税于民'的机制建立的一个让全体社会公民公平使用的信息资源共享系统"、"图书馆职业应该以追求'平等'为己任"[10]等观点不断见诸各种专业媒体甚至公共媒体，使这些观念逐渐成为图书馆界的共识。

在图书馆界的专家、学者提出这些理论研究成果并极力呼吁、鼓吹、传播的同时，沿海城市的一些公共图书馆在办馆理念上逐渐形成了公平、自由、免费、平等的意识，并切实地付诸实践，其中最引人注目的是免费开放。2006年6月杭州图书馆联合全地区所有公共图书馆颁布了《杭州市公共图书馆服务公约》，向社会做出公共图书馆免费服务的承诺，同年11月深圳图书馆新馆开馆，吴晞馆长在新闻发布会上向媒体宣布市民不用带钱包就能来图书馆借书，向人们传达图书馆"一切都是免费的"服务理念。在经历过图书馆有偿收费服务的曲折之后,免费服务的回归引起了大众的欢呼。2007年浙江图书馆宣布实行免费服务,引发了全国省级图书馆的连锁反应,纷纷效仿,特别是2008年春节国家图书馆减免收费项目,打开了全国图书馆免费开放服务的崭新局面,免费服务之风席卷全国大地。

二、公共图书馆免费开放是其本质的回归

(一)图书馆是公共物品

一种物品的属性直接关系到对该种物品政策设计和制度安排。公共经济学有一个概念叫"公共物品",指的是供社会成员共同消费和享用的物品,公共物品的出现是由于社会生活中普遍存在的公共利益,它是人类公共利益的载体。为了满足社会全体成员的公共利益,社会产生了公共物品的供给,而且这种供给是面向全体社会成员的,为整个社会成员所共享,使全体社会成员共同受益是其根本目的。图书馆就是这样的一种公共物品。

(二)公共图书馆是一种信息公平的保障性社会制度

公共图书馆是社会为了满足全体成员获取信息与知识的共同需求,使每一成员在拥有信息、掌握知识的基础上实现自我发展这一公共利益而作出的一种保障性制度安排,它并非一个普通的社会机构。作为制度性安排它是以一种政府投入的方式为主导向全体社会成员提供公益性服务、承担面向全社会的知识传播、教育等重要使命的社会文化公共基础设施。其特性表现为:

公益性:公共图书馆是由税收为基础的公共财政支撑的机构,以公共投入的方式满足公众的需求,任何人均有权免费获得、共享这种服务,不能人为地拒绝与排除某些人(群)使用图书馆。

公开性:图书馆存在的理由是满足全体成员获取信息与知识的共同需求,实现个体素质提升与发展、推进全社会文明与进步的公共价值,只有向每一个体免费公开开放才能达成这一目标。

公平性:它是避免信息鸿沟、维护信息平等的制度安排,表现为社会成员享受服务的机会公平、过程公平和结果公平三个方面。即全体社会成员享有图书馆服务的机会;任何人享有同样的服务程序和服务标准,并且获得基本相同的服务效(结)果。

公正性:接受图书馆服务没有身份、等级,教育、收入、职业、年龄、性别等因素的任何区别,所有人员一切平等。

(三)公共图书馆偏离本质的后果

公共图书馆收费与免费虽然只有一字之差,但它却决定着公共图书馆的本质属性及发展方向、影响着图书馆职业整体的思想观念与价值取向。[11]正是由于对

公共图书馆本质认识的缺失、偏差甚至失误,导致公共图书馆走过了长达数十年的弯路。

一是剥夺了社会公众的基本文化权益。文化权益是人民群众的基本权益之一,是公民发展权、生存权的重要组成部分。文化权益保障的根本途径是公益性文化事业,公共图书馆作为公益性文化事业的重要组成部分通过免费的公益服务成为保障公众文化权益的主要承担者。公共图书馆一旦收费,部分低收入人群受经济条件的制约,对图书馆的自由利用便受到限制,图书馆提供信息、传播知识的文化力无法均等地作用到每个个体身上,不论是接受教育、参与文化活动,还是文化交流、享受文化成果均无法实现,原本的公益性事业机构以非公益的收费方式残酷地剥夺了百姓应得的权益。与任何福利一样,享受公共图书馆这一文化福利的社会人群,很大一部分是社会的弱势群体,公益性图书馆的设置是给他们一个可以自由进入享受的机会,对这些因为收费被拒之门外的群众来说,其基本文化权益保障的主渠道消失了。

二是阻碍了公共图书馆的发展。收费并不能彻底解决图书馆经费短缺的问题,使图书馆事业走出低谷,它不是图书馆可选择的持续发展手段与途径。公共图书馆的性质决定了它应由政府税收投入建设为主,可以由社会其他机构、个人捐(赞)助,但不能以自身创收作为发展支撑。虽然图书馆在某些项目上收费额度并不大,但就是这小小的额度对大众特别是社会底层的弱势人群来说却是真真实实竖起了"门槛",面对这道槛,他们的本能反应是绕道和转身,由此出现了图书馆的门可罗雀,此外不断延续的收费,使公共图书馆公益形象遭破坏,公信力、影响力下降。图书馆起源、诞生于公众需求,发展与价值提升同样依赖于公众的需求与利用。图书馆消亡论不是空穴来风,当它的存在与否已经对人与社会的发展缺少关联或较少促进作用时,消亡的认同是自然而然的,从20世纪90年代与公共图书馆共同走来的人们对这段记忆应该是深刻的。

三、政府理念先行——发展公共文化是执政为民的重要体现

政府官员的理念的转变是免费开放保障的第一要素。提到公共文化服务的保障人们往往想到的是经费支持,但是比经费更为重要的是理念。理念是人们对于某一事物或现象的理性认识、理想追求及其所形成的观念体系,它指导人的活动、决定人的行为并影响行为的结果。当政府领导对某一事物具有准确、科学的认识,明确其重要性,那么这种认识将内化为其自身的一种使命感,尽管没有外部任何约束,也会凭借自身的价值观来规制行政行为,这种内在驱动力甚至强于外在的权力影响,促使其从"要我干什么"转向于"我要干什么"。具体成文的刚性制度固然必要,但如果没有相应先进的理念支持,制度往往难以充分地发挥其作用。浙江省形

成如此大好的公共图书馆免费开放局面正是得益于政府领导拥有顺应发展的创新观念,这不仅仅发生在个别领导身上,而是从地区行政首长到相关职能部门领导整体观念的改变,这是浙江公共图书馆发展最关键、最有效的保障。

公共图书馆是政府依靠公共财政创办的公益性文化机构,政府官员对文化建设与发展的认识是否正确、对大众文化的理解是否深入,直接影响着大众文化服务民主、开放的建设进程和发展的速度。在厘清文化建设与执政有为的关系上,有几个重要点:

公共文化建设是政府有所作为、惠民工程的一项重要内容。在政府管理体制改革的大潮中服务型政府的建设是重中之重,推进公共文化服务建设是政府在文化领域实现向公共服务型政府转变最具实质性的实施举措。通过建立公共文化服务体系,提供公共文化产品和服务,达到保障公民文化权益、营造人类精神家园、促进社会和谐、满足社会公共需求、实现公共利益的目标。

保障人民的文化权益是发展社会主义民主政治切实可行的切入点。保障人民的文化权益是民主政治的基本要求。胡锦涛总书记说:衡量一个政治制度是不是民主关键要看最广大人民的合法权益是否得到了充分保障。文化权益和政治权益、经济权益一样,是每一个公民应当享有的基本权利。只有当人民群众的文化权益与经济、政治、社会等权益一起受到有效保障时,对人民的权益保护才是全面的。充分保障人民的基本文化权益是执政为民根本宗旨的深刻体现。

文化繁荣发展是幸福指数提升的重要因素。文化既是凝聚人心的精神纽带、又是民生幸福的重要内容,民众的幸福指数水平近年来日益受到关注,甚至成为政府施政的导向,广东省将建设"幸福广东"作为未来五年的工作核心,北京也将幸福指数提高列为 2011 年重点工作。幸福评价指数中的一个重要内容是精神和心理评价指数,所以文化质量如何成为评价幸福的一个重要方面,而不仅仅是享有的物质财富的多少。在物质条件不断富足的今天,文化生活的丰富性是衡量幸福感的主要指标之一。

和谐的文化是和谐社会的根基。随着我国经济社会不断地向着纵深方向发展,各种社会问题不断凸显,深层次的矛盾也逐渐加深,调节社会冲突、化解社会矛盾成为构建和谐社会所必须解决的问题,和谐文化是和谐社会建设的思想保证和精神支撑,对凝聚核心价值,培育社会文明风尚,促进社会风气优化拥有巨大的能量。

文化发展是经济发展的深层推动力。经济发展的主要源泉是智力资本,而智力资本积累的大部分内容来源于文化,它更多地受到文化要素的制约,文化底蕴、文化氛围、文化品位、文化内涵成为经济发展的重要条件和环境。很多省市提出建设文化大省(市)、文化强省(市),根本原因就是意识到经济发展越来越依赖于文化竞争,经济发展的背后一定有文化力的支撑。

四、服务追求的目标——营造"公共文化空间"

免费开放的重点研究是在保证免费开放的同时,如何给予每一位因此受惠的市民百姓最好的服务和最大的尊重。免费开放服务不等于低层次服务,免费后达到什么样的服务标准,让百姓真正在免费的同时享受到高水平的服务是免费的根本目的,百姓利用图书馆究竟能享受到什么样的服务对于我们来说是面临的主要问题。

(一)公共图书馆与公共文化空间

现代通讯技术的发展,改变了人们的交往方式。网络技术虽然能把世界各个角落的信息送到千家万户,但却让人缺少了对于事物的身临其境的参与感和主动性。人是感情丰富的社会人,在交往互动中才能获得学习和发展。公共文化空间是公开的、向所有人开放的区域、场所,是人类精神生活与文化活动的基本、直接、主要的空间、场所和地点,它的开放、中立使进入空间的人们可以放松自我,可以自由地交流、对话、沟通,达到情感共鸣,并构筑新的社会关系:

公共文化空间消除社会文化心理问题,现代社会的快速发展带来的快节奏与紧张感、现实生活中充当不同类型的角色并履行好角色赋予使命的要求,使人们的心理受到不同程度的影响,以休闲娱乐和共同参与为主旨的文化公共空间则成为一个缓冲地带,冲淡了现代化进程对人的负面影响;公共文化空间培养社会民主与包容意识,公共文化空间使不同的人群在同一个公共空间中阅读、休闲、娱乐、聚会、交谈,学会与不同人群相处的艺术,形成不同文化背景的人和谐融合、共存的社会环境;公共文化空间提供终身学习的环境,知识经济时代,学习作为人的生存与发展概念延续人的一生,成为生存的基本要素和终生需要。公共文化空间是社会教育的重要场所,利于全民的终身教育,推进学习意识普遍化和学习行为社会化环境的营造;公共文化空间提升社会文明程度,在公共文化空间中人们参与文化活动、享受文化成果、交流文化信息,与读书、欣赏、会晤之时成就精神的滋润、观念的转变、素质的提升和文化底蕴的加深;公共文化空间成就彰显与实现自我,公共文化空间与私人空间的一大区别是在公共文化空间中存在着数量众多的互为平等的同类,可以通过个人的言行表现自己独特的成就与优异[12],充分彰显其个体性,得到外在的赞美与内心的满足。

如果说文化是城市的灵魂,那么公共文化特别是公共图书馆就是城市之魂的重要表现形式[13]。图书馆因其具有社会共享空间的职能和作为人们交往场所在促进思想交流、文化传播中的作用而成为公共文化空间[14],图书馆通过其拥有的学习空间、交流空间、创意空间、展示空间、娱乐空间功能体现其公共文化空间的作用:人们在获取信息、学习知识的空间中完善自我,在参与、沟通的交流空间中丰富自身,在体验、碰撞的创意空间中创新思维;在多彩纷呈的娱乐空间中释放自我;最终通过开放的展示空间展现自我,获得人生价值的社会认同。图书馆作为一个公共文化空间的重要意义是使利用和享受图书馆公共文化服务成为人们的一种基本生活方式,让图书馆逐渐成为人们文化生活的重要元素。这一公共文化空间究竟如何实现其文化功能,如何让人们获得文化享受,则是公共图书馆应该潜心着力研究的问题。

(二)拓展服务与提升水平

1. 基本文献服务与多元化文化服务兼顾

国际图联与联合国教科文组织的《公共图书馆服务发展指南》明确提出:公共图书馆的宗旨是满足个人和团体在教育、信息和个人发展,包括娱乐和休闲等方面的需求,向个人提供获得广泛多样的知识、思想和见解的途径。世界主要公共图书馆文献对图书馆功能的陈述,也强调教育、阅读与学习、文化娱乐等方面[15]。公共图书馆面向全社会开放,全体社会成员无限制自由穿行,不同阶层、职业、文化属性的人群生活方式、社会心理、精神需求是各不相同的,由此形成文化选择上的多样性和文化消费结构的分层。公共图书馆作为大众文化传播的基本工具,应该成为文化产品丰富、文化活动活跃的场所与大舞台,从单一文献借阅向多元化文化服务的转变是图书馆践行文化使命的必然选择。从现有的讲座、展览到音乐影视欣赏、教育培训、文化沙龙、专业咨询、演艺活动、读者社团、杂志出版、文化艺术视频制作等文化产品和活动进入图书馆服务领域使人的全面发展有更多的机会和选择。

2. 重视休闲文化、做好特色文化

公共图书馆的开放性、自由性、公共性、中立性使它成为一个所有社会成员休闲、体验、约会、交流的文化广场,它的自由、温馨让人得到心灵抚慰和自我满足,去图书馆不只为了看书,它是人们相互沟通形成的多重认知观点互动的网络,谈论书刊、传授知识、创立思想、甚至聚会、聊天、闲逛可任意选择,在这个共享空间中能进行一系列个人倾向性明显的欣赏、娱乐和消遣活动,"公共图书馆是人们的一种生活方式。[16]"

以区域特色文化资源挖掘开发为基础的文化活动具有更好的亲民性和持续发展性。浙江省各地的特色文化资源丰富,主题文化开发方兴未艾,竹文化、茶文化、丝绸文化、服装文化、旅游文化不胜枚举,根据这些具有地方文化基因展开的特色活动更贴近百姓的兴趣,将极大地提高群众的参与性,同时也对主题文化发展起到进一步的推动作用。

3. 用户客体性的改变

反客为主是这一问题的中心所在,其中关键点是转变读者的主动与被动状况。主动与被动包含二方面内容:其一指用户在图书馆所处地位的主动与被动,其二指用户参与活动的主动和被动。传统图书馆采用的服务模式是图书馆设计推出服务项目,用户接受服务,因此长期以来图书馆用户(读者)主要是被动地接受图书馆的服务。是否提供某种服务、如何提供服务均由图书馆决定,用户始终处于弱势的被动地位。公共图书馆作为一种大众获取信息、知识的社会保障制度,它的存在使社会中每一公民获得平等享受知识、信息的权利[17],强化对公民文化权益保障的意识对图书馆人是必须的,不改变用户(读者)所处的被动地位,以用户(读者)为中心只是一句口号而已,图书馆应大众需求而作为,不论是文献采访,还是新服务项目推出或原有服务的改变,读者的意志不能忽视。

随着文化需求广度和深度的发展,人们已不满足只是被动地作为受众享受文化成果、消费文化产品,更希望自身作为主角投入文化活动或参与文化创作,从而彰显自我、实现自我。应对这一变化,图书馆需要改变原有服务以图书馆主导的状况,设计更多以读者自主的项目,例如以往讲座采用的是图书馆请专家、学者作主讲人,读者以听众身份听讲的方式,实际上读者中也藏龙卧虎,只要在某一方面有专长且具备较强的语言表达能力就可以作为主讲人开讲;同样期刊也完全可能以读者为主编辑出版、读者社团的组建及活动更是可以让读者自主完成,这一切图书馆只要适当的监管性和服务性参与即可,这种改变一方面激发了读者自主设计、管理活动的积极性,释放了其专业性能量,同时又节约了图书馆的人力,提高工作效率和图书馆的亲和力。

4. 物理与数字服务并重

曾经有人对物理图书馆读者量少作过调查,人们不愿去图书馆的原因之一是资源比较陈旧和馆员服务态度冷淡,缺少对大众的吸引力。从这一点看,如果图书馆仅仅是免费敞开大门,大众同样不会亲近图书馆。只有通过多方努力,建立服务标准,针对性地改进服务,在理念上以人为本,环境上舒适幽雅,资源上全面系统,项目上综合多元,服务上友善到位,设施上智能易学,才能形成吸引读者的优势,给每一位用户最好的服务和最大的尊重,使图书馆成为人们向往的地方。

数字和网络技术的发展为信息在任何时间、任何地点获取提供了可能,用户对信息存取的开放性和全天候需求也随之上升,"泛在图书馆"、"泛在知识环境"等概念的出现将信息数字化服务又上升到新的层次,打造网络、电视、手机的多位一体的服务平台,通过不断发展的移动终端设备让数字信息服务嵌入百姓的生活应该成为我们的追求。网络图书馆、电视图书馆、手机图书馆的建设可以帮助人们实现服务的触手可及。

5. 服务资源均衡配置与区域合作

实现服务资源中心区域和边缘区域的均衡配置,让老百姓在自己居住的区域周边也能享受到丰富的文化服务。一方面通过保证边缘区域的正常投入,逐步缩小与中心区域的差距,另一方面鉴于各级图书馆在文献资源、资金保障、人力资源等方面的差异,积极倡导不同区域间的合作与共享。传统文献资源通过图书馆联盟机制或区域服务网络体系将文献送往或流通至边缘区域;数字资源则以中心区域图书馆建设为主,充分利用其网络传播的特点使不同地域的人们自由地享用;高层次文化产品(活动)可以由中心区域主动送往边缘区域,边缘区域也可以组织百姓前往中心区域与那里的百姓共同享受文化大餐,图书馆开出的"文化大巴"就是这种合作的一个创新,值得进一步探索。

6. 图书馆社会化合作的拓展

资源共享、合作共赢是图书馆持续发展的良好机制。文明的进步和社会的发展引起了人们文化生活需求的不断上升,图书馆单一凭借自己的资源、能力,达到公众的期望已出现勉为其难的势态。"公共图书馆与其他公共文化服务机构协作合力奉献产生新的文化产品和服务方式,其中空间甚大"[18]。现代社会是一个强调联合、协作的社会,自我封闭的圈子缺乏生命力,根本无法适应社会的发展。图书馆拓展广阔的社会视野,充分施展社交能力融入社会,争取社会各界的资源为己所用,各方互惠互利,共同得益将成为图书馆提升服务水平的一种良策。

7. 专业与温馨环境的营建

人们习惯于在特定的氛围中做特定的事情是因为特定氛围能为事物发展提供精神动力和心理支持。读书需要一种气氛与情调,是否安静、舒适,是否有书香气息,光线如何,家具如何,这一切将对处于其中的人形成一种特别的心理暗示,从而引起阅读的倾向或愿望。在图书馆建造与装修中充分考虑以上因素,富于变化的书柜、舒适设计的桌椅、均匀适中的光线、温馨典雅的台灯,绿意盎然的植物,充满诗意的字画以及无处不在的无线网络应该成为图书馆设计的追求,当这些因素组合在一起形成比个人家庭更为完美的读书氛围时,图书馆成为人们的追捧之地蜂拥而至是毫无悬念的。

[参 考 文 献]

[1] 张寒生.论图书馆定位[J].大学图书情报学刊,1997(1):1—4.

[2] 史贵明.从信息服务产业看图书馆有偿服务[J].图书馆学研究,2002(2):48—49.

[3] 马丽.试论图书馆的产业化[J].图书馆学研究,2000(5):52—53,67.

[4] 黄本华.90年代图书馆有偿服务理论研究综述[J].图书馆理论与研究,1997(3):30—33.

[5] 舒和新.产业化意味着图书馆的消亡[J].图书馆建设,2003(1):11—12,15.

[6] 范并思.维护公共图书馆的基础体制与核心能力[J].图书馆杂志,2002(11):3—8.

[7] 高晓帆.基于公益性的图书馆核心价值定位[J].情报资料工作,2007(6):66—68.

[8] 吴晞.天下之公器[J].深图通讯,2006(2):3—6.

[9] 于良芝.未完成的现代性[J].图书馆杂志,2005(4):3—7.

[10] 李超平.我国公共图书馆历史定位之反思[J].图书馆,2006(2):1—4,18.

[11] 程亚男.论图书馆免费服务的普世价值[J].图书馆,2008(3):13—16,20.

[12] 蔡英文. 政治实践与公共空间[M]. 北京：新星出版社，2006

[13] 倪晓建. 公共图书馆应成为市民"文化充电器"[N]. 北京日报，2007－09－25(8)

[14] 王晓敏. 文化公共空间[J]. 图书馆工作与研究，2009(8)：3－6.

[15] 于良芝，公共图书馆存在的理由：来自图书馆使命的注解[J]. 图书与情报，2007(1)：7－15.

[16] 王世伟. 图书馆是什么[M]. 上海：上海社会科学院出版社，2010.

[17] 同[6].

[18] 周德明. 公共图书馆的社会职能及在城市文化建设中的作用[J]. 图书馆研究与工作，2009(2)：2－8.

公共图书馆免费开放保障制度构想

何瑜英　屠淑敏　黄林英　刘丽东　周宇麟*

[摘　要]本文以公共图书馆从收费服务转向免费服务所面临的问题和困难为起点，从免费开放制度诉求的角度开展调研，分析免费开放服务实现"全面推开，逐步完善"建设目标的关键要素，厘清参与免费开放工作各方的角色地位、权利与责任；据此，对免费开放制度体系及其相关的指标、标准与方法设计提出一些原则建议。

[关键词]公共图书馆；免费开放；制度保障

一、研究缘起与背景

随着社会文明的进步，民众权利意识的觉醒，公众要求保障图书馆权利、实现基本化权益的呼声日渐强烈，对此政府给予了积极的回应，并以实际行动履行其公共文化服务应尽的责任。2006 年 9 月，中共中央办公厅、国务院办公厅印发了《国家"十一五"时期文化发展规划纲要》，对包括公共图书馆在内的公共文化服务的基本目标、基本原则、实现方式给出了明确的答案。2010 年 3 月，温家宝总理在《政府工作报告》中明确提出了"推动图书馆、文化馆、博物馆免费开放"的要求。2011 年 2 月 10 日，《财政部、文化部关于推进全国美术馆、公共图书馆、文化馆（站）免费开放的意见》（以下简称《意见》）发布，对公共图书馆等"三馆"免费开放的主要目标、工作原则、基本内容、实施步骤、具体举措和保障机制做了具体的规定。各地文化部门积极响应，正在根据《意见》要求，认真做好免费开放工作，并按《意见》精神建立与其相适应的工作机制和政策规章，以实现公共图书馆从收费制度向免费开放的转型，使免费开放服务这一举措在全面推开后得以逐步完善。

《意见》要求"到 2011 年底，全国所有公共图书馆、文化馆（站）实现无障碍、零门槛进入，公共空间设施场地全部免费开放，所提供的基本服务项目全部免费"，对照我国公共图书馆事业目前的发展现状，实现"与其职能相应的基本文化服务项目健全"、"免费向群众提供"尚存在以下三方面的制约因素：一是"以文补文"的财政

　*　何瑜英，女，杭州图书馆馆长助理，副研究馆员，学士学位，研究方向：图书馆管理；屠淑敏，女，杭州图书馆，馆员，学士学位，研究方向：图书馆研究；黄林英，女，杭州图书馆，馆员，硕士学位，研究方向：图书馆情报学；刘丽东，女，杭州图书馆，副研究馆员，学士学位，研究方向：图书馆研究；周宇麟，男，杭州图书馆，馆员，学士学位，研究方向：读者服务。

投入尚未按公共服务政府职能和公共图书馆作为公共品的属性进行政策调整；二是公共图书馆长期在"服务重点"和"区分服务"的服务意识影响下形成的对强势群体的双重倾斜和对普遍均等服务理念的淡薄；三是缺乏与免费开放相匹配的制度、规章和保障机制。面对这些障碍和问题，迫切需要梳理政策问题和政策目标，厘清政府和公共图书馆不同的角色定位，建立有效的保障机制和设定必要的指标与标准，以保障免费开放的顺利实现和有效推进。

本研究以公共图书馆从收费服务转向免费服务所面临的问题和困难为起点，从免费开放制度诉求的角度开展调研与研究，在政策规划、督导制度、财政保障、服务质量、考核评价、奖励问责等方面形成合乎规律，合乎目的，合乎政治、经济发展要求，且可行的制度设计，为实现免费开放"全面推开，逐步完善"建设目标提供决策参考。

二、免费开放概念解读

开展免费开放制度保障研究必将涉及一些基本概念，只有对所研究对象的相关概念做出了明晰的界定与解读，才能为相关的研究内容确立起可作为依据的基点。

（一）公共图书馆免费开放

公共图书馆免费开放包括两个方面：一是指公共空间设施场地的免费开放，二是指与其职能相适应的基础公共文化服务项目健全并免费向公众提供。基本公共文化服务项目将随着社会的不断发展，政府财力的增长和人民群众精神文化需求的不断增长而发展变化。

（二）基本文化服务

是指为了保障人民群众最基本的文化权益，遵循均等共享的原则，面向全体公民提供的文化服务，该类服务突出的是面向全体公众的均等化、普惠性、无差别提供，在资金来源上是由政府主导与全部投入的文化保障。

（三）非基本文化服务

是指为了满足服务对象个性化、多元化、深度化的需求，遵循非营利的原则，以低价有偿方式提供的文化服务。

（四）公益一类事业单位

根据国务院 2011 年 3 月发布的《分类推进事业单位工资改革实施指导意见》，公益性质的事业单位被细分为公益一类和公益二类。在公益性事业单位中，承担义务教育、基础性科研、公共文化、公共卫生及基层的基本医疗服务等基本公益服务，不能或不宜由市场配置资源的，划入公益一类。

三、东部地区免费开放执行基本情况与存在的困难

（一）执行基本情况

1. 基本服务实现免费

东部地区是中国经济较为发达的地区，早在文化部、财政部《意见》下发之前，就有不少图书馆已经实施免费开放。根据课题组 2011 年年初的调查，浙江省县及县以上公共图书馆中已实现《意见》所规定的免费开放的为 33 家，2011 年 6 月前能按规定实现的 10 家，2011 年 9 月前能按规定实现的 2 家，2011 年 12 月前能按规定实现的 25 家，另外 10 余家图书馆认为，如果上级财政能补足经费，他们马上能实现免费开放。

广东省将在 2011 年 10 月 1 日起，珠江三角洲地区的所有公共图书馆实现免费开放，年底前全省其他地区的公共图书馆基本实现免费开放，少数因特殊原因确实需延后开放的，也必须在明年 3 月底之前实现免费开放。

江苏省已经确定在今年上半年实现市、县图书馆的全部免费开放，到今年底实现乡镇综合文化站的免费开放，明后年达到免费开放的高标准、高质量要求。

山东省文化厅表示，将在 2011 年 7 月 1 号前实现省、市两级和国家一级馆的全部免费对公众开放，其他公共图书馆年底之前实现无障碍、零门槛进入，整个实施步骤比全国部署目标提前半年。

福建省在全面调查摸底的基础上，考虑到一些边远贫困地区的实际困难，提出了到 2012 年底实现全部向社会免费开放的目标，但是福建省图书馆已经落实了多项免费政策，如原本外借需要收取一定费用的音像资料已经实现了对公众的免费借阅。

2. 配套措施积极跟进

调查显示，自《意见》下达后，东部地区各省市文化行政部门积极行动，组织专家开展调研和规划；公共图书馆对照《意见》要求，调整思路，改变观念，研究对策。概括起来，具体举措体现在以下几个方面：一是制定免费开放的时间表；二是按《意见》规定逐步取消相关收费项目，实现基本服务项目免费提供；三是计划收回出租用房，保证公共空间免费开放；四是业务调整与规划，在免费开放的条件下，不断提高服务水平和服务质量，不断增强吸引力和影响力；五是与当地财政协调经费保障事宜，满足人员开支、日常运转、项目专项需求，支持开展业务活动、改善设施设备条件。

（二）存在的困难

1. 工作人员编制数不足，专业化水平低下

随着城市化进程的推进，城市人口快速增加，而图书馆的人员编制数并没有同步增加。调查显示，公共图书馆，特别是县级公共图书馆普遍存在人员编制不足、职业化水平低下、平均年龄偏大的状况。以浙江为例，有20％强的县级馆表示，人员编制数严重不足；有半数以上的县级馆其从业人员的知识结构和年龄结构存在较大的失衡。另一方面，免费开放后，原来因为经济原因不能或不愿来图书馆的人成为图书馆的新用户，这在一定程度上又将加剧工作人员人手的紧张程度。

2. 地方财政投入总量不足

以浙江地区为例，课题组调查发现，在县及县以上公共图书馆中，有76家图书馆有创收收入，其主要用途是：补工作人员福利，补临时用工，补水电缺口，补设备更新；其中有60家对取消收费后，如果政府的补助没有及时到位，对图书馆的免费开放表现出担忧，其经费不足将体现在以下方面：a 购书经费及文献加工费；b 电子阅览室计算机设备维护与更新、空调更新，宽带租赁；c 读者活动经费；d 水、电、物业管理；e 临时工工资。从这里，我们不难看出地方财政投入总量的不足。

3. 办馆条件差，业务活动开展受阻

调查还显示，在办馆条件方面，县级图书馆存在较多的历史欠账，主要表现在馆舍面积小、阅览座位少、馆藏文献资源匮乏、阵地活动受制约、设备设施陈旧。这样的办馆条件，即使实现免费开放，也将无可避免地遭遇"一免了之"或"无馆可开"的尴尬局面。

4. 观念陈旧，发展思路落后

长期受"以文补文"、"区分服务"的影响，不少公共图书馆的管理者和从业人员的经营理念压过了服务意识，公共图书馆作为城市公益性文化服务和公共交流场地的基本职能被弱化，从业人员作为文化服务者的职业角色被模糊了，事业发展渐渐偏离了图书馆服务的公益性、基本性、均等性、便利性原则，呈现出疑似衙门或半休眠状态。

四、国外主要国家公共图书馆免费开放制度保障情况与分析

通过立法来保障民众的图书馆权利在国际社会早已取得共识，国外图书馆立法已有150多年的历史，共有60多个国家制定了图书馆法，规范的内容包括：经费来源、图书馆设置与运营标准、图书馆服务、文献呈缴、从业人员资格等。

作为全世界公共图书馆纲领性文件的《公共图书馆宣言》中明确规定"公共图书馆是国家和地方当局的责任"，"国家和地方政府必须为公共图书馆筹措经费"。

美国公共图书馆法律体系主要由各州图书馆法构成。联邦政府制定的公共图

书馆法只规定联邦政府对地方公共图书馆事业的责任,各州图书馆法对图书馆经费来源都有明确的规定:一是根据财产征收图书馆事业特别税;二是从地方政府的财政收入中拨出一笔专款作为图书馆的资金;美国图书馆属于政府机关,因此无论国籍、年龄,只要住在这个州的人都有权免费享用。

英国实行的图书馆法,规范的主要内容有:图书馆的设置和运营、图书馆信息资源及馆舍建设、图书馆服务、图书馆经费、图书馆合作、法定缴存制度、图书馆从业人员、图书馆治安。

《俄罗斯图书馆事业联邦法》明确公共图书馆的法律地位和工作原则,保证公民在图书馆事业中的权利,规定国家对图书馆事业的义务,鼓励图书馆服务的协作协调等。

日本国家层面的图书馆立法共有 3 部,其中,《图书馆法》专门用来规范公共图书馆(日本称为"公立图书馆"),内容包括:明确公共图书馆的主要任务,规定公共图书馆服务的免费制,建立公共图书馆从业人员的专业资格制度,建立中央政府对公共图书馆的经费支持制度等。除了专门的公共图书馆法以及配套规章外,日本现行有效的许多法律法规及规范性文件都涉及了公共图书馆活动的方方面面。

澳大利亚《国家图书馆法》对图书馆建设、人员、经费、服务等都有明确的规定。加拿大、新加坡、德国的法律法规,对图书馆馆员设置有等级标准。

尽管不同国家及地区制度文本的结构、体例、内容不尽相同,但有一个共同特点,就是其规范的内容具体而明确,对财政来源、经费数量、图书馆设置与运作、图书馆服务、人员配置、从业人员的结构与资格,都有量化的规定和清晰说明,非常易于执行,并已经步入成熟阶段。所以公共图书馆的免费服务在国外已经不是什么新鲜事,而是图书馆原本应有的常态和民众原本应该享有的公共文化权利。

五、我国东部地区实现免费开放成功要素分析:实例分析

近几年来,东部地区部分图书馆比如杭州图书馆、深圳图书馆、浙江图书馆、南京图书馆、舟山市普陀区图书馆等,先行实施免费开放,创造了宝贵的经验,特别是其推动过程中的困难及对策、获得成功的关键因素等方面的成功实践,对现在及未来推动免费开放工作具有很好的借鉴作用。

表1　案例之一——杭州图书馆

免费的缘由	① 厘清公共图书馆的性质是文化事业而非文化企业； ② 践行联合国教科文组织《公共图书馆宣言》中的图书馆使命,保障公民基本文化权利； ③ 免费开放是公共图书馆本质属性,是全球公共图书馆的通行做法,符合国际潮流。
免费的进程与范围	① 2003年起首先对老人、残疾人员、军人免费服务,内容包括服务年费、各类文献利用费； ② 2006年对所有人群免费,内容包括服务年费、借书证成本费、存包费、各类文献借阅费； ③ 读者活动、电子阅览室、日常咨询、馆际互借； ④ 2008年,在原有基础上,取消押金,真正实现零费用。
获得成功的关键因素	① 国家与地方政府的政策环境,是推进图书馆实践"平等、免费、无障碍"的关键要素； ② 图书馆决策层坚定免费开放的决心与工作人员的理解与支持； ③ 导入绩效管理方法,强调过程管理,提升工作人员的绩效水平与服务能力； ④ 公共财政支持力度逐年递增,并实现常态化,经常化。
推动过程中的困难	① 图书馆工作人员观念转变和服务意识的培育； ② 政策配套不全,免费开放阻力大； ③ 随着到馆读者数量的增加,管理成本明显提高,工作量明显增加。
对策	① 通过教育培训及各种渠道方式传输新观念,克服工作人员的不安心理,逐渐以文化服务者的态度去面对普通民众,以积极乐观的精神状态去工作； ② 积极与政府沟通,争取得到文化部门、财政部门、市编办在人员编制、经费结构调整、项目经费设置等方面的大力支持； ④ 将图书馆的主流业务从传统的文献借阅拓展到多元文化服务,满足新时期不同群体的需求,赢得口碑。同时吸引媒体关注,以扩大影响和提升美誉度； ④ 积极争取工作人员编制数量。在人手不足的情况下,积极鼓励市民、读者参与图书馆管理； ⑤ 结合国家"推进文化大发展大繁荣"及"普遍均等,惠及全民"的要求,推出相关服务举措,在公共文化服务建设中凸显作用和地位,引起政府的关注和重视。

表2　案例之二——舟山市普陀区图书馆

免费的缘由	吸引更多的读者走进图书馆,利用图书馆。
免费的进程与范围	2008年,取消工本费、年费、押金等所有办证费用实现"零费用"。
获得成功的关键因素	① 获得政府与财政强有力的支持; ② 加大图书馆免费服务的宣传力度。
推动过程中的困难	① 到馆人员增加,管理成本上升; ② 办证量、文献借阅量快速增加,工作量增加。
对策	① 图书馆的信任换来了用户诚信的回馈,"免费借阅3个月来,外借图书2万余册,竟然一本也不少"; ③ 坚定决心求实效,"三个月来,有1300位用户新办了借阅证,这个数字与该馆2007年一整年的借阅证书持平"。

从目标案例的深入采访中,我们强烈地感觉到,我国公共图书馆免费开放影响要素较为复杂,且具有很强的地域性和自主性,范围涉及地方政治、经济、文化的发展水平,领导者、决策者的理念,行业自身的职业觉醒和自律,所提供的服务品质及水平。所以实施并推进免费开放工作,其关键要素是建立包括政策、规章、规范、工作机制等内容的一套制度,具体表现为:一是良好的政策环境是实施免费开放服务的根本保障,特别是必备的人、财、物要素,应以政策的形式加以明确和规范;二是财政投入应实现常态化经常化,避免运动式的投入方式;三是决策层对免费开放的认识和责任意识,这是保障免费开放顺利实施的基本前提;四是建立督导制度,通过过程管理,提升图书馆的服务能力和服务水平,与时代发展和公共需求相适应;五是建立考核评价与奖惩制度,杜绝政策、规范执行变形走样。

六、免费开放之制度设计构想

本课题组基于对免费开放现实基础的盘点、梳理和调整,厘清政策落实不力的原因,继承经过实践证明的、行之有效的政策制度,废除那些不符合免费开放的规章制度,尝试设计出符合免费开放保障需求的制度体系。内容包括地方政策、督导制度以及与之相关联的人员编制测算方式和解决办法、经费投入核算方式、免费开放服务标准、财政支出绩效评价指标与标准、考核与评价方法、奖励与问责办法。尽力做到全面与完整,减少个人意志的影响元素,推动免费开放的有序发展。

(一)地方政策

1. 需解决的核心问题

地方政策是保障免费开放的关键和根本,所以地方政策的制定不能是中央政策机械照搬,而应依据中央政策并结合地方实际,因地制宜地贯彻中央精神的具体政策措施和操作指南。地方政策的内容核心是要解决以下问题：一是转变公共财政投入方式，支持图书馆回归公益本位；二是明确职责，定性定编；三是建立良性的工作机制，推动免费开放工作持续改进与创新；四是实行质量考核和绩效评价，保障政策落实与执行。

2. 规范的内容和范围

为了增强地方政策的指导性、保障性、可执行性，需在政策中明确应规范的范围和内容，主要包括领导机构、图书馆单位定性与人员定编、参与免费开放各方的责任、经费来源、免费开放服务质量考核、财政支出绩效评价、奖励与问责等方面的内容，并做明确界定和量化说明。

(1)设立领导机构。因为免费开放工作涉及政府层面不同的职能部门，工作内容涵盖经费投入、业务发展监督与指导、服务质量管理与控制、考核评价实施与反馈、考核结果应用等，所以需要设立专门机构进行领导、协调与统筹。由此建议，本项内容宜包括领导机构成员构成、实施保障的范围与内容、考核评估执行与结果应用，为免费开放工作科学有序地开展提供组织保障。

(2)单位定性。按照国务院3月发布的《分类推进事业单位工资改革实施指导意见》，将公共图书馆定性为"公益一类"事业单位，并执行与之相匹配的财政政策。

(3)人员编制核定。目前我国公共图书馆人员编制依据是文化部1982年12月1日颁布实施的《省(自治区、市)图书馆工作条例》，即根据本馆藏书规模和业务范围确定编制人数。进入新世纪以来，我国城市化进程快速推进，城市人口急剧增加，图书馆建设规模也日益扩大，服务项目越来越多，在这样的环境下，人手紧缺的矛盾十分突出。重新核定编制数和规范劳动用工成为必须。国外公共图书馆工作人员配置的主要依据是：按照服务人口量、图书流通量、服务工作范围来确定人数。通过中外比较，同时考虑到我国现实情况，建议公共图书馆人员编制数量测算时，需根据服务人口、相应的公共图书馆建筑规模、馆藏资源数量以及服务功能等因素来确定。

(4)明确责任与责任主体。实践证明，免费开放仅仅依靠公共图书馆馆长来推动，力量单薄且不稳定。只有政府主导，公共财政支持，才能保障图书馆服务的公益本位。所以需要明确各方角色、责任内容，分工协作，密切配合，形成合力，才能实现为公众提供免费、优质的图书馆服务的目标。

(5)明确经费来源。经费投入作为免费开放必备的关键要素之一，在政策行文表述上，避免太过原则和灵活，比如"在条件具备的情况下……"、"保证公共图书馆有一定数量的购书经费"、"给予必要的经费保障"等，公共图书馆哪些经费是"必要"保障的，"一定数量"的购书经费的标准是什么，都很不明确，可操作性不强，谁都可以从自己的理解去解释，政策的执行力度也就很不一样。所以，不仅要把"公共图书馆的经费来源、全额拨付性质"写进政策，并使其法定化，同时还要把"必要"

具体化,把"一定"数量化,增强其可操作性和保障力度。

(6)服务质量考核。《意见》明确规定:"公共图书馆免费开放包括两个方面:一是指公共空间设施场地的免费开放,二是指与其职能相适应的基本公共文化服务项目健全并免费向群众提供。"所以本项内容应包括分级(省级、地市级、区县级)设定服务指标与标准;明确考核主体、责任主体、考核频率、原则与方式。

(7)财政支出绩效评价。内容包括资金到位情况和图书馆使用效率;分级设定(省级、地市级、区县级)绩效指标与标准;确定责任主体:各级地方财政、文化主管部门;制定评价频率、原则与方式。

(8)奖惩制度。内容包括奖励与问责,明确对象、方法、标准。

(二)督导制度

服务质量是免费开放的生命线,是办馆水平和综合实力的集中反映。而督导与信息反馈是提高工作质量的重要手段之一。所以,课题组将督导制度纳入免费开放制度建设范围内。在督导工作中,"督"的任务就是找出差距,"导"的任务就是解决问题,所以督导工作其实质就是发现问题和解决问题。为了避免督导的行政化倾向,需要建立一支具有专业水准的督导队伍,在免费开放领导办公室的领导下开展工作,履行职责。通过检查、指导、跟踪、评析,实现质量监控、规范管理、提升工作人员的职业素养和专业水平的目的。

具体职责内容应包括:跟踪评析各图书馆的发展动态,对资金支出和资金使用实施监督管理,对图书馆服务内容与质量进行专业性、技术性指导和支持,对免费开放的绩效实施有效控制,监督整改情况,反馈督导结果,提出持续改进和创新建议,实施考核评估。

(三)经费保障

公共图书馆从收费制度转为免费开放后,在经费总量需求上将面临"减收"和"增支"两大压力。作为公共物品的公共图书馆,人们对其使用是一种日常化的、伴随性的、频率很高的文化消费行为,所以其有效运作离不开资金常态化、经常化的支撑和保证。在这样的环境下,公共财政投入多少为合理、如何实施预算监管、如何评价经费使用效率,本课题组就此展开探讨和研究。

1. 因免费开放增加经费压力的部分

(1)因取消收费而增加的部分。从调查情况看,各级图书馆的收费项目主要集中在年服务费、电子阅览室使用费、文献借阅览费用、场地出租费、存包费等。根据《意见》取消收费后,由此将产生相应的经费缺口。

(2)因服务人数的增加而出现的经费增加部分。从免费开放先行地区,比如深圳图书馆、杭州图书馆、浙江图书馆、南京图书馆等到馆人数的统计看,免费开放后,到馆人数有一定程度的增加,由此带来馆藏文献资源、人员配置、安全保卫、环境卫生及水、电等方面的支出增加。

（3）因提升服务水平而增加的部分。图书馆的服务能力与服务水平是免费开放的生命线，图书馆的服务必须适应时代前进的步伐和民众多样化的需求，依托丰富的文献资源，借助新技术的支持，提供多元服务产品，比如文献资料传递、馆际互借、多元文化活动以及配置相关的辅助设备（打印机、复印机）等需要经费的支持。

2. 对不同类型经费的核定方法

从现实情况看，免费开放后带来的刚性支出的增加额，需要财政给予补足；提升服务形成对财政的弹性需求，应"随着社会的不断发展、政府财力的增长和人民群众精神文化需求的不断增长而发展变化"。基于这样的认识，对新增经费的核定办法建议如下：

（1）水、电、网络租赁费用。该指标具有相对稳定性，可以按实际发生为基准，给予专项保障。

（2）安全保卫费用。实践证明，免费开放后，图书馆将面对来自不同层次的读者，特别是来自社会底层、综合素质不高、对图书馆的认知都停留在一个较低层次的读者群体，为了保障公共安全、资源安全、设备实施安全，需要增加管理力量。从实践经验看，相关人员的增加宜按读者可使用面积和年到馆读者人数核定较为合理。

（3）文献资源建设经费。图书馆是依托丰富的馆藏资源开展各项服务的，随着用户数量的增加，原本就紧张的图书资源则会更加紧缺，所以应有效保障一定标准的文献资源购置费，面对庞大的借阅读者，文献资源购置费按所在区域常住人数核定为宜。综合东部地区的经济发展水平，省级馆人均文献购置费 1.0 元以上，地市级年人均文献购置费 0.5 元以上，县级馆年人均文献购置费 0.3 元以上。

（4）文献加工、借书证成本、读者活动费用。以杭州图书馆为例，购书经费中切出 10% 的额度，即能较好地解决这三项费用。

（5）环境卫生维护费用。按读者服务面积配置保洁人员。

（6）计算机设备维护与更新费用。以每年实际破损核定。

3. 经费投入的常态化、经常化

从公益性文化设施的非营利性和公共性的角度讲，图书馆理应向社会公众实行免费开放，其有效运作需要的水电、安全、文献资源、公共设施更换、维修等方面费用，属于公共财政支持和保障的范围。多年来，图书馆实行的收取费用的做法，既违背了其公共产品的属性，同时反过来也阻碍了其自身的发展。国家图书馆陈力副馆长在 2011 年 2 月 12 日的《光明日报》上表示："免费服务表现上是对公众免费，但是实际上意味着国家政府和社会对公共图书馆的投入。投入是实现免费服务的前提和保障。"所以，免费开放离不开常态化、经常化的经费投入与资金的保证，否则，免费之下，无可避免地陷入无馆可开的尴尬境地。

(四)财政支出绩效评价指标及标准

财政支出绩效评价在公共图书馆的应用尚不普遍,但从国内外不同行业的实践经验看,开展绩效评价,有利于改善经费预算管理、资金利用效率和工作质量管理。财政支出绩效评价中的一项至关重要的核心工作就是确定绩效评价目标、选择并设计绩效评价指标体系。课题组以定量分析与定性分析相结合的原则,进行相关指标和标准设计,力求实现既反映量的内容,比如预定目标、预设任务、产出情况等,又反映质的成果,比如产生的影响或效益、完成任务的资源投入产出效率如何等,以此对政府配置财政资源的合理性和资源使用的"所得"与"所耗"开展考核评价,以保障财政资金供给和公共服务效益的产出。财政支出绩效评价指标及标准模拟设计见表 3。

表 3　财政支出绩效评价模拟设计指标及标准

指　标		标　准
经费预算	① 依据的充分性	项目资金设立依据是否充分,充分;基本充分;不充分
	② 目标的明确性	项目资金使用的预定目标是否明确,明确;基本明确;不明确
	③ 目标的合理性	项目预定目标设置是否合理,合理;基本合理;不合理
实际拨付金额	①资金到位率	资金到位率＝100%;以 100% 为基础,每减少 10%(小于等于 10%)扣分
	②资金到位及时性	资金按照项目要求及时到位的;资金拨付按项目要求有滞后情况;资金未能及时到位
	③资金使用率	项目实际使用资金/项目拨入资金＝100%;以 100% 为基础,每减少 1%(小于等于 1%)扣分
	④资金的相符性	项目实际支出与预算或合同规定是否相符,抽查完全相符;抽查发现一笔不相符扣分
	⑤资金的合规性	项目的实际支出是否符合国家财经法规和财务管理制度以及有关专项资金管理办法等情况。抽查完全合规;抽查发现一笔不相符扣分
	⑥制度健全性	财务会计制度是否健全,健全;基本健全;不健全
	⑦制度有效性	资金使用是否有完整的授权审批程序,有完整的授权审批程序;有授权审批程序但尚不完整;没有 资产管理的制度是否有效执行,有效执行;基本执行;未执行
	⑧固定资产利用率	资产得到充分利用;基本得到利用;未得到利用

续表

指　标		标　准
目标完成	① 新增文献（图书、报刊、视听文献、电子资源）	①新增各类文献,省级不少于 5 万种,地市级不少于1.3 万种,县级不少于 0.65 万,每减少 1% 扣分 ②地方文献品种齐全率/杭州市各级机构正式出版物品种≥95% 的:2 分(每年为 1 分);以 95% 为基础,某年每减少 1%(小于等于 1%)扣分
	②设备设施配置	读者用辅助设备、图书流动车、技术平台,有配备;无配备
社会贡献	①服务人次	省级不少于 120 万人次/年,地市级不少于 50 万人次/年,县级不少于 15 万人次/年,每减少 1% 扣分
	②开放时间	省级不少于 72 小时/周,地市级不少于 64 小时/周,县级不少于 12 小时/周,每减少 1% 扣分
	③提升城市文化品质和市民文化素养	举办活动:省级不少于 60 次/年,地市级不少于 40 次/年,县级不少于 12 次/年;每减少 1% 扣分 参与人数:省级不少于 10 万人次/年,地市级不少于 6 万人次/年,县级不少于 1 万人次/年;每减少 1% 扣分
	③媒体关注度	普通关注,省级 30 次/年,地市级 20 次/年,区县级 10 次/年,每减少 1% 扣分 特别关注,省级 2 次/年;地市级 1 次/年
读者满意度	问卷调查和读者座谈会	满意度 90% 以上;以 90% 为基础,每下降 1%(小于等于 1%)扣分

(五)免费开放服务指标

免费开放服务既不是物理设施的免费开门,也不等于低质量低层次服务,而是让公众在免费的同时享受到高水平的服务,标准化管理是实现这一目标的有效选择。鉴于目前国内尚没有专门适用于免费开放的服务规范,课题组围绕国际公共图书馆指标体系研究视野、目的方法、内容框架,结合文化部《全国公共图书馆评估标准》、《公共图书馆建设标准》、《公共图书馆服务规范》、东部各省市已有的"公共图书馆管理办法"进行了广泛、深入研究,形成"公共图书馆免费开放服务指标体系"(表 4),以平衡不同区域的服务差异,为实现普遍均等、免费开放的图书馆服务打下坚实的基础。

(六)奖励与问责

在免费开放服务制度建设中,奖惩是必不可少的组成部分,它好比是"指挥棒",鼓励什么、禁止什么,无不明确地体现在奖惩制度之中。围绕"免费开放服务指标与标准"和"财政支出绩效评价指标及标准"开展两方面内容的检查考核,本着权责统一的原则,依据评价结果,实施奖惩,并实现法定化。

表 4 公共图书馆免费开放服务指标

服 务 指 标	
办馆条件	开放面积
	阅览座位
	读者可用计算机数量
	OPAC 专用计算机数量
	宽带接入(兆)
	人员编制
	人员学历构成
	年人均文献购置费
基础业务建设	年新增纸质图书
	年新增视听文献
	网上资源收集、加工和利用
读者服务工作	年外借册次
	年流通人数
	开馆时间(小时/周)
	读者活动次数
	活动参与人数
	读者投诉
	读者满意度
业务研究、辅导	馆际互借
	参考咨询
	基层业务辅导
	流通点建设

1. 奖励

设立固定投入奖励费,奖励力度偏重于贫困地区。奖励内容分为两部分。第一部分是指各级政府当年向辖区公共图书馆的资金支出的实际额度达到规定承担额度的奖励,奖励的对象是当地财政部门和文化主管部门,奖励的力度可以是:贫困地区的奖励额度>欠发达地区>发达地区。第二部分是指对各级公共图书馆服务标准考核达标的奖励,奖励对象是公共图书馆,奖励力度:贫困地区的奖励额度>欠发达地区>发达地区,这样倾斜,有利于提高全省公共图书馆免费服务的财政保障能力和服务水平,缩小地区差异;同时也有利于充分发挥以奖代拨的优势,实现经费使用的针对性和效率。

2. 问责

免费开放工作推进过程中,首先作为责任政府和公共图书馆,在履行职责后,如出现差错或损失,应承担道义上的、政治上的、法律上的、行政上的责任。其次应选择正确的责任形式,做到罚当其责。第三要明确在何种情况下启动问责程序。第四要有具体的问责方法。

[参考文献]

[1]《安徽省公共图书馆服务标准》(征求意见稿)(2011).

[2]《江苏省公共图书馆管理办法》(2009).

[3]《江西省公共图书馆服务标准》(试行)(2008).

[4]《山东省公共图书馆管理条例》(2009).

[5]《上海市公共图书馆管理办法》(修订)(2002).

[6]《浙江省公共图书馆管理办法》(2003).

[7]《财政部关于印发〈财政支出绩效评价管理暂行办法〉的通知》(2009).

[8]《财政部、文化部关于推进全国美术馆、公共图书馆文化馆(站)免费开放工作的意见》(2011).

[9]《国家"十一五"时期文化发展规划纲要》(2006).

[10]《中共中央办公厅、国务院办公厅关于加强公共文化服务体系建设的若干意见》(2007).

[11]《全国公共图书馆评估标准》(2009).

[12]《公共图书馆建设标准》(2008).

[13] 王世伟.关于《公共图书馆服务规范》编制的若干问题[J].中国图书馆学报,2011(3).

[14] 白文杰.财政支出绩效评价内涵解析[J].地方财政研究,2011(1).

[15] 程焕文,潘燕桃,张靖.图书馆权利研究[M].学习出版社,2011.

[16] 杜方.财政支持公益文化设施的现状、问题及对策[J].河北大学学报(哲学社会科学版),2009(3).

[17] 龚龙,李雪梅.澳大利亚图书馆立法概述[J].山东图书馆季刊,2006(3).

[18] 黄宗忠.创新公共图书馆制度.图书馆建设[J],2008(12).

[19] 李大垒,仲伟周.基于共和共物品视角的公共图书馆免费开放分析[J].图书馆建设,2009(2).

[20] 李国新.论图书馆的法治环境[J].中国图书馆学报,2000(3).

[21] 李国新,冯受仁,陆勤.公共图书馆规划与建设标准解析[M].国家图书馆出版社,2009.

[22] 宋桂红.推进财政支出绩效评价的几点建议[J].中国财政,2011(6).

[23] 汤旭岩.世界图书馆法大事记[J].四川图书馆学报,1985(6).

[24] 王世伟.国际大都市图书馆指标体系研究[M].上海科学技术文献出版社,2009.

[25] 谢玲.美国图书馆法概况及对我国的启示[J].图书馆建设,2007(1).

[26] 席涛.公共图书馆事业发展中的政府责任[J].中国图书馆学报,2007(6).

[27] 于良芝.公共图书馆存在的理由:来自图书馆使命的注解[J].图书与情报,2007(1).

文化馆(站)免费服务研究报告
——基于浙江省的调查分析

何春晖　　张刚峰[*]

[摘　要] 本文立足浙江省文化馆(站)的现实,着眼东部,以浙江省的相关地市为调研范围,通过问卷调查、点线面访谈与个案研究相结合的研究方法,对当下文化馆(站)免费服务的基本现状和问题,文化馆(站)提供服务的主体部门对免费开放政策的认知以及具体的意见和建议,文化馆(站)的服务对象最需要得到什么样的文化服务等诸多问题进行了全面的调查和系统的分析,通过数据解读和访谈问题的比照,对当下文化馆(站)推进免费服务的优势和难点作出了基本的梳理。以期对下一步的对策研究提供方向和依据。

[关键词] 文化馆(站);免费服务;调查报告

一、调查背景及问题提出

2011 年 2 月 10 日,《文化部、财政部关于推进全国美术馆、公共图书馆、文化馆(站)免费开放工作的意见》(以下简称《意见》)发布,对文化馆等"三馆"免费开放的主要目标、工作原则、基本内容、实施步骤、具体措施和保障机制作了具体规定。各地文化部门积极响应,根据《意见》要求,认真做好免费开放工作,并按《意见》精神逐步探索建立与其相适应的工作机制和政策规章。在此政策背景下,文化馆站的免费服务的现状如何? 推进免费服务的优势和困境如何? 如何才能更好的推进免费服务? 课题组立足浙江,着眼东部,以浙江省为调研范围,试图通过问卷调查、点线面访谈与个案研究相结合的方式,期望解决以下四大问题:

1. 文化馆(站)免费服务的基本现状,包括人员素质、基本设施、服务内容、服务方式、经费保障、制度建构等,以及这些现状与《意见》要求的差距;

2. 文化馆(站)对免费开放政策的认知以及具体的意见和建议;

3. 文化馆(站)的服务对象(包括已接受服务和从未接受服务的)最需要得到什么样的文化服务,对于全面免费开放服务的文化馆(站)又有何态度、意见和建议;

* 何春晖,女,浙江大学传媒与国际文化学院,学士,副教授,文化传播;张刚峰,男,浙江大学管理学院,博士,副教授,跨文化管理。

4. 结合发达国家公共文化服务的先进理念和做法,比照我国的现状进行客观的数据分析,对当下文化馆站免费开放的优势和难点作出基本的梳理。

课题组在经过大量文献搜索和实地调研后,已经取得了初步成果,对于上述问题也有了比较翔实的回答。

二、调查设计总体描述

1. 调研目的

获取公众的文化需求以及对现时文化馆(站)服务状况的意见信息;

获取文化馆(站)内部公众的态度和意见并为文化馆站找到更好的文化服务内容和方式;

为文化馆(站)的未来发展建设提供指导性策略和具体意见。

2. 调研方式

问卷调查＋深度访谈＋个案研究

通过问卷调查获取共性的信息以验证我们先期通过文献资料研究所提出的基本假设;

借助深度访谈进行探索性研究,印证假设并获取新的信息,更好的辅助调查研究的深度;

通过个案研究以获取能用以推广传播的案例经验和教训。

3. 研究对象的确立

根据《浙江省文化馆(站)基本信息情况》,以区域空间、经济发展水平、文化馆(站)自身发展水平三个考量坐标,我们从全省范围内选取了杭州、金华、嘉兴三地的 12 个文化馆,11 个文化站作为调研区域和研究对象。课题组将具体调研对象分为内部公众和外部公众两部分,分别以不同研究对象设计了不同的问卷和访谈提纲。

通过调查内部公众,我们期望掌握文化馆(站)目前自身运行发展的基本情况(决策机制、服务方式、现状自我评价等),了解他们对文化馆(站)未来发展方向的确定(如何确立未来工作重点和方向),听取他们对文化馆(站)免费服务政策的意见建议(免费开放后的工作难点、重点等)。

通过调查外部公众,寻找他们目前需求的文化服务,适合的文化接收方式以及对文化馆(站)免费开放施行后的期望要求等。

4. 问卷内容设计和样本数的确立

根据调研目的,我们进行了前期的研究和访谈,了解了目前文化馆(站)运营的基本情况和存在的问题,以及文化馆站免费开放将面临的挑战,在此基础上,课题组设计了两份问卷《文化馆(站)免费服务研究——内部公众篇》和《文化馆(站)免费服务研究——外部公众篇》。

在确保95％的置信度基础上,通过测算确立样本数为:外部公众——1000人左右;内部公众——400人左右。在确立总的样本数后,根据调研的区域和对象进行了样本的配比设计。

5. 深度访谈提纲设计

为全面深入获取调研信息,在通过问卷调研掌握客观情况的同时,设计了匹配问卷调查的针对内部公众和外部公众的深度访谈提纲,以期通过面对面的深入访谈来达到对相关问题的深入调查和解读。

三、浙江省文化馆(站)问卷调查数据分析

2011年7月1日至7月20日,浙江大学《浙江省文化馆(站)免费服务研究》调查队,分赴各地进行了问卷调查和深度访谈。本次调查实际发放外部问卷930份,实际回收894份,回收率97％,其中有效问卷885份,有效率96％;内部问卷实际发放390份,实际回收390份,回收率100％,其中有效问卷380份,有效率98％。以有效回收问卷作为样本对样本基本信息加以说明。

1. 外部公众调查样本构成的基本信息

表1　外部公众调查样本构成的基本信息表

户籍分布			学历分布				年龄分布						职业分布				
本地	非本地,但为本地区	非本地,也非本地区	初中及以下	高中或中专	大专	本科及以上	18岁以下	18至25岁	25至35岁	35至55岁	55至60岁	60岁及以上	学生	农民	工人	职员	企事业单位管理人员
74％	12％	14％	26％	27％	22％	25％	13％	28％	18％	24％	10％	7％	26％	14％	16％	26％	18％

注:选项中"本地"指本地户籍;"非本地,但为本地区"指户籍不在受访的本地县市,但户籍仍属于浙江范围内其他地区;"非本地,也非本地区"指就户籍不属于浙江范围内的外来人口。

文化馆(站)的免费开放要遵循普遍、均等、公平的原则,这意味着文化馆应为不同年龄层次、不同岗位的公众提供无差别的服务,我们的抽样同样遵循了均等原则,以全面了解不同公众群体对文化馆服务现状的评价及他们的真实需求。由表1可知,在本次外部公众的调查中,首先,受访公众以"本地"户籍最多,占总受访人数的74％,这与文化馆服务对象的实际情况是相符合的;"非本地,但为本地区"的受访人数与"非本地,也非本地区"的受访人数相对较平均。另外,在外部受访公众中,学历分布、年龄分布及职业分布都较为平均。由此可见抽样样本较合理,具有

普遍代表性。

2. 内部公众调查样本构成的基本信息

表 2　内部公众调查样本构成的基本信息表

性别比例		年龄分布				岗位分布			学历分布			
男性	女性	20岁以下	20至30岁	30至50岁	50岁以上	行政后勤	业务干部	馆站领导	初中	高中或中专	大专	本科及以上
44%	56%	1%	32%	55%	12%	26%	62%	13%	5%	12%	30%	53%

由表 2 可知,首先,被调查的内部公众女性多于男性,这主要基于文化馆站女性工作人员偏多的现实状况。其次,内部公众中年龄分布在 20 岁以下的最少,年龄集中在 20～50 岁,并以业务干部为主,这与文化馆目前的职工年龄及职位构成有关。第三,学历分布主要在大专和本科及以上,大专人员占 30%,伴随文化馆站免费开放工作的开展,改善文化馆站人力资源的性别配比,提升工作人员学历及综合素质将成为文化馆站以后工作的一个重点。

3. 公众(内外部)如何看待文化馆(站)免费开放的政策及实施

(1)目前文化馆(站)开展免费服务时机是否成熟?(针对内部公众)(图 1)

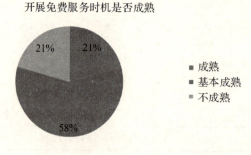

图 1

有 21% 的内部公众认为开展免费服务的时机还不成熟,79% 的内部公众认为时机已经成熟。数据表明大部分文化馆(站)的工作人员已经做好了开展免费服务的准备。

(2)您认为免费开放对提升文化馆(站)公共文化服务水平有何影响?(针对内部公众)(图 2)

免费开放对提升文化馆(站)
服务水平的影响

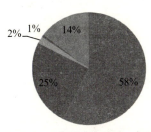

■ 非常有意义

■ 有一定正面影响

■ 不会有影响

■ 有一定负面影响

图 2

由图 2 得知,仅有 1% 的工作人员认为免费开放对提升文化馆(站)的公共文化服务水平只有负面影响而无正面影响,14% 的工作人员认为既有正面影响又有负面影响,83% 的工作人员对文化馆站的免费开放持积极态度。其中 58% 内部公众认为免费开放很有意义。

(3)您认为免费开放对提升文化馆(站)公共服务水平的负面影响是?(针对内部公众)(图 3)

免费开放对提升文化馆(站)
服务水平的负面影响

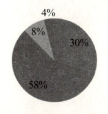

■ 来馆人数猛增,难以管理

■ 场馆基础建设施损耗加剧

■ 工作人员积极性减弱

■ 其他

图 3

由图 3 得知,58% 的工作人员认为免费开放会加剧损耗文化馆(站)的场馆基础设施,30% 的工作人员认为免费开放后会造成来馆人数剧增,难以管理,另有 8% 的工作人员认为免费开放后,工作人员的积极性将会减弱。

(4)您是否了解政府关于文化馆(站)免费开放的相关政策内容?(针对外部公众)(图 4)

是否了解免费开放政策

■ 非常了解

■ 有一点点了解

■ 不清楚

图 4

高达 48％的外部公众对于文化馆（站）免费开放的相关政策内容毫无了解，"非常了解"的仅占 9％，"有一点点了解"的占 44％，这充分暴露了文化馆（站）在信息传播方面存在相当问题。

将此问题与户籍做交叉分析，列表如下（表 3）：

表 3

是否了解＼户籍	本地	非本地,本地区	非本地,非本地区
非常了解	7.7％	6.8％	7.5％
有一点了解	44.2％	46.4％	32.5％
不清楚	48.1％	46.4％	60％

从表 3 中可以看出，60％的非本地区的外来人员对于免费政策完全不清楚，这个数据远高于本地的 48.1％，非本地但为本地区的 46.6％，这说明在对非本地非本地区的外来人员的宣传方面尤其不够好，国家的惠民政策的公众传播机制有待加强。

4. 文化馆（站）提供的各项基本服务调研分析

（1）你是否经常享受当地文化馆（站）提供的相关服务或内容？（针对外部公众）（图 5）

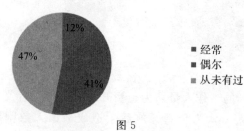

是否经常享受文化馆（站）
提供的服务或内容

■ 经常
■ 偶尔
■ 从未有过

图 5

从未享受过当地文化馆（站）服务的占 47％，经常享受的占 12％，偶尔享受的占 41％。

（2）外部公众享受服务的人群的年龄构成分析

将（1）问题与年龄做交叉分析，列表如下（表 4）：

表 4

是否经常＼年龄享受服务	18 岁以下	18～25 岁	25～35 岁	35～55 岁	55～60 岁	60 岁以上
经常	5.4％	9.7％	8.2％	15％	14.6％	26.6％
偶尔	40.5％	34.7％	45.9％	43.5％	52.8％	34.4％
从未有过	54.1％	55.6％	45.9％	41.5％	32.6％	39.1％

从表 4 中可以看出,在现有的经常享受文化馆(站)服务的人群中,基本上随着年龄的增长,比率也会越大,60 岁以上经常享受服务的人占到了 26.6%,55～60 岁经常享受服务的人占 14.6%。这个数据反映出 55 岁以上的老年人是文化馆(站)目前的主要和重要服务对象。

(3)您没有享受到当地文化馆(站)提供的相关服务或内容的原因是(表 5)?

表 5

原　因	Mean(越小越重要)
得不到信息	1.69
内容不符合我的需求	2.35
基础设施落后	2.95
时间不合适	2.44

从表 5 中我们可以看到,宣传力度不够是许多外部公众没有享受当地文化馆(站)服务的主要因素。除了"得不到信息"外,公众认为阻碍他们去文化馆(站)的第二个因素是内容不符合他们的需求。第三个因素则是"时间不合适"。公众普遍认为"基础设施落后"是自己没有享受到文化馆(站)服务的最末的原因。这要求文化馆(站)加大力度进行宣传,在作出各项文化服务决策时,要多多征求群众的意见和建议。另外,开馆时间也需要更有弹性,以符合群众需求。

5. 文化馆(站)服务态度和专业技能的评价

(1)已享受文化馆(站)服务的外部公众对文化馆(站)工作人员的服务态度和专业技能的评价(表 6)

表 6

	很好	较好	合计	比较差	很差	合计
服务态度	27%	49%	76%	5.9%	2.5%	8.4%
专业技能	26.1%	49.8%	75.9%	5.5%	2.8%	8.3%

总体上来讲,文化馆(站)的工作人员的服务态度和专业技能基本上得到了外部公众的肯定。分别有 76%、75.9%的公众认为工作人员的服务态度、专业技能为较好或者很好,只有 8.4%、8.3%的外部公众认为工作人员的服务态度、专业技能为比较差或者很差。

(2)不同职业和户籍的公众对于文化馆(站)工作人员的评价(图 7)

表7

		职 业						合 计
		学生	农民	工人	职员	企事业单位管理人员	其他	
态度	很好	21.5%	33.3%	41.9%	24.5%	22.3%	33.3%	27.3%
	较好	49.6%	45.8%	41.9%	51.7%	53.6%	33.3%	49.0%
	合计	71.1%	79.1%	83.8%	76.2%	75.9%	66.6%	76.3%
专业技能	完全可以	28.0%	28.6%	37.2%	24.7%	16.4%	33.3%	26.3%
	基本可以	49.2%	55.7%	45.3%	52.1%	50.0%	33.3%	50.3%
	合计	77.2%	84.3%	82.5%	76.8%	66.4%	66.6%	76.6%

不同职业的公众对于文化馆（站）工作人员的评价略有不同，主要表现为：学生、职员和企事业单位管理人员对文化馆（站）工作人员的评价低于农民和工人。

从表7中可以看到，只有66.4%的企事业单位管理人员认可文化馆（站）工作人员的专业技能，这一数字大大低于平均值76.6%。企事业单位管理人员自身素质大都比较高，所以他们对于工作人员的专业技能要求要高于其他职业的公众，这提醒文化馆（站）在增加工作人员数量、要求工作人员服务态度的同时，并不能忽视工作人员自身素质的提高。

而对于文化馆（站）工作人员评价的差异更来自于公众的户籍差异（表8）。

表8

		户 籍				合 计
		本地	非本地，但为本地区	非本地，也非	其他	
态度	很好	30.9%	13.2%	18.1%	33.3%	27.6%
	较好	51.4%	47.2%	38.9%	50.0%	49.4%
	合计	82.3%	60.4%	57.0%	80.3%	77.0%
专业技能	完全可以	27.8%	15.7%	15.9%		25.5%
	基本可以	52.5%	58.8%	36.2%		51.2%
	合计	80.3%	74.5%	52.5%		76.7%

如表8所示，若将选择"很好"与"较好"视为对工作人员服务满意，"完全可以"与"基本可以"视为对工作人员专业技能的认可，那么本地公众对工作人员服务的满意度为82.3%、对工作人员专业技能的认可度为80.3%，这一数字远远高于非本地但为本地区公众的60.4%与74.5%，以及非本地也非本地区公众的57.0%与52.5%。这反映出工作人员在对待本地公众时更为热情耐心。在对待非本地外来人员时，工作人员也应一视同仁。

（3）内外部公众对于文化馆（站）站服务现状的评鉴

对文化馆（站）服务现状满意程度的内外对比总体描述（Mean 值越小越满意）

表 9

满意程度	外部公众	（Mean）	内部公众	（Mean）
1	场馆建设	2.48	组织活动多样性	2.15
2	文化资源多样性	2.56	服务人员的专业水平	2.70
3	服务人员的专业水平	2.73	文化资源多样	2.81
4	组织活动的多样性	3.12	场馆建设	3.28
5	信息发布及时	3.59	信息发布及时	3.73
6	满足不同层次需求	3.86	满足不同层次需求	4.22

从表 9 可知，内部工作人员和外部公众人员对文化馆（站）服务现状的评鉴存在一定偏差：外部公众认为文化馆（站）的硬件设施最让人满意，而缺少形式多样的活动，内部工作人员则认为其组织的活动已经可以满足公众需求，而还需加强场馆建设。但二者都认为文化馆（站）服务在信息及时发布和满足不同层次需求这两个方面做得不够好。数据表明内部工作人员应该经常向外部公众了解情况，避免认知的偏差。

（4）您最希望接受哪类免费文化活动服务？（针对外部公众）（表 10）

表 10

最希望接受的免费文化活动服务	Mean（越小越希望接受）
文化设施（排练厅、棋牌室、琴房等）的开放	2.34
文化资料（书报刊等）的展示	2.20
文化培训（各类文体项目辅导等）的指导	2.32
文化活动（文艺演出、科普讲座）的开展	2.32

从表 10 可以看出，外部公众对这四类文化活动免费开放的需求较为平均，最为希望接受到的是文化资料的展示，其次是文化培训的指导、文化活动的开展，最末的是文化设施的开放。数据表明现阶段公众主要视文化馆（站）为其获取各类信息的地方。在文化馆（站）考虑优先免费开放的内容时，应以此数据作为参考，优先免费开放各类文化资料。

6. 文化馆（站）站自身建设需要改进之处

（1）内部公众对文化馆（站）自身建设需要改进之处的排序（表 11）（Mean 值越小越需要改进）

表 11

改 进 之 处	Mean
多设立或改善基础文化设施	2.06
向公众加大传播力度	3.17
多开展喜闻乐见的群体文化活动	3.21
提升文化培训辅导的专业技能	3.56
多组织送文化进社区(农村)活动	3.63
改进工作人员的服务质量	4.08

从表 11 中可以看出,内部公众认为文化馆(站)最需要改进的地方是基础文化设施方面,其次是宣传力度方面。内部公众对自身的服务质量评价较高,认为这是最不需要改进的地方。

(2)外部公众对文化馆(站)建设需要改进之处的排序(表 12)(Mean 值越小越需要改进)

表 12

改 进 之 处	Mean
向公众加大传播力度	2.76
多设立或改善基础文化设施	2.89
多组织送文化进社区(农村)活动	3.12
多开展喜闻乐见的群体文化活动	3.15
提升文化培训辅导的专业技能	4.02
改进工作人员的服务质量	4.25
调整开馆时间,适应受众需求	4.42

从表 12 中可以看出,外部公众认为文化馆(站)最需要改进的地方是要加大宣传力度,其次是改进基础文化设施。接下来是多组织送文化进社区(农村)活动、多开展喜闻乐见的群体文化活动,这说明外部公众对于文化馆(站)开展的活动内容不是很满意。接下来依次是提升文化培训辅导的专业技能和改进工作人员的服务质量,这表明外部公众对于文化馆(站)工作人员的专业技能和服务态度是比较满意的。外部公众认为最末一位需要改进的地方在于开馆时间。

(3)不同职业的外部公众对改进之处的排序(表 13)(Mean 值越小越重要)

表 13

职业 改进之处	学生	农民	工人	职员	企事业单位管理人员
	Mean				
基础设施	3.12	2.76	3.09	2.80	2.57
送文化进社区(农村)	3.44	2.48	3.11	3.02	3.20
加大传播力度	2.87	2.85	2.54	2.56	2.93
多开展喜闻乐见的群体文化活动	3.22	2.71	2.90	3.32	3.38
改进工作人员的服务质量	4.58	4.13	4.29	3.92	4.06
提升文化培训辅导的专业技能	4.46	3.99	4.07	3.63	3.76
调整开馆时间	4.63	4.20	4.79	4.39	3.86

从表 13 中可以看出,除了农民与企事业单位管理人员,其他职业的外部公众都认为加大传播力度是最需要改进的地方。企事业单位管理人员认为最需要改进的是基础设施,农民认为最需要改进的则是送文化进社区(农村)。此数据表明,文化馆(站)专门针对农村的文化活动远远不够。农民认为其次需要改进的应是多开展喜闻乐见的群体文化活动,这同样说明,针对农民群体的文化活动开展的不够好。

(4)不同年龄的外部公众对改进之处的排序(表 13)(Mean 值越小越重要)

表 14

年龄 改进之处	18 岁以下	18～25 岁	25～35 岁	35～55 岁	55～60 岁	60 岁以上
	Mean					
基础设施	3.41	2.98	3.13	2.55	2.29	2.88
送文化进社区(农村)	3.14	3.47	3.28	2.96	2.84	2.13
加大传播力度	2.90	2.82	2.82	2.74	2.29	2.73
多开展喜闻乐见的群体 文化活动	3.23	3.32	3.48	3.04	2.80	2.32
改进工作人员的服务质量	4.53	3.94	4.02	4.65	4.57	3.97
提升文化培训辅导的 专业技能	4.44	3.97	3.93	3.95	4.16	3.91
调整开馆时间	4.56	4.69	4.01	4.14	4.91	4.76

从表 14 中可以看出,35～55 岁、55～60 岁群体认为最需要改进的地方应是基础设施,这说明文化馆(站)中缺少针对 35～60 岁中老年人群的文化基础设施。60岁以上人群认为最需要改进的地方是送文化进社区(农村),其次是多开展喜闻乐见的群体文化活动;55～60 岁人群认为最需要改进的地方应是基础设施和宣传力

度,其次是多开展喜闻乐见的群体文化活动。55岁以上的老年人群普遍对文化活动的内容和开展的地点不太满意,从图表7的数据得知,55岁以上的老年人是文化馆(站)目前的主要和重要服务对象,所以文化馆(站)应该多注意针对55岁以上老年人群开展符合他们兴趣的文化活动,同时将这些文化活动送进社区(农村)。

(5)内外部公众对文化馆(站)自身建设需要改进之处的分别描述(表15)(其中1为最需要改进之处)

表 15

改进措施	外 部 公 众	内 部 公 众
1	向公众加大传播力度	多设立或改善基础文化设施
2	多设立或改善基础文化设施	向公众加大传播力度
3	多组织送文化进社区(农村)活动	多开展喜闻乐见的群体文化活动
4	多开展喜闻乐见的群体文化活动	提升文化培训辅导的专业技能
5	提升文化培训辅导的专业技能	多组织送文化进社区(农村)活动
6	改进工作人员的服务质量	改进工作人员的服务质量
7	调整开馆时间,适应受众需求	调整开馆时间,适应受众需求

从表15可知,外部公众和内部公众都认为加大传播力度和改善基础设施是最需要改进的地方。所不同的是外部公众认为应该多组织送文化进社区、进农村活动,而这是为内部工作人员所忽略的。

7. 文化馆(站)站未来建设重点的调研分析

(1)内部公众认为文化馆(站)站未来发展的制约因素(表16)(Mean值越小越重要)

表 16

排序	制 约 因 素	Mean
1	经费得不到保障	2.52
2	硬件条件不够	2.69
3	人员不足	3.29
4	文化馆(站)工作人员激励机制不完善	3.96
5	服务规范不明确	4.02
6	文化馆(站)工作人员的专业技能有所欠缺	4.50
7	文化馆(站)工作人员服务意识尚未完全确立	4.56

由表16可知,工作人员认为制约文化馆(站)发挥作用的主要因素在于硬件设备,其将资金、硬件条件和人力资源的不足视为是制约文化馆(站)发展的最主要的因素。数据说明财政投入还不够。

(2)内部公众认为文化馆(站)站未来发展的重点(表17)(Mean值越小越重要)

表 17

排序	未来发展重点	Mean
1	提供多样化服务	1.60
2	宣传与推广	1.92
3	调整开放时间以适应受众需求	2.23

　　总体上,内部工作人员将内容服务作为今后文化馆(站)发展的重点,这与外部公众对提供多样性文化服务的要求是一致的。而针对群众对文化馆(站)免费开放政策内容不够了解(图4),加大文化馆(站)免费服务的宣传和推广力度也十分关键,这点工作人员也认识到了。

　　8. 文化馆(站)工作机制调研分析

决策时是否进行过调整研究

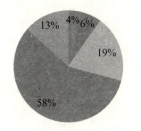

图 6(内部公众数据)

　　在内部调查中,有近90%的内部人士表示文化馆站决策时曾不同程度地进行过调查研究,其中大多数决策进行过调查研究的占58%,说明对于过去文化馆(站)的决策,内部人士普遍认同决策过程的合理性。

决策时是否吸纳专家和各界意见

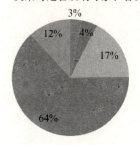

图 7(内部公众数据)

　　由图7可知,有近93%的人表示文化馆站在决策时曾不同程度的吸纳过专家和各界意见,其中大多数场合吸纳专家和各界意见这一选项被选择达到64%,说明内部人士普遍认为决策具备一定的科学性。

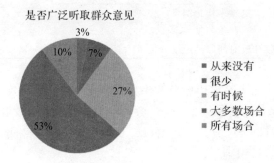

图 8（内部公众数据）

　　由图 8 可知，近 90％的内部人士表示决策时不同程度的听取了群众意见，大多数场合听取群众意见达到 53％，说明其内部人士普遍认为群众意见的收听和采集工作做得相对较好，且对群众需求的了解度较高。

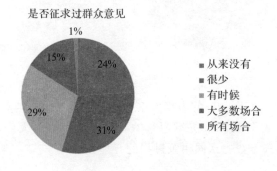

图 9（外部公众数据）

　　通过图 6、图 7、图 8、图 9 内外部的数据对比，可以看出，有近 90％的内部公众表示文化馆（站）站决策时曾不同程度地进行过调查研究，其中大多数决策进行过调查研究的占一半以上（58％）；但 55％的外部公众认为文化馆（站）在决策时"很少""甚至从未有"征求他们的意见。这说明内外部公众对于文化馆（站）决策的科学性与合理性产生了认知偏差，在这一点上，内部人士应该加强对决策过程的知情、参与及专家团队的吸纳建设工作。

是否广泛听取群众意见

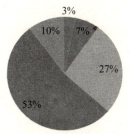

图 10(内部公众数据)

提供服务的数量、种类时是否听取
群众意见

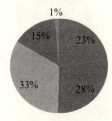

图 11(外部公众数据)

由图 10、图 11 的对比可以看出,在"提供服务的数量、种类、方式是否征求群公众意见"问题上,90％的内部公众认为已经不同程度的广泛征求了群众意见;但是 51％的外部公众表示"从来没有",甚至"很少"询问过他们的意见。因此,在这一点上,对于提供服务的种类、数量、方式等方面的工作,应加强扩大群众的参与度。

9. 文化馆(站)服务的传播机制调查

(1)是否有对公众进行文化服务活动宣传推广的固定传播方式(图 12)?

是否有宣传推广的固定传播方式

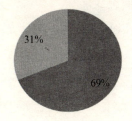

图 12(内部公众数据)

从图 12 中可以看出，69％的内部公众认为自己所在的文化馆（站）还是有宣传意识的，另有 31％的内部公众认为自己所在的文化馆（站）无宣传意识。

(2)贵馆有哪些向公众宣传推广文化服务活动的常用传播方式（表 18)？

表 18

常用传播方式	Mean（越小越常用）
印刷品	2.34
宣传板（电子屏）	2.03
手机短信	3.35
电子邮件	3.90
当地媒体	2.06

虽然 69％的内部公众认为自己所在的文化馆（站）有宣传意识，但是效果并不是太好。文化馆（站）常用的传播方式是宣传板（电子屏）和当地媒体。其次依次是印刷品、手机短信、电子邮件。

(3)贵馆是否建立了涉及服务对象基本信息的数据库（图表 13)？

是否建立涉及服务对象基本信息的
数据库

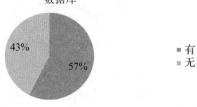

43%　57%　■ 有　■ 无

图 13

建立涉及服务对象基本信息的数据库有利于文化馆（站）了解受众类型，更加利于传达馆站信息，便于宣传。通过内部公众反映的信息，可以得知依然有 43％的文化馆（站）尚未建立数据库。

(4)外部公众习惯的传播方式的调研分析

在接受外界组织的各类消息、通知时，您习惯的接受方式是？（表 19)

表 19

习惯接受方式	Mean（越小越重要）
印刷品发放	2.50
宣传板（电子屏）通告	2.55
手机短信	2.15
电子邮件	3.27
借助当地媒体通告	2.64

根据上图,我们发现公众最倾向于通过手机短信接受外界信息,印刷品、宣传板(电子屏)通告、借助当地媒体这些方式也被公众认为是比较重要的手段。但是通过表18,可得知公众最为习惯的手机短信传播方式仅排在文化馆(站)常用传播方式的第四位。内部公众常用的宣传板(电子屏)和当地媒体这两种方式分别排在公众习惯接受方式的第三和第四位。根据此数据,以后文化馆(站)进行宣传时应该转变宣传方式,应关注新型的如手机短信等作为主要的宣传方式。

将此问题与年龄、职业做交叉分析,得出以下两表(表20、表21)

表 20

习惯接受方式 年龄	印刷品	宣传板(电子屏)	手机短信	电子邮件	当地媒体
18 岁以下	2.37	2.42	2.64	3.42	2.84
18～25 岁	2.77	2.77	2.18	3.08	2.94
25～35 岁	2.83	2.71	1.88	3.33	2.50
35～55 岁	2.47	2.53	1.90	3.24	2.50
55～60 岁	1.74	2.08	2.60	3.57	2.61
60 岁以上	1.95	2.08	2.43	4.00	2.05

表 21

习惯接受方式 职业	印刷品	宣传板(电子屏)	手机短信	电子邮件	当地媒体
学生	2.66	2.57	2.50	3.10	2.69
农民	1.93	2.19	2.31	3.44	2.38
工人	2.03	2.38	2.36	3.99	2.81
职员	2.68	2.66	1.92	3.10	2.78
企事业单位管理人员	2.83	2.69	1.72	3.18	2.48

从这两个表可以看出,并不是所有的人都认为手机短信是自己最习惯的接受方式,18 岁以下人群、55 岁以上人群、农民、工人更加倾向于接收印刷品,手机短信则排在第二位。所以文化馆(站)在进行宣传时也不能只是借助于手机短信,至少应该辅之以印刷品宣传。

10. 关于公众参与公共文化服务志愿者情况分析

在外部调查中,有超过 67％的人表示愿意担任志愿者。在愿意担任者的人中,女性超过 69％,说明女性对志愿服务更感兴趣。

通过结合愿意担任志愿者的年龄、职业、户籍、学历的交叉分析,得出如下具体图表:

愿意担任志愿者年龄分布

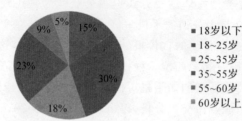

图 14

由图 14 可知,在愿意担当的人中,年龄 25 岁以下的超过 48％,35 岁以上的也占到 37％,说明少年儿童、相对较小的年轻人及老年人(离退休)相对来说更有时间和倾向来担任志愿工作。而 25～35 之间的人由于正值工作奋斗期,意愿较小。

愿意担任志愿者职业分布

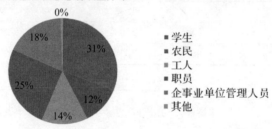

图 15

由图 15 可知,在愿意担任的志愿者中,学生为最多,超过三分之一(31％)而农民最少(12％)说明农民对此项目兴趣不大,学生最为踊跃,其余递减的为职员、企事业管理人员、工人。

愿意担任志愿者的户籍分布

图 16

由图 16 可知,在愿意担任志愿者的户籍分布中,本地居民最为积极(77％),而非本地也非本地区的居民与非本地但为本地区的居民积极性相差不大,但二者之和也占据了近三分之一的比例,说明他们对于本地的文化馆志愿项目仍有积极性。

愿意担任志愿者的学历分布

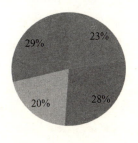

- 初二及以下
- 高中或中专
- 大专
- 本科及以上

图 17

由图 17 可知,在愿意担任志愿者的学历分布中,各个层次学历相对分布较平均,本科及以上的志愿者最为积极占三分之一(29%)其余依次是初中及以下、高中或中专、大专。

综上所述,在愿意担当志愿者的人群中,18～25 岁,35～55 岁的人群更有意愿担任志愿工作,其中学生最为踊跃,其余递减的为职员、企事业管理人员、工人;学历层次分布相对较平均,本科及以上的志愿者最为积极占三分之一(29%)其余依次是初中及以下、高中或中专、大专。

因此,在志愿者服务项目,招募和宣传工作中,应以本地户籍的 25 岁以下年轻女性或中老年女性为主,其中学生族是最踊跃的群体,可兼顾职员和企事业单位等;同时非本地户籍的群体中部分积极者也要加以利用,可以帮助他们寻找在本地的文化认同感和归属感;对于学历则无需太明确的要求。

四、文化馆(站)推进免费服务的优势和问题

(一)文化馆站推进免费服务的优势

1. 政策保障 舆论给力

2010 年 3 月,温家宝总理在《政府工作报告》中明确提出"推进美术馆、图书馆、文化馆、博物馆免费开放,丰富人民群众的精神文化生活"的要求。2011 年 2 月 10 日,《文化部、财政部关于推进全国美术馆、公共图书馆、文化馆(站)免费开放工作的意见》发布,对文化馆等"三馆"免费开放的主要目标、工作原则、基本内容、实施步骤、具体措施和保障机制作了具体规定。根据中央《意见》,浙江省各级部门和各级文化单位积极响应,采取各种措施大力支持保障文化馆站免费开放。省市地县各主流新闻媒体纷纷造势,为免费开放鸣锣开道,为国家推进文化馆站免费开

放,构建良好的社会公共文化生态提供了积极的舆论环境。

2. 人员、设施和经费具备基本条件

从浙江省文化厅提供的文化馆(站)相关数据看,截至 2010 年 12 月 31 日,浙江省文化馆平均每万人拥有的服务人员为 0.30 人。在场馆建设面积上,尽管每万人占有 53.09 平方米的面积,是不理想的,但免费开放面积占总建筑面积的74.25%。尽管个别文化馆尚未免费开放,但总体看来,已部分免费开放的文化馆占绝大多数。根据各地区文化站的设施面积来看,万人平均面积数值为 370.988平方米并不理想,文化站免费开放的面积占到 81.56%。从物理空间和经费支持的基本数据可见,浙江省的文化馆(站)开展免费开放已有基本保障,尽管从调研情况看,各地发展有不均衡性,某些场地建设也有诸多缺陷,经费仍有紧缺现象,但保证免费开放服务的基本条件已具备。

3. 心理认同 需求活跃

调查可见,79%的内部公众认为免费开放时机已经成熟,83%的工作人员对文化馆站的免费开放持积极态度,表明大部分文化馆(站)的工作人员已经做好了开展免费服务的心理准备。尽管高达 48%的外部公众对于文化馆(站)免费开放的相关政策内容毫无了解,但有 76%的公众对文化馆(站)的工作人员的服务态度和专业技能给予了肯定。外部公众认为开展免费服务工作人员不是大问题,相反服务内容的多样化、服务方式的创新、信息传播告知的加强更是问题。在外部公众中,有 67.4%的公众表示愿意充当文化馆免费开放的志愿者。而内部公众中,90%表示文化馆免费开放不会减弱他们工作的积极性,将近 60%的内部工作人员认为文化馆免费开放非常有意义,尽管内部公众对场馆的接待消耗能力,服务人员的数量配置等还是表现出了相当的担忧。但是外部公众对未来文化馆站的免费服务还是充满了诸多的期待,比如对多样化的文化需求、开放的时间、服务信息的有效告知等,总之社会公众对文化服务的需求相当活跃。

4. 创新群众文化运行机制,已积累诸多成功案例

全省各地市涌现出了不少群众文化创新的成功案例,比如杭州市群众文化运行机制创新实践,是一项面向群众、服务群众的文化举措,其创新性在于以杭州群文网为平台,促进全市群众文化服务资源的整合;以杭州市群众文化总团为平台,促进全市群众文化创作力量和人才资源的整合;以评级管理体系为平台,促进业余文化团队资源的整合。确立了全市群众文化集约化、一体化发展的态势,从而形成三级联动、区域共建、运转有序、服务高效的群众文化工作组织运行机制。杭州市群众文化运行机制创新实践,进一步提升公共文化服务能力,代表了网络时代群众文化发展的走向。宁波市群众文化服务着力打造的"群星"系列品牌,"群星舞台","群星课堂"、"群星展厅"等。基层群众文化活动涵盖了公益培训、展览展示、文化交流等方面,践行了"人人参与文化、人人建设文化、人人享受文化"的服务理念,实

现了文艺培训'零门槛'、艺术享受'零距离'、百姓明星'零接触'。文化站也通过服务创新积累了可喜的经验,宁波邱隘镇文化站在文化场馆使用方面,推行"一元电影五元戏"的方式,每天向公众开放,取得了很好的效果;在文化义工建设方面,邱隘镇文化站有规划地推进,文化义工如今已经成为当地群众文化品牌,有力地推动了群众文化的发展。

(二)文化馆站推进免费服务的问题

为了匹配问卷调查的诸多问题的深度探究,课题组专门设计了深度访谈计划,共采访了20名文化馆(站)工作人员,其中文化馆13位,文化站7位。13位文化馆人员中9位馆长,2位中层干部(主任、书记),2位普通工作人员。围绕文化馆站免费开放服务推行的一系列问题,结合约50位外部公众的访谈反映的普遍问题,对当下文化馆(站)推行免费开放面临的问题做一具体分析:

1. 免费开放后经费短缺的问题

在问及文化馆站免费开放后的困难时,所有被访的文化馆站工作人员都将经费保障放到首位。文化馆的场馆设施运行所产生的费用,包括水电费、物业管理费、办公用品费、设备损耗维修费等,这些经费都是归入公用经费按单位人数拨入的,不是按场馆面积大小,开放时间长短来划拨的,于是产生经费缺口很大,因此,为了节约经费开支,尽量少开或不开场馆,设施设备要么不对外提供服务,要么实行有偿服务。如果文化馆场馆设施免费开放、活动培训免费开展,将会产生经费更大的短缺。大家普遍认为要开展良性免费开放必须建立起刚性的、多元的经费保障机制,这样才有可能建构文化馆(站)免费开放的发展规划。

2. 场馆基础设施配备尚未完善

根据调研走访了解,各地文化馆(站)的人口数量和密度对场馆、基础文化设施的配备与建设提出了新的挑战。不少公众认为许多场馆空间狭小,设施老化,远不能满足当下的需求。免费开放政策实行以来,很多文化馆(站)的场馆、基础设施都在修建或重新整治中。场馆建设如何提升智能化水平也是调研中被提及的问题。加强硬件设施,电脑配置成为重点。硬件设施不足、免费开放后硬件设施破损加剧都成为重点提及问题。这些基础设施的建设和维护均离不开资金的支持,后期的维护管理更离不开人员的保障。如何加强场馆智能化升级,通过网络文化产品的服务,深化发展公共文化服务,扩大享受服务的人群总数等均是重要的问题。

3. 专业人才数量素养有待提高

文化馆(站)要实行免费开放,使得原有的人才运行机制(如通过馆站自主收入保障专业老师薪金)失效而导致人才的流失,现在不仅专业人才在数量上严重不足,现有的很多工作人员也因长期从事行政工作不具备专业技能而难以满足老百姓日益升华文化生活的需求。在访谈和调研中发现,尤其文化站总体工作人员偏少,有些地区仅有一两个人,场馆设施更无从提及。这些地区文化站工作人员对免费开放政策和精神的学习就比较滞后,总体素质较低。文化馆站免费开放服务后,更多服务项目的开展和越来越多群众的文化需求都离不开服务人员的专业素养。专业素养偏低,加强培训也成为很多馆站领导的一致意,编制的有限和素质偏低都将严重制约免费服务的开放。

4. 免费服务的理念、定位缺失

长期以来文化馆的工作都是行政文化的性质,落后的行政文化观念导致了对免费服务的认知不足。文化馆站免费开放之后,工作性质要从被动转向主动,从行政管理转向主动服务。如何有效利用财政资金,真正做好免费服务,落实政策,让群众满意,这首先需要从观念上改变。在调研和访谈中了解到,尽管大多数员工对免费开放持积极乐观的态度,但对如何更好满足群众文化需求的内容和方式上与公众的真实需求是有相当的认知差距的。还有不少文化馆(站)还持"爱来不来"的态度。对"公众需求第一"的理念缺乏足够的认知。

5. 偏离群众文化本意的服务模式需要改变

调研访谈中发现,各地文化站包括经济相对落后的地级文化馆没有形成良好的文化服务模式。这些文化馆站的文化工作模式主要表现为群众文化活动,甚至形成了以活动代工作的模式。比如围绕着大大小小的政府工作、政治任务展开各种各样的文化活动。虽然表面上也是红红火火,但是往往偏离了群众文化的本意,导致真正的群众文化往往被各种政府任务所替代,以至本末倒置。许多老百姓认为文化馆经常是自说自话,表面轰轰烈烈,但真正受益的人群并不多。因此,目前文化馆要做的,就是要明确真正的服务对象,把人民群众放在第一位,把为人民群众营造舒适、多样化的公共文化空间场所和为人民群众提供公共文化服务作为文化馆的第一要务。

6. 传统的人员管理模式亟待改善

在文化馆免费开放的过程中,如何建立一套有利于调动文化馆各专业人员积极性,有利于各专业特长的发挥,专业人员之间的良性竞争、管理和分配机制,是免费开放后文化馆亟须解决的问题。目前,有不少基层文化馆工作人员的流动性很小,进了文化馆(站)如同拿到铁饭碗,这影响工作人员素质和专业能力的提升,不利于免费开放工作的开展。在调研访谈中发现,许多基层的文化馆(站)对工作人员奖评机制提出批评,作为服务基层的文化馆(站),以开展多种文化服务项目为重点和中心,免费开放服务施行后,服务项目会增多,理论研究的质量和数量就不能成为唯一评定标准。比如可设定项目评定机制,考量工作人员每年负责策划的服务项目的数量和质量等。如何从行政管理的模式下分化出来,建立一套现代的、科学的、有文化特点的管理模式迫在眉睫。

7. 传统文化服务内容难以满足多元文化的需求

长期以来,唱歌、跳舞、扭秧歌、鼓乐队、送演出等传统群众文化活动方式是各地文化馆(站)的主要活动形式,对象主要以中老年和妇女为主。内容的单一,服务形式的陈旧,势必导致受众群的萎缩和单一化。调研中发现,当下的文化馆(站)普遍后续文化资源匮乏,内容缺少创新。尤其对一大批比较年轻时尚的公众和相对成功的人士,文化馆站的吸引力并不大。对外部公众的访谈得知,有些公众从未去过文化馆(站),根本不知道所在区域的文化馆在哪里,有些人尽管知晓,但认为文化馆(站)完全是老年人去的地方,与自己没有关系。

8. 服务方式过于单一和狭窄

目前,文化馆站的服务方式一般为三种:团队开放,请群众走进来,如各种展览、讲座等;工作人员走出去,把服务送到群众中,如送戏下乡;人员培训,如舞蹈培训、少儿培训等。这些服务方式都是窄众的,一个服务项目只能有固定人群享受,不利于资源的共享和有效利用。尽管已有文化馆借助网络平台,将服务项目上传网络,最大程度的达到共享。比如嘉兴市群艺馆馆长介绍了其开设的"文化有约"网站,该网站提供了群艺馆、文化馆、博物馆、图书馆能够提供的公共免费服务项目,公众可以自愿点播,免费享受。但目前这样的数字化、智能化、网络化服务还是很少,服务方式还是"老三篇"。

9. 缺乏一整套免费服务的考评标准

文化馆长的访谈中普遍提到,推行全面免费开放后,建立一整套免费服务的考评标准的重要性。认为要深化免费开放服务,评价标准很重要,必须要制定具体的职责、要求、时间、产品、内容、项目、方式、质量、效果等评估体系,可量化的尽可能量化,不能定量的再用定性的办法。把服务对象或者公众的满意程度作为重要的评估指标。当然,在体系制定和考量量度上要保持灵活性和弹性,以防止硬性指标限制了文化馆(站)的多样化自主发展。

10. 缺乏有效的信息传播机制和手段

调研访谈发现,很多群众并不了解甚至不知道文化馆站免费服务政策,很多群众也没有享受过当地文化馆站提供的服务,甚至不知道文化馆站在哪里。公众即便有需求也不知到哪里去获知文化馆(站)的有效信息。现场调研中发现,普遍的文化馆(站)缺乏信息传播的有效载体,包括信息告知栏、印刷品等并不完善,随机抽样了部分文化馆(站)的网站,发现网站建设也存在信息单薄、更新落后、使用不便等诸多问题。这势必影响文化馆站免费服务的开展。所以,一方面要借助社会主流媒体进行政策宣传,另一方面文化馆站也要结合自己的服务项目做好多种传播,从而最大程度实现自身职能,满足群众文化需求。

基于以上的文化馆(站)免费开放的现状和问题,课题组认为,推进免费开放服务的优势是明显的,问题更不容轻视,我们希望在下一阶段的工作中,对文化馆(站)免费服务从理念建构、制度建设、内容创新等各方面提出系统的对策建议。

综合文化站"1＋N"免费开放模式的总体思考

金才汉*

[摘 要]本文在分析现阶段综合文化站自主管理型、委托服务型、团队自治型、承包经营型等运作模式利弊的基础上，提出了综合文化站"1＋N"免费开放运作机制模式，即由文化中心组织机构、文化中心管理人员、文化中心功能配置、文化中心服务项目、文化中心经费来源等五个关键因子组成的运作模式系统。认为"1＋N"免费开放运作模式有助于文化资源整合最优化、管理成本最小化、免费开放效益最大化。

[关键词]免费开放；运行模式；基本内涵；可行性

创新免费开放条件下综合文化站运行模式，改善公共文化服务条件，提高公共文化服务能力，既是各级文化主管部门的工作要求，更是文化站人当下必须尽快作出应对的最为迫切和最为关键的问题。近年来，虽然全省各地相继建成一批档次较高、功能齐全的综合性文化活动中心，公共文化设施总量大幅度增长，但由于管理模式构建理念发生偏差，再加上相关配套措施跟不上，重建轻管、监管缺位、经济利益驱使等原因，导致公共文化设施作用发挥不充分和服务效益不高。实践证明，管理模式的构建理念及合理性，直接影响着文化活动中心使用效率的发挥。因此，客观地分析现行管理模式的利弊，不断完善创新管理机制，构建一套切实可行的综合文化站"1＋N"免费开放运行模式显得尤为重要。

一、现阶段综合文化站运行模式比较

乡镇综合文化站建设是一项实实在在的文化惠民工程，建成后的乡镇文化站如何有效发挥功能作用和社会效益，各地在管理和长效运行机制上作了积极而富有成效的探索。

（一）自主管理型运行模式

自主管理型运行模式就是文化站直接管理文化活动中心的人、财、物，即文化活动中心的日常开放、组织活动和物业管理都是在文化站的直接管理下进行的，主要表现为开放时间、内容、形式上的过于行政化，虽然各活动室开放比较正常、规

---

* 金才汉，男，嵊州市甘霖镇文化站，大学文化，副研究馆员，研究方向：群众文化。

范、有序,但"人家上班你开放,人家下班你关门"的开放时间,不方便群众在休息时段参与文化活动,因而群众的参与度和受益度都较低,从而形成了文化站"一头热"的现象。

(二)委托服务型运行模式

委托服务型运行模式,也就是在文化中心的产权不变、公益性质不变、公共财政投入不减的前提下,委托具有专业管理资质的机构来运作文化中心。受委托机构按照文化中心的管理规范和委托协议进行运作,并受委托单位的监督。从目前实践情况看,多数文化中心采用将部分项目委托社会机构运作,例如物业管理、健身房管理、歌舞厅管理等;也有一部分将文化中心的整体委托民营机构管理。也还有存在延用原来文化站的运作模式,但在管理制度、用人制度等方面进行了改革。这种新型的管理机制是一种探索尝试,较好地解决了文化站在文化活动中心上既要前期投入建造设施、又要后期投入管理人员和资金的矛盾。

(三)团队自治型运行模式

团队化自治型运行模式,主要是指以志愿者为核心,以文体团队为主体,共同参与文化活动中心的管理。该模式的优点在于能够调动群众广泛参与的积极性,使群众真正成为文化活动的主人,管理自己的事务,有利于群众对文化活动中心认同感、归属感的形成,有利于节约管理成本。不足之处在于,在现阶段离开文化站的引导、离开制度的规范,团队化自治管理有流于形式、纸上谈兵之嫌。

(四)市场经营型运行模式

市场经营型管理模式,是在确保文化站公益性的前提下,引入竞争机制,进行市场化运作,内部活动设施吸纳部分社会资金开办,或承包给他人经营,管理模式上采取目标责任制与公有民营相结合的方式。这种模式的优点是既减少了投资风险,又为文化经营活动筹集资金,丰富群众的文体生活,使文化中心功能得到最大程度的发挥和利用,其不足是违背了文化站免费开放的原则与要求,不能为群众提供公益性、基本性、均等性的公共文化服务。

鉴于各地综合文化站建设尚处于初创阶段,运行管理模式有待进一步完善。由于缺乏相应的监管和评估,在实际运作中,自主管理的往往服务质量不高、效益发挥不充分,团队自治的在开放服务中难免会出现时冷时热的现象,委托管理和承包经营的往往公益性不强,使公共文化设施性质变异。为此,我们只有进一步探索文化活动中心在免费开放条件下的运行管理模式,才能有效解决文化活动中心的内部运转问题,促进免费开放的规范化管理和可持续发展。

二、"1+N"免费开放模式的基本内涵

综合分析比较现阶段文化站运行模式的利弊,笔者认为,"1+N"模式是更符

合文化站免费开放的运行环境。所谓综合文化站"1＋N"免费开放运行模式,指的是包括文化中心组织机构、文化中心管理人员、文化中心功能配置、文化中心服务项目、文化中心经费来源等五个关键因子组成的文化站运行模式系统。在"1＋N"子模式中,每个关键因子均由若干不等的要素组成,关键因子中不同要素的地位并不是并列的、等同的,而是根据其在关键因子中的地位和作用区分层次。每个关键因子构成的"1＋N"子模式中,均以一个要素为主,其他"N"个要素为辅。文化中心运行中的五个关键因子组成的五个"1＋N"子系统共同组成一个有机的整体,即文化站"1＋N"免费开放运行模式。

(一)文化中心组织机构"1＋N"子模式

以综合文化站为主体,在团委、工会、妇联等各种利益主体的共同参与配合下对文化活动中心各项服务项目进行科学管理。这有利于形成共建共享共管的公共文化服务体系。文化中心组织机构"1＋N"子模式中的"1",指的是乡镇(街道)文化站是文化中心的主体,它是由县级或乡镇人民政府设立的公益性文化机构,其基本职能是社会服务、指导基层和协助管理农村文化市场,同时又是当地群众进行各种文化娱乐活动的场所。其优点是文化站能在文化活动中心建设管理中发挥主导作用核心作用,担负着对文化、教育、城建、公安等部门协调、组织功能。文化中心组织机构"1＋N"子模式中的"N",指在同一个行政区域内的工会、共青团、妇联、老协等团体及各种文体团队,从自身的职能和利益出发,利用文化中心这个主阵地,通过联办、协办等方式,开展形式多样的文化活动,共同办好文化中心。

(二)文化中心管理人员"1＋N"子模式

文化中心在文化站的直接管理下,形成一种"文化站人员＋社会聘用人员＋志愿者"的管理模式。它强调了文化站管理文化中心的主体地位,也发挥了文体团队的作用,又体现了社区志愿者的一种价值。文化中心管理人员"1＋N"子模式中的"1",指的是文化中心要以文化站专职人员管理为主,其编制数额应根据所承担的职能和任务及所服务的乡镇人口规模等因素确定。文化中心管理人员"1＋N"子模式中的"N",指的是文化站正式人员以外的其他管理工作人员。如聘用热爱文化工作、有文艺特长、身体健康的临时人员担任文化管理员。也可组建文化志愿者队伍,让文化志愿者协助管理文化中心。

(三)文化中心功能配置"1＋N"子模式

根据群众不同的消费水平、社会地位、文化程度、思想素质等情况,注重功能的大众化和综合性。文化活动中心在项目设置上应集图书阅读、上网游览、健身、娱乐、团队活动、展览陈列、放映电影、文艺表演、联谊活动于一体。同时,要不断开发新的娱乐服务项目,提升文化娱乐品位和科技水平,使娱乐场所成为低消费、高品位、群众参与性强、自娱自乐的文化场所。文化活动中心功能配置"1＋N"子模式中的"1",是指图书馆建设,这是文化站功能配置的主体部分,是开展知识传播、科学普及、信息传递的重要载体，是农村群众终身学习的学校，是农村公共文化服务最直观、最外在的表现形式。文化活动中心功能配置"1＋N"子模式中的"N"，是指在办好图书馆的同时，开设健身房、多功能厅、展览厅（陈列厅）、辅导培训教室、计算机与网络教室等公共空间设施场地。

（四）文化中心服务项目"1＋N"子模式

服务项目的设置必须以人民群众的实际需求为出发点，以人民群众的满意度为基本准则，坚持保公共、保公益、保基本的原则。既要弘扬主旋律，又要倡导多样化；既要保证宣传和传播先进文化的主阵地、主项目，又要给各社区因地制宜地留有自主选择和发展的空间。文化中心服务项目"1＋N"子模式中的"1"，指的是基本文化服务，主要包括书报刊借阅、时政法制科普教育、群众文艺演出活动、数字文化信息服务、公共文化资源配送和流动服务、体育健身、青少年校外活动等服务项目。文化中心服务项目"1＋N"子模式中的"N"，是指在实现均等普惠的公共文化服务基础上，针对少儿、青年以及中老年等不同群体文化需求，设置各种服务项目，满足不同群体、不同空间，推出个性化活动项目，扩大参与人群覆盖面，并不断追求文化中心设施利用率的最大化。

（五）文化活动中心经费来源"1＋N"子模式

目前文化站日常文化经费，除直接拨款与转移支付外，公共财政应当采取行政、金融、税收、法律等多种手段，引导社会资金进行投入，如出台社会捐助政策，将文化站捐赠纳入公共文化捐赠体系，设立公益奖励基金等，建立起政府主导、社会参与的文化站多元化投入和筹资方式。文化活动中心经费来源"1＋N"子模式中的"1"，指财政拨款，这是文化站经费最主要、最稳定的来源。各市、县区财政投入要适度向乡镇综合文化站倾斜，使农村公共文化服务体系建设的投入每年有较大增长，占财政支出的经费比重逐年提高。文化活动中心经费来源"1＋N"子模式中的"N"，指除政府财政之外的其他渠道筹集的经费。普通社会公众和公益组织可以通过捐款、基金及其他赞助费、会费等社会捐助形式支持群众文化事业。这样，理想的文化站经费来源既有政府财政拨款的稳定经费支持，又有体现社会公益组织和社会公众的爱心捐助。

三、"1＋N"免费开放模式可行性分析

"1＋N"免费开放运行模式有助于整合文化资源，降低管理成本，实现共建共享，提高乡镇文化站建设的科学化水平。

（一）有助于文化资源整合最优化

以共同的利益为导向、以共同的需求为纽带、以共同的目标为准则形成的"1＋N"免费开放模式，完全符合公共文化服务共建共享的基本原则，是一个互为条件、

互为因果、互为促进、互为依存的对立统一的有机整体,从而共建是共享的前提和基础,共建的水平决定了共享的程度。因此,只有以共建推共享、以共享促共建、共建共享相互促进、协调发展,才能保障免费开放政策真正落到实处。通过完善联席会议制度,扩大共建共享单位,不仅使公共资源得到充分利用,而且使人力资源、财力资源得到整合、调配。如加强与"远程教育"农村基层服务点的共建,就能扩大文化共享工程基层覆盖面;加强与社保办的合作,提供培训场地,解决了农民技能培训中的师资、经费等问题;加强与体育部门的合作,由他们提供健身器材,共同办好健身场馆等等。从而使文化站、相关部门、群众三方共享文化成果,较好地体现了公共文化服务的目标要求。

(二)有助于管理成本最小化

管理成本是文化站及工作人员在免费开放过程中所消耗掉的以货币度量的人力、物力、财力的总和。一方面,"1＋N"免费开放模式使文化站管理层级得以优化。在"1＋N"免费开放模式下,文化站担负着书报刊借阅、时政法制科普教育、文艺演出活动、数字文化信息服务、公共文化资源配送和流动服务、体育健身和青少年校外活动等主要职能,工会、共青团、妇联、老协等团体及各种文体团队是配合文化站开展文化活动的,从而大大减少了组织监督和控制的成本。另一方面,社团组织的公益性质降低了运行成本。社团组织的志愿性、非赢利性和公益性属性,决定了其参与文化活动,大量依靠志愿者去完成任务,从而降低了免费开放的人工成本。

(三)有助于免费开放效益最大化

免费开放效益最大化是指文化站在为群众提供公共文化服务中,合理利用有限的文化资源,优质、低耗、高效地为群众提供文化服务,最大限度地提高社会整体人群的文明素质和生活质量。"1＋N"免费开放运行模式把整个文化站视作一个由众多的管理节点、管理层面组成的系统网络,无论是纵向层级管理,还是横向项目管理,文化站内部管理中的各个环节,都是既相对独立,又相互联系;既相互依赖,又相互制约;既相互支撑,又相互影响的有机整体。从而达到整合管理资源,降低管理成本,提高管理效能的目的。

［参 考 文 献］

［1］蔡武.扎实推进公益性文化设施免费开放工作努力开创公共文化服务体系建设新局面.中国文化报,2011－02－25.

［2］周航,王全吉.浙江百镇综合文化站发展研究[J].五洲传播出版社,2008.

［3］朱勋春.科学发展运行机制及其优化.改革,2010(1).

［4］乡镇综合文化站管理办法(文化部).2009－09－15.

温州市文化馆免费开放情况调查与思考

阮　静 *

[摘　要] 本文以温州市 12 个文化馆免费开放的调查为基础,针对文化馆的硬件和软件资源现状、免费开放的举措和难点等问题展开调查、分析与思考。分析了当前文化馆免费开放中存在的问题,提出了"从提升文化馆长理念、加强馆舍及设施建设、提高馆员综合素质三个方面来推进文化馆免费开放"的理论。

[关键词] 温州文化馆;免费开放状况;数据分析;对策思考

自 2011 年 2 月国家提出美术馆、图书馆、文化馆(站)免费开放以来,全国各地都在不同程度地践行该规定,并在理论层面展开了思考与研究。就文化馆的免费开放情况,笔者围绕"当前应对文化馆免费开放自身能力"、"文化馆免费开放的进度和存在困难"等几方面的问题,在 2011 年 6 月份到 8 月份对温州市 12 个文化馆的免费开放情况展开了调研,并对调研的结果作了比较分析和思考。

一、温州市各文化馆免费开放现状

为全面了解温州市各个文化馆资源现状、2011 年 2 月之前和之后的免费开放状况,及免费开放中推出的举措(想法)和存在的问题,并了解群众对文化馆免费开放、活动开展的满意度,笔者设计了《温州市文化馆现状数据统计表(2007—2010年)》(表 1)和《温州市文化馆免费开放情况调查表》(表 2)。

(一)对表 1 数据的分析

1. 馆舍面积大多达标

12 个文化馆 4 年内有 4 个文化馆面积扩展,比较明显的是龙湾区、鹿城区和平阳县文化馆。其中一级馆 4 个,二级馆 2 个,三级馆 3 个,苍南、瓯海、文成三个馆不达标(面积原因)。另据调查,瓯海区、苍南县文化馆已经在建新馆,面积分别是 1 万平方米和 4500 平方米。乐清市和文成县文化馆 2011 年底开建,面积分别是 1.2 万平方米和 2500 平方米。

---

* 阮静,女,温州市文化馆。

表 1 温州市文化馆现状数据统计表（2007—2010 年）

指标	单位/年份	温州市文化馆	鹿城区文化馆	瓯海区文化馆	龙湾区文化馆	乐清市文化馆	瑞安市文化馆	洞头县文化馆	永嘉县文化馆	平阳县文化馆	苍南县文化馆	文成县文化馆	泰顺县文化馆
馆舍面积（平方米）	2007	9079	890	420	30	2205	2100	1550	1826	1400	750	829	1800
	2008	9079	890	420	30	2205	2100	1550	1826	3561	750	829	1800
	2009	9079	890	420	4271	2205	2100	1550	1826	3561	750	829	1800
	2010	9079	3106	420	4271	2205	2900	1550	1826	3561	750	829	1800
员工数（人）	2010	29	18	10	7	30	19	8	22	25	26	8	20
员工专业素质（中级或以上职称的人数）	2007	22	4	4	2	10	13	7	7	5	13	6	4
	2008	21	6	4	4	10	13	6	9	5	13	8	4
	2009	23	6	3	5	11	16	5	13	8	14	4	8
	2010	21	8	3	5	10	15	4	13	9	14	7	8
员工培训（馆内成员人均每年参加培训的学时）	2007	33	37	30	40	36	34	38	36	28	29	31	32
	2008	34.7	35	32.5	38	42	36	39	38	28	33	32	42
	2009	38.5	45	36.7	41	38	36.8	39	47	36	35	33	43
	2010	42.2	47	36.8	43	39.6	41	42	48	48	35	38	46
免费开放时间（小时/周）	2007	56	52	30	48	52	48	40	48	52	49	35	30
	2008	56	52	36	48	52	52	56	48	56	49	38	38
	2009	66	56	48	56	56	52	56	56	56	52	48	46
	2010	66	66	56	56	62	56	56	56	66	52	52	52
活动和设备购置经费投入情况（万元）	2007	331.7	75.7	50	53.5	22.9	45	31	89	196.4	120	56	51.2
	2008	509.6	171.2	40	55.0	88	45	33	91	213.6	125	88.2	57.4
	2009	530.8	153.5	45	89.6	60.4	47	45	103	282.96	137	52.6	141.78
	2010	519.3	163.9	63	83.6	64.2	47	39	54	435.75	145	55.5	108.66

填表人员：温州市各文化馆调研干部。　　调查时间：2011 年 8 月

表 2　温州市文化馆免费开放情况调查表

文化馆名称	2011年2月以前 免费开放情况	2011年2月后 免费开放举措	免费开放 存在的主要困难
温州市文化馆	场地免费开放(展览厅、非遗展示厅、排练场地);举办公益性培训班;免费辅导。	延续原有免费开放,明确开放时间,制定免费开放制度。	①管理(无专职人员)②功能(不够健全)③场地(供不应求)
鹿城区文化馆	排练厅免费开放(主要对文艺团队);开展免费培训和义务辅导。	延续原有免费开放内容,将馆舍新增的场地推出免费开放。	①人员 ②项目 ③经费 ④场地
瓯海区文化馆	排练厅免费开放(按小时预约);免费辅导。	延续原有做法,因场地过小无法进一步推开。	①场地 ②经费 ③人员
龙湾区文化馆	排练厅、培训室免费开放。	延续原有做法,因馆舍偏离中心,免费开放效果不明显。	①人员 ②经费
乐清市文化馆	展厅免费开放;非遗展厅根据参观者需要免费开放;排练厅对团队免费开放。	延续原有做法,展厅和排练厅进一步免费开放,并加强了展厅开放宣传。	①配套设施 ②经费
瑞安市文化馆	排练厅免费开放(3~4个团体长期免费使用);免费培训;免费艺术辅导。	延续原有做法,并停办收费培训班,现有教室和排练场地都免费使用。	①配套经费 ②设施
永嘉县文化馆	展厅、排练厅免费开放;免费培训和辅导。	延续原有做法,增加免费培训。	①经费 ②设施
洞头县文化馆	排练厅免费开放;器乐培训班免费举办;免费基层辅导。	延续原有免费开放内容,每周二、三、四下午派业务干部到社区、乡村免费辅导舞蹈等文艺。	①配套经费 ②展览场地 ③人员
平阳县文化馆	排练厅等公共文化设施均免费开放,免费培训和艺术辅导。	延续原有免费开放内容,4月份推出"免费开放周""月月活动周"免费开放举措(很受欢迎,社会反响很好)。	配套经费
苍南县文化馆	排练厅免费开放;免费业务辅导。	因为馆舍旧设施落后并较为陈旧所限制,无法进一步推开免费开放。	①场地 ②经费
文成县文化馆	排练厅对有预约的团队免费;培训班免费培训。	延续原有做法,场地经费限制设有进一步计划。	①人员 ②经费
泰顺县文化馆	多功能厅免费开放(场地使用平均每周五至六个晚上);免费培训。	有想法,但经费问题还是延续原有免费开放项目的做法。	①经费 ②场地

调查对象:温州市各文化馆馆长。调查时间:2011年8月。

2. 人员素质稳中有升

各员工总数从 2007 年到 2010 四年间变化不大。龙湾、洞头、文成、瓯海不到 10 人或 10 人，其他馆人员在 15 人到 30 人之间。员工专业素质呈现提高趋势，中级职称人数大体上升；员工年参加培训的机会增加，2010 年各文化馆成员的培训平均每人每年达到 42.2 个小时。

3. 开放内容有待加强

免费开放时间每年递增，2010 年平均各个馆免费开放时间达到每周 58 个小时。但是对照 2011 年 2 月国家提出的文化馆免费开放的要求，仍然差距较大。尽管时间达到，但免费开放的内容单调，多数局限于场地的开放。

4. 经费投入各馆不一

经费投入情况各地差距比较大，温州市文化馆每年活动经费投入都在 400 万元以上，有的县馆每年投入近 200 万，而洞头、文成等县文化活动经费投入偏少，不均衡现象比较严重。

（二）对表 2 调查情况的分析

表 2 是温州市 12 个文化馆免费开放的简要情况，包括 2011 年 2 月之前和之后免费开放的情况及存在的主要困难。从该表中可以看到五个较为明显的现象，第一，免费开放都已经有不同程度开展，通常是排练厅、展厅免费开放，以及免费培训和辅导；第二，免费开放的进度不一样，有明显举措的是温州市文化馆和平阳县文化馆；第三，免费开放存在的困难集中表现为经费、场地和人员三方面；第四，对免费开放涵义的认识不到位，内容、项目单调，服务意识淡薄；第五，文化馆长对免费开放认识和理解不同，导致各馆对免费开放的推行程度和对存在难度的看法不同。

二、当前文化馆免费开放存在的问题

从温州市文化馆免费开放调查中可知，除经费得不到财政保障外，其中馆长的意识与定位、馆舍的位置与设施、馆员的素质与结构等三大因素，直接影响文化馆免费开放的实施、进度与成效。

（一）馆长的意识与定位，影响免费开放的实施

在调查分析温州市各文化馆的免费开放现状中，文化馆长的意识一定程度上决定了免费开放的进度。温州市文化馆早在 2006 年就免费开放，仅仅公益展览厅每年举办展览 40 余场次，参观者达 12 万多；馆内多个排练厅免费提供给合唱团、京剧团、民乐团等社会业余文艺团队做常规性的排练场地。平阳县文化馆在 2011 年 4 月份经精心策划之后推出了"月月活动周"，由每月做一周展览上升到每月作二至三周专题展览，深受群众欢迎。处在温州山区的泰顺县文化馆，馆舍陈旧、设施简陋,但免费开放工作做得很及时,加大了对山区乡村"送文化"的力度。但是,相反的现象存在,个别文化馆在2011年2月免费开放政策提出后几乎没有行动,关键是文化馆长没有免费开放意识。笔者认为,文化馆长对免费开放的意识与定位是否准确,是做好文化馆免费开放的一个重要问题。假如馆长没有去思考与解读免费开放的真正内涵,那么就难以推出可行性的做法和规划。

(二)馆舍的位置与设施,影响免费开放的推行

调查中看到,文化馆的位置、馆舍与硬件设施,影响免费开放的推行。处在城市或县城中心位置的文化馆吸引的人相对较多,馆舍较新、馆内场地、设施较好的文化馆也更受群众喜欢;反之,馆址偏远、馆舍旧而小的文化馆,群众去得相对少。温州市鹿城区、瓯海区、乐清市等文化馆位置在中心区,尽管馆内排练厅面积不大,但使用率很高;龙湾区文化馆新建于2009年,是当前温州市各县(市、区)文化馆中馆舍最新、面积最大、设施最好的文化馆,而实际的免费开放利用率并不理想,目前该馆位置偏远是其中一个原因。另外,瓯海区文化馆、苍南县文化馆、文成县文化馆面积过小、设施滞后,还达不到国家对文化馆定级的最低标准,即便馆长对免费开放有想法,也是"巧妇难为无米之炊"。

(三)馆员的素质与结构,影响免费开放的实效

文化馆业务干部综合素质不高、服务理念差,以及文化馆人员配备欠缺等人员的因素,都影响着免费开放的实效。文化馆不少业务干部,具备了一定的业务素质,但缺乏综合素质,"服务意识淡薄"、"对群众不贴近"、"给基层辅导收费"等现象也有存在。这些现状与当前免费开放政策并不相容,要及时有效地改变这些做法,转变业务干部的服务理念。另外,受编制限制馆内人员过少、馆员年纪偏大、配备人员不健全等问题,也增加了文化馆免费开放的难度。从温州市的情况看,不到10人的文化馆数位业务干部是身兼多职,有的馆业务骨干又被当地文化局借用。"人员"问题成为文化馆免费开放的主要难点之一。

三、推进文化馆免费开放的思考

从哲学的范畴而言,如何做好文化馆免费开放是方法论的问题。除了制度、经费等普遍性问题影响免费开放之外,笔者认为,"馆长理念、馆舍建设、馆员素质"是做好文化馆免费开放的三个关键要素。馆长理念是前提,馆舍建设是基础,馆员素质是保障,三者缺一不可,相辅相成。没有与时俱进的馆长理念,免费开放就没法贯彻落实;没有达标的馆舍和基础设施,免费开放难以推开;没有良好的馆员素质,免费开放达不到应有的成效。只有做好了"三馆"问题,文化馆的免费开放才能顺利推行,并能凸显社会效果。

(一)提升馆长的理念,增强责任感和使命感

文化馆免费开放是个新提出的做法,也是社会发展到一定阶段文化馆工作的一种转型,这就决定了文化馆不能再闭门办公,不能仅仅停留在创作、辅导和组织活动三大传统功能上,而是应该积极参与到公共文化服务体系建设中来,树立共建社会大文化的理念。一个文化馆长的理念和做法,对这个文化馆的发展起着至关重要的作用。从免费开放的角度说,如果文化馆长没有"免费开放,为民服务"意识,那么这个文化馆必然无法准确定位"免费开放"的概念,也无法做到真正的免费开放。因此,要做好文化馆免费开放,必须提升文化馆长的理念,增强公共文化建设的责任感和使命感。

1. 提升文化服务理念,掌握免费开放内涵

据了解,自文化馆免费开放政策出台之后,半年内至少有30％的文化馆长没有完整地看过免费开放政策的内容,有40％的文化馆长没有理解免费开放政策的内涵。文化馆长更多还是侧重群文活动或者文艺赛事的开展,对理论层面的学习普遍欠缺,对国家文化政策的理解不够深入,尤其是对当前公共文化服务体系建设的把握不够准确。当下,文化馆长应该认清形势,抓住国家高度重视文化建设的大好机遇,把开展免费开放作为推进文化馆工作的突破口,全面深入地了解免费开放的实质要求和精神内涵。对免费开放工作,文化馆长应该把握的关键点是提升文化馆的服务理念,即一要丰富产品供给;二要丰富服务门类;三要创新服务方式;四要提高工作人员专业水平。在做好以上四点的基础上,结合实际,利用优势,打造免费开放品牌,真正做到"全身心服务群众,让群众喜欢,使群众受益"。

2. 利用现有资源,做好免费开放

文化馆的馆舍和硬件设施建设参差不起,硬件设施建设好的文化馆有上万平方,设施齐全,功能多样;硬件建设弱的文化馆不到500平方,场地拥挤,设备陈旧。就文化馆免费开放的推行而言,自然前者明显比后者更有有利条件。然而,条件不足的文化馆不能因为硬件问题而怠慢免费开放。不管馆舍、设备是否优越,充分利用现有资源做好免费开放工作,是文化馆长应该深入思考的问题。一是用好现有场地和设施。馆舍新、功能全的文化馆有小剧场、数个排练厅、创作室、展览厅及音响等设备,馆舍相对陈旧或较小的文化馆,也有排练厅等小型文化活动场所,要充分用好这些可利用的硬件资源推进免费开放。二是用好现有的业务人员。做到分工明确,各尽其职,充分发挥业务人员在免费开放中的主观能动性。三是做好力所能及服务项目。对已经开展的文化活动、培训、辅导等服务项目要继续完善,对能够开展的服务项目要积极拓展,做到"充分挖掘资源,突破馆内阵地,拓展馆外服务"。

3. 积极争取人财物,推进免费开放

经费和人员问题成为多数文化馆免费开放中遇到的主要困难之一。事实上,

文化馆在遇到困难的同时同样可以利用免费开放的新机遇,变消极为积极,变被动为主动,向上级文化部门、地方财政、人事部门等部门积极争取人财物。每个文化馆在地方的文化建设中都起着不可替代的作用,多数文化馆长在当地也都具有一定的威信,调查中发现温州市 11 个县(市、区)文化馆长有 9 个是党代表或人大代表或政协委员,其中有 4 个是温州市的人大代表或党代表。一方面,文化馆长要用好国家免费开放及其他文化建设的政策,理直气壮地争取政府的重视和投入;另一方面,文化馆长要充分发挥个人的积极作用,将免费开放中所遇到的困难,及时向有关部门提出,并拟定相应的解决办法,既加强了馆内建设又推进免费开放。

总之,一个团队领头人的文化理念决定着整个团队发展的方向和成效。在文化大发展大繁荣的大好背景下,文化馆要抓住机遇充分发挥示范、引领和带动作用,其功能和定位也应不断适应新时期的需要而进行转型与完善,文化馆长务必要提升理念,放眼大文化,以文化领头人的责任感和使命感做好文化馆免费开放。

(二)改善馆舍、设施,加大投入和扶持

如果说"提升馆长理念,增强馆长责任感和使命感"是从文化馆自身的层面论述,那么"加大文化馆建设与基本设施的配备"则是从政府层面对文化馆免费开放的支持和推进。

1. 做好馆舍的改善

没有馆舍,免费开放是无源之水、无木之本。馆舍建设包含三方面,一选择合适的位置建馆,不能因为城市建设中土地资源紧张让忽视文化馆的选址;二文化馆建筑面积应该达到文化部规定的标准,有条件的地方可以根据经济实力和实际需求扩展文化馆面积;三对目前没有条件建新馆舍的文化馆,应该抓住时机根据当前文化馆功能的增加,在原有基础上加强设施配备,增加服务项目。

2. 建立投入机制

做好文化馆免费开放,确保经费,建立投入机制尤为重要。针对当前多数地方对文化的财政投入"先打包再分蛋糕"的做法,要结合实际作出调整,确保文化馆免费开放中的独立经费。既要确保硬件设施建设的经费,又要解决文化馆日常运行经费。文化馆要精心设置文化馆阵地服务项目、流动服务项目、数字化服务项目等,各级文化和财政部门要按照文化部、财政部要求,建立文化馆免费开放服务的经费保障机制。

3. 监督设施利用

对建好之后或者配备完整的馆舍或者文化设施,重要的是做好"管理"和"利用",让群众全面享受,真正受益。作为文化馆自身要担负起这个责任,创新思路和手段,探索管理和利用模式,利用馆内阵地和基础设施为群众提供更多更好的服务,树立责任意识、服务意识和使命感。作为政府部门也要加强对该方面的监督,制定免费开放的相关考核标准,加强的设施、经费利用的监督。

（三）提高馆员素质，强化服务意识

有了先进的馆长理念，有了优质的硬件设施，文化馆馆员的素质和服务意识在免费开放中起着举足轻重的作用。推行文化馆免费开放服务，是对文化馆社会服务功能的进一步提升，也是推进公共文化服务体系建设、保障人民群众基本文化权益的必然要求。那么，在文化馆免费开放形势下，对文化馆工作人员的素质是一种考验也是一种检验。提高馆员素质，优化服务队伍，是做好文化馆免费开放服务的保障。

1. 改变工作作风

文化馆免费开放，馆内业务水平、人文素质、道德素质都要更加经得起考验，每一位馆员的举手投足都关系到文化馆的形象，关系到免费开放的实效。文化馆工作范围较广、内容较庞杂，加上文化馆人绝大多数平常不注意学习，不仅缺乏思考和研究，而且个人本位主义较为严重，整体责任意识、上进意识、创新意识和服务意识较差。这些现象必须得到改善，文化馆人必须要正视自身的工作作风，给自己正确的定位，增强服务理念，做到真正心系群众，把免费开放服务做到实处。

2. 建立服务机制

实施文化馆免费服务，是一个在确保现有文化馆建设规划、管理办法全面落实的基础上，深入推进文化馆制度化、标准化、规范化建设的系统工程。改进场馆的各类安防、服务措施，适当增加工作人员，加强岗位训练和管理，出台相关配套制度。制定切实可行的前期预案和现场管理方案，形成免费开放有序参观学习的理性机制。同时，还要建立免费开放服务的反馈机制，一方面，通过反馈的信息了解文化馆开展公共文化服务的效果；另一方面通过反馈信息，增加和扩大新的服务项目，使免费开放服务更有针对性和时效性；此外，通过反馈监督，进一步规范工作人员的服务，促进个人素质提升。

3. 提高运作水平

各文化馆还要根据自身的实际，在增强自身的活力方面进行探索，在加强宣传力度的同时，亮出"奇招"招揽观众。如开设各类免费培训班、招募志愿者参与文化活动的服务，推出多种形式的活动载体，如展览、讲座、艺术沙龙、周末剧场等。文化服务的多样化是公共文化服务水平和能力的重要标志，是满足公众多层次和多元化文化需求的重要条件，也是推进免费开放的重要举措。文化馆要为社会公众所提供多样的文化服务，积极调动群众参与文化的积极性，多层次、多方面、多样化地满足人民群众精神文化需求。

[参 考 文 献]

［1］蔡武.扎实推进公益性文化设施免费开放工作 努力开创公共文化服务体系建设新局面.
中国文化报,2011−02−25.

［2］谯进华.大力推动公共文化场馆免费开放的升级和转型——基于内涵式发展的免费开放
及路径选择.全国社区文化建设经验交流会暨2011全国群众文化年度论文评选颁奖大会
会议资料,64−72.

［3］戴珩.谈文化馆免费开放.全国社区文化建设经验交流会暨2011全国群众文化年度论文
评选颁奖大会会议资料,110−121.

免费开放背景下地级文化馆面临的
挑战与应对策略

——以嘉兴市文化馆为例

黄　放*

[摘　要] 在免费开放的大背景下，各级文化馆均制定了一系列相应措施来积极应对免费开放带来的挑战。相对于省级文化馆和县级文化馆而言，地级文化馆有着自身的特点、优势与问题。本文试图通过对地级文化馆在免费开放背景下所面临的挑战及当下境况进行梳理，进而深刻阐析当前地级文化馆所发生的若干转变，积极探讨可行有效的应对策略，以强化地级文化馆的公共文化服务职能，提升其公共文化服务质量与水平。

[关键词] 免费开放；地级；文化馆；挑战；应对策略

自公共文化设施免费开放政策推行、实施以来，各级文化馆都相应地做出了积极的应对措施，根据自身的条件与特点制定了相应的实施举措。然而随着免费开放的逐步推进，各级文化馆均遇到了建设与发展的问题与瓶颈。如何积极应对当前挑战并探索出符合自身特点与条件的解决之策，是文化馆年内工作的重心所在。地级文化馆在免费开放的大背景大形势下，如何更好地履行自己的职责，强化和发展其服务职能，全面提升所在区域整体的公共文化服务水平，是值得探讨的重要课题。本文以嘉兴市文化馆的免费开放实践为例，立足于地级市的文化馆，从其自身特点、条件、当下境况出发，深刻阐析地级文化馆所面临的挑战及一系列转变，积极探讨在当前背景与条件下可供其参考借鉴的应对策略，以强化其公共文化服务职能，提升其服务质量与水平。

一、地级文化馆的自身特点与当下境况

相对于省级文化馆与县级文化馆，地级文化馆有着自身特有的职能、作用与责任，其当下所处的境况亦对其自身建设、发展与转变产生重要的影响。

（一）自身特点

1. 承上启下

地级文化馆在省、地、县三级中处于中间地位，是省级文化馆与县（区）级文化

---

* 黄放，女，浙江省嘉兴市文化馆，馆员，硕士，中国现当代文学。

馆之间的桥梁与纽带。通常在相关政策的宣传、文件精神的下达以及各类活动的组织开展中起着承接、传导、沟通的作用。

2. 统筹兼顾

地级文化馆所在地区的城市建设规模介于省会城市与县级城市之间,人口结构与密度通常也介于两者之间,在公共文化服务供给上既能接近和体现省会城市文化建设发展的高标准,亦能同时兼顾和统筹地级、县级城市群众的实际文化需求。并在统筹兼顾的前提下,逐渐拉近和缩小三级文化馆之间的差距。

3. 特色保护

地级文化馆是全省文化发展与繁荣的中坚力量,不仅承担了公共文化服务体系建设与发展的职能,还肩负着保护、弘扬和发展其所在地区文化之历史底蕴和地域特色的责任。相比较省级和县级文化馆而言,地级文化馆在保护当地历史文化特色上有着上通下达、收发自如、灵活掌控等优势。

(二)当下境况

1. 免费开放政策的全面开展与实践

免费开放政策的全面开展与实践是当前文化馆所处的最大时代背景,免费开放的推行对文化馆今后的职能定位与长远发展将产生深远的影响,对文化馆提供公共文化服务的能力与文化服务产品质量有着巨大的推动作用。

2. 事业单位改革的深入推进与落实

在推行免费开放的同时,今年文化馆的另一处境是还面临着全国事业单位体制改革的大环境。其中涉及的单位定性、机构职能定位、经费投入与来源、人员配置及绩效工资改革等一系列体制改革将在不同程度上影响文化馆的建设与发展。

3. 网络、影视等其他文化样式的冲击与挑战

近年来,网络、影视等文化样式对群众文化产生了巨大的冲击,尤其是对群众文化日益丰富且不断增强的地级城市冲击更大。与网络、影视文化的多元、时尚、便捷、易于获得相比,地级市群众文化体现出越来越大的局限性。这种时代文化背景将对群众文化的未来趋向提出了极大的挑战。

以上所述境况是所有文化馆(站)皆面临的时代大背景,对各级文化馆均起着不可低估的影响与作用。下文将着重立足于免费开放政策的全面开展这一当下背景,详细讨论地级文化馆在这一时代背景下所面临的挑战、发生的系列转变以及相应的应对策略。

二、免费开放背景下地级文化馆面临的挑战与转变

基于免费开放政策对文化馆产生的影响和提出的应然要求,地级文化馆将面临以下各个方面的挑战。在此形势下,其管理理念、服务意识与培训模式均发生了

相应的转变。

（一）挑战

1. 基础设施配备方面

与以往下基层、进社区的演出、辅导、培训形式相比，如今免费开放带动了广大群众进入文化馆场地进行学习、培训和讨论。地级市的人口数量和密度对地级文化馆的场馆、基础文化设施的配备与建设提出了新的挑战。

2. 专业人才素养方面

当前地级城市的发展紧随国内的大中型城市，居民对文化生活的需求更高、更时尚、更多元。这对馆内专业技术人员的专业素养、技术技能、文化水平均提出了新的挑战与更高的要求。为满足群众日益增长的精神文化需求，地级文化馆需着重加强文化培训与辅导工作在内容、形式以及艺术层次上的同步建设与投入。

3. 服务管理能力方面

为使馆办的各项活动能够与群众的文化需求相匹配，免费开放能够持续开展，地级文化馆在公共文化服务能力、领导管理能力等方面需相应地予以提高，需制定、实施配套的制度与规定作为保障。

4. 文化产品质量方面

近年来，许多地级市的社会、经济、文化发展取得了迅猛发展，整体发展水平已逐步迈入全国二线城市之列，当地群众对文化产品质量的要求日益增强。因此，免费开放不仅只是对地级文化馆的时间、空间提出了开放的要求，它对其供给的公共文化产品质量也提出了更高的标准与要求。

5. 财政经费投入方面

地级文化馆的免费、持续、高质量、高覆盖率的开放，既取决于上述条件的达成，还取决于财政经费的投入与保障。全面的免费开放，对政府的经费投入频率与数量均提出了更高的要求。

（二）转变

1. 单向施与向双向互动转变

随着免费开放的展开与推进，地级文化馆的公共文化服务模式发生了较大转变。如培训模式向主办方、组织者定向安排变为电话或网上选约；讲堂变为沙龙，由授予变为讨论。例如，嘉兴市文化馆在嘉兴市文化网上开通了"文化有约"专栏，改变了以往旧有的单向施与的培训模式，文化馆将辅导老师和培训内容的信息在网上公开发布并定期更新，群众可以通过网络或电话预约，可以自选授课或培训老师，可以自主选择培训内容，使原有的单向施与模式转变为双向互动模式，增强了施受双方的契合度。

2. 线性开放向立体开放的转变

以往文化馆的公益性文化服务与辅导都呈线性开放,通常表现为文化馆专业干部对某个单位或群体进行点线式的固定辅导渠道。而通过网络或电话的自主选择方式,文化馆的服务呈现出立体的构架,多方位、多渠道、多样式、多角度的服务模式构建了一个立体的开放势态。

3. 艺术培训向技术培训的转变

固有的公共文化培训多以单一的艺术培训为主,内容多涉及舞蹈、器乐演奏、演唱等表演类艺术。免费开放背景下,地级文化馆的培训内容与方向发生了较大转变,逐渐承担和展现了地级馆的指导职能,对县级文化馆、乡镇综合文化站的相关业务和活动的开展进行技术层面的指导和培训。如嘉兴市文化馆创新的"双模"培训模式,便高度体现了艺术培训向技术培训的转变。

4. 指导意识向服务意识的转变

以往地级文化馆多将自身定位为县级文化馆的指导者,指导意识常常高于服务意识。免费开放背景下,地级文化馆逐渐增强了自身的服务意识,无论是面对广大群众还是面对县级文化馆,均以提供相匹配的公共文化服务为主旨,完成了指导意识向服务意识的转变。

三、免费开放背景下地级文化馆的应对策略

(一)转变文化理念

长期以来,大家一直约定俗成地使用群众艺术、群众文化等概念。包括本文,为避免概念模糊而产生歧义,全文将一直使用固有的群众文化这一概念。但随着公共文化机构、场馆的全面免费开放,随着公众文化需求的多元化,固有的、传统的文化理念应发生相应的转变。毋庸置疑,群众文化这一概念所形成的历史背景及其所隐含的政治意味已与当下公众对文化的理解、认识与期望相去较远。而公共文化这一概念则显示了更为宽泛的语境与更为深厚的包容性,涵盖了更为丰富的所指与能指。因此,作为承载着文化责任与时代挑战的地级文化馆,应树立全新的文化理念,引导群众文化向公共文化转变。

(二)丰富艺术层次

在群文界,许多人对群众文化的理解与认识都受到了认知上的局限与禁锢。很多人认为,群众文化针对的施与对象是广大的群众,而群众的范畴与概念被隐性地划归为接受水平、认知水平、审美水平较低的人群。这一认知误区导致的最为明显的结果是:很多情况下群众文化被默认为俗文化,被隔离甚至对立于高雅文化和高雅艺术。这一点在各级文化馆组织、开展的许多群文活动中显而易见。但随着公共文化概念的引入和确认,随着公众这一大的公民群体概念的运用,文化的内涵

与外延都得到了无限的延展。地级文化馆随着其所在城市人口结构的优化而承担了必要的文化责任，即不断丰富并提升其提供的文化艺术服务及产品的层次与结构，引导群众艺术与高端文化、高雅艺术交融齐进。

(三)调整开放策略

免费开放的推行，并非仅仅停留在时间与空间开放层面，更非简单的免费开馆。免费开放应该是一种全方位的、复式的服务姿态。免费开放应该是包括空间开放、理念开放、服务开放、形式开放等多层次、多途径、多角度的立体式开放。地级文化馆应根据自身承上启下、统筹兼顾的特色，调整和补充当前的开放策略，使之更为立体多元，从而适应地级城市群众日渐多元、丰富、不断求新求变的文化需求。

(四)强化服务职能

文化馆的核心职能就是向公众提供公共文化服务。在免费开放背景下，强化地级文化馆公共文化服务职能是保障免费开放取得实际效果的根本途径。文化馆原有的组织职能、培训职能、传承职能、服务职能不可或缺地构成了当前地级文化馆的基本职能。然而面对免费开放的挑战与要求，为适应新的形势和需求，对原有服务职能的延伸与拓展已然成为必由之路。强化地级文化馆服务职能可通过增加组织职能的运行方式、延伸培训职能的内涵外延、拓宽传承职能的范围内容以及丰富服务职能的层次结构等多种路径和方式来达成，以提升地级文化馆公共文化服务的综合能力。

(五)拓展服务项目

从前文所述可见，与免费开放提出的要求及公众日益增长的文化需求相比，尽管各级文化馆已做出了积极应对和相应的转变，但其当前的服务项目与服务能力仍整体滞后。对地级文化馆而言，这种滞后与欠缺显得更为突出。这需要地级文化馆致力于服务项目的精心设计和拓展创新，逐步扩大服务领域，加强服务项目、层次的多样化，利用地级文化馆自身的特点和优势，在完善现有被公众广为喜爱、具有地域特色的服务项目的基础上，引进更多新颖、时尚、有趣的项目，使之能够尽可能接近和满足更为广泛的公众的需求与期待。

四、结　语

免费开放本身即是一个开放的课题，它对文化馆乃至所有公共文化服务机构所产生的影响将会随着该政策的推行逐渐呈现和蔓延开来。它之于文化馆，是一项政策，一个契机，一种态势，一个挑战，引领文化馆通往一片具有无限可能与发展趋向的广袤之境。该课题值得不断深入探究。

［参 考 文 献］

［1］蔡武.扎实推进公益性文化设施免费开放工作 努力开创公共文化服务体系建设新局面
[N].中国文化报,2011－02－25.

［2］张波,蔡秋梅.政府公共文化服务职能创新的价值与动力[J].刊名:《理论探讨》,2009(6):
34－37.

［3］万林艳.公共文化及其在当代中国的发展[中国知网期刊全文库].《中国人民大学学报》,
2006(1). http://www.cnki.com.cn/Article/CJFDTotal-ZRDX200601014.htm

四

公共文化资源供给体系研究

数字文化资源的生产与服务体系初探

林君荣 *

[摘　要]调研发现,我国东部地区的数字文化资源建设很不平衡,体现在地区之间及系统内部个体间的差别,从目前来看各地的建设多处自发状态,缺乏整体制度的约束,特别是基层的硬件设施、服务标准亟待统一的考核和评估。而许多先行地区的资源生产与服务极具借鉴与推广意义,浙江的资源共建共享、全区域开放,北京博物馆的数字化实践,我国台湾地区的先市场后政府生产原则,等等,为制度设计提供了样本。

论文从责任主体、生产原则、服务方式、保障机制四方面来构建数字文化资源生产与服务体系,明确政府责任与具体实施平台(数字图书馆、数字博物馆),加大整体规划与基本投入,以评估系数来实施数字资源的量化考核,推进全面协调发展。

[关键词]数字文化资源;数字化;资源服务;制度设计

《数字文化资源的生产与服务》系"国家公共文化服务体系设计研究"课题之四"供给体系研究"的子课题之一。课题研究主要是从民众对数字文化资源的需求和现实的状况出发,以基本服务(政府的服务边界)和未来导向(地区的个性服务)两方面来调研分析。本文是课题组调研报告的主体部分。

一、基本概念与研究特点

套用全国文化信息资源共享工程对资源的描述,简单地说,数字文化资源是指一切优秀文化产品经数字化后提供给用户的信息资源。本课题着重研究非商品化生产部分及商品化生产后经政府采购的那部分内容(见图1)。

在情报与信息学中,"数字文化资源"对应的概念是"数字资源",既有相似,也有区别,数字资源对应于文献,"数字文化资源对应于文化产品。数字文化资源体现了领域属性,即文化领域的数字资源。数字资源体现的是载体属性"①。

数字文化资源生产与服务的特点是:文献数字化主要集中在上层文化部门,呈现倒金字塔形;而具体的服务实践体现在基层,为金字塔形,两者并不一致。由于

＊　林君荣,男,温岭图书馆,馆员,研究方向:数字资源应用。

①　刘晓清(浙江省图书馆副馆长,研究馆员),"数字文化资源的生产与服务"课题修改意见(2011年)。

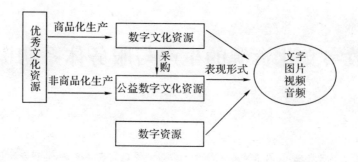

图 1

民众对于数字文化资源并不很熟悉,在调研时,我们放弃了传统的大规模发放调查问卷的方法,采用选取代表性的样本研究结合具体个案解剖,通过座谈会、实地调研考察、问卷调查、论坛实名发帖调查、电子邮件、下载量统计等形式,对相关数据进行统计分析,再结合文献分析。

　　数字文化资源的生产与服务是一个实践性很强的课题,在选择样本上要立足于本地的具体实践,同时兼具有一定的代表性,所以我们以浙江地区为基本样本,参照其他地区数字文化资源的生产建设情况进行对比分析。同时,课题组一边调研写作,一边在执笔单位对调研成果进行具体的实践检验。

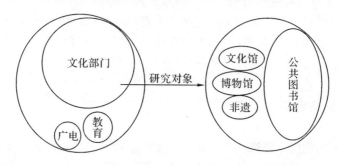

图 2

　　数字文化资源存在于各个领域(部门),本课题主要探讨与研究的是公共文化服务体系中以公益性为目的,满足社会民众基本文化权益的那部分。经过半年调研后发现,在浙江地区,数字文化资源的生产和服务成果大部分存在于各级公共图书馆(如图 2 所示),而北京地区的博物馆在具体的数字技术应用上具有先进性。相对来说,各级文化馆、非物质文化遗产等数字化进度稍显迟缓。

　　因此本课题组将浙江省公共图书馆作为调查重点,抽样调查了浙江省 10 家县级图书馆,全面调研了台州市 9 家公共图书馆,再结合其他部门的一些做法,走访我国东部其他地区的公共博物馆（以北京为主要样本）、文化馆、图书馆,目的是通过了解整体现状来总结基本的规律。

二、调研结果及分析

(一)对浙江省内县级公共图书馆的调研

从省内 10 家(台州以外)县级公共图书馆的调研来看,近几年来浙江开展的共享工程资源建设支撑着全省各地市的重要数字文化资源服务,各地都在进行探索与实践,但是发展很不均衡,总体上有以下几点共性:(1)缺少整体规划目标和标准,到底哪些是必须由政府来生产的,如何生产?(2)现有的数字文化资源,包括政府购买的,普遍问题是使用量不大,该如何破解?(3)在县级及以下公共文化机构,普遍缺乏生产与推广服务的人才技术与标准。(4)在许多地方,重生产轻服务的现象制约着数字文化资源的发展。(5)浙江省现有的数字文化资源的形式单调,文字图片比例太高,图书馆外的其他部门数字化相对滞后。

而从台州全部 9 家公共图书馆的走访来看,基本同上述类似,从下图中可以看出,数字文化资源的三大核心内容,调查结果显示比例基本接近,抽样与整体调研基本统一。同时,台州地区(温岭、黄岩、路桥)在数字资源的使用推广上另具特色,采用全区域开放使用数据库,被调查的图书馆都有以下两点共识:(1)应该成立数字文化资源采购咨询委员会加强对采购的指导;(2)建议用电子阅读卡的方法来加强对免费共享资源(如浙江网络图书馆)的宣传与推广。

一个是全省综合性的调查,另一个是地区核心服务的调研。这也符合数字资源的推广共同标准和最佳范例中发挥关键性作用[①]的要求。

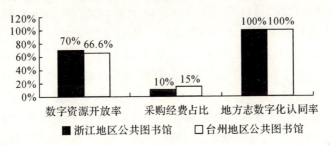

图3

___

① 国际图联数字图书馆宣言,第三章:使命与目标,摘自《中国图书馆学报》2010 年第 3 期 75－76 页。英文原文见:IFLA Manifesto for Digital Libraries.〔2010－04－27〕。

（二）对北京市公共博物馆等的调研

北京拥有 150 多所各种类型的博物馆,具有丰富的文博资源。如已经开通的"北京数字博物馆平台"将北京地区 140 多个实体博物馆和 20 多个虚拟博物馆推荐给公众。至今,该数字博物馆总点击数已超 5524 万。在技术应用方面,北京地区博物馆的数字化采用了世界上先进的多种高技术手段;等比例幻影成像和多幕成像技术。触摸屏电脑、等离子屏则成了众多博物馆展览厅当中最寻常的一部分。而且数字博物馆还通过三维建模、虚拟现实等技术将一些珍贵典藏进行数字化采集,利用影音、特效视频等增加与观众的互动。

通过调研,总的感觉是博物馆由于总量不多,免费开放后在单个馆的经费上加大了投入,广泛采用了最新技术,吸引大量的公众来参观体验。而文化馆就相对显得落后,同样区县级非遗的展示,尽管两者都对有关非遗的手稿、录音、影像、图片等的资料进行了数字化的处理,博物馆大多会利用多媒体虚拟场景建模技术、虚拟场景协调展示技术等手段,对物品进行最真实的复原,并会设置较多的互动环节;而文化馆大多采用传统的方法。

（三）结果分析

通过对以上调研结果的分析,可以得出几点:

1. 数字文化资源建设的不平衡,成为统一政策制定的巨大障碍

即使同为我国东部发达地区,各地的发展也是差别很大,北京地区博物馆对数字化技术的应用在政府的大力支持下已经与国际同步,但是浙江大部分县级博物馆基本上没有大的计划与实践;同一省份,各个地区、县之间也是差别很大,有的已经将数字文化资源列为文献服务的重要内容;有的县级图书馆连网站也没建成,停留在起步阶段。同一部门内也是差距较大,公共图书馆在数字文化资源的建设上发展很快,但是文化馆、博物馆等部门的建设步子不大。从总体上说,尽管数字文化资源的建设具有后发优势,但"我国还处于数字文化资源建设的初级状态"[①],要想实现整体的提升,需要很大的财力、人力、物力投入。在具体的政策制订中必须首先明确民众的基本权益,用基本服务杠杆的不断提升来实现整体目标。

2. 评估考核体系的不完善,数字文化资源的建设缺乏原动力

图书馆的共享工程考核侧重于设施层面(这在建设初期很有必要),文化馆对网站的要求重建轻用,省级博物馆以下基本上没有这方面的考核,现在各地特别是基层,对数字文化资源的建设基本上处于自发状态。因此,要想全面推进,必须在制度上加以保障,特别是建立完善基本的评估考核项目,从根本上推动数字文化资源的生产与服务。

---

① 巫志南(上海社会科学院研究员),"数字文化资源的生产与服务"课题修改意见(2011 年)。

3. 生产与服务标准的不统一，将会造成有限的社会资源浪费

相对于传统的文化资源，数字文化资源是个新生事物，十多年来全社会对此进行了很多有益的探索，已经基本形成了一个数字化生产标准，从目前来说，亟须从顶层设计开始，在各系统、各部门之间执行统一的标准，实行资源的共建共享，避免出现社会资源的浪费。国图的《数字图书馆服务指南》仅从宏观上解决了服务的导向，各省要形成统一具体的服务标准与服务品牌，按照统一的服务模式来进行，解决基层的技术和人才瓶颈。

调研的目的就是为了体系的构建，从一些重点个案的调研中，也发现上面三个问题是目前制约数字文化资源生产与服务的主要因素。因此，本文重点就是围绕着这三大问题来讨论，从责任主体、生产原则、服务方式、保障机制四方面来构建数字文化资源建设体系。

三、数字文化资源建设体系初构

(一)建设主体

1. 责任主体

从公益性的文化资源提供者来说，主要是各级文化部门，经过十几年的摸索和实践，各级文化主管部门及下属单位，在数字文化资源的生产及服务方面积累了大量的经验和成果。在国家层面，文化部"文化信息资源共享工程"，数字图书馆推广计划，都由文化部主导，国家图书馆具体运作，但目前基层文化部门大多处于自发状态，缺少长远规划和有效的考核约束机制，随意性大，发展缺乏后劲。

构建整个体系，应该明确各级政府的文化主管部门是数字文化资源建设的主要责任单位，数字图书馆是具体建设平台。责任单位对本系统的文献数字化，地域内的数字文化资源使用便利度、开放度，数字图书馆平台的资源整合度和利用率负有目标责任，并积极推动区域内数字博物馆、数字文化馆、网络剧场等的建设。

2. 硬件设施

数字文化资源的服务离不开硬件的建设，推广数字文化资源最基本的硬件是电脑和网络，调研中发现，经过前期共享工程的建设，地市级以上的图书馆大多建有比较完备的硬件设施，但仍有部分的县级(含)以下图书馆，特别是乡镇的公益性的电子阅览室建成率很低，空白点较多。在县域以下未成年人的上网调查中发现，一方面社会上网吧不能接纳未成年人，而家里的电脑由于家长缺乏有效的监管，要不就放纵孩子自由上网，要不就不让孩子上网。在已建的乡镇图书馆分馆，最受孩子们欢迎的是免费开放的那些电脑，孩子经常在排队等候。但是这一级却是当前政府最大的服务空白，许多地方连图书馆都没有，更遑论电子阅览室。"任何长远战略都必须致力于弥合数字鸿沟，加强教育、读写能力和文化发展，以及最重要

的——提取信息获取渠道"①。从服务边界来说,这应该是边界内的事情。文化部门对此有明确的规定,要求乡镇全部建成电子阅览室,但是没有具体的考核约束机制,在此问题上显得力不从心。

在体系构建具体要求中,应该明确电子阅览室建设是乡镇图书(分)馆的核心内容之一,也是当地政府重要的民生考核指标,结合乡镇图书分馆建设,五年内全部建成中心镇电子阅览室,逐步覆盖全部乡镇。内容上接受上级的资源辐射,建立全区域统一的网络过滤和监管软件,增加开发适合未成年人的益智、互动平台。

3. 社会参与

文化资源的公益性也体现在数字文化资源上,由于目前各地的发展很不平衡,除了政府的投入之外,还需要社会力量的大力参与,可以以冠名、赞助、合作共建的形式,从数字化、推广服务各个环节接受社会力量的参与。由于目前对文化(包括数字文化资源)的捐赠不能在税前列支,影响了部分企业的捐资积极性。

从体系构建角度来看,应积极提倡社会力量参与建设数字文化资源。在具体操作时,既可接受资金的捐助,也可以接受资源的赠送,从立法层面规定社会文化事业接受的捐赠享受红十字会同样的待遇,在企业所得税税前列支。

(二)生产原则

确定生产边界是制定统一生产原则的一个基本前提,数字文化资源的生产可分为商品化生产与公益性生产。在数量上,商品化生产已经占有很大的比例,按照我国台湾地区的做法,就是先商品化生产的原则,市场能解决的政府不再投入资源,政府只生产市场不愿生产却又有生产价值的部分。一些优秀的文化资源具有传承的价值,但未必有数字化商品生产的价值,有时先进性并不能在市场销量上得到反应。

目前各类文献的数字化已成为一个蒸蒸日上的行业,从西方发达国家来看,已成为第三产业的重要组成部分。我国尽管起步较晚,但发展迅速,提升空间很大。在现代社会,市场的归市场,政府的归政府,市场能自身运作的就由市场来解决,政府没能力也没必要去包揽一切市场的运作。那么如何确定本地区本部门生产的具体内容呢?

从调研结果来看,古籍、善本以及一些珍贵地方文献的数字化已经成为大家的共识,在进行充分市场调研的前提下(着重了解目前有无数字化版本),尽快制定全区域的数字化计划,以数字图书馆为平台,整合全社会的文献资源。这些必须是政府要承担的责任。

制定博物馆馆藏文物的数字化计划,启动数字博物馆在基层的实施工程。由

---

① 国际图联数字图书馆宣言,第五章:本宣言的实施,摘自《中国图书馆学报》2010 年第 3 期 75—76 页。英文原文见:IFLA Manifesto for Digital Libraries (2010—04—27)。

于基层数字化人才的缺乏,目前这项工作基本上处于空白状态。同样对文化馆(包括非物质文化遗产)来说,一些珍贵艺术档案、传承人资料等数字化必须从历史责任的角度去认识并加以推进,现代社会的快速发展也加速了许多传统文化被割裂成文明碎片的进程。

从体系构建要求来看,设立先市场后政府的数字化原则。在进行数字化项目前,应先进行市场调研,了解现有各部门的数字资源,避免政府的数字化边界模糊造成的重复建设,力戒在能够市场化运作的项目上投入大量的政府资源,将有限的政府资源发挥更大的社会效益。

(三)服务方式

1. 共建共享

数字文化资源的开放性使它的共建共享成为可能,这也是文化资源的公益性在网络时代的体现。浙江各地(浙江的网络图书馆,嘉兴地区的联合采购,丽水科技、教育、文化部门间的资源共建,杭州的图书馆与传媒企业合作)的具体实践,为全国东部地区提供了很好的可复制的案例。"符合共建共享原则,开展跨地域、跨系统的数字资源合作建设,建立优势互补、联合共享的数字资源保障体系"[①]。目前困境是,联合采购还没有形成普遍性,不同部门的资源采购各自为政,资源分布不平衡,制约着数字文化资源发挥更大的作用。

设计服务体系时,可以制定资源的联合采购制度,举行资源联合采购联席会议。制定跨部门联合采购指导方案,统一申报联合采购专项经费。可以借鉴浙江高校数字资源联合采购制度,统一采购价格,便于降低采购成本,对参加统一采购单位予以 30％的财政补贴。

2. 品牌建设

在一定区域、系统内形成一个统一的公益服务品牌,以规范化、标准化提升整体服务质量。目前全国范围内数字文化资源服务中存在一大问题是没有统一的认知,统一的标识(logo),缺乏统一的宣传,随意性大,没有形成合力。特别是基层的服务人才、技术、资源、资金极度缺乏,加上现有的政策既没有对先进的鼓励,也没有其他地区的约束,总体处于自发状态,不利于事业的发展。从已经实行的共享工程、浙江网络图书馆实践来看,效果不错。因此,在具体的核心服务上(内容层面)亟须统一标准和标识。

根据体系建设的要求,必须整合文化部门资源,链接网络免费公益资源,开放当地资源传送后台,以图书馆、博物馆、文化馆、非物质文化遗产为单位,统一标准,建立统一的网站,在统一的标识下开展宣传服务,对每年的服务成果开展考核、评

---

① 摘自《数字图书馆资源建设指南》第八条,全国数字图书馆建设与服务联席会议,2010 年 3 月,第 3 页。

估、奖惩，加大对基层的资源、资金扶持力度。

3. 边际效应

数字文化资源具有极大的边际效应，在保证硬件的前提下可以说是无穷大，这有利于提升全社会的数字环境。调研中发现，台州地区（温岭、黄岩、路桥）对采购的商业数字库进行全区域开放，收到了很好的社会效益，其直接的经济效益也非常显著。丽水科技情报所主导的数字图书馆、鄞州区的大学园区图书馆均采用这种模式，成效显著。目前的瓶颈在于，一些电信运营商不能及时提供区域内的全部 ip 地址，造成资源不能被有效利用。

构建公共文化服务体系，以及有关公益性设施建设所需资源的法律规定，要求各部门密切配合，应该明确规定几大电信运营商有义务及时提供区域范围内的 ip 地址，重视对数字文化资源的使用推广，充分发挥数字文化资源的边际效应。

(四)保障机制

保障机制也是长效机制，可以分经费保障和立法保障。

1. 经费保障

东部地区数字文化资源建设的不平衡主要体现在内容建设上，从各地的反馈来看，存在的关键问题是没有固定的经费投入。

构建数字文化资源服务体系，必须增设固定的"数字文化资源建设专项经费"。根据先发地区的经验来看，可以按照每个区域内图书馆的购书经费的 1/3 增设，用于专项采购、数字化、推广、人员培训等。

根据事权、财权统一原则，必须建立一个完善的、可持续的经费使用评估体系，也是数字文化资源服务的导向和原动力。针对目前的考核评估体系（文化馆、图书馆、博物馆的评估定级，共享工程对基层的考核）都没有将具体的数字文化资源服务成果量化，也就造成了目前专项资金缺位、采购随意性大、资源点击率不高、使用推广积极心不高的现象。对于具体的评估内容可以加入网站点击量、数字文化资源下载量、参考咨询（内容）次数。根据温岭的实践，可以借用商业的成本计算公式结合实际提出评估系数公式：

数据库评估系数＝（下载量×商业流量计费—采购成本）/采购成本

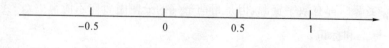

图 4

当评估系数为负数时，为推广使用期；0 至 0.5 为推广初期；0.5 至 1 时为使用成熟期，而 1 以上开始进入边际效应显现期。根据该公式，温岭的数据库评估系数都在 1 以上，有的达到 3 点几，这一方面有赖于长期的推广，另一方面也是全区域使用的结果。

电子书的评估应该按照纸质书成本三分之一,再根据借阅次数,跟纸质书的借阅次数开展 1∶1 计算,大于 1 时就是使用成熟期。

再根据具体下载(借阅)质量考核间接社会效益,服务成果完全可以量化。

2. 法律保障

从数字文化资源来看,主要是推动数字文化资源的网络传播权保护和数字文化资源的呈缴本制度立法。

信息网络传播权保护制度。信息网络传播权问题随着互联网发展越发显得重要,数字文化资源的信息网络传播权保护问题同样影响着数字化进程,尽管数字化母体的内容上很少有著作权问题(古籍等纸质文献大都已过保护期限),但是扫描、加工过程中包含了很多人力、财力的投入,其拥有的独家网络传播权是毫无争议的。从一些大型图书馆的调研来看,目前主要存在着两方面的侵权现象:一是被恶意下载,并当成商品获利;二是被无偿下载当成本部门资源。前一种是将公共资源作为获利渠道,第二种也是一种不当行为,严重影响各部门的数字化积极性。但是目前对实体文献版权、商业部门数字化产品的保护都有法可依,对公共部门的数字资源产品则缺乏明确的保护措施和相应的处罚力度。我国台湾地区"国家图书馆"规定古籍数字化后如需引用,要注明馆藏出处。在这方面必须加强保护意识和制度设计,保证数字文化资源的健康发展。

构建一个长效的数字文化资源服务体系,可以参照著作权、网络传播权有关的法律,立法保护公益性的数字文化资源的网络传播权,特别是保护数字化版权的公益性,不被个别单位和个人所独占,以保护数字化单位的劳动成果。从实际来看,只要明确对数字文化资源的版权保护,大量社会资源的整合将极大地丰富公共数字资源,让现代文明成果充分为广大民众所享。

数字文化资源的呈缴本制度。"呈缴本制度,是指一个国家或地区为完整地收集和保存全部出版物,用法律或法令形式规定所有出版机构或负有出版责任的单位,凡出版一种出版物,必须向指定的图书馆或出版主管机关免费缴送一定数量的样本。此样本叫呈缴本、样本或缴送本。"①本文中的呈缴本制度,主要是指数字文化资源的缴送制度。数字文化资源的开放性特点决定了它共建共享的功能。调研时发现,许多部门都有数字资源,但是目前部门的分割造成它不能很好地被整合和利用,很多资源缺乏长期的保管而丢失。数字文化资源的征集存在随意性。数字资源的无偿采集应当是数字文化资源的一个重要来源。可以说,数字文化资源的"呈缴本制度"比纸质文献显得更加迫切,但是目前缺乏这方面明确的立法和规定。

体系构建要求,应当像纸质文献的呈缴本一样,当地的优质文化资源的数字制品应当免费呈缴给数字图书馆,并推动数字文化资源呈缴本制度的立法。

---

① 李佳佳、纪晓萍,我国出版物呈缴本制度的体系构建,《图书馆论坛》,2007 年 04 期。

四、结　语

数字文化资源作为新生事物,国家需要在宏观层面加以规划与规范,把它同文化信息资源共享工程、数字图书馆推广计划、电子阅览室免费开放等结合起来,从而让更多的优秀文化资源数字化,让尽可能多的文化瑰宝的生命得以延续,为广大民众所共享。各级文化部门应该积极承担起时代赋予的重任,不断创新积极探索。

对于数字文化资源要注重宣传与推广,持之以恒的宣传与推广要形成一种制度和机制,使之成为提高全民文化素质、缩小城乡数字文化鸿沟的一个有力载体,并发挥积极的作用。

数字文化资源建设是一个极具挑战性的课题,它与时俱进,不断更新。数字文化资源的生产与服务的实践,随着科技的发展和广大人民群众的需求而不断深化。我们希望,这篇调研报告能起到抛砖引玉的作用,能为政府、文化部门和有关文化单位提供一些有益的借鉴。

［参 考 文 献］

［1］国际图联管理委员会.国际图联数字图书馆宣言［Z］.2007－12

［2］全国数字图书馆建设与服务联席会议.数字图书馆资源建设指南［Z］.2010－5.

［3］文化部.2008年全国文化信息资源共享工程县级支中心考核评分说明［Z］.2008－11－4.

［4］文化部,财务部.文化部财务部关于推进全国美术馆公共图书馆文化馆(站)免费开放工作的意见［Z］.2011－1－27.

［5］文化部.数字图书馆推广工程建设方案［Z］.2011－9－28.

［6］浙江省文化厅.浙江省文化厅关于印发加强公共电子阅览室建设实施意见的通知［Z］.2011－3－9.

［7］董焱,刘兹恒.图书馆馆藏文献数字化—虚拟图书馆信息资源建设的重要内容［J］.图书情报工作,2000(7).

［8］李佳佳,纪晓萍.我国出版物呈缴本制度的体系构建［J］.图书馆论坛,2007(4).

［9］毛旭.信息网络传播权与发行权之比较［J］.图书馆,2006(5).

［10］毛旭.信息传播权在图书馆的穷竭［J］.图书馆杂志,2006(7).

［11］孟中元.对数字化博物馆的认识与思考［J］.中国博物馆,2000(2).

［12］王军杰.数字化博物馆资源共享与知识产权保护［J］.中国信息界,2006(20).

浙江省公共文化服务共建共享机制研究

梁立新*

[摘 要]近年来,浙江省公共文化服务体系的建设取得较大的成就,但供给主体过于单一、机制不活、结构不甚合理及效率低下仍是当前的突出问题。因此,需要改革传统的公共文化服务管理方式和供给模式,大力扶持和发展社会力量参与公共文化服务体系的建设,通过需求表达机制、投入机制、供给机制、动力机制、约束机制以及保障机制等的设计,构建公共文化服务共建共享模式,推进公共文化服务的市场化、社会化,提高公共文化服务的水平和质量。

[关键词]公共文化服务;共建共享;机制

浙江省作为经济社会发展较快的省份一直高度重视公共文化建设,把实现和保障公民基本文化权益、满足广大人民群众基本文化需求作为社会建设的目标之一。当前,浙江省公共文化服务体系的建设取得较大的进步,不仅有了较为健全的公共文化基础设施,而且人民群众的文化生活内容也日益丰富。需要承认的是,在高度集中的文化事权和传承行政化管理方式的作用下,浙江省公共文化服务还存在供给主体单一、机制不活、结构不甚合理及效率低下的问题。由此,有必要改革传统的公共文化服务管理方式和供给模式,大力扶持和发展社会力量参与公共文化服务体系的建设,推进公共文化服务的市场化、社会化。

一、公共文化服务共建共享模式建构的必要性

近年来,浙江省十分注重公共文化服务体系建设,制订出台了系列扶持公共文化建设的政策文件。2000 年制订并颁布了《浙江省建设文化大省纲要》,2003 年浙江被中央确定为文化体制改革综合试点省,2005 年省委十一届八次全会作出《关于加快建设文化大省的决定》,2008 年省委制订出台《浙江省推动文化大发展大繁荣纲要(2008—2012)》,2010 年省委十二届七次全会审议通过了《中共浙江省委关于推进生态文明建设的决定》,强调推进生态文化的物质载体和活动载体建设。当前,浙江省基本已建成四级公共文化设施网络,极大地丰富了人民群众的文化生活

---

* 梁立新,男,丽水学院,讲师,博士,研究方向:组织社会学。

水平。但是,尽管如此,公共文化服务还仍不尽如人意,与人民群众的文化需求之间仍存在较大差距。主要表现在以下几个方面:

(一)公共文化服务水平整体提升下的有效供给不足

公共文化服务供给与需求之间的失衡现象是公共文化有效供给不足的重要表现。作为满足精神需求的文化产品应具有丰富多样、适合不同年龄和不同层次群众不同需要的特色。然而现实的景象是,公共文化产品特别是农村地区的图书、报刊、体育活动场所及其器械等都由上级规定,统一采购和配置。由于产品供给的单调,不能满足农民群众的需求,导致各级政府尽管增加了对公共文化产品的投入,而人民迫切需要的文化产品却得不到提供。结果是,公共文化设施的利用率不高,农家书屋的书基本没人借阅,政府送的电影无人观看,体育活动室的设施也基本处于一种摆设的状况。

(二)公共文化资源空间配置的"结构性失衡"

"十一五"期间,浙江省按照统筹城乡发展、区域发展的要求,先后推进了广播电视村村通、文化信息资源共享、农村电影放映、新农村书屋、文化扶贫等一系列文化惠民工程。城乡公共文化建设获得了迅速发展,但是还远未达到公共文化"均等性"目标。首先表现在公共文化基础设施的不均等上。与城市公共文化设施相比,农村公共文化设施明显较少、覆盖率也明显偏低。其次,公共文化服务的供给表现出了地区间发展不平衡的特征。在经济发展水平较好的杭州、宁波等部分地区,公共文化服务体系建设投入较大、公共文化发展也较为活跃,而在经济发展水平较差的丽水、衢州等地,文化建设投入较少,公共文化的发展则普遍较为滞后。全省各市 2009 年图书馆新书购置的费用,最高的杭州市是最低的丽水市的 19 倍。

(三)公共文化供给模式单一,社会化主体参与缺位

在传统计划经济体制的影响下,我国的公共文化产品和服务往往都是由政府垄断。这导致公共文化资源无法均等配置,有限资源的利用率也较低。随着我国市场经济体制的不断完善,许多地方尝试进行公共文化产品供给方式多样化的探索,如宁波市鄞州区 2009 年 3 月实施"天天演"文化惠民工程文化部门通过向专业的文化中介公司——和盛公司——集中采购,走公共文化外包的新路子,为全区群众提供演艺服务。但总体而言,当前资金投入、文化产品生产主要仍依靠政府,社会化、市场化还不够全面和深入。

二、公共文化服务共建共享模式建构的可行性

公共文化服务共建共享模式是建立在一定的经济社会发展基础之上的,它不仅需要坚实的物质支撑和文化平台建设,而且还需要多元化的社会参与主体。长期以来,浙江省依托优越的经济发展条件,在公共文化建设的重点工作、关键环节

上取得系列实质性的进展,为公共文化服务共建共享实现提供了切实的可行性。

(一)浙江省经济发展水平提供坚实的物质基础

改革开放以来,浙江经济一直保持较快的发展速度。自 1994 年以来,浙江 GDP 总量一直位居全国第 4 位。以 2010 年为例,全省生产总值为 27227 亿元,比上年增长 11.8%。其中第一产业增加值 1361 亿元,第二产业增加值 14121 亿元,第三产业增加值 11745 亿元,分别增长 3.2%、12.3% 和 12.1%。人均 GDP 为 52059 元,增长 10.1%。全年财政一般预算总收入 4895 亿元,比上年增长 18.8%,地方一般预算收入 2608 亿元,增长 21.7%,增速分别比上年提高 8.3 和 10.9 个百分点。[①]

在经济保持平稳较快增长的基础上,居民收入也取得较快增长。2010 年,浙江城镇居民人均可支配收入 27359 元,比上年增长 11.2%,扣除价格因素,实际增长 7.0%;比 2005 年增长 67.9%,年均增幅 10.9%,扣除价格上涨因素,实际年均增长 8.2%。2001 年至 2010 年,浙江城镇居民人均可支配收入已经连续 10 年列上海、北京后,居全国 31 个省(市、区)第 3 位,省区第 1 位。[②]

(二)浙江省公共文化服务体系建设的成就提供了良好的平台

浙江省公共文化服务体系建设近年来取得的成就为公共文化服务共建共享模式的构建提供了良好的平台。据浙江省统计局发布的《2010 年浙江省国民经济和社会发展统计公报》显示,至 2010 年末共有艺术表演团体 72 个,群艺(文化)馆、文化站 1611 个,公共图书馆 97 个,博物馆 90 个。省市级广播电台、电视台各 12 座,县级广播电视台 66 家。广播、电视综合覆盖率分别达到 99.17% 和 99.35%。全省所有乡镇和 99.3% 以上的行政村实现了有线电视联网,农村有线电视入户数 810 万余户。有 27 部影片取得公映许可证,电视剧颁发发行许可证 34 部 1185 集,动画片颁发发行许可证 2105 集 22410 分钟。全年城市影院共放映电影 69.35 万场,观众 2020.8 万人次,票房收入 7.15 亿元,比上年增长 69.53%。共完成 27.2 万场农村电影放映任务。

2010 年全省 14 家图书出版社,共出版图书 9509 种,总印数 3.03 亿册;公开发行的报纸有 70 种,年发行量 32.08 亿份,平均每千人每天拥有 166 份报纸;出版期刊 219 种,年发行量 0.77 亿册。全省共有综合档案馆 98 个,已开放各类档案 10832 个全宗,共计 221.8 万卷,159 万件。[③]

(三)社会组织的活跃为公共文化服务提供多元参与主体

随着经济发展水平的不断提高以及公共服务社会化改革的推动,浙江省民营

---

① 2010 年浙江省国民经济和社会发展统计公报[N]浙江日报,2011—02—23.
② "十一五"时期浙江城乡居民生活显著改善[EB/OL]浙江统计信息网,2011—02—24.
③ 2010 年浙江省国民经济和社会发展统计公报[N]浙江日报,2011—02—23.

企业和各类社会组织发展的速度在全国处于领先水平。截止 2007 年底，全省经县以上民间组织管理部门核准登记注册的各类社会组织共 24345 个，社会组织总数在全国各省市中居第三位，每万人拥有社会组织数量居全国第二位。其中，经各级民政部门核准登记的全省社会团体有 12915 个，民办非企业单位共有 11290 个，基金会共有 140 个。此外，还有未登记但以备案形式纳入管理轨道的基层民间组织未包括在上述数据内，如民办幼儿园、农村专业经济协会等。2007 年浙江全省未登记但已备案的民间社会组织约有 8258 个。加上核准登记的 24345 个，全省民间社会组织大约有 32603 个。[①]

三、公共文化服务共建共享机制的设计

由上所述可以看出，虽然浙江省公共文化服务建设取得了长足的发展，但依然存在着有效供给不足、资源空间配置"结构性失衡"、供给模式单一、社会化主体参与缺位等问题。结合浙江省经济发展条件，在公共文化建设的重点工作、关键环节上取得系列实质性进展，同时借鉴国内外相关成功经验，构建公共文化服务共建共享模式需求表达机制、投入机制、供给机制、动力机制、约束机制以及保障机制等，提高公共文化服务的水平和质量。

(一)需求表达机制设计

要实现公共产品的最优供给，就必须充分考虑产品消费者对公共产品的需求状况，离开对公共产品需求的考察，就无法确定公共产品的供求均衡点。因此，为了解决公共文化供给不足和供给过剩并存的现象，实现公共文化服务的有效供给，需要为消费者(大众)设计科学合理的诉求表达机制。

1. 民众诉求表达能力提升机制

公民公共文化服务需求表达的能力是影响公共文化服务有效供给的决定性因素。目前，我国公众总体需求表达能力不足，与现实需求还存在较大差距，因此，有必要构建民众诉求表达能力提升机制。

首先要加强宣传，构建参与型政治文化体系，培育民众表达诉求的意识。公众对公共文化服务需求表达能力受到自身思想观念的影响，起到或促进或阻碍的作用。所以，要想达到提高公众公共服务能力的目的，必须从改变观念意识抓起。

其次，完善公众公共文化服务需求表达的配套制度建设。要想真正达到提高广大公众表达能力的目的，仅从公众自身改进是不够的。在对公众自身完善的同时，还必须加强相关配套制度的建设与完善，只有两者的有机结合，才能取得理想

---

① 吴锦良.政府主导·社会参与·多方协作——改革开放以来浙江民间社会组织参与社会建设的经验及启示[J]中共宁波市委党校学报,2008(6).

的效果。例如,政府可以通过推动电子政务发展,完善政府公共信息发布平台的建设,将公共文化服务过程主动向社会和公众开放,并且借助必要的工具和手段让公众更轻松更便捷地获得信息,从而减少公众个人参与所需花费的成本,减轻公众参与的消极影响因素。

最后,构建公众参与的反馈评价机制。公众自身对参与结果评价指标之一是公众意见是否被政府采纳,如果政府部门将民众的意愿表达当做一种形式束之高阁,必然会挫伤公众的表达热情。因此,政府应该逐步建立有效的反馈评价机制,这样既能督促政府部门关注公众的意愿表达,又能加强公民对政府的理解,从而形成良好的双向沟通、共治的局面。在循环反复的交流过程中,公众参与经验不断增多,能力自然也就得到提升。

2. 畅通诉求渠道机制

需求表达渠道缺失和不畅是公共文化服务结构性失衡的症结之一,因此公共文化生产和供给主体应该创造条件、构建渠道使每一个人都有机会平等地接近公共文化决策。一般来说,根据表达或信息搜集的目的,需求表达或信息沟通通常分为两类:一是仅以获取信息为目的的公民表达技术;二是以获取公民对政策的认可和接受为目的,赋予公民一定影响权力的表达方式。

借鉴国内外的成功做法,以获取信息为目的的公民表达可以选择关键公众、公民信访、投诉接触渠道、公民调查、网络交流平台、电话互动平台等有效途径。而以获取公民对政策的认可和接受为目的信息收集,根据具体情况,可以通过公民会议、公民听证会、咨询委员会、协商调解等渠道。

(二)共建共享模式投入机制设计

公共文化服务体系的建设需要多种因素的共同作用,特别是巨大的资金投入、合理的投入结构、理想的投入绩效以及政策环境的强力支持。有效的投入机制的建立是公共文化服务体系建设的必要保证。而实际情况是,文化投入偏低,文化经费基数较小,资金总量仍然偏少,投入主体单一,结构不合理,供需矛盾十分突出。在公共文化服务中,我们可以通过以下几种机制的设计和改进,提高投入效率。

1. 政府公共文化服务投入总量增长机制

通常,公共文化服务的预算需要进入政府的年度财政总预算,与其他部门预算进行总量平衡。由于财政预算总量平衡时会受多重因素影响,因此通常难以保证预算的稳定增长。要避免这种现象,需要结合经济社会发展水平,如 GDP、年度预算总额、人口总量及结构等,确定公共文化服务预算总额,保持预算的稳定增长。关于预算总额的确定,按照国际经验,社会公共服务的年预算支出比例应不少于地区 GDP 总值的 1.5%,社会公共服务预算的增长幅度最低限度应高于当年财政收入增长幅度的比例不少于 5%。

增长机制的内容包括两个方面:一方面,按照服务人口、经济水平等因素确定预算总额。以上一年度地区 GDP 乘以一定百分比为预算总额,百分比的大小由专业研究机构进行研究论证,使得预算的增长既能符合公共文化发展需要,同时又符合地区经济发展水平。或者构建预算总量增长模型,将人口因素、地区经济水平、技术发展等因素纳入模型结构,确定公共文化服务年度预算。另一方面,建立预算增长政策体系。将公共文化服务的预算总量增长列入有关政策法规,如公共文化服务体系建设规划、政策等,形成政府文件,使得预算的增长有法可依,避免其他因素对公共文化服务总量的干扰。

2. 公共文化服务投入主体社会化机制

一个良好的资金保障体系是公共文化服务的血脉,然而我国政府财政对公共文化只能进行有限度的投入。不仅如此,随着经济和社会发展,公共文化服务领域的不断扩大给政府财政带来很大压力,由此整合社会资源实现投入社会化,鼓励企业、非营利性组织、个人等积极参与,将政府财政、企业投资与社会捐助等相结合,是有效弥补政府财力不足的路径选择之一。

在实践中,有以下两种社会化投入模式可供选择。其一是文化赞助模式。在这种模式下,非文化类企业在自己的业务范围外,用冠名、赞助、举办活动等各种方式,倾注着对文化的关注,也试图让自己的企业文化拥有更多的文化气息。通常,文化赞助往往是企业或个人对文化机构、项目提供的各种形式的商业性交易。其二是文化捐赠模式。文化捐赠,是指在政府财政支持之外的其他社会机构或个人,以捐款、捐物和捐劳(即义工、志愿者)等形式,支持和帮助公共文化事业发展的行为。这是解决公共文化服务资金短缺的又一种可行途径,在这种模式下,捐赠者的动机并非出于利益回报,具有较强的利他性。长期以来,公共文化事业不断受惠于社会捐助,但是由于体制机制建设的不健全,文化捐赠存在发展水平低、捐赠方式单一、慈善捐赠组织缺乏公开透明乃至公信力低下、慈善意识淡漠等问题。因此,我们需要通过募捐筹资机制、组织管理机制以及监督透明机制的设计,发挥文化捐赠在公共文化服务体系建设中的作用。

(三)共建共享模式运营机制设计

实践证明,运营体制落后,供给渠道单一化,供给方式僵化等是当前公共文化设施闲置、供给效率不高的症结所在。因此,要提高公共文化服务质量,满足人民日益增长的文化需求,需要解决运营和管理的问题,鼓励企业、非盈利组织、个人等社会化主体参与公共文化的运营和管理,扩大公共服务的总供给量。我们可以选择以下几种模式:

1. 公益性文化事业单位运营模式

公益性文化事业单位是我国社会主义文化建设的重要力量,长期以来,为促进我国文化事业的发展、满足人民群众基本文化需求做出了重要的贡献。但是,在新阶段新时期,公益性文化事业单位要扮演公共文化产品和服务供给的主体角色,仍需要深化内部机制改革,优化管理制度,创新服务方式。

公益性文化事业单位运营模式可以由以下环节构成:政府根据各文化单位的职能,通过指定或政府采购的方式挑选运营机构,并签订服务协议,明确权力责任,制定服务标准,优化人事和薪酬制度,建立绩效考评和激励机制,设立政府部门、第三方专业评估机构和社会共同参与的监督评价体制等,并据此作为是否适合运营公共文化设施的依据以及文化事业单位负责人晋升依据。

2. 营利组织运营模式

公共文化生产和供给中的权力寻租、公共部门垄断,导致有限的公共文化设施利用效率不高,部分设施和场地闲置浪费,是当前公共文化服务效率低下的重要原因之一。由此,创新机制,探索公共文化服务的市场化道路,发挥市场机制配置资源的优势寻求营利组织的合作不失为一条可行路径。

按照营利组织在公共文化服务体系不同环节发挥的作用以及和政府合作的方式,营利组织运营模式可以采用三种形式:其一是委托生产,即政府和文化主管部门委托有资质、信誉高的营利组织生产一定的公共文化产品,然后由政府统一进行供给;其二是合同外包,营利部门与政府签订供给合同,提供公共文化服务,而政府则以纳税人的税收购买承包商提供的公共文化服务并依据合同对其进行监管;其三是特许经营,政府文化主管部门通过出让一定期限的公共文化服务的经营权来吸引具有良好资质和信誉的营利组织参与公共文化服务基础设施的建设。

3. 非营利性机构运营模式

越来越多的实践证明,许多公共文化领域中的问题需要通过多部门的合作来解决。政府和非营利性组织的合作便是当前治理进程中的一种有效制度选择。

根据非营利性组织在公共文化运营中所发挥的功能,通常可以采用三种模式:协同增效、服务替代和拾遗补缺。协同增效模式就是政府和非营利组织要共同努力,付出各自的资源,承担相应的责任,以实现原来无论是非营利组织还是政府都无法单独完成的公共服务目标。所谓服务替代,是指某些公共文化服务原来是由政府来提供的,由于在这些服务领域,非营利部门具有提供服务的优势,为此政府将这些原本自己提供的服务转交给非营利组织来提供。在这类模式中,非营利组织扮演着公共服务提供的替代性角色。即原来这些公共文化服务是由政府来提供的,为了提高效率和效果,这些服务交由非营利性组织来提供。而拾遗补缺模式是非营利性组织在政府未能涉足的服务领域,开展公共服务,满足社会需求。

(四)共建共享模式约束机制设计

当前公共文化服务中的突出问题就是服务生产者和提供者自利目标和公益性目标之间的冲突,因此为了生产和提供高效优质的公共文化服务,就需要建立公正合理的约束机制,对公共文化服务生产者和提供者做出适时、公正的奖惩决定。

1. 信息公开机制

信息公开指公共文化服务生产者和提供者通过公众便于接受的方式和途径公开其运作过程，公开有利于公众实现其文化权利的信息资源，允许公众通过查询、阅览、复制、下载、摘录、收听、观看等形式，依法享用信息。公共文化服务的信息公开不仅是一种服务提供者和享有者之间沟通的方式，更是一种监督约束服务提供者的机制。

针对不同类型的公共文化服务项目，可以利用的信息公开方式有：一是听证会。在公共文化基础实施项目和涉及较多人数的公共政策出台时，听证会是公开信息的一种较好的方式。二是新闻发言人。公共文化服务提供的有关部门新闻发言人在一定时间内就某一重大公共文化事件或时局的问题，举行新闻发布会，或约见个别记者，发布有关新闻或阐述本部门的观点立场，代表有关部门回答记者的提问。三是电子平台。计算机及网络的普及使人们更快捷地获得所需知识信息，通过网络公开信息，可以使信息各个职能部门之间快速传递和回复，让公众在最短的时间内以最快的速度查阅最新的信息。

2. 绩效考核机制

绩效考核是对公共文化服务提供机构的职能实现状况和实现水平的评价，是对公共文化服务共建共享主体有效监督的一种方式。

公共文化服务的绩效考核可从以下几个方面进行考察：一是效率评估。绩效评价的最基本形式是看公共文化服务方案是否达到了预期目标。如果某项公共文化服务方案实现了预期目标，那么这项服务就是有效率的，如果这项服务实现了花费最小化，那就意味这项服务取得了低成本高效率的业绩。二是效益评估。效益和效率是不相同的两个概念，效益评估往往比效率评估有更丰富的内涵。效益评估考察点在于政府提供的文化服务是否产生了良好的社会效益，公众是否满意，是否通过文化服务获得发展。三是公平度评估。在公共服务的提供中公平是个非常重要的原则，公平意味着在文化服务中要为公众提供平等参与机会，要为不同群体的人提供多样选择的机会。程序公正关涉服务的过程，比如不能有歧视、要求实际结果平等。

3. 惩戒问责机制

就公共文化共建共享模式而言，公共文化服务的提供者、生产者和政府文化主管部门之间是委托和代理关系，政府应当加强对非政府部门的监管，构建对非政府部门的问责机制。

问责机制构建可以通过以下途径实现：一是有效实施绩效管理合约；二是强化财务责任制度，把所有的公共资源投入都包括在成本核算和报告制度之中，以便清楚地显示，在特定事务内到底有多少公共资源投入到某种公共文化服务的生产中；三是赋予文化消费者权力。使公众参与到公共文化服务提供的监督和评估过程中来。四是实施必要的惩处措施。例如,对不符合服务标准,所提供的公共文化服务数量、质量不达标的机构,按照合同规定进行惩罚;对直属事业单位提供公共服务的,应将直属机构主管领导和服务提供者的晋升、收入等与考核结果挂钩,对其形成制约。

[参考文献]

［1］安世绿.提升农村公共文化服务效率的制度设计[D].中国社会科学院研究生院,2010－04.

［2］陈威.公共文化服务体系研究[M].深圳:深圳报业集团出版社,2006.

［3］(美)迈克尔·麦金尼斯.多中心体制与地方公共经济[M].上海:上海三联书店,2000.

［4］吴锦良.政府主导·社会参与·多方协作——改革开放以来浙江民间社会组织参与社会建设的经验及启示[J].中共宁波市委党校学报,2008(6):40－49.

［5］(美)约翰·克莱顿·托马斯.公共决策中的公民参与:公共管理者的新技能与新策略[M].北京:中国人民大学出版社,2005.

［6］浙江省统计局.2010年浙江省国民经济和社会发展统计公报[N].浙江日报,2011－02－23.

［7］浙江省统计局."十一五"时期浙江城乡居民生活显著改善[EB/OL].浙江统计信息网,2011－02－24.

［8］周晓丽,毛寿龙.论我国公共文化服务及其模式选择[J].江苏社会科学,2008(1):90－95.

五

社会文化活动机制研究

社会文化活动组织和管理机制的
哲学性思考

黄建钢*

[摘　要] 本文从社会文化需求及其现实表现形式的角度思考社会文化活动组织和管理机制问题,认为社会文化活动是一个立体和综合的"存在"概念,其组织和管理态势关联社会管理的创新程度,它既需要"组织",也需要"管理",还需要借鉴大学校园文化建设的模式和机制,形成高校校园文化通过文化形式和理念有效影响和引导社会文化活动的路径。在此分析基础上,文章提出构建"社会文化活动"要从高校的校园文化开始,各级政府应当把高校校园的社会文化建设纳入职权范围,从社会的总体结构和运行系统的宏观视野重视高校校园的社会文化活动的良性化建设,充分发挥高校社会文化对整个社会运行和发展的引领作用,以此大力推进我国的社会建设、管理和创新工程。

[关键词] 社会文化活动;组织和管理机制;文化心理需求;高校校园文化

　　"社会文化活动"的"组织和管理"的"机制"问题是当前社会管理及其创新工作中急需认识、梳理、研究和对策的重要课题,它已在社会细胞处形成和迅速发展,并即将发生化学性反应,然而注意和研究这个问题的学者还不多。

　　当前,一个自下而上形成的社会文化活动浪潮已经形成,并初步呈现出一种席卷和裹挟社会人的态势。这要求我们不能把这个崭新的课题仅仅放在一个传统和固化的视角中进行审视,而应该把它放在一个崭新的社会建设和管理及其创新的角度和层面上重新审视、勾勒和研究,更应该把"社会文化活动"的研究放在一个社会文化及其需求在现实的体现和表现的形式的层面来思考和思想。

　　本文围绕社会文化活动的组织和管理机制如何从"实然"层面进入到"应然"层次,比较侧重于理念性和对策性的研究。在摸清社会对文化需求的大致情况的基础上,研究现实中如何对社会文化活动进行管理,解决面向未来的社会文化活动的组织和管理的机制问题,及机制所涉及的主体、体制、制度、程度和程序等一系列的问题。在社会文化活动浪潮刚刚兴起的背景下,本文既描述现实和现状的客观情

---

　　* 黄建钢,男,浙江海洋学院管理学院教授,浙江省行政管理重点学科带头人,北京大学法学博士,主要研究中国社会主义政治、教育管理和行政管理学。

况,更注重研究理念和对策及其建议,着力思考我们应该本着什么理念、建立什么机制来构建、应对和引导社会文化活动。

一、社会文化活动的组织和管理态势关联着社会管理创新

近年来,社会的建设和管理及其创新的形式和形势已经引起了中央和各级政府以及社会各界人士的高度且普遍的关注。对这个问题的研究和拿捏如何,不仅直接关系到执政党的执政能力及其效果,还关系到社会主义社会的运行和生命力及其发展。

(一)社会文化活动的组织和管理的基本态势

社会文化活动与基层广大人民群众的生产生活实际紧密相连,满足人民群众的文化需求,有助于提高人民群众的生活质量、保障基层群众的基本文化权益。能否加强社会文化活动的组织和管理,关系到能否促进社会的和谐稳定发展。可能引起和引发社会"不稳定"的主要因素有哪些呢? 社会稳定影响因素三阶段规律表明,第一阶段往往是"政治因素主导论",第二阶段一般是"经济因素主导论",第三阶段通常是"社会因素主导论"。中西方走过这三个阶段所用的时间有所不同:现代西方社会走过这三个阶段基本花了大约三百年的时间,每个阶段所用的时间大约都是一百年。中国社会的现代化进程已经刚刚走完前两个阶段也即政治阶段和经济阶段,而且每个阶段的时间也大大缩短了,前两个阶段的时间基本都在 30 年左右。以 2007 年党的十七大为标志,中国社会已经悄然进入了第三阶段,即一个注重社会建设和发展社会文化的时期。在这个时期,我国群众文化人口将有大幅度增长,群众文化需求趋于多元化,公共文化服务体系日益完善,社会力量办文化的趋势进一步增强,社会文化服务手段不断更新,等等。上述因素对于我国社会文化活动组织和管理工作提出了新挑战,要求我们不断加强社会文化活动组织和管理,有效巩固文化大发展大繁荣的群众基础,促进政治、经济和文化的协调发展。

(二)社会文化活动组织和管理态势关联社会管理创新

目前中国的社会问题明显增多,社会结构发生变化,阶层群体冲突增加,社会状态更加活跃,开放性和流动性问题增加,社会诉求不断提升,维权意识更加强烈,转型社会价值真空,社会失范引发风险。在这种背景下,加强社会文化建设至关重要。

1."社会文化"体现着社会状态

"社会文化"的形态一旦形成就具有了一种客观性。这种客观性无论在历史还是在现实中都具有很强的合理性。这种合理性要求人们只能对它们有所认识、顺应和利用,而不能对立和对抗甚至反抗。作为一个社会现象,"文化"不仅是人们需求的一种反映,而且具有浓厚和浓重的"教育"和"感化"的功能和作用,其目的是通

过一些喜闻乐见的文娱活动形式,使人们在不知不觉中受到教育从而得到感触、感情和感动,乃至感悟、感化、教化和转化。我们要高度重视其中"文化"的"化"的功能和作用甚至力量及力度。如果"文化"失去了"化"的功能和效能,就不能称其为"文化",只能作为一种"文娱"。"文娱"基本上都是自言自语、自说自画和自娱自乐的。

2. "社会文化"反映着现实机制

"社会文化"应该具有浓厚的"社会性","社会"自身具有一种天然的"自组性机制",这是一种靠自己、自然、自由、自动和自主等机制组成的一个系列机制。现在的"社会"概念已经不再是自然概念和状态,而是具有混合特性的概念和状态,是一个把"自然社会"和"人为社会"混合在一起并且始终和经常互动的一个"社会"概念和状态;其中已经失去了不少纯粹的客观性,而更多地具有了一些主观性,并且主要是具有了把主观和客观结合和统一在一起的一个综合复杂性。形象地说,这很有点像现在的大海,已经不是一个纯粹自然的大海,而已经是一个"自然的海"、"污染的水"和"人为的船"并存合力的"混合海"的结果。其中,"社会"自身就是一种"组织",虽然是松散的,却是悠久而客观的,更是至今还在变化和发展的一种组织。它不仅在自我运行,而且还与其他系统相交换,更有自主的自我更新。

社会管理是政府的基本职能,解决社会问题急需创新社会管理。社会文化活动的组织和管理是社会管理的重要内容,其基本态势必然关联着社会管理创新的程度和质量,对于提高社会管理成效意义重大。

二、社会文化活动是一个立体和综合的"存在"概念

随着人们生活水平的提高、意识观念的变化和社会的转型,社会文化活动的内容和形式都在发生变化,其影响的力度和程度在逐渐增加、广泛和深入。不仅显现的"广场文化"和"小公园文化"几乎遍及城市的大街小巷,而且很多隐性的社会文化活动几乎渗透到社会的每个角落、每个家庭和每个个体。应该看到,社会文化活动既是人类的存在环境,又有人类的存在方式,还是人类的排遣和宣泄的方式,更是人类和人物之间的沟通和交流的方式。这种把"主动体"与"被动体"结合在一起的载体蕴含着丰富的机制,既可以充分挖掘和利用,又可以构思和构建。

(一)社会文化是一个传承概念

"社会文化活动"既有现实娱乐性,又有文化传承性。但传承文化不是创新文化,而是创新文化的基础。任何社会文化活动形式都是社会文化延续的一种形式,创新也是传承的一种形式。自然的创新往往既没有"创新"形象,也不会给人形成一个"创新"感觉。只有当创新超过一定程度的时候,才能被人称为"创新"。社会文化活动在一个很长的时期里是以个体活动的方式或在一个"小圈子"范围里展开

而普及的，如写书、读书、戏曲、戏剧、诗歌、小说和舞蹈等表现形式，以此传承文化，成为保留人类早期文化的一种"活化石"。

（二）社会文化是一个创新概念

我们可以把"社会文化"形象地比作自然界中的河水，它随着流域的地形地貌的不同而呈现不同的形态，社会文化活动也会随着社会运行状态即社会形态的不同而决定着其文化活动的形式和形态的不同。例如，在欧洲文艺复兴时期兴起的诗歌、19世纪后期复苏和复兴的体育、20世纪上半年兴起的电影、20世纪60—70年代兴起的摇滚乐、20世纪80年代之后普及的电视剧及进入21世纪后形成的网络文化等，都是社会文化创新在不同时期的表现和表达。当代中国社会运行和发展的主要形态就是形式各异的显性或者隐性的社会文化活动。任何社会文化活动形式的变化都是一种传承和继承，都是对前面文化活动形式的延续及其变化和创新创造。社会创新的不只是文化的形式，还有文化的理想、理念和理论及其思维、思路和思想，更有文化的核心价值、运行的机制和机理及其保障的体制和制度。[①]

（三）社会文化是一个现实概念

对每个社会人来说，"社会文化"是一个现实和当下的"存在"概念，是人们的意识赖以生成和形成的基础。这个基础是一个纵横交叉和交错的"渔网"概念。从横向的角度看，它可以分为"政治的社会文化"、"经济的社会文化"、"教育的社会文化"、"宗教的社会文化"、"艺术的社会文化"、"服饰的社会文化"、"饮食的社会文化"、"娱乐的社会文化"和"世俗的社会文化"等方面；从垂直角度看，它可以分为"政府的社会文化"、"公共的社会文化"、"民间的社会文化"、"私下的社会文化"、"秘密的社会文化"、"暗箱的社会文化"和"黑色的社会文化"等层次。从纵向的角度看，它就是历史的社会文化，分为"古典的社会文化"、"近代的社会文化"、"现代的社会文化"、"当代的社会文化"、"当下的社会文化"和"未来的社会文化"。这是按照距离当下的时间和状态为标准来划分的，因此，纵向概念是模糊且变化的，这种称谓在不同地域、社会和国家会有不同的表达方式。

三、对"社会文化活动"既要有"组织"又要有"管理"

"组织"和"管理"两个概念在多数人的观念中可能是混淆和模糊的，本文将二者进行了严格界定和区别，并深入研究二者背后的"机制"。人们一般只注重社会文化活动的形式和内容，但往往忽略了其活动蕴涵的机制。而"机制"不仅是隐藏在活动的形式之下的，而且还容易被活动的形式所迷惑和模糊。

[①] 参见中国共产党中央委员会中央委员会第六次全体会议公报，2011—10—18。

（一）要研究"组织"和"管理"的"机制"

过去人们对社会文化的研究往往局限在形式上，本文将重点研究产生和支配社会文化活动形式的机制。"机制"只是"机理"的一个代名词，但为了适应人们的习惯而才使用了"机制"一词。在我们的理念和观念上，"机理"与"机制"之间存在很大区别："机制"应该只是"机理"的一种，主要是指一种起着制约和制动作用的机理。"机理"还起着鼓励和鼓动以及启动和驱动的机理。所以，怎样才能把这样的"机理"概念和理念放入思考的过程中并写入文章里，则是一个关键。很多研究只是罗列了一系列的形式和现象，有的还没有归纳和总结，也就没有发现和发明，没有创新和创造。随着社会的发展，对社会文化活动的轨迹和规律是要被发现的，而对其的管理尤其是科学管理的思路和方法也会被发明。否则就有反被其裹挟的事务、事件和事情在不断地发生和演绎。

（二）要研究"组织"和"管理"的层面

一般提到"机制"的时候，对"机制"所包含的"机理"是模糊的，甚至还是混乱的。实际上狭义的"机制"有两个层次，一是"组织"式的机制，如"名词组织"和"动词组织"等。它一般具有自己性、自发性、自由性、自然性、自利性。二是"管理"式的机制，它一般具有主观性、人为性和强加性。这既是社会文化活动的两个机制，也是所有社会现象的两个机制。其中，"组织"和"管理"还有另外三个层面的机制：一是"维护"机制，二是"建设"机制，三是"创新"机制。"维护"是一种尊重和支撑，涉及怎样有力的问题；"建设"有硬软性质之别，如硬件物质建设和软件制度建设等。"创新"有高低层次之分，如模仿创新、集成创新和原始创新等。

（三）要研究"组织"和"管理"的内涵

"组织性"和"管理性"的"机制"需要进行详细分解：我们把"组织"一般定位在"自组性"上，其一般是"自左往右"或"自右往左"的，其主要是体现在一系列"涉自"的词汇上，如"自己性"、"自发性"、"自由性"、"自然性"和"自利性"，等等。"管理"一般是"自上而下"的，依据行政权力而行使，可以分为"管"和"理"两个层次，是指通过"管"的手段和方法而达到"理"的境界的一种状态。最高的"管理"是一种"理念管理"和"信念管理"甚至是"信仰管理"。缺少了"信仰"、"信念"和"理念"的文化才是最弱化和最弱势的文化，也是最终要被击溃和被击败的文化。

四、"社会文化活动"的构建要发挥高校校园文化的引领作用

"社会文化活动"具有双重性，它不仅具有消极的对社会存在的反映性，还具有对社会存在的积极的反应性。我们既要知道和学会利用其中的消极反映性来了解社会，又要知道和学会利用其中的积极反应性来影响社会。人类社会一直都在这种反映性和反应性之间运动和互动，并且已经到了一个反应性逐渐占上风的状态

和地步。所以，在当下思考如何构建一个崭新的"社会文化活动体系和系统及其体制和机制"来影响和引导社会，实为当务之急。

本文由此大胆地提出构想，即要利用研究和构建"高校校园文化"来影响和引导社会文化活动的路径，通过文化形式和文化理念影响和引导社会发展。高校的校园社会文化活动不是简单地就事论事，而是以构想和打造我们整体的、系统的和良性的社会文化活动体系为目的。高校的校园是社会的一个有机组成部分，既反映社会也反应社会。所以，研究高校校园的社会文化活动，不仅为研究社会的社会文化活动找到和提供了一个案例，也为如何影响和引导社会的社会文化活动找到和提供了路径。高校的校园社会文化活动不仅每年把培养了成千上万的毕业生都输送到社会，并用他们调节了社会的风气和氛围。长期以来，高校的校园文化不仅创新了文化的内涵、形式和载体，也影响甚至引导了社会文化活动的走向和倾向。校园文化也在一定程度上反映了社会文化下一步即将呈现的基本文化形态和倾向。所以，打造新性和新型的校园社会文化活动体系的目的，主要是为了影响甚至转变现有的社会文化活动的趋势。这是一种越来越务实和越来越功利的趋势。扭转的要点在于改变"社会人"的生活理念和方式。笔者认为，从大学毕业生的角度来缓慢地、逐步地和逐渐地改变"社会人"的状态和态度，从而来改变社会文化的走向、走势和走力，是一条最佳的路径和捷径，是值得我们探讨和探索的内容。由此看来，对高校的社会校园文化活动进行建设显得至关重要，高校所在地的各级政府应该充分发挥高校的校园文化对当地社会文化的影响甚至引导的作用。

从现状来看，高校校园的社会文化活动最具治理性、自组性和自理性。由于大学生相比之下最具有"公民"性。大学四年或七年或十年的生活其实就是对其进行"公共性"和"公民性"教育的最佳时期。所以，社会的社会文化活动的组织者和管理者下一步一定要按照打造过的高校校园的社会文化活动的模式和机制去做。这也是从另外一个角度来理解和领会要发挥大学的思想文化建设中的"引领"作用的命题。由此可以得出结论，高校校园文化是"社会文化"的实验室和试验场。

应该认真学习胡锦涛总书记在纪念清华大学百年校庆大会上的讲话。胡锦涛总书记指出：要"全面提高高等教育质量，必须大力推进文化传承创新。高等教育是优秀文化传承的重要载体和思想文化创新的重要源泉。要积极发挥文化育人作用，加强社会主义核心价值体系建设，掌握前人积累的文化成果，扬弃旧义，创立新知，并传播到社会、延续至后代，不断培育崇尚科学、追求真理的思想观念，推动社会主义先进文化建设。要积极开展对外文化交流，增进对国外文化科技发展趋势和最新成果的了解，展示当代中国高等教育风采，增强我国文化软实力和中华文化国际影响力,努力为推动人类文明进步作出积极贡献。"①这为我们在"社会文化"的研究中必须展开对"校园文化"的研究不仅提供了一个政治上、思想上和思路上的支撑和支持,而且还提供了一个方向上、内涵上和方式上的引导和导向。

现在我们面临的关键和主要问题是,怎样打造高校校园的社会文化活动体系,以及怎样利用高校引领社会文化的运行和发展?西方发达国家基本上由高校来引领和引导社会文化建设。为了引导和引领好社会发展,高校必须首先打造好自己的校园文化。无论是中央政府还是地方政府一定要把高校校园的社会文化建设纳入自己的职权范围之内,纳入到一个社会的结构和运行系统中予以重视和考虑,并要加大投入,加强对高校校园的社会文化活动的良性化建设,因为它是社会文化活动体系建设的试验区和"领头羊"。

---

① 《胡锦涛在清华百年校庆大会上发表重要讲话》。中国网 china.com.cn。时间:2011－04－25。http://www.china.com.cn/photochina/2011－04/25/content_22430578_4.htm。

群众文化活动常态化经常化机制研究

宋 捷 沈 健 李春锋 *

[摘 要] 群众文化活动是公共文化服务体系中的重要内容之一，群众文化活动常态化经常化机制建设是满足人民群众日益增长的精神文化需求的重要保障。目前我国群众文化活动的常态化经常化组织形式已初步形成、内驱力也不断增强、成功模式亦亮点频现，政府供给型群众文化活动仍占主导地位，社会主体作用日益凸显。但仍存在着群众文化活动供给主体过于单一、管理体制不顺、运作效率低下、经费保障机制不完善、人才队伍建设乏力、开展中"不均等"现象突出等问题。本文提出了构建和完善群众文化活动常态化经常化机制的组织架构、运行机制、动力机制、保障机制与评估机制的对策。

[关键词] 群众文化活动；常态化；经常化；机制建设

群众文化活动发展与繁荣的关键在于群众文化活动体制的探索与创新，在于群众文化活动常态化经常化机制的建设与完善。本研究以公共文化服务体系建设作为分析框架，结合群众文化活动建设的历史经验，界定群众文化活动概念内涵，解剖群众文化活动运行机制的现状及存在问题，以期提出群众文化活动的常态化经常化机制对策。

一、群众文化活动常态化经常化机制内涵

本研究中的群众文化活动，主要是指分布在乡镇村落和城市社区的群众性文化娱乐活动的生产与消费行为。它是指以政府生产供给为主，以社会和公众生产供给为辅，以休闲娱乐为显在目的，以审美熏育为内在旨趣，以通过一定的公共空间和基础设施向社会公众开放，并吸引公众广泛参与的包括有形的文化产品与无形的文化服务在内的一切文化活动的总和。因此，本研究中的"群众文化活动"是公共文化服务体系中的重要内容之一，具有公共物品属性。同时，"群众文化活动"是一种以政府为主导性主体，"社会上大量的中介组织、居民自治组织、志愿者组

---

* 宋捷，男，湖州市文广新局党委书记、局长，主要从事基层公共文化服务活动与机制创新研究；沈健，男，湖州职业技术学院教授，研究方向为文化哲学及地方政府治理创新；李春锋，男，湖州职业技术学院讲师，研究方向为社会转型与制度变革。

织、慈善机构乃至私人机构中涉公部分"①,包括公众志愿者个人在内,作为补充主体生产并供给的一种公共文化产品。它具有公众自愿性、公众自觉性、公众业余性、公众自娱性等特征。

群众文化活动常态化经常化机制可以定义为:在建设公共文化服务体系的框架内,通过法律制度和公共政策,经由政府管理推动,充分激发调动各个文化主体积极性,使其围绕繁荣群众文化活动这一目标而相互作用并密切合作,从而形成一种持续有效的常态化经常化的运行系统。群众文化活动的资源、载体、传统、积极性与效果等是影响群众文化活动常态化经常化开展的重要因素。

二、群众文化活动常态化经常化机制运行现状分析

(一)群众文化活动多元化生产供给体系初步形成

当前群众文化活动生产供给形式,主要分为政府直接生产并供给型、民众自发生产并供给型、非营利组织生产并供给型、企业生产并供给型、政府采购并供给型。"政府主导、社会参与、市场运作"的群众文化活动生产供给体系已经初步形成。

据统计,浙江省 2010 年全年共举办千人以上的大型群众文化活动 979 场,投入资金达 15.3 亿元;举办各级各类"送戏下乡"活动 2390 场次,惠及观众 4761436 人,这一统计仅仅代表了政府主导的各项群众文化文化活动,而与此同时展开的由民众自发生产供给、非政府组织、企业等各类主体生产供给的群众文化活动难于纳入统计,据课题组在湖州调查所示,仅 2010 年湖州市中心城区各社区举办的广场文化活动就达 1083 场次②。还有大量居民自发文化体育活动,和城乡间不计其数的红白喜事中的文化活动,则更是无法统计。

由此可见,新世纪以来,特别是党和政府主导的公共文化服务体系建设以来,群众文化活动多元化生产供给体系已初步形成,并处于稳步推进和不断探索之中。

(二)政府供给型群众文化活动仍占主导地位

政府既是群众文化活动管理主体,又是群众文化活动主要生产供给主体,随着公共文化服务体系建设的推进,政府主导并供给公共文化产品的职能日益明晰,政府在群众文化活动生产供给方面更加突出了社会公益性、政府主导性。据课题组在浙江省调查显示,就"何时群众文化活动举办最多"的回答是,选择"政府重大政治经济活动"的人数最多,达到 50% 左右,选择"周末或节假日"的人数,占比达 25% 左右,其他选项占比均较低。可以看出,以政府为主导的群众文化活动生产供

---

① 宋建武、张宏伟,《对公共文化产品概念的研究》,李景源、陈威主编,社会科学文献出版社 2009 年版,第 101 页。

② 吴兴区社区管理办公室,《吴兴区城市社区发展规划(2011—2015)》。课题组调研资料。

给模式占有绝对压倒比例。

（三）社会主体在群众文化活动常态化经常化中的作用日益凸显

政府虽然在群众文化活动中常态化经常化开展过程中起主导作用，但近年来越来越多的社会主体，如企业、NGO、其他公益单位、社区、行政村等也一起加入到群众文化活动的生产与供给中来。这对群众文化活动的常态化经常化开展起着日益重要的作用。以湖州市下属德清县为例，2010 年全县共举办有记录的群众文化活动 567 场，基层文化活动进行分析发现，其中由政府主办 80 场，乡镇（街道）村（社区）主办 332 场，其他事业单位主办 139 场，企业主办 16 场[①]。

（四）群众文化活动常态化经常化的内驱力不断增强

随着我国社会经济的快速发展，人们精神文化生活的需求日益增强。据统计2010 年浙江省城镇居民人均可支配收入为 27359 元，比 2005 年的 16294 元增长了 65.7%；农村居民人均纯收入为 11303 元，比 2005 年的 6600 元增长了 66.7%；人民群众生活水平有了显著提升[②]。同时，随着时代的开放和发展，公众的主体意识增强，价值观念、审美情趣出现多元化趋势，传统的由政府统一生产供给的文化活动产品已不能完全适合群众需求。人民群众日益渴望获得经常化、常态化、多样化的文化活动，这给政府的群众文化活动工作带来了压力和动力，迫使各级政府加大对群众文化活动常态化经常化的推动力度，也为社会主体参与群众文化活动提供了需求空间，并使众多群众自组织文化活动风生水起。

（五）群众文化活动常态化经常化的成功模式亮点频现

近年来各级政府及社会群体做出了不懈的努力和探索，人们在理论和实践中逐渐摸索出一些实现群众文化活动的常态化经常化的规律和路径，并涌现出了许多具有普适意义的成功模式。如浙江湖州的"文化走亲"模式、宁波鄞县的"天天演"模式、江苏吴江"区域文化联动"模式、湖南长沙的"百团汇演"模式等。

三、群众文化活动常态化经常化运行机制中存在的问题

（一）群众文化活动供给主体过于单一

政府是群众文化活动的主要生产供给者，但动员激励"社会参与"方面明显不足，使得群众文化活动供给主体仍显单一。调查显示，政府以外的社会主体对群众文化活动生产供给处于非常态之中，企业参与情况缺乏稳定性，学校、医院、部队和

---

① 中共德清县委县府，《实施"八有"工程激发道德力量助推农村精神文明建设》，德清县文化"八有"工程总结，课题组调研材料。

② 浙江省统计局，《关于 2010 年度浙江省人民生活等相关统计数据的公报》，浙江统计网，2011－02－21。

工会、妇联、青年组织、文联等事业单位与政府部门，对举办群众文化活动缺乏动力；由于专业社团因合法性缺失而先天不足，使得专业性的 NGO 组织发展受限。更多的社团，严格意义上来讲，处于不合法状态，而且受到经费制约，呈"休眠状态"①。另外，政府以外的其他社会主体——即使是城市中的社会主体——自我管理能力差、人才不足、政治敏锐性不强，也影响了基层文化活动的展开。

（二）群众文化活动管理体制不顺

1. 乡镇文化站建设与管理呈"瓶颈"之势

乡镇（街道）是推动基层行政村（社区）群众文化活动最根本力量之一。目前乡镇（街道）普遍存在文化干部专职不专用、专岗不专业、岗位被虚化、待遇不落实等问题，严重影响了群众文化活动常态化经常化开展。

2. 市县政府文化管理协调呈"九龙治水"之态

在县（区）和地级市这一层面，存在着基层文化管理体制多行政壁垒、多区域分割等问题，严重影响了群众文化活动的综合效力发挥。

一是多行政壁垒。目前多个部门对群众文化活动具有管理职能。由于各部门分割有限财政资源，又各自为阵地通过"创建、考核、达标、验收"来管理乡镇、村与街道、社区的群众文化活动，造成严重的资源空耗。

二是多区域分割。由于目前行政区划及管理体制的制约，跨区域的群众文化活动交流与融合十分困难。目前我国采用的文化产品服务流通渠道有两种，一是自上而下的配给制，一种是属地化小范围流通制。两者均有供需不对接、适应性差、兼容性不强、不适合大众传播等弊端。

3. 省级政府文化管理呈"法律贫困"之状

近年来，国家和省级人民政府（含副省级城市）虽制定了一些文化法律、法规和部门规章，但数量偏少，效力层次偏低，体系尚未形成。近年来浙江省各级政府出台的公共文化服务体系中的群众文化活动的相关法规、制度、政策多是一些规范性文件，缺乏法律的刚性制约，对推动群众文化活动的基础设施建设、人才建设、活动展开、资金投入的作用并不明显。

（三）群众文化活动运作效率不高

集中表现在资金投入与产出效益欠佳。国家投入公共文化资金本身有限，但仅此有限资金还是较多地用于养人，用于群众文化活动的资金更显不足，从而影响了群众文化活动投入产出率。

群众文化活动效率不高，还集中体现在公众对活动满意度不高。在针对"您认为当前组织开展的群众文化活动是否满足了群众需求"这一问题进行调查时，湖州市有"69％"、宁波市有"58％"的被调查者回答"否"。

---

① 王名.《非营利组织管理概论》，中国人民大学出版社 2002 年版，第 53 页。

调查显示,群众文化活动满意度不够高主要原因是文化活动质量问题,而满意度不高则会通过反馈影响后续投资。

(四)群众文化活动经费保障机制不够完善

首先是公共文化服务经费投入总量不足,主要表现为文化事业的投入占政府预算比重偏低,群众文化活动投入占文化事业投入比低,人均文化活动经费更低,影响了群众文化活动的有效开展。

近年来湖州市公共财政支出状况

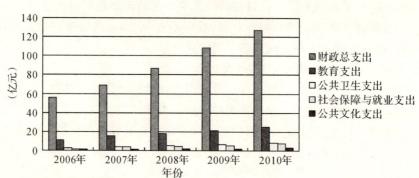

图1　湖州市近五年来公共财政投入增长图示

（数据来源:湖州市统计局）

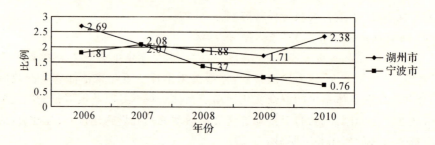

图2　"十一五"期间宁波市与湖州市公共文化支出占财政支出比例动态图

（数据来源:宁波市、湖州市统计局）

其次是群众文化活动筹资渠道尚未成熟,表现经费来源单一,社会资本进入较少。图3是对湖州宁波市基层文化干部调研结果。

从图3可以看出,宁波市与湖州市群众文化活动经费由"政府财政支付"比例均在50%以上,其中湖州市超过60%,可见群众文化活动经费中"政府财政支付"占主导地位;企业或社团、个人等社会力量支付的比例之和仅占40%。这无疑说明当前包括群众文化活动在内的公共文化经费来源的多元化格局尚未形成。

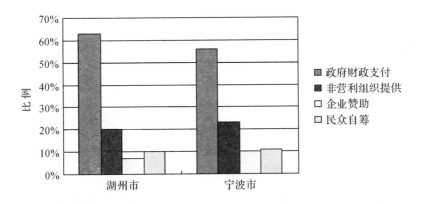

图 3　湖州市、宁波市群众文化活动经费主要途径调查

（资料来源：课题组调研统计整理）

（五）群众文化活动的人才队伍建设乏力

群众文化专业人才不仅数量少，而且年龄老化，专业素质弱化。据统计，全省目前共有乡镇文化员 3659 人，村级文化员 23798 人，按现有 1501 个乡镇（街道）计，平均每一乡镇（街道）2.43 人，村级文化员则每村（社区）0.72 人。包括县图书馆、文化馆、乡镇村文化员在内，大专学历仅占 28.16%，中级职称以上仅为 8%[①]，远远低于公共服务体系中教育、卫生等行业从业人员的比例。

农村基层人口空心化、老龄化，文艺骨干缺乏，严重削弱了农村群众文化活动的活力；城市社区文艺活动青年人参与率低，志愿者队伍不发达等问题，也已成为制约城市社区群众文化活动发展的重要因素。

（六）群众文化活动开展中"不均等"现象突出

首先，城乡之间二元对立。在公共文化服务中"城市偏向"并没有得到本质改观。从全国看，2008 年，各级财政对农村文化投入占全国文化事业费 25.2%，城市 78.4%，农村比城市低 49.6%；2009 年，农村占 29.4%，城市占 70.6%，城市高于农村 41.2 个百分点；人均文化事业费城市 33.27 元，农村只有 12.1 元[②]，两相比较落差很大。

其次，区域之间落差巨大。由于区域经济差异，区域间落差也十分明显。以浙江省 2008 年各地财政投入为例，财政对文化投入总量超 2 亿元的有省本级、杭州等五地，低于 1 亿元的有湖州等四地。其中：财政投入最多的是杭州市，为 6.57 亿元；投入最少的是衢州市，仅为 0.54 亿元，两者的绝对量相差 6.03 亿元，最大值是

---

① 浙江省文化厅，《浙江省近年群众文化活动现状总表》，参见 http://www.zjwhtb.cn，2011－5－10。

② 蔡武，《统筹城乡，示范带动，推进城乡基本公共文化服务均等化》，见中华人民共和国文化部门户网站，2011－6－8。

最小值的 12 倍,而 2007 这一比值为 10 倍。这表明各地财政对文化投入的地区间差异有不断扩大的趋势①。

再次,群体之间反差扩大。群众文化活动开展的"不均等"体现在群体之间。社会群体是指社会成员按一定等级标准划分而成的身份群落与地位集团,各群体间的文化服务需求与享用的鸿沟在扩大。

四、群众文化活动常态化经常化机制建设对策建议

(一)完善政府主导、社会参与的组织架构

首先,建立文化立法工作组织架构。建立文化立法工作架构,以省文化厅、省政府法制办、省人大文教卫委员会为主体组织文化立法工作班子,启动相关立法前期准备工作,为包括群众文化活动在内的公共文化服务建设提供法律支撑。

其次,建立公共文化服务体系管理的组织架构。从省级政府来说,建议创新2010 年成立的"浙江省文化领导小组"职能,将形成覆盖全社会的较为完善的公共文化服务体系。建立"浙江省文化领导小组"联席会议制度,形成党委领导、宣传部主抓、政府部署、多部门参与的工作机制。

从地级市政府来说,要成立"公共文化服务统筹委员会",建立"联席会议制度",形成党委领导、宣传部主抓、政府部署,财政、文化广播新闻出版体育分工负责,凡涉及文化事业管理职能的部门均整合为一个整体联动的工作组织。

从县级政府来说,更要建立类似组织,将全县公共文化服务职能整合起来,透过乡镇与街道文化站,将公共文化管理与服务触角延伸到行政村、社区、企业学校、医院等事业单位,。

最后,建立跨行政区域文化交流组织架构。依托政府、权威专家、群众文化活动策划人等力量,建立具有"官方背景+社会运作"民间联谊会或者协会,按组织章程展开活动,规划、统筹、协调、配置长三角地区的群众文化活动的交流与互动工作。

(二)构建政府引导、社会主导的运行机制

首先,构建群众文化活动服务与管理平台。以地级市为一级主体,建立群众文化活动交流网("走亲")、交流信息库,将全市各级各类主要主体的文化交流项目,编写成"×××市文化走亲节目单"向全市公布;建立调配资源制度,将公共文化服务基金中的群众文化活动专项资金,转移支付给活动举办主体,并建立培训服务和设备支持制度。

其次,培育多元群众文化活动供给主体。采取有力措施培育政府以外的"社会

---

① 李俏,《2008 年度浙江省各级财政对文化投入的简要分析》,浙江省文化厅门户网站,2011－5－20。

参与"主体。一要实施群文组织服务社区、村工程。推动群艺馆、文化馆和文化站等传统平台,将重心下移中心村、重点社区。

二是实施民营文艺社团扶持工程。进一步贯彻《文化部关于促进民营文艺表演团队发展若干意见》精神,各地级市政府应出台实施细则,大力发展民营文艺文化机构,采取公开招标、政府补助、购买服务、以奖代补等形式,扶持民营文艺表演团队成长。

三是实施群众文化草根 NGO 培育工程。在较小的地级市,以农村群众文化活动为切入点,试点改革现有民间社团、民办非企业等组织登记办法,采取业务主管局备案制,鼓励并培育散布于广大农村群众文化活动草根式 NGO 的发展。

四是鼓励其他社会主体积极投入群众文化活动,支持和鼓励人民群众自办文化活动,使人民群众成为群众文化活动的供给主体。

再次,建立群众文化资源合理配置机制。向落后地区、弱势群体、外来务工和非本地户籍人群倾斜,通过安排文化下乡和加强群众文化活动基础设施建设并行的方式,提高农村地区居民群众文化活动的常态化经常化水平。

(三)强化政府为主、社会为辅的保障机制

首先,建立刚性财政投入保障机制。坚持完善"政府主导、社会参与"机制,固化公共文化产品必须由政府投入这一理念,确保"文化事业经费的增长不低于当年财政收入的增长幅度",力争使财政经费从目前占 GDP 总量 0.4%,逐渐上升到 1%水平①。

其次,建立多元文化资金投入机制。一是鼓励基层建立群众文化活动艺术基金会,广泛筹集社会捐赠,激活社会主体对群众文化活动源源不断的投入。基金会在国外是政府投入最重要的补充主体,如浙江慈溪宗汉街道联兴村"创新者之约"文化基金会的成功运行产生了良好示范效应。

二是激发企业及其他社会主体资金投入群众文化活动积极性。认真落实贯彻《中华人民共和国公益事业捐赠法》、《财政部国家税务总局民政部关于公益性捐赠税前扣除有关问题的通告》、《财政部国家税务总局文化事业建设费征收管理暂行办法》中相关条款,鼓励企业、个人及其他社会主体捐赠、赞助群众文化活动。

再次,建立第三方监督文化资金管理机制。以湖州市为例,将现有的"宣传部文化基金、新农办农村文化建设专项资金、宣传部文化产业发展专项资金、文物局文物保护专项资金、社会科学发展专项经费、古桥保护专项资金、从城市住房开发投资中提取 1%用于社区公共文化设施建设资金"等财政投入资金,聚合成"公共

---

① 谢武军,《法国的公共文化服务》,见《中国公共文化服务发展报告 2009》,李景源、陈威主编,社会科学文献出版社 2009 年版,第 250 页。

文化服务发展基金①"，参照上海文化发展基金管理办法，交由"公共文化服务委员会"统筹管理，实行"管用分离"。

最后，建立人才队伍保障机制。一是实施基层群众文化活动"民间文艺领军人"培育工程。将"民间文艺领军人"培育工程纳入《浙江省宣传文化系统"五个一批"人才培养管理办法》中进行建设，同时要通过"政府主导、专业化运作"工作方式，采取财政支持、社会募集、项目合作等方式培育资源，建立包括"民间文艺领军人"培育在内的投入机制。

二是实施基层群众文化志愿队伍工程。省文化厅应该制定并出台《浙江省基层群众文化志愿者服务发展规划》之类的文件，成立由第三方组建的"浙江省文化志愿者研究中心"，积极引导学校、企业、社区、农村、部门、行业普遍建立文化专愿者服务队。

三是重构乡镇文化站干部队伍。以《乡镇综合文化站管理办法》为依据，强化乡镇文化站与文化干部队伍建设，重构乡镇文化站干部队伍。通过委托高校定单培养、新招和培训等办法，解决其事业编制，提高其服务能力。

（四）构建社会评估、政府奖惩的考评机制

首先，建立科学化评估体系。建立起科学有效的绩效评估模型。群众文化活动常态化经常化机制评估体系要包括群众文化活动的供给指标、保障指标、组织管理指标和社会参与指标。

其次，培育多元化评估主体。建立"政府管理、社会主导"的多元化的评估体系与评估方法，实行评估办法与评估主体分离制，政府主要负责评估程序制定、明确评估指标确立、评定行政绩效奖惩等制度性工作；评估过程交由专家学者、公众代表等组成的第三方机构完成；同时创新评估载体与方法。

最后，形成多层级反馈问责机制。第一、建立社会对政府的问责反馈制度。向社会公开有关群众文化活动常态化经常化开展中重要制度决策、经费预算、服务标准等信息，接受社会监督。建立群众文化活动供给数量、质量的效果现场反馈收集制度，建立意见采纳情况公示制度等。第二、强化政府对其他主体的评估问责。政府管理部门要与代表政府行使公共文化服务供给职能的主体之间订立合约，实行审计、评价、问责制；建立对群众文化活动社会供给主体的奖励制度。

［参 考 文 献］

［1］郑永富.群众文化学［M］.北京：中国国际出版社,1993.

---

① 浙江省湖州市人民政府、中共湖州市委《关于印发〈湖州市推动文化大发展大繁荣的意见（2008—2012）〉的通知》,湖委〔2008〕(5)

［2］赵恒樺.群众文化管理学［M］.北京：新华出版社,1989.

［3］李景源,陈威.中国公共文化服务发展报告（2007）［M］.北京：社会科学文献出版社,2007.

［4］张波.政府公共文化服务职能创新研究［D］.吉林大学,2009.

［5］张青山.农村群众文化活动亟待转型［J］.学习月刊,2008(18).

［6］朱昆芳.充分发挥工会在开展企业群众文化活动中的作用［J］.中国工运,2005(02).

［7］符策超.略论民族传统节日的群众文化活动［J］.琼州大学学报,2005(03).

［8］吴福平.浙江省"十二五"文化发展规划编制"群众文化"课题调研报告［J］.文化艺术研究,2010(10).

六

公共文化服务社会参与机制研究

社会力量参与公共文化活动研究
——基于国际经验的借鉴

阮　可*

[摘　要] 公共文化服务体系的构建应形成政府主导,公民个人、社区、非营利组织、营利组织等社会各方力量共同参与、协商和对话的制度框架,以便更好地履行服务于人民群众公共性文化需求的职责。本文对公共文化活动中社会力量的构成主体进行廓清,进而分析当下公共文化建设中存在的问题,并梳理公共文化建设的国际经验,提出社会力量参与公共文化服务活动的对策。

[关键词] 社会力量;参与;公共文化活动

一、社会力量参与公共文化活动的主体构成

对我国社会力量参与公共文化活动问题的认识,首先要廓清社会力量的主体。一般而言,社会力量的参与可以分为公民有组织的参与和公民个人参与两类。而公民有组织的参与又包括以社区为依托的社区组织参与形式、非营利组织的参与以及营利组织的参与等。

(一)社区组织

社区是具有成员归属感的人群所组成的一种社会实体,社区文化既承载着群众休闲娱乐、学习提高等实用功能,也肩负着宣传教育、文化传播的重大使命,对发展社会主义先进文化、构建和谐社会具有重要作用。因此,社区组织参与公共文化服务体系建设,可以以社区为纽带充分使社区内各类组织已兴建的文化设施等资源在公共文化服务中发挥实效性作用,提高文化基础设施运行的效率和效益,避免基础设施的重复建设,优化社会文化资源的配置。

(二)非营利组织

非营利组织在西方国家是公共文化产品(服务)的主要生产者,在我国目前这一组织群体还处于起步阶段,是公共文化产品(服务)的补充,是公共文化服务社会化、市场化的主要参与者。据统计,当前我国正式登记的非政府组织约29万个,其中文化类的仅3000多个。公共文化服务体系的构建,非营利组织将会起到越来越

---

* 阮可,男,浙江大学城市学院,副教授,博士,研究方向:公共管理。

重要的作用,非营利组织要和公民参与互相促进互相发展,以达到在参与中发挥更大作用的目的。

（三）营利组织

由于提供私人产品的特性,企业等营利性组织在公共文化服务体系中所占的比例最小,但由于其强大的生产能力与市场竞争力,经常参与到公共文化产品和服务的生产之中,是公共文化服务体系的延伸与补充。此外,企业通过扶持、赞助等多种方式履行其社会公共责任,参与到公共文化产和服务的提供中。再者,政府变革也从客观上需要企业成为政府部分转变而来职业能的承担者,而企业积极参与公共文化服务则有助于政府职能的收缩,促进政府转型。总之,企业成为公共文化服务体系主体结构中的一员,可弥补政府公共文化服务的不足,提高公共文化服务的质量和效率。

（四）公民个人

现代公民不仅需要享受文化成果,而且具有参与公共文化活动的强烈诉求。公民个人参与是公共文化服务体系构建中社会力量参与的基本形式,无论是在公共产品和服务的提供上,还是消费上,无处不在公民个人的身影。公民个人参与又可包括两种类型,首先是普通群众的参与,其参与的方式包括:广泛参与群众性文化活动;积极参与公共文化服务的提供,如个人捐助和赞助等;逐步参与文化评估考核体系等。

公民个人参与的类型还包括专家学者参与,这是公民个人以专业的角度参与公共文化活动的表现方式。对于公共文化政策的制定、执行、监督,专家学者可在一定程度上保持作为公共、理性、专业的沟通媒介。专家学者参与公共文化活动的内容主要包括:对政府资助的公益文化项目进行调查评估,把公共文化投资效益置于严格监督之下;通过课题研究、报告提案、论文著作等方式对公共文化活动的现状、问题提出分析和对策,为公共文化活动提供方向等。

二、社会力量参与公共文化活动的国际经验

（一）英国模式:营造公共文化活动良好的外部环境

英国负责艺术建筑设施的机构包括:博物馆、美术馆、图书馆、社区艺术设施、艺术中心、表演艺术场所、影院等。英国政府对于公众参与文化活动的政策主要包括以下内容:合理布局艺术设施,支持巡演;通过加强与博物馆、美术馆、艺术中心、等联系,增加视觉艺术的巡展,开创出版物及开辟"电子巡展"等;支持商业电台及电视台所提供的公共服务,提供艺术节目受到支持繁荣的外部环境;支持原创性的各类节庆活动;支持研究工作,包括增进对受众了解及其欣赏规律等;支持艺术组织为发展新观众和艺术参与者所从事的向外拓展的工作,并有必要将其与研究和

评估项目联系起来；其他创新经营手段等。

（二）美国模式：积极提高全体公民的艺术参与率

美国公共文化政策的主要目标就是提高全体公民的艺术参与率，参与率体现出参与的有效性，这主要取决于制度的设计。在此目标下，在公共物品和服务提供的管理方面，政府主导着公民的参与程度和参与办法。美国当地政府通过积极的法律框架向社区和服务提供者提供技术支持指导和有效地监管这些程序。其中在确保社会力量参与发挥着关键的作用是社区组织，社区艺术代办处的主要任务就是为艺术的发现创造机会。社区艺术代办处活动通常包括：组织和发起旨在表彰和展现其社区内的艺术和艺术家的节日庆祝活动；将艺术作品投入生产；为艺术提供展览销售渠道；为社区展示不能以其他方式获得的具有吸引力的艺术品；为创作活动提供物业条件等。

（三）法国模式：文化民主与平等参与

"实现文化民主"是法国前文化部部长马尔罗提出的。法国政府认为文化是每个公民享有的基本权利，这同教育一样。在教育已经基本普及的情况下，文化和通讯部的一项主要任务就是普及文化。政府努力使那些在工资收入、社会地位处于弱势地位的人也有参加文艺活动的机会，从而实现每个公民都能平等地参与文化活动的目标。其主要措施包括：加强学校的艺术教育和文艺活动，从小培养孩子们的艺术修养；公共市场价格合理，远低于法国人均收入水平；政府管理的文化设施定期免费开放；对群众文化活动给予扶持，如流行歌曲、现代音乐、民间舞蹈、杂技马戏等都能得到政府的支持和鼓励；积极创办文化之家、文化活动中心、大众之家等群众文化场所，丰富人民的文化生活，并支持地方政府组织民间艺术节。

三、我国社会力量参与公共文化活动的现状

社会力量参与公共文化建设，有利于推进文化工作重心下移、文化资源下移、文化服务下移，为公共文化服务体系建设培育深厚的社会基础。社会力量参与公共文化活动的内容有参与文化活动的举办、文化成果的创造；参与公共文化产品和服务的提供；参与公共文化政策的制定、执行、监督等。当前，我国社会力量参与公共文化活动存在的主要问题包括：

（一）社区文化服务体系尚未完善

社区文化建设的质量直接会影响了公共文化服务体系建设的质量。社区由于体制的原因，在社区文化的建设上存在着"唯上"的倾向，与当地老百姓的文化需求关系不大。有的社区文化建设仅仅是为了得奖，配合了政绩工程。"官"文化开展的很热闹，而居民的"民"文化被挤到了边缘。公共文化设施的布局、建设、功能定位，还是运作机制、管理方式的选择，文化服务内容与形式的选择以及服务质量、绩

效的评估、考核，社区居民的参与均非常有限，没有形成比较成熟的社会力量参与的组织形式及程序。

（二）非营利组织发展乏力

长期以来，公共文化服务的提供形成了对政府的"路径依赖"，使得社会力量尤其是在公共文化服务体系建设中具有重要作用的非政府组织对兴办公共文化的意识及其积极性都受到了削弱。不少地方对非政府组织、非营利性机构还持有较强的疑虑，而没有更务实地对非营利组织的基本体制及监管方式进行研究。这不仅限制其作用的发挥，也影响了我国公共文化服务事业的发展。

（三）营利组织公共文化责任意识淡薄

在我国，企业对教育、扶贫等领域的捐赠数量已经十分庞大，对公共文化服务的捐赠却还没有形成意识和有效机制。许多企业还没有认识到承担公共文化责任是承担社会责任的一个重要方式，是企业参与公益事业的重要途径。所以，政府有必要通过税收鼓励等政策引导企业参与到社会公共文化服务中来，这对于公共文化事业的发展和企业自身影响力的提升都是有益的。

（四）公民参与公共文化意识和能力有待加强

由于受现行行政管理体制以及传统文化和计划经济时期残余思想的影响，公民在公共领域参与意识不强，多数公民没有意识到参与公共文化建设是公民的权利与义务，动员型参与是一种较为普遍的现象。由于公民的自身素质，对咨询的掌握程度、理解程度及对政策目标实现的可能性和途径的认识等诸多因素的影响，现实中公民参与的能力与参与要求不符，参与效率低下。公民参与过程中还表现出了能力发展不平衡的问题，一些农民工和弱势群体很少有参与的机会。

四、借鉴国际经验完善社会力量参与公共文化机制

（一）构建多元供给主体格局，推进社会化

从国际的经验来看，承担公共文化服务职能的机构，即公共文化产品的供给主体，基本包括三种类型，其运作管理模式也有所不同，以法国为例，其一是国有公立文化机构，比如卢浮宫；其二是混合经济形式的文化机构，如东京宫当代艺术中心；其三是私立机构，如伊希市立方体数码艺术中心。

由于体制关系，我国十分缺乏能够承担起公共文化资源生产供给重任的社会力量，应加强对民间非营利文化机构、文化协会及文化中介等组织的培育和扶持。民政部门对民间非营利文化机构应采取鼓励发展的措施，降低登记门槛；政府要制定对文化中介等组织的鼓励和扶持政策，加强对他们的培训和使用，提高他们的生存、创新和组织能力，壮大文化力量。充分发挥民间文化机构的作用，通过政府的引导，整合民间力量资源，提高承办重大活动的能力；利用他们的关系、网络和渠

道,开展文化交流、文物和艺术品的征集采购等;还可以利用民间文化机构的专业力量,开展文化活动的评估、咨询等工作。只有使更多的社会力量投入到公共文化服务领域中,才能形成良性竞争、多元互补的公共文化服务体系。

借助社会力量可推进公共文化服务的社会化。公共文化服务的社会化和市场化在美国、加拿大等市场经济发达国家表现十分明显,公共文化服务很大程度上依靠间接的非政府组织提供。如美国没有专门的国家文化部,联邦政府和各州政府也无主管文化的机构,美国公共文化服务的主要提供者是美国的国家艺术基金会和国家人文基金会。这两个基金会都是以资助的方式,而不是以行政领导的方式出现。美国的公共文化服务中,主要通过政策和法律进行调节,如按法律规定的条件给予某些艺术团体以非营利免税的地位,其中,大量民间性质的协会发挥着很大的作用。如美国政府不直接负责图书馆服务,而是将这一重要的公共文化服务任务交给具有民间性质的美国图书馆协会来完成。

(二)有效设计社区载体,规范运作社区体系

公民往往以社区为基本单位进行公共文化服务的消费,社区是公民参与公共文化服务体系构建的重要主体形式。社区公共文化服务体系的构建可以有力地推动社区文化建设。

首先要加强社区文化建设和文化管理。在目前的体制下,以政府在社区文化建设中的主导作用为前提,完善规范社区文化生活的各项管理制度,逐步推动各种非政府组织对社区文化的广泛参与,提高社区文化建设的社会化程度,扭转我国社区文化建设过度依赖政府的不良局面。

其次要规范运作社区公共文化服务体系。积极探索社区公共文化服务社会化发展之路,政府机构、社团组织、文化机构和企业单位依据各自责任和优势联手合作,通过签署协议来确认负责提供的公共文化服务,将社区公共服务的提供者和管理者相分离,使社区公共文化服务走上社会化的可持续发展轨道。二是以满足居民文化需求为前提,坚持以居民文化生活需求为导向,重视居民要求,以内容多元化、服务精细化、管理规范化和设备现代化为特征,为居民提供社区文化服务的整套服务场所和设施,尽最大可能满足社区居民对文化生活的需求。

还要充分发挥志愿者组织的功能。在我国,上海等城市志愿者在公共文化领域发挥着越来越重要的作用。各级政府应制定法规,出台政策,保障志愿者队伍培育、培训、奖励等资金的需求,并组织高校有关资源为其提供专业支持和顾问咨询。通过相应的法规、政策建立公益文化志愿服务保障制度,并且制定有关公共文化服务志愿者服务的相关规划,鼓励成立各种形式的公益文化志愿服务协会等社会团体。

(三)提高公民有序参与的意识和能力

从国际的经验来看,政府通过一些政策和法规培养公民参与公共文化的意识和能力。如法国尤其强调学校的艺术教育和文艺活动,以便从小培养孩子们的艺术修养。规定 18 岁以下儿童可以免费参观由国家管理的博物馆。而英国,支持艺术组织为发展新观众和艺术参与者所从事的向外拓展的工作,并有必要将其与研究和评估项目联系起来。

开展各类公共文化参与的教育活动,除了培养一定的知识技能之外,还要强调公民的价值观和对社会责任感的培养。除了学校的正规教育,还可以综合运用家庭、社区等社会化工具对公民进行教育,以增强公民参与公共文化意识,提高公民参与公共文化素质。尤其要重视发挥大众传媒在推进公共文化社会化、增强公民参与公共文化意识、提高公共文化参与素质方面的引导作用。

引导公民参与公共文化实践时,首先应该从小范围、与公众利益密切相关的公共文化事务开始。比如让公民参与社区文化活动、参与公共文化基础设施建设等,以实现自己的利益要求,解决自己所关心的问题。这种有效的参与将使他们的政治功效感和参与积极性大大提高,为以后更好更多地参与公共文化事务增强必备的民主素养与能力。

(四)建立营利性组织参与的激励机制

目前,企业等营利性组织参与公共文化的方式主要有四种:一是直接参与。企业主动提供公共文化产品和准公共文化产品,如拍摄公益广告、投资音乐会、展览会以及一些学术活动等。二是承接项目。政府不直接参与公共文化服务,而是以合同契约的方式,将项目委托给企业,这种方式将会越来越多。三是资助参股。企业参股由政府投资的文化设施,或资助公共文化活动,如深圳移动资助举办的“中外艺术精品演出季”,体现了企业的公共文化责任。四是影响政府决策。企业可以通过影响政府政策和法规的制定,来影响公共文化决策,政策法规的制定本身就是公共文化的一种实现形式。

一些企业组织通过其赢利行为,在客观上提供了公共服务产品,成为公共服务产品的实施责任主体和载体。如新浪网运营的公众电子媒体,它提供的一些政府信息、公共信息内容就属于公共文化服务或者准公共文化服务。相对于商业文化经营体系,公共文化服务体系中的意识形态文化、高雅文化和群众文化并不适于市场化生存方式,但是一些企业将越来越多地参与进来。很多企业参与了学术论坛的举办,企业通过参与大型公益活动,对整个社会及公众产生影响,企业可以从中受益;同时,企业还可以通过举办社区的娱乐文化活动,来提供公共文化产品;此外,企业还可以通过内部文化的形式,向员工、股东、供应商、上下游企业等提供文化服务。总之,只要政府方式与政策运用得当,企业可以成为很多公益活动、文化活动的实施主体。

参与公共文化是企业等营利性组织社会责任的延伸,它是一种“软责任”,不同于政府的公共文化“硬责任”。政府激励的措施可包括,一是加大媒体对企业赞助公益事业行为的宣传；二是加大对企业赞助公益行为的表彰；三是通过税收减免等优惠措施予以激励。例如美国，联邦税法规定非营利组织可以享受免纳所得税的待遇，同时规定，纳税人向这类组织捐款，可以相应少缴税。日本、加拿大、澳大利亚等很多国家都有类似的政策。在美国，私立博物馆占到博物馆总数的比例超过60％，而在公立博物馆中，每年向政府申请的费用只占到博物馆总费用不到30％，个人或组织对博物馆的捐款一般则高达30％以上，另外30％靠博物馆附设的商店、门票、出版物等创收，或来自博物馆自身的基金会。

在公共文化服务体系构建中，社会力量参与是重要的内容，在这一过程中，应形成政府主导，社区、非营利组织、营利组织、公民个人等社会各方力量共同参与、协商和对话的"交互理性"的制度框架，以便更好地履行服务于人民群众公共文化需求的职责。

［参 考 文 献］

［1］Council of Europe/ERI Carts, Compendium of Cultural Policies and Trends in Europe, 9th edition. 2008：50—55.

［2］Peter Duelund, The Nordic Culture Model［M］. Copenhagen Nordic Cultural Institute, 2003：20—32.

［3］Americans for the Arts, Local Arts Agency Facts 1998, Monograph, 第2卷, 转引自艺术文化经济学, 中国人民大学出版社, 2007：38—44.

［4］Wyszomirski M J, The cost of culture：Patterns and Prospects of private arts patronage. New York, American Council for the Arts Books, 1989：22—31.

［5］戴茸. 加拿大文化［M］. 文化艺术出版社, 2001：137—138.

［6］陈鸣. 谭梅. 当代西方国家公共文化服务制度改革中的若干问题. 中国公共文化发展服务报告［M］. 北京：社会科学文献出版社, 2007：121—124.

［7］董晓宇. 公共事务的合作治理模式研究［D］. 中国人民大学博士学位论文, 2003.

［8］邵浩浩. 我国公民参与公共政策的现状及对策研究［D］. 山东大学硕士论文, 2007.

［9］王列生. 国家公共文化服务体系论［M］. 北京：文化艺术出版社. 2009：284—286.

引导社会力量参与公益文化事业的对策分析

——以椒江区为中心

孟令国　何昌廉　高　飞*

[摘　要] 随着经济社会的发展，人民群众的文化需求日趋强烈，单靠政府力量很难满足，公益文化事业的发展亟须社会力量参与。当前参与公益文化事业的社会力量主要是企业、社会文艺组织及公民个体，参与的界域、形式及原因多样。目前各级政府都出台了相关引导社会力量参与公益文化事业的政策，但政策效果有限，政策的宣传、落实、创新不足，对社会力量的引导、激励、规范不够。要提高社会力量对公益文化事业的参与水平，需要更加注重既有政策的落实、参与规范的制定、公共资源的开发以及专业力量的提升。

[关键词] 社会力量；公益文化；参与；椒江

随着我国社会经济的长足发展，人民群众的物质生活水平稳步提高，对文化产品的需求日益增加，维护自身文化权益的意识逐渐增强。虽然我国各级党委政府长期以来对公共文化建设高度重视，但对文化事业实际投入相对不足，并且存在着严重的区域差异。要进一步推进公共文化事业发展，有效保障人民群众的文化需求，政府必须发挥主导作用，积极引导社会力量参与公益文化事业。

一、社会力量参与和公益文化事业发展

从广义上讲，文化事业是公益事业的有机组成部分，是指通过生产、传播文化产品，直接或间接地为经济活动、社会活动和居民生活服务的各类文化艺术活动的总称。[①] 随着市场经济的发展及人民群众文化需求的多元化，以提供文化产品营利的文化产业发展迅速，由此文化事业分化为两个部分：一是无偿或低偿提供文化产品的公益文化事业；二是有偿提供文化服务的文化产业。[②] 与文化产业的营利

---

　　* 孟令国，男，台州学院思政部，讲师，硕士，研究方向：区域文化；何昌廉，男，椒江区文广新局局长；高飞，男，台州学院思政部，教授，学士，研究方向：区域历史文化。

　　① 贺善侃. 国际大都市公益文化比较研究[M]. 北京：学林出版社，2010：15.

　　② 马丽. 新时期公益文化事业初探[C]. 第八届全国文化管理研讨会暨中国首届农村文化管理高峰论坛论文集，2007，12：98-104.

性相对,公益文化事业最显著特点是其公益性,即为全体人民提供大量免费、无差别的基础性文化产品与服务的事业。① 公益性文化事业建设是推动我国社会主义文化大繁荣大发展的主要途径,对国家、社会的发展具有十分重要的意义。

毫无疑问,政府是发展公益文化事业的主导力量,但由于当前我国的社会经济总体水平低下及体制不健全等多重因素影响,政府无法提供全部的公益文化产品。在此背景下,各种经济组织、社会组织及群众个体开始自发地提供不同类别与形式的文化产品,以政府为主体,企业、社会组织、公民个体共同参与公益文化事业发展的局面初步形成。

社会力量的参与,极大弥补了政府提供公共文化产品存在的缺失,为公益文化事业发展注入了新鲜活力。如浙江省充分利用民营经济发达、社会资本雄厚的优势,积极引导和鼓励社会力量参与公益文化建设。据不完全统计:浙江目前共有民间职业剧团489家,约占全国总数的8%,全年为基层农村演出约13万场,观众人数达1.5亿人次,营业额约3.88亿元。在浙江农村演出市场上,民营剧团的占有率达到90%。② 民营剧团已成为该省演出市场特别是农村演出市场的重要力量。在浙江242家博物馆中,企业、个人和行业组织等其他主体投资兴办的57家;浙江绿城集团董事长宋卫平以香港丹桂基金会名义捐资1亿港币建设嵊州越剧艺术学院等。③ 这些行动,标志着我国已进入了社会力量参与共建公益文化事业的新阶段。

二、社会力量参与公益文化事业的现状

(一)社会力量的类型

从组织维度考察,当前参与公益文化事业的社会力量主要有:

1. 以企业为代表的经济组织

在当前,不少企业一方面为回报社会、积极承担社会责任,另一方面也为树立良好公众形象、弘扬企业精神,积极参与到公益文化事业中来。如在2008年,椒江区就有多家公司出巨资赞助了多项大型广场文艺活动,其中有新大众房地产公司赞助的"新大众之夜"广场文化展示活动,方远、东港、星星等企业集团协办的"炫彩椒江"大型元宵灯会活动,两项活动总赞助经费达100万左右。④

2. 以群众文艺团体为代表的社会组织

群众文化艺术团体是公益文化产品的主要供给者,其组织形式多样。从组织

① 罗争玉.文化事业的改革与发展[M].北京:人民出版社.2006:145—176.
② 苏维谦.借力政府支持:浙江民营剧团蔚然成风.文化部网站.2011.1.25.
③ 来颖杰.浙江省公共文化服务体系建设成果.浙江文化信息网,2009.12.25.
④ 数据来源于实地调查。以下数据未经特殊说明,均来源于实地调查研究。

的严密性和正规程度划分，可分划分为两类：一是在民政（或工商）部门正式登记注册过的组织性、专业性均较强的正式组织，有严密的组织体系和正式的管理制度，其组织成员大多为专职，拥有某方面的文艺特长。组织活动以提供公益文化活动为主，也从事部分商业性文艺演出，但只是为了维持组织运转，并不以赢利为目的。椒江区"海东方乱弹剧团"即是此类组织。二是群众自发成立、自主开展活动的松散型组织，其组织成员多为兼职，有不少组织以退休人员为主要构成。此类组织通常以其提供的文化产品形式命名，如椒江区就有女子锣鼓队、女子军鼓队、舞龙队、排舞队、戏迷协会等各类民间文艺团队 130 余支，平均每个街道（镇）14 支，固定表演队伍 5000 余人。

3. 依附于特定组织参与的公民个体

参与公益文化事业的公民个体，可以分为三类。一是拥有一定公共文化资源的文化产品提供者，他们或以掌握的琴棋书画、说学逗唱等一技之长提供公共文化服务，或用已有的某种特定的文化产品，如文物、收藏品等进行交流展示及无偿赠予，丰富群众的文化生活。二是热心于公益文化事业的文艺积极分子。他们以兴趣为导向，有选择地参加到各类文艺活动中去，成为松散型的文艺组织成员。三是普通群众，他们大多只是公益文化产品的受众，但他们的内在文化需求，以及对公益文化事业的关注与支持，正是公益文化事业发展的原动力。

（二）参与的界域

1. 与节日庆典结合

节庆期间通常是文化活动最为频繁的时期，它既是一个国家、民族的历史传承，也是处于闲暇中的人民群众的现实需求。社会力量对公益文化事业的参与，多是与节日庆典相结合。在椒江区，诸多传统节日、纪念日及地方文化节会均有大型公共文化活动，而且除部分为政府全力承办外，大多活动均有各类社会力量的参与。如近几年中椒江区举行的"建国六十周年"、"建党九十周年"的大型文艺汇演，都有诸多社会力量参与其中。

2. 与经济活动结合

营利性是企业经营的本质特征，因此在参与文化事业建设上，企业很容易与文化产业相结合，成为文化产业发展的推动力。但文化事业固有的公益特性，使文化产业总与公益文化事业密不可分。尤其在政府的有效引导下，不少投资文化产业的企业，也兼做公益文化事业，不少企业进入文化领域的定位也是半公益半营利。如在 2005 年，台州大唐机电贸易公司的唐信池等 7 位民营企业主投资 500 万元，拍摄电视剧《天命之年》；2006 年，台州爱华集团等民营企业投入资金支持电影《娘》的拍摄，弘扬感动浙江人物罗雪华平凡而伟大的母爱精神等。

3. 与休闲娱乐相结合

这主要是一些个人性的参与，参与的内容通常以广场文体活动为主。以椒江区排舞协会为例,仅椒江城区就活跃着几十支排舞队伍,正式登记的就有 16 支,固定成员数千人,不定期参加排舞练习与活动的群众达数万人。

4. 与宗教(民间信仰)结合

由于地理环境与生活方式的交叉模塑作用,椒江在新中国成立前一直是宗教信仰繁盛之地,近年来又再度复兴,宗教活动颇为频繁,宗教人口大幅增加,尤其是民间信仰信众。椒江的企业和个人在介入文化事业时,也会充分考虑本地的民俗小传统,或者结合自己的信仰,参与到富有信仰特色的文娱活动中去。椒江区每年度规模盛大的"送大暑船"即是典型。"送大暑船"是一种以拜祭"五圣"、祈求平安为主要内容的渔民信仰嬗变习俗,近年来在众多企业家、社会热心人士的参与下,活动规模越来越大,每次均有数万至十数万群众参与,远到江苏、福建一带的渔民也会前来,每次的活动经费也逾百万之巨。现在的"送大暑船"活动,早已超越普通的信仰活动,形成了集商贸、旅游、文娱为一体的大型民俗文化活动。

5. 与慈善事业相结合

诸多社工、志愿组织在做慈善、义务服务时,也经常为服务对象提供公益文化事业产品,如送戏、送文艺表演进敬老院、福利院等。对某些弱势群体来说,物质帮助与精神需求同样重要,而带有慈善性质的公益文化事业正好满足了这种需求

6. 与保护和抢救非物质文化遗产相结合

针对一些小规模的非物质文化遗产因资金不足濒临消失的危机,椒江区积极为这些"非遗"文化穿针引线,通过给予企业冠名权等形式,引导企业出资抢救,这样既保存了小规模的非物质文化遗产,又可以使民营企业通过"非遗"项目扩大影响力。如台州唯一的地方剧种、国家级非物质文化遗产——台州乱弹,就是在椒江区政府的引导下,海正、方远、东港三家企业共出资 180 万元,重新组建"海东方乱弹剧团",使台州乱弹重新活跃在城乡舞台上。

(三)参与的形式

社会力量参与公益文化事业的方式与途径多种多样,按不同的划分标准,可以区分为以下几种。(1)按参与意愿来看,可分为主动参与和被动参与。一些人秉持着回报社会、服务群众的目的,或出于个人兴趣爱好,积极主动地参与公益文化事业;另外一些人则在被要求的情况下参与。(2)按参与的时间性来看,可分为经常性参与和零散式参与。一些人会将参与公益文化事业常态化,经常出资、出力或亲身参与;而另外一部分人则是时断时续,不固定时间、地点参与。(3)按参与的内容来看,可分为项目式参与和赞助式参与。项目式参与是指具体协办某项公益文化活动,或直接承担活动中的某个具体节目;赞助式则是指仅是提供资金、物品支持或场地使用,自己并不参与其中。不少企业由于经营业务繁忙,采取赞助式的较多;而文艺组织或公民个体则是项目式参与为多。(4)从组织化程度考察,可分为个别参与和组织参与。一些企业或个人参与公益文化事业,是有组织、有计划进行

的,有明确的目的性,通常取得的效果也更为显著;另外一些则是个别的、零散的,相对而言成效略逊。

(四)参与的动因

从动因上分析,社会力量参与公益文化事业的出发点虽各有不同,但大致可分为以下四种:一是社会责任感。当文化需求得不到满足,而政府又无力有效提供时,部分先觉人士在责任意识的推动下,会根据自身能力自发地提供公益文化产品。以椒江的爱华控股集团为例。爱华控股集团有限公司在追求企业发展、创造经济效益的同时,始终不忘回报社会、造福民众的责任和义务。集团平均每年拿出利润的10%以上支持慈善公益事业,累计为社会慈善和其他公益事业捐款达1080多万元,出资支持社会教育事业达3500多万元,赢得社会各界的广泛赞誉。近年来爱华集团参与的公益文化事业有:独家赞助70多万元,拍摄反映台州民营企业党建工作的电视剧《与你同行》,向党的十六大献礼;为椒江、温岭、玉环等地"国际禁毒日"宣传活动捐赠20多万元的禁毒书籍;出资168万元,拍摄根据感动浙江人物罗雪华事迹改编的电影《娘》等。二是经济利益驱动。上述与经济活动相结合的参与即属于此;以文化产业带动公益文化事业的,也含有经济利益因素。三是兴趣爱好或个体需求。部分公民个体出于某种兴趣爱好,通过加入趣缘群体,共同结成文体组织,一边学习交流技艺,一边为群众提供公益文化产品。如在椒江广泛活跃着的排舞协会、戏迷协会、腰鼓队等,其组织成员多是有这方面的文体特长,或出于健身、提高技能的需要而加入,在公益文化活动中也表现积极。四是面子因素。在实地调查中发现,许多企业及个人是在熟人、官员、有关部门的要求下,抹不开面子而被动出资、出力参与公益文化事业。这种参与虽然短暂地促进了某项公益文化事业的发展,但不具有长期性、稳定性,甚至有时还带来不良后果。如个别企业在时任政府官员的要求下,被动地答应了某项公益文化活动的资助,但当官员换届走人,企业又不再买账,致使活动流产。据了解,仅在椒江,类似事例也绝非个案。

三、当前社会力量参与公益文化事业存在的问题分析

(一)引导、规范不足

虽然近年来椒江区在引导社会力量参与公益文化事业建设方面出台了系列举措,也取得了一定的成绩,但总体来看,社会力量的作用还是非常有限。首先,对公益文化事业的投入主要还是依赖政府,社会力量所提供的公益文化产品总量偏少,参与的热情、积极性不足。其次,社会力量的投入形式单一,主要是以经费赞助为主,而公益文化活动的策划组织、节目编排、人员安排等基本全靠政府。再次,对部分群众文艺团体及大型文化活动的管理、控制不足,导致部分以"大蓬演出"为代表的非法表演团体的出现,以及个别大型文化活动中掺杂封建迷信、愚昧落后的内

容,对社会习气产生不良影响。据了解,椒江区 2010 年一年共查获违规演出场所 90 家,取缔非法表演团体 5 个,行政罚款数额达 25 万元。

(二)扶持力度不够

主要表现在:(1)对既定政策抓落实不够。各级政府先后都有针对公益文化事业建设的各类政策、方针出台,但很多政策只是指导性意见、大框架,不够具体明确,相配套的具体实施细则也没有,所以在实际中没法执行或执行困难。如 2007 年 2 月浙江省文化厅就会同省财政厅制定了《浙江省非物质文化遗产代表性传承人(民间老艺人)补贴实施暂行办法》,随后台州市于 2008 年制定了本地的相应政策,但具体到椒江区,在此次调研中依然没有具体的实施细则出台,虽然距离省厅政策出台已经近 4 年了,椒江区的一些非物质文化遗产传承人还是不能获取相应的补贴。(2)政策宣传不到位。在调研走访中,其实有不少企业家及个人有赞助公益文化活动的意愿,但是担心不能像慈善捐赠那样能直接享受相关政策优惠,因而放弃捐赠或转向其他捐赠。其实早在 2007 年,国家财政部和税务总局就下发了《财政部、国家税务总局关于宣传文化所得税优惠政策的通知》,明确规定了赞助公益文化事业方面的优惠措施,但相关企业和个人竟一无所知。(3)与相关部门的协调不够。文化部门的职能具有广泛性与普遍性,但其行政职权是相对独立且有限的,许多文化政策的具体落实都需要与其他职能部门协调,如果协调不够,许多政策就难以兑现。譬如在椒江区的一些公助民营的文艺团体中,一些演艺人员的工资待遇一直偏低,虽然文广新局也曾多方协调经费,但得到相邻部门的支持较少,致使待遇问题一直没有得到有效改善,造成不少优秀文化人才的流失。(4)满足现实要求的政策创新不够。公益文化事业的发展,需要更多贴近群众的文化需求,因此相关政策也需要随着经济社会发展而不断创新。

(三)专业力量缺乏

当前,椒江区文化系统内的专业力量十分薄弱,主要表现在:(1)人才总量偏少,激励不足。椒江区文化系统目前共有专业技术人员 85 人,其中具有高级职称 6 人,中级 20 人,初级 59 人。各乡镇(街道)虽有文化专职人员配备,但大多半道出家,而且还担负着其他基层工作,所受专业训练也不足。仅靠这样的文化队伍,来满足椒江区 50 万人民的文化需求,显然力有不逮。另外,由于待遇偏低,临时聘用人员编制不能解决、部分人才优惠政策不能落实,导致人才流失及引才困难,制约了公益文化事业的发展。(2)优质文化资源发掘、利用不足。由于物力、财力及政策机制限制,对民间文化资源调查、发掘、保护不足,一些优秀文艺人才也没有得到有效使用,造成了文化资源的相对浪费。

(四)涵盖面有限,针对性不强

一些公益文化活动的开展,在前期并没有做充分的调查研究,尤其没有对人民群众的实际文化需求进行了解分析,致使活动的开展"叫好不叫座",群众的参与热情不高。当前的公益文化事业还是以"送"的模式为主,而"需求——满足"的模式很少,其针对性、内容丰富性等都要大打折扣。

四、引导社会力量参与公益文化事业建设的建议

(一)重政策制定,但更要重机制建设

通过实地调研发现,从中央到地方各级政府,出台的引导社会力量参与公益文化事业的各种政策不可谓不多,但政策的执行往往不到位。引导社会力量推进文化事业发展,既要重政策制定与创新,更要注重与政策相配套的执行机制建设。由于文化行政部门职权范围的局限性,要建立健全文化政策执行机制,必须要有一个能整合各职能部门的大文化建设委员会。该组织应由各职能部门的相关人员构成,定期举行办公会议,为当前公益文化事业发展把脉,为文化政策的制定、执行铺路,对社会力量的参与提供必要帮助、指导。

(二)重引导投入,但更要重规范治理

引导社会力量更多投入公益文化事业时,需要注意投入的质量和规范性。现在一些企业赞助文化活动,有时很难说是公益活动,更多是广告性的,让广大受众接受不了,破坏了公益文化事业的形象。[①] 还有一些社会力量的参与,夹杂着宗教信仰诉求、不正当利益诉求,甚至还充斥着低级趣味、封建迷信的诉求。因此,在引导社会力量投入公益文化事业时,一定要从源头上把好关。其次是要加强监管,公共文化活动均要实行审批,对参与主体进行必要约束,对活动过程进行全程跟踪反馈,对活动结果及影响进行适当的绩效评价。

(三)重资源获取,但更要重资源开发

公益文化事业发展不能一蹴而就,社会力量的引导与规范也需要循序渐进。引导社会力量参与公益文化事业建设,既要注重当前资源获取,但更要注重未来资源的开发。公益文化政策首先需要培育民众的公民意识和参与精神,号召更多的民众参与公益文化事业建设。"众人拾柴火焰高",只有越来越多的人参与进来,公益文化事业发展才有不竭动力。其次,需要培育企业的社会责任感,尤其是参与社会文化建设的责任意识。公益文化建设既是政府职责,同时也是社会义务,企业和个人中一些有能力承担者,应当为公益文化建设做出应有的义务和贡献。再次是政府相关职能部门需要密切配合,对企业等经营性组织在公益文化事业方面的责任有所要求,如在投资之初、或利润分成时,需要拿出一定的比例额度来扶持公益文化事业。2005 年以来台州广泛施行的"百分之一文化计划"即是非常好的典型。"百分之一文化计划"即总投资额在 3000 万元以上的公共建筑项目建设投资总额

---

① 刘琼.大力发展文化公益事业[N].人民日报.2009－05－26(16).

中提取 1‰ 的资金用于公共文化设施建设,而且要求所建设的公共文化设施必须是能使公众免费享受或者参与的项目。① 该项目实施 6 年来,已经吸引数亿元民间资本投资公共文化设施建设,并成功开展了三批示范项目的建设,第四批示范项目正陆续开展中。目前已建成了 35 座城市雕塑、2 条文化长廊、8 座景观凉亭、2 个网球场、1 家阅览室等项目以及举办了首届少儿绘画大赛,取得了城市公共文化艺术设施建设的新成果,活跃了群众的文化活动,体现了政府引导、社会参与、群众享用的建设思想。

(四)重鼓励参与,但更要重专业提升

在引导社会力量参与的过程中,一定要注意公益文化活动的专业性及文化内涵的提升。只有高质量的文化产品,才能给人民群众带来美的享受和愉悦的心情,也才能吸引更多的社会力量参与其中。提升公益文化活动的专业性与文化内涵,不仅要靠人才队伍建设、优秀作品的创作,而且还需要提升人民大众的文艺素养。首先是专业人才队伍建设。一方面制定相应政策,吸引更多接受过专业教育的文艺骨干加入公益文化队伍;另一方面通过定期的培训及专项性的专业进修,提升现有文化队伍及文化志愿者的文艺技能。其次是创作更多贴近现实生活,为人民群众喜闻乐见的优秀文化作品,鼓励社会力量参与文艺作品创作与传播展示。再次,通过社会大文化建设和精神文明创建,提高社会大众的文艺素养,从而提高人民群众对高雅艺术、优秀文艺作品欣赏能力,激励其对公益文化产品质量提出更高要求。

五、结 语

公益文化事业的发展离不开社会力量的参与,而社会力量的参与,离不开政策的引导和扶持。当前的政策机制虽有缺憾,但毕竟已经积累了一定经验,社会力量的积极性也得到了有效调动。要进一步引导社会力量参与公益文化事业建设,需要各级政府及有关公共文化机构不断加强政策研究与创新,需要社会各界的关注与支持,学界亦责无旁贷。

[参 考 文 献]

[1] 戴珩.公共文化服务体系研究的整体观[N].中国文化报.2010.5.20.(6).

[2] 贺善侃.国际大都市公益文化比较研究[M].上海:学林出版社,2010:12-35.

[3] 林怡.整合文化资源构建公共文化服务体系[J].经济与社会发展,2009(6).

① 台州市人民政府办公室:关于实施百分之一文化计划活动的通知,台政办发〔2005〕113 号。

［4］李景源.中国公共文化服务发展报告［M］.北京:社会科学文献出版社.2007:31－42；
255－273.

［5］马湘临.支持还是放松:欧美公共文化政策比较［J］.社会观察.2004(4):23－26.

［6］王春霞.近代浙商与公益慈善事业研究［M］.北京:社会科学文献出版社.2009:38－65.

［7］王列生.国家公共文化服务体系论［M］.北京:文化艺术出版社.2009:2－48.

［8］中共台州市委宣传部.三个三公共文化服务体系［J］.思想政治工作研究.2009(7):
15－17.

七

公共文化服务经费保障机制研究

公共文化服务多元投入机制思考

梁　亮　施春林　胡　芳　陈　荠[*]

[摘　要] 建立公共文化服务多元投入机制，须同时关注软、硬两方面的投入，从某种意义上来说，软投入比硬投入更为重要，是解决投入机制结构性缺陷与整体效率的一个关键因素。本文在对多元投入机制的构成要素进行系统梳理与总结的同时，提出了实现多元化投入的具体途径与建议，并重点论述了多元投入背后的几层重要关系。

[关键词] 公共文化服务；多元化；投入机制；对策；建议

我国现有的公共文化服务投入体制存在思想认识滞后、投入总量不足、投入结构失衡、制度设计不顺、监管评估不力、动力机制缺乏等一系列问题，严重地影响了文化的繁荣与发展。要解决上述问题，就必须建立一个科学、全面和高效的投入机制——公共文化服务多元投入机制。本文在总结已有研究的基础上，重新诠释了多元投入机制的内涵与外延，认为必须将涵盖人力投入、财力投入和物力投入在内的"硬投入"机制和包括政策投入、科技投入、管理投入、文化投入、教育投入等在内的"软投入"机制结合起来，才是一个完整的公共文化服务多元投入机制。从机制的内涵来看，本文关注的投入多元化涉及投入主体、投入方式、服务内容、服务理念和机制创新等一系列要素的有机组合。

一、硬投入的多元化

财力、物力、人力就是通常意义上的硬投入，随着我国市场经济体制的日益成熟和完善，关于硬投入的研究也日益深入，对多元化也有许多不同的解释。

(一)财力投入的多元化

公共文化服务体系的经费来源从传统模式下的政府单一负责制走向以政府保障为主，政府、企业、第三方、个人等多方投入的多元格局是一个必然的趋势。此外，在资金筹措方式、资金分配使用方式等方面亦需积极探索创新，形成多元化的、适应不同现实条件的资金筹措机制与资金分配机制。

　* 梁亮，女，杭州图书馆，副研究馆员，研究方向：文化服务体系运行机制；施春林，男，杭州图书馆，副研究馆员，研究方向：图书馆学；服务效益统计分析；胡芳，女，杭州图书馆，馆员，学士学位，研究方向：图书馆绩效管理；陈荠，女，杭州图书馆，馆员，学士学位，研究方向：公共图书馆基金会。

1. 多元投入主体

一般而言，公共文化服务的资金投入主体应包括政府、企业、社会组织、大学及公众。在我国现阶段，公共文化服务资金投入的问题因经济基础的相对薄弱和公共文化服务的历史欠账太多等原因变得更为突出，在坚持政府作为公共服务体系最主要的投资主体的同时，调动全社会关注公益文化事业发展，共同参与公共文化服务产品的生产与营销是一个必然选择。这方面学术界多有论述，国内各地如杭州、台州、深圳、重庆等地都有过探索，取得了许多成功的经验，所以本文不再展开。

2. 多元化筹资渠道

在强调公共文化服务体系资金投入主体多元化的同时，还要坚持和鼓励多样化的融资和筹资方式，多渠道、多形式地筹集社会资金来发展公共文化服务。本文具体的建议为：

(1)充分利用政策杠杆，建设公共文化融资平台

政府运用各种政策杠杆如政府担保、税费优惠等政策，引导金融企业对社会文化事业实行信贷倾斜政策，以低息、无息、贴息等方式向重大文化建设项目提供资金支持。银行、信用社可对效益和信用好的公共文化服务经营者开办资产抵押业务，对经营性文化企业事业单位在贷款利率、还款期限、担保要求等方面区别于一般的商业性贷款，尽可能提供一些优惠措施。

(2)明晰公共文化资源产权，盘活闲置公共文化资产

一些公共文化设施由于破旧或地点偏僻等原因而被长期闲置，有一些大型文化设施和稀有历史文化遗产由于产权模糊等原因缺乏很好的维护与经营。对于前者，可采用少量财政资金投入、提供相关技术支持、公开招标引资、税收减免优惠、翻新再造、搬迁变卖等途径和手段，盘活这些闲置的公共资产，激活其潜在的公共文化服务功能。对于后者，在保证公共利益不受损害的前提下对其产权进行界定，按照"谁建设，谁收费；谁受益，谁付费"的原则鼓励产权责任人进行文化资源的再度开发、保护和合理利用。

(3)鼓励民间资本参与公共文化事业建设，推进文化事业单位转企改制

针对"建一座设施，背一个包袱"的公共文化基础设施建设的"怪圈"，可以推广使用浙江、山东等地采用的政府补贴、企业冠名、社区文化基金会建设、公益文化项目推介等办法，鼓励社会力量对公共文化事业的赞助。已有的实践表明，政府投入建设文化设施并对商业运作给予一定的补贴具有培育文化消费市场的性质，政府补贴导致的低票价也鼓励了部分公众的"文化消费"[1]，对于繁荣文化演出和消费市场有着很大的促进作用。

积极鼓励个人与民营企业参与经营性文化事业单位的股份制改造，促进生产要素向公共文化服务领域的合理流动，加快产权制度改革，实现投资主体多元化。有条件的文化事业单位也可充分参考借鉴英美等国一些博物馆的策略化经验策

略,逐步引入"以顾客为导向"的产业化经营模式,为自身发展赢得更多的运转资金。如英国大英博物馆建立大英博物馆有限公司,引入公共文化企业制度,为公共文化服务提供新的融资可能性的做法就值得我国的公共文化机构借鉴。

（4）完善社会捐赠激励制度,设立公共文化发展基金

加快落实并完善文化事业的捐赠激励机制,制定必要的文化经济政策,通过减免税费、资金扶持、表彰冠名、业务培训、项目帮扶等优惠政策吸引投资方和赞助方,引导企业、团体及个人等各种社会力量以不同的形式将社会资金捐赠或赞助给公共文化服务事业。鼓励和支持文化事业单位同企业横向联合,开展"文企联姻",推动企业长期稳定地对文化建设进行投资。

可设立和完善多样化及多层次（个人、企业、机构等）的公共文化服务基金,广泛吸纳来自公共财政、文化产业经营收益和各种社会力量捐赠的资金。在这方面,北京、上海等地借鉴英国"一臂"之距的文化管理原则,成立半官方的文化发展基金会来吸引和统筹安排使用社会资金的运行模式给了我们很好的借鉴。

此外,还可设立特定的专项文化服务基金会,吸纳各个方面的资金,有重点地支持某方面公益性文化建设项目和文化活动。这方面特别值得一提的一个成功案例是杭州市的图书馆事业基金会。该基金会成立于 2003 年,属于地区性公募基金会,由浙江西子联合控股有限公司和杭州一市七县（市）九家公共图书馆共同发起成立。基金会接受的捐赠来源于省内企业和个人,到 2010 年底,基金会资金规模（包括一个佛学图书馆的固定资产折价）已达 853 万。受资助对象主要为当地基层图书馆、基层工作人员及弱势群体,历年捐赠、资助共计支出 100 余万,在国内图书馆界已颇具影响。

（5）发行文化彩票和债券,多种形式灵活吸纳社会资金

吸纳社会资本有很多的方式,其中,设立文化彩票以日常性地吸纳民间资本的投入,是一个效率较高、操作性较强的方法。除了已有福利彩票与体育彩票两种彩票,可以增设文化彩票,也可考虑将文化彩票与体育彩票合并,设立文体彩票,以促进我国文化与体育事业的发展。无论是单独设立文化彩票,还是设立综合性的文体彩票,都能持续地为公共文化服务提供源源不断的财力支持,减轻公共文化服务发展所面临的资金压力。英国在 1994—1999 五年间通过发行国家彩票,为公益文化事业筹资 63.8 亿英镑,共资助了"新千年大厦"、泰特现代艺术博物馆等 3 万多个公益文化项目[2]。文化彩票促进公共文化事业的积极效应非常明显。

此外,我们还可以根据文化基础设施和基础项目建设周期长的特点发行较长期限的文化专项债券（包括国债、地方债券和企业债券等）,将所得资金用于文化事业建设。

3.多元化资金分配方式

（1）建立与完善文化采购与专项补助制度

政府应从直接拨款向项目投资、购买服务方面转变,加快建立政府文化采购

制度,政府要根据自己的文化职责,科学制定文化采购计划,逐步提高具有激励性质的经费投入比例。这方面,我们可以充分吸收借鉴法国政府对文化的财政投入的做法,他们不是通过简单的行政手段,而是通过签订文化协定的契约形式确保实现政府的管理目标[3]。与此同时,应设立文化专项发展经费和专项补助经费,对本土文艺创作、文化活动开展、优秀文艺作品创作等进行资助和奖励,并予以制度保障。

(2)推广运用参与式预算机制

政府财政直接投入的项目应逐步采用参与式预算的方式进行。国内已经有一些地区在率先进行以"参与式预算"为重点的公共财政改革试点,如江苏省无锡市就在有关城区就公共文化设施项目的选择进行社区居民投票[4],浙江省温岭市以民主恳谈等形式推行了参与式预算试验。公共文化服务的财政投入作为一种最贴近民众生活实际的公共财政投入,应大胆做出这方面的尝试。

(3)全面引进市场化管理模式

当市场经济已经成为一种基本经济制度时,具有公益性质的公共文化事业也要围绕市场的优势和缺陷发挥自身功能[5]。引入市场机制和社会力量,不是要削弱公共文化服务的功能,而是要优化公共文化服务的微观主体;不是要放弃政府在公共文化事业发展中的责任,而是为了从公共文化产品和服务的经营者转变为组织管理者。因此,我们应依循西方经验大胆引入市场机制,将"企业化管理"[6]引入公共文化服务建设,努力探索公益性文化事业市场化运作的新机制,从根本上提高公共文化服务的水平和能力。

(二)人力投入的多元化

1. 多方参与文化人才的培养和挖掘

首先,要加强文化专业人才的挖掘和培养,加强各类学校的文化艺术及专业教育。高校要努力完善文化专业人才的招生计划、教学计划,国家应给予必要的政策倾斜和引导,倡导文艺生积极到与公共文化服务相关的事业单位或志愿组织发挥专业力量。提倡社会有意识地培养文化积极分子,充分发挥民间艺人、文化能人的作用,如建立起本土的农村文化精英队伍,支持农民自办文化。

其次,要加强文化经营人才和文化管理人才的培养和挖掘,注重发挥基层文化骨干、文化能人的积极作用,积极培育和发展城乡文化中心户、义务文化管理员等制度。采取各种措施吸引优秀人才进入公共文化服务领域,鼓励和支持专业艺术团体改革中的分流人员到社区、街镇等地担任文艺辅导员和文化指导员也是一条可行的路子。

2. 多渠道吸纳文化人才

首先,对长期从事群众文化工作或在一定领域取得突出成绩的人员给予特殊奖励,在全社会营造一种尊重人才、尊重文化的良好氛围。浙江省舟山市组织的政府文化奖评选,对在文化建设中做出重大贡献或取得突出成就的社会各界人士和各级各类组织进行表彰,并予以最高 6 万元的奖励[7],就是一个不错的典范。

其次,要加大对优秀文化人才的扶持和引进力度,实施青年艺术人才的专项培养计划[8],成立文化人才基金会等措施,从高校、文化机构等人才孵育基地引进高端人才,对引进的优秀文化人才,可加大在户籍、住房、职称评定等方面的政策激励,调动文化人才的积极性。

(三)物力投入的多元化

1. 政府建设文化孵育基地

政府在积极保障最基本的公共文化产品供给以外,还应注重建设功能健全、交通便利、环境良好的文化孵育基地,最佳选址通常为有利于文化的广泛和快速传播的城市广场、公园、社区、校园、农家大院、庙会等人群聚集地。此外,可要求新建小区必须配套一定标准的公共文化设施等,以努力形成比较完备的国家、省、市、县、乡镇(街道)、村(社区)六级公共文化基础设施网络。

2. 机关企事业单位逐步开放文化场地与设施

应积极推动国家机关和学校等事业机构的内部文化体育设施对外开放,探索文化馆、博物馆、科技馆、少年宫、学校图书馆(尤其是高校图书馆)等重要文化场地的共建共享新机制。企业也应逐步推行文化资源的分层定价与供给机制,为社会提供非营利性的公共文化服务项目,有条件地与社会共享公共文化场所、公共文化设施等,以促使公共文化资源的合理流动,促进公共文化服务的多元化物力投入。

二、软投入的多元化

多元投入机制的软投入一般指建立机制应考虑的政策、管理、技术、教育等多方面的成本,所以讨论软投入的多元化也应从这几个方面入手。

(一)实施多元分层的政策

迄今为止,涉及公共文化服务的文、图、博、科、美等公共文化服务事业机构的管理法规,绝大多数仍处于部门规章层级,缺乏制度性约束力。由于没有高层次法规约束,使得中央已经出台的发展公共文化事业的政策落不到实处,如国办、中办《关于加强公共文化服务体系建设的若干意见》中关于"把社区文化中心建设纳入城市规划,从城市住房开发投资中提取 1%,用于社区公共文化设施建设"的规定,出台已多年,至今仍难以落实[9]。基于这一现实,唯有鼓励各级政府发挥主观能动性,因地制宜大胆创新,制定相关的多元化规章制度,并在总结实践经验的基础上横向推广,从而自下而上地推动相关法律法规的立法进程。

1. 中央政府与地方政府的分层政策制定

应进一步明确各级政府基本公共文化服务的职责权限,各级政府尤其是省级以下各级政府根据职责分工制订推动公共文化服务发展的政策。中央政府的主要任务是"高层规划指导"，即制订宏观指导政策，主要关注基本公共文化服务范围划分、服务标准制订、财政转移支付办法及服务监督评估机制的确立等。省市政府的主要任务是"中层协调监督"，即协调各政府职能部门和事业单位、企业、社会组织等的关系并开展监督，以整合公共文化服务资源，提高社会资源利用效率。县、市、区政府的主要任务是"基层组织落实"，即根据本地实际，制订出台具体的公共文化服务规程、吸纳多元主体参与公共文化服务的优惠政策措施。

2. 地方政府之间的差异化政策制定

由于我国地域广阔，各地文化传统、文化资源、经济实力等千差万别，需要各地方政府根据自己的实际情况，制订适合地方经济特点、民间传统习俗的导向性政策、鼓励性政策及公共文化服务发展规划，以增强政策的可操作性，尽最大可能鼓励企事业单位、社会团体、非政府组织及广大民众参与当地的公共文化服务体系建设。

（二）推行多元化管理模式

政府不仅要办好文化，还要管好文化，实现宏观管理与微观管理的有机结合。对于那些交由市场与社会提供的公共文化服务，需逐步完成从指令性管理向指导性管理、全面管理向重点管理、统一管理向分类管理、单一管理向多样管理的过渡[10]。可以根据情况，综合采用如下一些公共文化服务管理模式：

1. 民办公助

在广大农村，可采取民办公助方式，鼓励、引导和帮助村民以在乡常住的中老年人群为主体，成立文化协会，由政府提供组织指导（帮助组建）、财政资助（拨款应直接到协会）和业务辅导（由乡镇文化站组织）。在城市社区，则可以居住小区为单位将老年人适度地组织起来，如成立文体协会，资助和引导其举办文体活动[11]。公共文化机构应由点到面地为老年人的文体活动提供保障条件，如场地、设备和专业指导。

2. 政企合作

农民工是城镇公共文化服务机构的经常性服务对象之一，城市公共文化管理与服务机构可采取与企业合作的模式为农民工提供服务[12]。应鼓励这些机构主动与农民工所在企业建立稳定的合作关系，联合为农民工提供文化设备和用具，如图书、报刊、电视、电脑上网、卡拉 OK 机等，以及提供文化学习、知识讲座、技能培训等公共文化服务。

3. 以钱养事

浙江、湖北一些地方政府试行的"以奖代补"、"项目申报"制度，有效地推动了国有文化机构走向适应市场经济环境的"目标管理"[13]。这种管理模式，是一种在公共文化基础设施、人才队伍等各方面建设不足、历史欠账较多的基础上实行的，以强化竞争激励机制为核心的制度创新。在国家对农村公共文化投入有限的情况下，能借助严厉的反向约束力来克服公共文化服务效率的不足，在一定程度上提高资源的利用效率[14]。

此外，近年来浙江省各地普遍推行的政府采购公益性文化产品的做法也取得了良好的成效。所谓公益性采购，即政府每年向社会购买一批重点项目，低价或免费向群众提供。政府根据所采购产品的不同特性，通过公开招标、邀请招标、竞争性采购等方式购买公共文化产品。这种做法将公共文化产品和服务的提供与生产分离，政府作为公共产品提供者只负责出资，并在公共文化产品和服务的生产者（包括公共文化机构和私营文化机构）之间引入了市场竞争机制[15]，从而有效地提高了公共文化资源投入的产出效率。可在总结推广上述以奖代补、项目申报、公益性采购等经验做法的基础上，推动部分公共文化服务从"以钱养人"向"以钱养事"转化。

（三）多元技术投入

要充分利用现代技术这一推动文化建设的新引擎，综合运用各种手段，加大科学技术和现代传播手段的应用，强化公共文化服务的技术支撑。具体措施有：(1)以创新服务技术为中心，不断提高公共文化生产制作、传播、管理等技术，为公共文化服务体系高效运行提供坚强技术后盾。(2)坚持以群众需求为导向，加强信息技术应用的整体系统部署，促进业务流程和组织结构的优化重组。(3)重视文化信息网络建设，充分利用互联网这一先进的技术手段，通过网络为公共文化发展搭建一个信息网络服务的科技大平台，建立文化资源信息交流与合作平台，以更好地提供公共文化信息服务。(4)以文化信息资源共享工程建设为核心，以基层服务网点建设为重点，加强不同部门文化资源的整合利用，尽快建成覆盖城乡的数字文化服务体系。(5)加快载体的数字化、信息化、网络化建设，拓展文化传播方式[16]；积极推进农村信息化进程，积极推进电话、电脑、电视三电合一、三网融合的农业信息服务平台建设。

（四）多元教育投入

公共文化服务机制能否长效持久运行的关键在于教育，尤其是要加强民众的思想文化教育，使老百姓主动加入到为公共文化服务的大业当中，自觉自愿地成为公共文化事业发展的中坚力量。

首先，通过各类形式的教育和开展丰富多样的公民教育活动，培养公民的知识技能，增强其参与公共文化服务建设的意识，尤其是要强调公民的价值观和对社会责任感的培养。其次，学校及一些文化培训机构要注重教学计划的合理设计与文化人才的科学培养，还要鼓励家长对孩子的个性化培养、才能挖掘和锻炼等，为文化事业建设提供丰富的人才储备。再次，除了学校的正规教育，还可以综合运用家庭、社区、企业、协会等社会化工具对公民进行教育，倡导一种人人培养健康向上的文化精神追求的境界，增强公民参与意识，提升其参与文化建设的素质和能力。最后，要重视发挥大众传媒在影响推进公共文化建设的社会化、力量多元化等方面的教育引导作用。

三、多元投入背后的几个问题

（一）投入主体多元化背后的动力机制

文化是社会的黏合剂，是疗治社会创伤，消弭阶层鸿沟，减少族群冲突的不二良方。重铸国家之魂，构建稳定社会结构最深层的精神动力来自于文化教育的潜移默化。在提倡绿色经济科学发展的今天，探讨公共文化服务投入背后尤其是地方政府及其官员的动力机制尤为重要。以实现"公共服务型"为目标的政府职能转换虽已成为共识并初见成效，但公共文化服务体系建设因其周期长，短期效果不明显而遭到忽视的现象在各地并不鲜见，建立以"公共文化服务"为动力的责任政府还是一个任重道远的目标。

政府和文化组织应通过文化熏陶、观念渲染、公共责任的宣传，正确理解政绩、业绩、利润的多重涵义，努力建立起一套完整的公共文化服务的动力机制。

（二）文化事业和文化产业的关系

文化事业着眼于社会效益，以非营利性为目的；文化产业着眼于经济效益，以提高利润为目的，二者的关系看似有很明显的差异，但实际上并非泾渭分明[17]。文化事业为文化产业提供内涵、精髓、品位等文化资源，发挥价值引导和规范作用；文化产业为文化事业提供产业支撑与经济资源，促进文化产品大规模生产与消费，并引导文化事业实现以客户需求为导向的服务模式的转变。因此，公共文化服务体系建设既需要文化事业发展，也需要文化产业提供支撑。现阶段要把文化产业和文化事业有机结合起来，一方面要通过市场化的产业发展为公共文化服务提供产业支撑与资金支持[18]，引导文化资源向公共文化服务领域流动，增加公共文化服务资源总量，另一方面要通过文化事业的总体方向引导，使文化产业更好地为构建社会主义核心价值体系服务，实现社会效益和经济效益的统一。

（三）不同类型公共文化服务的资金投入模式

学术界按照公共服务产品的分类方法将公共文化服务分成纯公共、准公共、营利性文化服务三大类，认为纯公共文化服务，应坚持政府的主导地位，加大财政支持力度，大力兴办文化事业，增加纯公共文化产品的生产；对于准公共文化服务，应拓展政府与社会力量的合作，采取公益性采购、民办公助、财政补贴、财税优惠等形式增加其供应；对于营利性文化服务，则应寻找与社会力量的利益契合点，通过以奖代补、表彰宣传等方式激励其发展。

此外，还有种看法认为可以结合进入门槛的高低将公共文化服务划分为三类，并分别采取相应的投入模式:对于那些进入门槛较低的公共文化服务项目或私人文化事业,可以积极鼓励和支持个人和第三部门的参与,通过市场化或非营利性非政府性的运作方式满足人民群众多层次的文化需求与消费;对于那些兼具公益性和经营性、进入门槛较高的公共文化服务,可以通过市场机制的引入,政府适当放宽准入条件,加强竞争,以提高公共文化服务的质量和水平;对于那些公益性较强,且进入门槛又很高的公共文化服务,因个人和组织一般不愿进入或没有实力进入,应由政府公共部门为主进行供给[19]。

(四)公共文化服务投入均等化问题

由于我国二元结构的长期发展和政治、经济等宏观政策的历史倾斜等原因,导致公共文化服务领域的城乡差距、东西部区域差距日益显著。西方发达国家也存在类似现象,并为此制定并推行了各种文化均等化政策,如法国政府针对文化设施、文化活动和文艺团体过度集中在巴黎地区的现状实施的文化分散政策就是一例。1995—2005 年间,法国政府将三分之二的文化投资用于巴黎外省,重要文化设施也大部分建在外省。法国政府的目标是实现三个平衡:巴黎与外省的平衡、城市与农村平衡、市区和郊区的平衡,从而使各地公民都有平等享受文化生活的权利。为此,法国政府在提供经费的同时,与相关部门和文化单位签订了各类合同,如国家和大区计划合同、国家合同、与文艺院团签订的契约等等[20]。

要实现公共文化服务的普惠、均等必须把投入的均等化作为一个重要的宏观政策导向,优化财政支出及人力、物力等的投入结构,扩大对农村、中西部地区公共文化服务建设的投入。为此,我们可以从以下三个方面入手,努力推进我国公共文化服务的均等化。

首先,要加大对农村地区的投入力度,发展县、乡、镇、村公共文化设施和活动场所,保障农民的基本文化权益;加大对中西部地区文化设施建设的投入,改善中西部文化设施水平,使其向东部地区靠拢;加大对基层特别是低收入和老弱幼残等弱势群体提供免费文化服务产品的力度,倡导文化的人性关怀。

其次,要采取差异化的公共文化服务体系建设策略[21],建立规范的转移支付制度,使财政资金在城乡和不同地域之间进行合理分配也是十分重要的举措。

最后,要积极组织开展城乡联动、区域共建、工农互动等多种形式并具有长期效应的活动,逐步建立以城带乡、城市文化辐射农村的机制[22],具体可以采用城市和农村、东部发达县市和中西部落后县市、社区和单位之间等多种形式的对口扶持策略,促使优质文化资源和资金的均衡流动。

总之,要以优化城乡、区域间和不同群体间的公共资源分配为导向,提高文化产品供给的公平性,缩小差距,不断推动公共文化服务均等化和公平化的进程。

四、结　语

我们期待公共文化服务多元投入机制的不同诠释的讨论,避免只关注资金投入主体多元化所带来的资源整合性缺陷和整体性效率不高等问题。同时,需要指出的是,我们在倡导社会参与公共文化服务时,应怀着适度的期望而不过分依赖,更不能照搬美国式的大社会参与模式,因为各国的历史文化背景千差万别,如果脱离具体的社会文化背景和文化发展模式来谈论制度引进,其结果只能是削足适履,甚或邯郸学步,适得其反。

［参 考 文 献］

［1］章建刚.公共文化服务体系:市场经济条件下的重构［M］.浙江经验与中国发展（文化卷）.北京:社会科学文献出版社,2007.

［2］徐世丕.中国公共文化服务:新观念、新形势、新经验与新课题［M］.载李景源、陈威主编.中国公共文化服务发展报告（2009）.北京:社会科学文献出版社,2009.

［3］王列生等.国家公共文化服务体系论［M］.北京:文化艺术出版社,2009:279.

［4］章建刚等.改革务实,在科学发展观指导下推进我国公共文化服务体系建设［M］.载李景源、陈威主编.中国公共文化服务发展报告（2009）.北京:社会科学文献出版社,2009.

［5］陈立旭.创新公共文化服务体系投入与管理方式——基于浙江实践经验的研究［M］.载李景源、陈威主编.中国公共文化服务发展报告（2009）.北京:社会科学文献出版社,2009.

［6］苏峰.略论公共文化服务体系的构建,http://www. chinavalue. net/Article/57316. html,2007－02－25.

［7］浙江省人民政府网.舟山市三项举措完善城乡共享的公共文化投入机制. http://www. zj. gov. cn/gb/zjnew/node3/node22/node168/node372/node1808/userobject9ai100900. html,2009－03－11.

［8］许大文.基层公共文化服务长效发展的探究［J］.中国集体经济,2010(36).

［9］同［2］.

［10］陈国栋、秦冠英.农村公共文化服务的困境与对策［J］.甘肃联合大学学报(社会科学版),2010(6).

［11］祝东力.关于公共文化服务体系的现状分析及建议［M］.载李景源、陈威主编.中国公共文化服务发展报告(2009).北京:社会科学文献出版社,2009.

［12］同［11］.

［13］同［5］.

［14］傅才武、纪东东.湖北乡镇文化站“以钱养事”改革模式的成效及其局限［M］.载李景源、陈威主编.国公共文化服务发展报告(2009).北京:社会科学文献出版社,2009.

［15］同［5］.

［16］丁勇.江苏构建公共文化服务体系的问题分析与对策［J］.成都大学学报(社科版),2010(5).

［17］江逐浪.中国公共文化服务事业发展中的几个内在问题［J］.现代传播,2010(5).

［18］中共青岛市委党校课题组.论公共文化服务体系建设的关键环节［J］.理论学刊,2008(9).

［19］周晓丽、毛寿龙.论我国公共文化服务及其模式选择［J］.江苏社会科学,2008(1).

［20］同［3］.

［21］中国社科院文化研究中心.近年来中国公共文化服务发展研究报告［J］.中国经贸导刊,2008(7).

［22］阎平.关于农村公共文化建设若干问题的思考——以山东地区农村公共文化服务体系建设为例［J］.青岛行政学院学报,2009(10).

公共文化服务人才队伍建设研究

浙江省公共文化培训工作机制研究

胡　敏　林　敏　屠锦英　毛光正　骆　蔓[*]

[摘　要] 浙江省公共文化培训工作机制研究是浙江省公共文化服务体系建设制度设计课题中的一个子课题。本课题的研究不同于学术性理论研究，而主要注重于实践，并对现行的公共文化培训工作加以归类和分析，力图从中找出一些规律性的东西。鉴于此，课题研究主要从公共文化培训工作机制研究的意义、目的、任务出发，回顾我省公共文化培训工作相关情况，参考国内外培训工作的践行，研究探索保障培训工作可持续、高质量、高效益进行的制度化措施，如领导组织机制、规划实施方法、条件保障措施、检查考核办法等，从而建立满足人民群众需求的我省公共文化培训工作新机制，力图对我国东部地区的公共文化培训工作机制建设有所借鉴。

[关键词] 公共文化；培训工作；机制研究

一、关于公共文化培训工作机制研究的现实意义和价值

(一)关于公共文化培训工作机制研究的意义

以十七届六中全会精神为指导，全面贯彻落实科学发展观，围绕《国家中长期人才发展规划纲要》、《文化部关于开展全国基层文化队伍培训工作的意见》及公共文化服务体系"十二五"规划确定的发展目标和主要任务，以能力建设为重点，推进公共文化培训工作的规范化、制度化、科学化建设，提高公共文化服务从业人员的政治理论素质、工作能力、知识水平、创新精神和服务意识，努力培养一支政治坚定、开拓进取、适应时代要求和公共文化服务体系发展需要的高素质专业化从业人员队伍，为公共文化服务体系发展提供人才保证和智力支持。

(二)关于公共文化培训工作机制研究的目的

1. 公共文化服务队伍素质得到切实提高，努力培养适应公共文化服务体系发展需要的人才队伍

认真贯彻省委有关"文明素质提升工程"精神，按照大规模培训从业人员、大幅

* 胡敏，男，浙江省文化馆研究馆员，研究方向：社会文化；林敏，男，杭州市文化馆研究馆员，研究方向：社会文化；屠锦英，女，浙江传媒学院副教授，研究方向：民间艺术；毛光正，男，浙江省文化馆副研究馆员，研究方向：社会文化；骆蔓，女，浙江文化艺术研究院副研究员，研究方向：文化艺术。

度提高从业人员队伍素质的要求,以公共文化服务队伍为重点,以自学与短期培训为主要方式,开展全员培训,注重人员全面发展和能力培养,创造人人皆受教育、人人皆可成才的条件,使公共文化培训工作的机制逐步完善,服务手段进一步创新,人员素质得到普遍提高。

2. 重点关注公共文化免费培训服务,切实满足不同层次群众的精神文化需求

根据财政部、文化部联合下发的《关于推进全国美术馆、公共图书馆、文化馆(站)免费开展工作的意见》,对广大公众实行免费培训,是当下公共文化文化培训的重点,也是满足广大群众日益增长的精神文化需求的具体行动,应大力开展起来。

3. 多层次、多渠道、广覆盖的公共文化培训工作机制进一步健全

公共文化培训的各项制度逐步完善并得到有效执行,参加培训的激励机制和约束机制得以健全;公共文化培训资源得到进一步开发、整合和利用,公共文化培训机构、师资库、教材、考试题库等基础建设得到加强,公共文化培训工作逐步走上制度化、规范化的道路。

(三)公共文化培训工作机制研究的任务

"十二五"时期是我国全面建设小康社会,推进社会主义和谐社会建设的关键时期,也是我国公共文化服务体系发展的重要时期。因此,如何更好地发展公共文化服务体系建设,推进公共文化培训机制的规范化、制度化、科学化,造就高素质的公共文化服务人才队伍,是浙江省公共文化服务体系建设的重点。

二、我省公共文化培训工作机制的当前状况

"十一五"期间,在浙江省委"文明素质提升工程"的引领下,浙江的公共文化培训机制建设,初步形成了公共文化培训的多元化格局,基本培养造就了规模宏大、结构优化、布局合理、素质优良的人才队伍,为推进公共文化服务体系建设,提供人才保障和智力支持。据统计,全省在编基层文化队伍 31688 人,其中县级文化馆、图书馆 3561 人,占总数的 11.2%;乡镇(街道)文化站工作人员 3607 人,占总数的 11.4%;兼职人员 24000 余人,主要是村文化活动室(社区文化活动室)工作人员等。全省乡镇还活跃着 22191 支业余文艺团队,他们以乡镇文化站及各类文化广场为主要阵地开展活动,丰富了群众业余文化生活,成为繁荣基层文化的重要力量。主要呈以下几种状态:

(一)公共文化培训工作全面开展,但培训组织体系还需进一步完善

按照浙江省"十一五"农村文化素质提升工程目标任务,2007 年至 2010 年,省本级共培训各门类业务干部 2500 余名;各市县级文化部门共组织培训乡镇文化员、业余文艺骨干和村级文化员 12.1 万余名;基本形成覆盖全省的省、市、县三级

培训组织体系。然而,在全省 31688 名基层文化骨干中,具有大专学历以上的仅 8417 人,占总数的 27%,基层文化队伍整体学历偏低。因此,如何提高全省文化干部的整体文化水平,需要统一组织,分级负责,规划实施。

(二)公共文化培训工作成果明显,但培训管理制度还需进一步规范有序

十一五期间,我省群文作者创作的作品多次获全国"群星奖"和中宣部"五个一工程奖";仅 2010 年 7 月至 12 月,浙江省首届乡镇(街道)文化员才艺大赛,就有 2000 余名文化员参与此项活动,充分展现了基层群文队伍的才艺实力。然而在培训管理制度建设方面,虽然建立了相应的培训制度,但还欠规范化和系统性,如没有完整的培训效果评估体系和培训工作考核体系等,这可能影响培训目标管理的实现或效益。

(三)公共文化培训工作内容形式趋于丰富,但利用现代信息技术手段急需加强

近年来,浙江省围绕新农村文化建设任务,创新形式方式,开展内容丰富、形式多样的培训活动,成绩斐然。如"唱响文明赞歌"浙江省专家辅导团下乡展演辅导、浙江省农村"文化良种"培训基地建设、"春雨工程"浙江文化志愿者边疆行对口支援、浙江省文化馆免费讲师团点单式讲座以及浙江民生公益大讲堂、宁波文化馆的"群星讲堂"等,以其丰富的内容和形式,收到了很好的效果。但是,这种传统的培训方式局限很大,受众面较窄。因此,充分利用现代信息技术手段,建立开放、兼容、共享的网络远程培训服务平台,是公共文化培训服务的当务之急。

(四)公共文化培训工作多元推进,但保障力度还需进一步加大

文化馆、图书馆、美术馆、博物馆、工人文化宫、青少年宫、高校、党校、全日制学校、职业学校及社会力量办学机构等,形成了浙江省公共文化培训机构的基本框架和多元化格局。浙江省积极探索建立长期有效的公共文化培训机制。创新培训机制,重组培训资源,逐步形成以市级培训基地为龙头的培训网络体系建设。根据目前情况,省、市级培训政策、规划、经费方面基本能落实到位。但由于浙江各地区发展不平衡,少数欠发达的县(市、区)的培训保障措施乏力,需待加强。

三、国外公共文化培训工作机制研究给我们的启示

作为国家文化福利制度的不可或缺环节,公共文化培训事业由国家政府统一制定政策,形成功能化的公共教育服务网络,并根据各国国情的区别,采用不同的运行模式。

(一)市场主导模式的运行机制

美国、加拿大、德国等为代表的国家,其公共文化服务体系,特别是文化培训系统的输出,主要通过市场机制实现。以美国为例,国家政府对各种文化艺术风格、样式的发展都采取鼓励和不随意干涉的政策。这与国家长期奉行的经济、文化自

由主义政策密不可分；同时尽量减少政府直接拨款的市场化运作，也是处在经济危机漩涡中的西方国家，减轻财政负担的自发选择。联邦政府在公共文化传播过程中起着"政策扶持者"和"提供便利者"的作用，采用成立基金会管理、政策倾斜、减免赋税、鼓励民间捐赠和赞助、管理志愿者参与等多种方式，提供宽松的外围环境和政策保障体系，扶持和协助民间文化培训事业的自由良性运行。政府并不直接干预管理，而是利用专业化基金会联合融资的高效运转，代替政府行使财政资助的行政职能。国家艺术基金会、国家人文基金会、国家博物馆图书馆学会三大机构，分别对人文教育、艺术培训、博物馆和图书馆的公共讲座进行资金资助和技术援助。联结政府与非政府行为之间的纽带完全是市场机制的有效运行。

（二）政府主导模式的运行机制

和依靠社会力量调节公共文化培训事业的美、加等国不同，法国、俄罗斯等国家政府，以强有力的"权威者"姿态主导公共文化事业的发展，从宏观调控上把握公共文化培训事业的方向，政府也饰演全能型管理者的角色。以法国为例，早在二战后，国家就建立了专门管理文化事业的文化部，并开始构建系统化的公共文化政策体系，每年文化部的财政预算，占国家财政总预算的1%。随着经济社会形势的发展，地方政府从参与投入到负责主要资金投入的全新公共文化投入机制已经成熟。图书馆、博物馆、科技馆、文化体育中心等公益性文化单位的经费完全由政府负担，本国居民乃至外国人，都可在这些机构中享受免费的文化艺术培训、专题讲座、书籍借阅、音像制品赏析等服务。法国的公共文化培训，注重对本民族文化独立性和特色精神的保护，试图保留公民的本土文化意识。

（三）政府与民间共建模式的运行机制

在东亚的日本、韩国和西方的英国等国家，政府与社会共建模式被广泛运用，这成为第三类公共文化培训事业的运行机制。韩国政府将文化培训工作的有序进行，纳入到文化产业化发展的长期计划中。中央对文化培训事业的支持，主要包括政策支持和组织融资两部分。政府从1999年起，先后出台一系列法律法规，为公共文化培训振兴提供法律依据。同时设立公益文化振兴园等机构，全面介入文化、广播等事业的公共教育培训。韩国政府也开创了多渠道筹措公共文化事业资金的模式。由此，依托于产业区、产业园对于公共文化人才的培训，专业性的人才被一批批培养出来。让民间资本对公共文化教育事业的支持，从纯粹公益性投入，转入开发式的"回报性投资"，投资人的积极性也得到了充分调动。

以上对于世界主要国家和我国较发达地区的各类型公共文化培训机制运营的论述充分说明，世界各国、地区的公共文化服务模式存在巨大差异。我们在充分研究和借鉴东西方各国经验的同时，应考虑到我国社会制度、现代化程度、意识形态等方面的不同，不能机械照搬，本着"辩证对待、因地制宜"的原则进行比较研究，广泛吸纳其中普遍性的可操作经验，最终完善我国的公共文化培训机制的创新。

四、建立满足人民群众需求的公共文化培训工作新机制

公共文化培训工作机制的构建是和谐社会语境下构建公共文化服务体系的重要内容,它对维护公民基本文化权利,强化公共文化服务意识,创新公共文化培训方式,起着积极的促进作用。它以让广大公众共享公共文化培训服务成果为目的,有效推进公共文化服务体系的科学和谐发展。

(一)建立公共文化培训工作的有效组织、制度体系

1. 建立分级负责、分类实施的组织体系

各级部门要与文化发展五年规划同步,制定相应的公共文化培训工作五年规划,形成多层次、多渠道、大规模的基层文化队伍培训工作格局。要制定公共文化培训制度,在培训对象、机构、内容、方式、时间、经费保障、效益评估等方面作出具体规定。从组织教材编写、建设远程培训平台、制作考试题库、培养省级师资、举办示范性培训,到组织培训考核评估督查等各项工作,建立起分级负责、分类实施的培训组织体系。省级、地市级负责组织培训县、乡级专业文化队伍;县级负责组织培训业余文化队伍。

2. 建立标准规范、辐射带动的培训基地

充分发挥培训基地的辐射、带动作用。制定培训基地建设标准,采取申报与招投标方式相结合,确定若干工作基础较好、培训积极性较高的省级文化培训机构或文化单位、高等院校、科研院所作为基层队伍培训基地,辐射全国或周边省区,承担文化部委托、本省及周边省区相应数量和规模的基层文化队伍骨干培训任务。

3. 构建优势互补、开放竞争的工作机制

各地文化行政部门通过政府委托培训和招投标相结合的方式,遴选优质培训资源,鼓励高等院校和具备资质的社会培训机构参与基层文化队伍培训,激发文化系统各级各类培训机构的办学活力。

4. 健全绩效考核、评估督查的制度

要规范完善基层文化队伍培训的各项规章制度,将培训工作纳入制度化、规范化轨道。县级文化干部参加脱产培训的时间每年不少于 15 天,乡村基层文化专兼职人员参加集中培训时间每年不少于 5 天。建立目标管理责任制,建立干部培训档案,将培训工作与持证上岗制度、职称评定、职务晋升相挂钩,并作为绩效考核的重要方面。将培训工作纳入文化行政部门、文化单位年终考核指标。定期开展基层文化队伍培训督查工作。

(二)公共文化培训的种类

1. 面向公共文化服务专业人员的培训

(1)新录用人员培训。培训对象是被公共文化事业服务单位新录用的人员,培

训内容主要是公共文化岗位必备的基本知识和技能，培训目的是为了使新进单位人员了解即将的工作内容和工作程序，掌握一般的工作方法，为上岗做准备。新录用人员的培训一定要层层考核，凡合格者方可持证上岗，并要做到专业和岗位对口，人尽其才，物尽其用。

（2）学历教育培训。针对全省基层部分文化工作者学历较低，整体素质分布不均衡的实际状况，与相关院校合作举办以学历教育为主的培训。开设大专班和本科班，按照国家规定的教学大纲邀请有关专家学者开展教学，使低学历者通过学习取得相应学历，提升基层文化工作者的学历水平，推动整体素质的提高。

（3）晋升任职培训。培训对象是准备晋升一定领导职务的人员，培训内容应围绕拟晋升领导职务或专业技术资格所需具备的政策水平、组织领导能力和专业知识能力来确定。培训目的就是为晋升作好准备。

（4）专门专项培训。该项培训的主要特点：培训对象是文化事业单位人员，培训内容注重专门领域的知识和技能，培训目的主要是为了适应专项工作的需要，培训方式以脱产居多，集中性、临时性较强。该培训强化考核，注重成绩，并将成绩列入人事档案。

（5）更新知识培训。培训目的主要是通过政治理论、党的路线方针政策和法律法规以及相关业务知识的学习，拓展文化干部视野，完善知识结构，提升综合素质，不断提高做好新形势下公共文化服务工作的能力和水平。每年对各市县分管局长和社文处（科）长，县级图书馆长、文化馆长，乡镇综合文化站站长以及业务骨干进行轮流培训，强化必要的培训考核，及格者方可取得培训合格证，持有合格证方可上岗，从而改变仅有领导任命而无证上岗的现象。

2. 面向社会文化业余爱好者的培训

（1）文化志愿者的培训。近几年要花大力气，在大专院校和中小学建立文化志愿者基地并实施相关的志愿者培训等工作，原则上全省县（市、区）要切实抓好2至3个试点，适时加以推广，围绕弘扬先进文化开展公共文化服务，使文化在增强社会互信、促进文明和谐、创新社会管理等方面的作用得到充分发挥。

（2）特殊群体的培训。各级文化服务单位利用对公众免费开放的馆舍设施，立足基层、面向群众，以培养技能、育人成才为出发点，以文化享受、提升素质为最终目的，以免费艺术培训班和公益民生课堂等为载体，全省范围内采取有计划发放文化消费券的形式，对普通公众尤其是外来人员子弟、未成年人、老年人、残疾人、妇女和儿童等社会特殊群体实行免费培训，形成全社会都来关心弱势群体的良好氛围，切实做到文化惠民，文化乐民。

（三）公共文化培训的内容

公共文化培训是一种有组织的公共文化知识传递、技能传递、标准传递、信息传递行为，重在提高培训对象的文化艺术技能。

1. 政治理论的培训

深入学习马克思列宁主义、毛泽东思想、邓小平理论和"三个代表"重要思想，深入学习贯彻科学发展观，学习构建社会主义和谐社会理论、加强党的执政能力建设和先进性建设理论，提高基层文化队伍的政策理论水平。从科学发展观的高度，了解公共文化服务体系建设的指导思想、目标和基本内容，掌握基本的文化政策规章，用来指导具体实践工作，从而不断提高运用科学理论分析和解决实际问题的能力，实现科学发展。

2. 专业知识的培训

新形势下的基层文化工作者必须具备一定的知识储备，对专业知识的需要和培训也有自己的侧重点，因此，要着眼于基层工作需要，每年要规定一定的时间深入基层，深入社区和农村，有的放矢地开展岗位知识和能力的培训，加强与业务工作密切相关的新理论、新知识、新规则、新技能的培训，尤其要学习国内外在公共文化机制创新的具体做法，帮助其及时更新知识，完善知识结构，提高科学文化素养，提高工作能力。

3. 实践能力的培训

基层文化工作者面对基层群众日益增长的精神文化需求，要尽可能地使实现"一专多能"，具有较强的实践能力，应有挂口单位，每年均要有具体的目标任务，年终进行量化考核。同时要切实加强大专院校毕业生进入工作岗位后的一些实践能力，通过上挂、下联到基层的农村、社区当1至2年的文化辅导员，以切实掌握工作能力。只有这样，公共文化培训工作方能结出硕果。

（四）公共文化培训的方式

公共文化培训方式包括以下几种：

1. 集中培训。文化部门按照原有计划，组织基层文化工作者或文艺骨干在一定时间和地点进行群体培训。教师有计划有目的地组织和控制教学过程，向学员系统地讲授知识和技能。集中培训为学员创造了一个相互学习、相互交流的平台，每次培训均要对当前一些公共文化的热门话题、难题进行有针对性的、广泛的讨论，从而帮助他们活跃思维，打开思路，提高学习成效和实践的能力。

2. 上门培训。由各地基层文化部门点单预约，根据当地文化工作的实际选择专家免费到基层为文化干部和文艺骨干讲课。这种上门培训尤其要注重结合文化馆、站的工作实践，内容可以涵盖群文创作、大型活动的组织策划和文艺团队建设等方方面面，但更要注重把群文作品变成产品，变成精品，形成公共文化品牌。

3. 对口支援。大力推进"文化良种"培训基地建设，扶持民间优秀文艺团体成长，加强建立民间人才联系服务制度，以"送文化"、"种文化"和培育"文化良种"相结合的方式，开展面对面、手把手的对口辅导，以切实解决当地人员、技术匮乏，帮助他们提高理念，学习文化，掌握新技术，以文养文，以优秀文艺团体和文化示范基地建设,激发基层群众文化的内生活力。

4. 远程培训。根据文化部有关要求,全省各级文化馆正努力建立远程网络培训平台,开展各艺术门类的远程培训工作。我们要充分利用已经建立的文化信息资源共享工程网络,增加培训受众面,为基层文化工作者实现在线学习、培训等远程教育提供方便。各级群文培训网站要创新理念、创新载体和内容,广泛开展网上培训、网上比赛、网上活动等等,使网络培训深入到基层、深入群众,并产生巨大的培训效益。

5. 脱产研修。各级文化部门要从工作实际出发,选送部分有培养前途的基层文化工作者,到相应的高中级行政学院或国内外高等院校接受培训或进修,进一步提高理论知识水平、专业业务能力,以适应实际工作的需要。文化馆要有自己的专家和学者,凡脱产研修要和自己从事的专业岗位对口。

(五)公共文化培训的绩效评估

"没有评估就没有管理",通过评估,可以有效开展与监控培训过程,反映并凸现培训的价值,同时支持并促进举办培训的文化行政部门、文化单位对培训环节的持续改进。将培训工作纳入文化行政部门、文化单位年终考核指标,纳入相关评估工作。

1. 满意程度的评估。即受训人员对培训项目的反应和评价,是培训效果评估中的最低层次。它包括对培训师、培训管理过程、测试过程、课程材料、课程结构的满意度等。这种评估可通过调查问卷、专项征求意见等方式进行。

2. 学习效果的评估。该层次的评估反映受训者对培训内容的掌握程度,主要测定学员对培训的知识、态度与技能方面的了解与吸收程度等。这种评估可通过书面考试、面辩考核、提交论文等方式完成。

3. 实践能力的评估。跟踪测量在培训项目中所学习的技能和知识的转化程度,学员的工作行为有没有得到改善。这方面的评估可以通过学员的上级、下属、同事和学员本人对接受培训前后的行为变化进行评价。

4. 实践成果的评估。评估上述变化对工作实践、组织发展带来的积极作用,通过一定的平台,展示可视的培训成果。

(六)公共文化培训工作机制保障措施

合理整合、开发、利用培训资源,拓宽培训渠道,为培训对象接受培训提供思想认识、组织机构、制度机制、师资队伍及物质资金等方面的保障。

1. 组织保障。建立健全公共文化培训领导机构,加强对公共文化培训的组织领导,充分发挥各级公共文化服务管理部门和公共文化培训机构的作用,定期举办公共文化服务管理部门和公共文化培训机构负责人的培训,不断提高其培训工作管理和组织实施的能力。

2. 经费保障。建立政府主导、社会参与的公共文化培训的投入保障机制。根据日前财政部、文化部联合下发的《关于推进全国美术馆、公共图书馆、文化馆（站）免费开放工作的意见》，公共文化培训也应免费开展培训，由政府财政投入支持为主，适当开展由社会参与投入的收费项目。

3. 制度保障。根据《国家中长期人才发展规划纲要》、《文化部关于开展全国基层文化队伍培训工作的意见》及《浙江省宣传文化系统"五个一批"人才工程实施意见》等文件，加快制订《浙江省公共文化培训工作意见》、《浙江省公共文化培训工作条例》等政策措施、地方法规。同时制订《基层文化队伍培训制度》、《基层文化干部年度绩效考核办法》、《文化人才上挂下派制度》等规章制度，加大对公共文化培训工作在制度上的保障。

4. 队伍保障。依托现有各级公共文化培训机构，建立一支业务能力强、爱岗敬业的专职教师队伍。以省级公共文化服务管理部门的名义从高等院校、科研院所等机构聘请公共文化学专家、学者、领导，建立业务知识培训师资库并对各地区开放，为公共文化培训提供优秀、稳定的师资来源。鼓励高等院校和具备资质的社会培训机构参与基层文化队伍培训，激发公共文化各级各类培训机构的办学活力。

综上所述，我省现行相关的公共文化培训工作机制，是采用"国家制定政策，财政投入并控制"的模式。随着我省公共文化服务体系的不断完善，企业、社团扶持，民间广泛参与的份额将进一步增加，并将最终形成以各级政府为主导，社会力量踊跃参与多元并存的新型公共文化培训工作运行机制。

［参 考 文 献］

［1］《国家中长期人才发展规划纲要》（2010—2020 年）.

［2］《文化部关于开展全国基层文化队伍培训工作的意见》（文社文发〔2010〕33）.

［3］《关于推进全国美术馆、公共图书馆、文化馆（站）免费开展工作的意见》（文财务发〔2011〕5号）。

［4］李明：《综述：法国政府积极扶持文化创意产业应对危机》，《新华网》，http://news.163. com/10/0714/14/6BIDOGE6000146BC.html。

［5］刘轶：《他山之石：美、英、法、韩等国的文化政策》，《社会观察》，2004 年 04 期，111 页。

［6］王列生、郭全中、肖庆：《国家公共文化服务体系论》，文化艺术出版社，2009 年 4 月版，228 页。

［7］张永文、李春兰、沈晓刚：《韩国攻略：全方位建设文化产业强国》，《中国政务信息网》，http://www.fsa.gov.cn/web_db/sdzg2006/adv/BLDPX/DYMB/zhc/jcjy043.htm。

创新业余文体团队管理　服务余杭文化名区建设
——关于加强余杭区业余文体团队建设与管理的实践与思考

冯玉宝[*]

[摘　要] 本文从余杭区业余文体团队规模、类型、经费来源、培训辅导和活动开展情况等进行分析，查找出了目前业余文体团队存在的问题和不足，并提出了强化资金保障、加强培训辅导、搭建交流平台、创新工作机制等创新业余文体团队管理的各项建议和举措。

[关键词]：业余文体团队；创新管理；扶持培育

今年 2 月 19 日，省部级主要领导干部社会管理及其创新专题研讨班开班式在中央党校举行，胡锦涛总书记发表重要讲话，强调最大限度激发社会活力，最大限度增加和谐因素，最大限度减少不和谐因素，以解决影响社会和谐稳定的突出问题为突破口，加强和创新社会管理，确保社会既充满活力又和谐稳定。5 月 30 日，胡锦涛总书记主持政治局会议，专门研究部署加强和创新社会管理问题。8 月，区委出台《关于加强社会建设创新社会管理不断提高社会管理科学化水平的决定》，提出要让群众生活得到改善，权益得到保障，作用得到发挥，心情更加舒畅。创新社会管理，提升社会管理科学化水平，成为当前各级党委、政府努力破解的重大课题。业余文体团队大多由群众根据共同的兴趣爱好组建而成，这些队伍数量众多，活动开展频繁，具有较强的凝聚力和社会影响力，是余杭区社会组织的重要组成部分。创新业余文体团队管理，对于贯彻落实十七届六中全会精神，推进余杭文化的进一步发展与繁荣，维护社会和谐稳定，具有十分重要的意义。

一、余杭区业余文体团队现状分析

业余文体团队扎根基层，是繁荣活跃群众文化生活的重要力量，这些队伍的发展壮大需要群众自发主动的参与，也需要政府部门的引导、培育和扶持。近年来，我局组织开展业余文体团队普查，掌握队伍的基本情况，加强对文体骨干的培训辅

---

* 冯玉宝，男，杭州市余杭区文化广电新闻出版局，党委书记、局长。

导,提升队伍整体素质,积极搭建活动载体,为队伍展示风采提供舞台,业余文体团队在丰富群众文化生活,推进社会主义新农村建设等方面发挥了重要作用。

(一)余杭区业余文体团队规模和类型

目前余杭区登记在册的业余文体团队共有 554 支,成员 1.73 万人,每年组织开展各类文体活动达 8600 余场次。2006 年,为促进规范化管理,余杭区首次开展业余文体团队等级评定工作,全区上等级的队伍共有 103 支。余杭区业余文体团队的组建级别和规模情况具体见图、图 2:

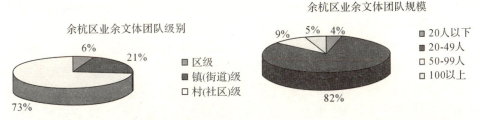

余杭区业余文体团队级别

6%　21%　73%

■ 区级
■ 镇(街道)级
□ 村(社区)级

余杭区业余文体团队规模

9%　5%　4%　82%

■ 20人以下
■ 20-49人
□ 50-99人
□ 100以上

图 1　余杭区业余文体团队级别图　　图 2　余杭区业余文体团队规模图

根据业余文体团队人员数量、制度建设、活动开展、社会影响力等方面的分析,余杭区业余文体团队大致有以下几种类型。

1. 骨干型团队。这类团队成员较多,组织稳定,制度健全,经常性地组织开展活动,约占全区业余文体团队总数的 20%。骨干型团队有较强的活动策划能力和创新能力,是余杭群众文化的品牌队伍,不少在省、市都有一定知名度。如区木兰拳协会亮相央视 3 套《舞蹈世界》栏目,赴新加坡、中国台湾地区、澳门地区等参加比赛屡获金奖。

2. 特色型团队。余杭区历史悠久,文化底蕴深厚,不少镇、街道深入挖掘当地文化资源,组建起特色型的文体团队。如"余杭滚灯"曾在临平、乔司等地盛行,当地普遍组建有滚灯表演队;五常、闲林、仓前等地水网密布,素有"划龙舟"的习俗,当地大多数村、社区都组建有龙舟队。鲜明的艺术特色使得这些队伍深受欢迎,"余杭滚灯"参加北京奥运会开幕式前演出,赴法国、新西兰文化交流;五常"十八般武艺"赴巴西表演,仁和"高头竹马"获全国传统舞蹈展演金奖。特色型团队约占余杭区业余文体团队总数的 50%。

3. 普及型团队。随着人们对文化生活品质的要求不断提高,政府部门提供的公共文化服务难以满足群众日益增长的多层次、多样化的文化需求。一些组建门槛低,群众参与度高的普及型文体团队迅速发展起来。像健身秧歌、排舞、腰鼓、太极拳等,以自娱自乐、强身健体为主,对活动场地、人员技能、舞台道具等要求不高,吸引了众多喜爱表演、不甘寂寞的中老年朋友参与。这类团队约占团队总数的 20%。

4. 松散型团队。镇、街道往往会根据上级部门考核以及比赛、展演的需要,临时组建表演队伍,成员包括具有一定文艺特长的机关和企事业单位干部职工、教师、学生等。由于是根据工作需要临时组建,任务完成后团队往往就自行解散。还有一些队伍,由三五名群众自发组建而成,表演缺少骨干,管理较为松散,活动时有时无,发展也不稳定。这类团队约占队伍总数的10%。

(二)经费来源、培训辅导和活动开展情况

1. 经费来源。余杭区业余文体团队活动经费主要来源于以下几种途径:一是社会资助。主要是企业和业余文体团队结对,提供资金支持,如余杭农村合作银行塘栖分行和塘栖木兰拳协会结对,每年为团队提供2万元的活动经费;二是队员会费。少数具有一定规模的业余文体团队,每年向队员收取几十元会费,作为团队经费的补充;三是政府补助。通过市、区文化部门评定,上等级的业余文体团队可获得相应的资金补助。2006年以来,我局对全区业余文体团队实施等级评定,有效期两年,对被命名为一至三级的业余文体团队分别给予每支0.3万元至0.1万元的资金补助。截至2010年底,累计补助资金35.9万元(见表1)。

表1 余杭区业余文体团队等级评定经费补助

年份	一级 (0.3万/支)	二级 (0.2万/支)	三级 (0.1万/支)	总计(万元)
2006	14支	13支	24支	9.2
2007	11支	7支	32支	7.9
2009	12支	7支	19支	6.9
2010	16支	22支	27支	11.9
				35.9

2011年,杭州市文广新局首次开展业余文艺团队等级评定,今后每两年开展一次,对被命名为一至五星级的业余文体团队分别给予每支0.5万元至1.5万元不等的资金补助。余杭区的10支队伍累计获得了7.6万元的资金补助(见表2)。

表2 2011年杭州市星级团队扶持经费统计表

区县市	五星 (1.5万/支)	四星 (1.2万/支)	三星 (1万/支)	二星 (0.8万/支)	一星 (0.5万/支)	扶持经费 (万元)
余杭	1	1	3		5	7.6

村级业余文体团队在参加上级部门组织的展演活动后,各镇、街道、村(社区)还以"以奖代补"的形式,对其进行一定的资金补助。

2. 培训辅导。区文化馆是余杭区为业余文体团队提供培训辅导的主要力量,每年举办各类具有一定规模的培训班15期以上,下基层辅导培训约500期次,参加培训的业余文体团队骨干和文化志愿者累计在5000人次左右。从调查情况看，区、镇（街道）两级的业余文体团队组织健全，经常性地开展活动，和区级文化部门联系较为紧密，参加培训的机会较多。村级业余文体团队虽然数量多，但由于组织松散等原因，往往根据活动需要，自行联系具有一定表演经验的人员临时进行指导，参加上级部门组织的培训不多，队伍整体素质有待提升。

3．活动开展。近年来，随着物质条件的不断提高，人们越来越注重自身的生活品质，对健康、快乐的追求越来越迫切，群众参与文体活动的积极性很高。在农村文化这个大舞台上，余杭区业余文体团队正逐步由幕后走向前台，由配角转为主角，在"相约周末"文化夜市、镇（街道）人民运动会、文化艺术节、"文化走亲"等活动中频频亮相，年均活动总数达8000余场次，成为推动群众文化蓬勃开展的生力军。余杭区业余文体团队活动情况见下图：

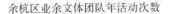

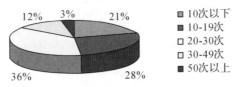

图3　余杭区业余文体团队年活动次数图

(三)业余文体团队在余杭文化建设中发挥了积极作用

业余文体团队是公共文化建设的有力补充，在活跃城乡居民文化生活，促进社会和谐上发挥了重要作用。

1．丰富群众文化生活

业余文体团队积极参加"百千万"文化下基层、"相约周末"文化夜市、群众文艺调演以及元宵灯会、国庆文艺演出、非物质文化遗产保护月等节庆文化活动，编排、表演内容丰富、形式多样、健康向上的文体节目，为群众文化生活带来了活力。健身秧歌、排舞、木兰拳、腰鼓队等业余文体团队人员数量众多，常年在广场、健身苑点等开展活动，营造了浓厚的全民健身氛围。

2．促进文艺人才成长

群众中蕴藏着大批拥有一技之长的文艺人才。业余文体团队的发展壮大和文化活动的繁荣活跃，为余杭区民间艺人展示才艺提供了广阔舞台，也为青年文艺人才崭露头角创造了条件。近年来，余杭区先后涌现出丰国需、张克强、方国瑛、方森鑫、孙国荣、沈忠花、陈菊花等一大批文化能人。在他们的指导和带动下，民间艺术、故事创作、木兰拳、竹刻、刺绣、剪纸、越剧等业余文体队伍不断发展壮大，新一批民间艺术人才得到快速成长。

3. 提升余杭文化影响力

余杭区不少业余文体团队在挖掘传承传统文化的基础上组建而成,如余杭滚灯、仁和高头竹马、五常十八般武艺等。近年来,这些队伍打响了品牌,在省、市和周边地区频频登台演出,还亮相北京奥运会、上海世博会,甚至走出国门,让更多的人了解余杭、走进余杭,在展示与弘扬余杭优秀传统文化,加强对外文化交流,提升余杭文化影响力,促进经济社会发展等方面,起到了积极的作用。

4. 维护社会和谐稳定

业余文体团队在繁荣活跃城乡文化的同时,有效抵制了赌博、迷信等腐朽文化,倡导了健康文明的生活方式。近年来,余杭区业余文体队伍数量、类别、成员逐年增加,活动开展频繁,在满足队员"求知、求美、求乐、求健康"愿望的同时,让更多的人感受到了积极的人生追求、高尚的情感境界、健康的生活情趣,切实推进了社会主义新农村建设,维护了社会的和谐稳定。

(四)存在的问题和不足

近年来,区委区政府高度重视文化建设,余杭区业余文体团队总体上呈现出良好的势头,但是随着队伍成员和活动数量的不断增加,制约团队发展的一些问题和困难也日益显现,主要体现在以下几个方面:

1. 缺少场地经费,日常活动难以保障

目前余杭区554支登记在册的业余文体团队,除少数有影响力的团队争取到企业赞助,部分上等级的团队得到一定的财政补助外,绝大多数团队的活动经费要靠自身筹集,不少队伍连服装、道具等最基本的开支都很难维持,经费严重不足。加上队伍普遍缺少固定的活动场地,影响了活动质量和人员积极性。

2. 年龄结构偏大,中青年参与度不高

大部分业余文体团队尤其是村、社区组建的队伍,往往以自娱自乐为主,由于年轻人工作压力大,空余时间少,团队成员绝大多数都是老年人。受年龄、身体素质等因素制约,队伍活动的内容、质量以及后续发展等都受到一定程度的影响。如何营造浓厚的全民健身氛围,吸引更多中青年参与群众性的文化体育活动,有待社会各界共同努力。

3. 指导培训不够,自我管理能力不强

余杭区不少业余文体团队都是自发组建而成,没有建立必要的管理制度和章程,缺乏团队管理经验。团队成员多为凭兴趣加入的村民,表演上缺少骨干,节目以模仿为主,创新能力不强。很多团队希望能够定期得到专业老师的辅导,或者参加培训班,提高活动组织能力和文艺表演水平。

二、创新业余文体团队培育管理的对策建议

业余文体团队的培育和管理,要紧扣群众实际需求,以政府部门为主导,以社会力量为补充,强化政策引导,完善多元投入,提升人员素质,创新工作举措,有效激发群众的主动性、积极性。

(一)强化资金保障,扶持团队发展壮大

资金保障是业余文体团队组织开展日常活动的前提。要多渠道、多举措逐步解决业余文体团队普遍存在的资金不足问题。

1. 增加补助额度

在每年的文体建设发展专项资金中专门安排一定的经费,对新组建团队、参加展演活动、设施设备添置等给予一定的补助。同时根据余杭区实际,对《余杭区业余文体团队等级评定办法》做进一步完善,科学设置评定标准,增加上等级团队的资金补助额,更好地激发团队积极性,推进队伍规范有序发展。

2. 加大奖励力度

鼓励业余文体团队积极创编文艺作品,推荐优秀作品和节目参加余杭区优秀文艺成果评比,根据《余杭区文化广电新闻出版局优秀艺术成果奖励办法》、《余杭区文艺精品和文化贡献奖励实施办法》等予以奖励。各镇、街道、村、社区要在区级奖励的基础上再予以配套奖励。

3. 探索文企联姻

近年来,社会力量参与公共文化建设的热情很高,不少企业通过冠名、赞助等形式,与余杭区一些业余文体团队结对,提供资金支持。区级文化部门、镇、街道要积极牵线搭桥,促成业余文体团队和企业的"联姻",文体团队结合文化展演活动宣传企业,企业对团队进行赞助,达到"文企共赢、互惠互利"的目的。

(二)加强培训辅导,提升队伍整体素质

人员素质的提升是业余文体团队形成凝聚力,打造活动品牌,保持健康发展的关键。要根据团队实际需求,通过多种形式,加强业务培训辅导。

1. 加强"集中式"培训

充分发挥区文化馆的人才和资源优势,加强对业余文体团队的指导。对业余文艺骨干要继续实行"请上来"、"送下去"的集中培训,包括创作、导演、活动策划、舞美、灯光等专题辅导。同时,结合文艺比赛和展演组织观摩活动,邀请上级部门专家进行专题讲座等,有计划地开展具有一定规模的专业技能培训。

2. 强化"菜单式"服务

余杭区业余文体团队数量多,类别多,基础不同,需要的培训指导也不尽相同,要针对团队缺日常管理经验、缺文艺骨干、缺活动策划能力、缺具体节目编排、缺灯

光舞美设计等不同的需求,安排更具针对性的辅导,解决团队组织展演、创作节目中存在的具体困难。

3. 选派文艺骨干进修

近年来余杭区文化事业快速发展,"余杭滚灯"、"十八般武艺"、"高头竹马"等不少业余文体团队活动开展得红红火火,还走出国门参加文化交流活动,成为余杭文化的金名片。对于这样的品牌队伍,我们要积极鼓励扶持,有计划地选派优秀骨干到国家和省市文化部门、艺术院校等进行专门学习,进一步提升文艺鉴赏能力、节目创编能力、活动策划能力,带动更多团队活跃基层文化,打响活动品牌。

(三)搭建交流平台,展示团队艺术风采

走上舞台展示风采是业余文体团队体现价值、提升素质的重要途径。要努力为团队提供尽可能多的交流展示平台。

1. 举办文艺展演

区级部门组织开展各类文艺演出和展演活动时,应邀请业余文体团队登台表演。同时,积极鼓励具备一定规模和上等级的业余文艺团队自编、自导、自演戏曲和综艺节目。组织具有一定表演实力的队伍到周边镇、街道甚至参加区县(市)开展的"文化走亲"活动。

2. 组织观摩学习

鼓励业余文体团队"走出去",外出观摩学习、参加各种赛事,广泛了解和学习其他地区优秀团队的成功经验。充分利用文化馆资源,组织业余文体骨干随同文化干部定期外出创作采风。通过文体骨干的不断学习,带动整个团队能力水平的提升,促进团队的良性发展。

3. 纳入政府采购

对具有一定表演实力的文体团队,将其纳入到公益性文艺演出政府采购中。余杭区每年都要开展"百场演出下基层"活动,原来都由越剧团、文化馆承办。今后可以安排一定的场次,由业余文体团队申报承办,业余文体团队列出节目清单,和文化馆、越剧团同台竞争,接受镇、街道、村、社区的选择,送戏下乡中享受同等的经费补助。

(四)创新工作机制,激发团队发展活力

健全工作机制是业余文体团队可持续发展的重要保障。下一步,要在以下几方面进行探索和完善。

1. 健全团队组织

文化、体育、民政等部门要在业余文体团队的组织建设上加强指导,帮助业余文体团队做好备案、登记注册等工作,同时指导帮助团队建立健全相关的管理章程和工作制度,做好台账资料的收集整理工作,让队伍的日常管理和活动开展有章可循。

2. 优化年龄结构

进一步丰富业余文体团队的活动内容和形式,积极组织开展 Cosplay(动漫表演)、街舞等适合青少年参加的活动项目,引导鼓励不同年龄段的群众积极参与健康文明、积极向上的文化体育活动,逐步改善队伍人员年龄偏大和后续发展的问题。

3. 扶持品牌队伍

基层文化的开展既要整个面上的繁荣活跃,也要特色鲜明的精品亮点,要深入挖掘当地民族民间文化资源,有计划、有重点地培育打造一批品牌文体团队,鼓励他们走出余杭,走出浙江,甚至走出国门,宣传余杭优秀文化,引领全区文体团队品质的提升。

4. 完善激励机制

业余文体团队大多由群众根据共同的兴趣爱好自发组建而成,活跃群众文化生活,不计经济报酬。一些团队的"领头羊"出于对文化的痴情,在队伍组建、经费筹集、活动开展等方面投入大量精力,生活较为困难。文化部门要经常性地对这些文艺人才进行走访,生活上多加关心,帮助解决实际困难;精神上应多加鼓励,在文化名人、文化贡献奖的评选上,安排一定的名额。

5. 有效整合资源

镇、街道是地方"父母官",对团队发展要鼓励支持,要结合当地实际在团队类别、总量以及经费扶持等方面进行统筹。文化、体育部门要加强业务指导,提升团队整体水平。民政部门要加强对新组建团队的指导,规范登记注册和年检等工作。要充分整合各有关部门、企事业单位的场地、活动载体等资源,共同为业余文体团队的发展壮大创造条件。

277

群众自发性文艺团队的发展现状与政策建议

刘江宏　　袁锦贵*

[摘　要] 嘉兴市群众自发性文艺团队发展情况表现出数量多、规模大、类型丰富而又相对集中的特点；从团队成立的情况来看，嘉兴群众自发性文艺团队大多数体现出应有的"自发性"，从团队内部组织结构来看，嘉兴群众自发性文艺团队体现出较高的发展水平；在团队发展过程中，影响团队发展的外部影响因素包括社会需求因素和政府政策因素；当前团队发展面临人才资源匮乏、组织体系不够清晰、制度和环境保障不力、财力扶持不足、群众参与度不够等现实困境，制约团队未来可持续发展。

[关键词] 自发性文艺团队；发展现状；现实困境

为了掌握当前群众自发性文艺团队发展现状，调研组于 2011 年 1 月——5 月对浙江省嘉兴市五县市两区的群众自发性文艺团队情况进行了摸底调研，分别针对文化局、文化团队、普通群众三类对象进行。其中，《嘉兴市群众自发性文艺团队发展情况调查问卷（普通群众）》发放了 900 份，有效回收 815 份，回收率为 90.5％；《嘉兴市群众自发性文艺团队发展情况调查问卷（团队负责人）》发放了 900 份，有效回收 798 份，回收率 88.67％；《嘉兴市群众自发性文艺团队发展情况调查问卷（文化局）》发放 7 份，有效回收 6 份（海宁市文化局除外），回收率 85.7％。

一、当前嘉兴市群众自发性文艺团队发展现状

从调研中发现，嘉兴市大多数县市区的群众自发性文艺团队发展情况均表现出数量多、规模大、类型丰富而又相对集中的特点。

---

* 刘江宏，男，中共嘉兴市委党校，副教授，研究方向：政治学；袁锦贵，男，嘉兴职业技术学院，副教授，研究方向：嘉兴城市文化与文化经济。

表 1 嘉兴市群众自发性文艺团队发展综合情况

序号	所属县(市、区)	群众自发性文艺团队数量(个)		群众自发性文艺团队占所有文化性团队数量的比例(%)	文艺团队表演内容或活动方式(个)								发展较好的群众自发性文艺团队数量
		盈利类	非盈利类		大众歌舞类	体育健身类	戏曲曲艺类	民俗表演类	技艺表演类	非遗传承类	琴棋书画类	其他	
1	南湖区	2	432	76.2	143	191	21	35	6	12	20	6	20
2	秀洲区	0	117	46.4	60	43	2	6	1	0	5		4
3	桐乡市	0	207	82.2	45	92	12	9	6	25	15	3	23
4	平湖市	1	66	36.2	33	17	3	3		1	10		8
5	海盐县	0	135	96.1	52	45	4	5			20		7
6	嘉善县	0	277	64.5	55	120	22	44	7	13	14	2	20
7	海宁市	调查数据错乱,无法采用											
总计	7	1234		66.9	388	508	64	102	20	60	84	11	82

表 2 参加调查的 798 个嘉兴市群众自发性文艺团队规模综合情况

	5～10人	11～15人	16～20人	21～30人	31～40人	41～50人	50人以上
固定成员中达到一定人数的团队个数	122	151	168	148	81	54	64
非固定成员中达到一定人数的团队个数	141	88	34	12	11	10	4
非固定成员中经常参加活动人数达到一定人数的团队个数	87	70	80	35	13	7	8

1. 数量多

从上表 1 可以看出,嘉兴五县市两区的群众自发性文艺团队数量较多,按照 2010 年嘉兴全市户籍人口测算,每 1 万人中有 3.62 个团队(海宁市的团队数据没有统计),如果加上海宁市的团队数量,估计应该在 4 个/万人左右。

2. 规模大

从上表 2 和图 1 可以看出,嘉兴五县市两区的群众自发性文艺团队固定成员人数在 50 人以上的比例达到 8.02%,固定成员人数达到 20 人以上的比例有 43.48%,如果加上非固定成员人数,应该有接近 50% 的团队成员数量在 20 人以上,大型的团队或许超过 100 人。这说明嘉兴的群众自发性文艺团队已经达到一定的规模和水平。

279

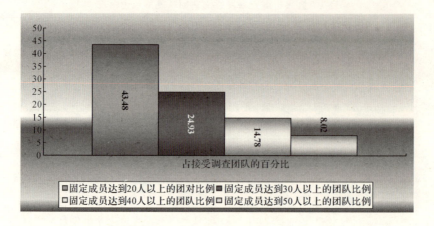

图 1　参加调查的 798 个嘉兴市群众自发性文艺团队规模百分比

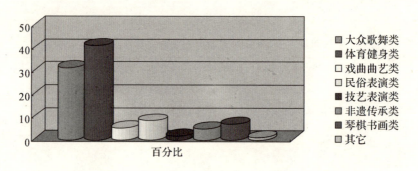

图 2　嘉兴市群众自发性文艺团队类别情况

3. 类型丰富而又相对集中

从图 2 可以看出,嘉兴的群众自发性文艺团队从表演内容上来说很丰富,共有接近 10 个类型(其中,"其他"类从调查来看包含文学创作队、宣传队等)。但统计发现,排在第一位的体育健身类和排在第二位的大众歌舞类占据了表演内容的绝大部分,总和达到了 72.3%,远远多于其他类型的表演内容。说明嘉兴经济发展达到一定程度之后,嘉兴市民对健身非常重视,而且由于政府的倡导和"歌城"的创建,传统的大众歌舞仍然在群众生活中占据着重要的地位,对老百姓的精神生活影响仍然起着非常重要的作用。值得注意的是,嘉兴群众自发性文艺团队中有 13% 的团队是表演民俗和进行非遗传承的,从中也可以看出嘉兴创建国家历史文化名城的带动作用以及嘉兴老百姓对文化传承的重视。

二、群众自发性文艺团队的内部运行机制及外部影响因素

(一)团队内部运行基本状况

在《嘉兴市群众自发性文艺团队发展情况调查问卷(团队负责人)》中,8—12题、19—22题涉及团队内部的结构和运行机制。

1. 从团队成立的情况来看,嘉兴群众自发性文艺团队大多数体现出应有的"自发性"

这主要表现在三个方面。一是团队负责人绝大部分是长期以来自然形成的领头人或团队活动的组织者或团队的创建者或是团队具有一定号召力的人,政府主管部门任命的负责人所占比例不大;二是团队成立的出发点方面,兴趣爱好和自娱自乐占了绝大多数,而且大多数都是非营利性的;三是从团队成立的背景来看,选择"已经有一定的基础"、"自己有这方面的愿望"、"群众有这方面的需求"三个选项的都在 50% 左右,而政府主导下成立的团队仅 26%。从这些信息综合来看,嘉兴群众自发性文艺团队在"自发性"特征方面表现得是较为充分的,发展的基础是较为厚实的。具体情况见图 3、图 4、图 5。

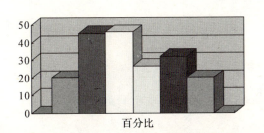

图 3　参加调查的 798 个嘉兴市群众自发性文艺团队负责人形成背景

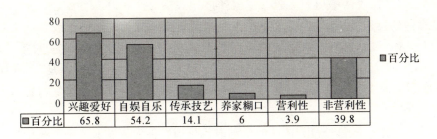

	兴趣爱好	自娱自乐	传承技艺	养家糊口	营利性	非营利性
百分比	65.8	54.2	14.1	6	3.9	39.8

图 4　参加调查的 798 个嘉兴市群众自发性文艺团队成立的出发点

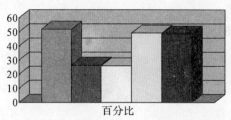

图 5　参加调查的 798 个嘉兴市群众自发性文艺团队成立背景

2. 从团队内部组织结构来看,嘉兴自发性文艺团队体现出较高的发展水平

这主要表现在团队固定成员都有基本的职责划分或有一定的内部职责划分的团队数量占比达到了 66.8%,而职责划分是团队趋于成熟并达到一定发展规模和发展水平的标志(图 6)。

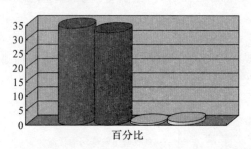

图 6　参加调查的 798 个嘉兴市群众自发性文艺团队内部组织结构

3. 从团队具体的运行情况来看,团队的生存与后续发展面临一些困难和挑战,同时也面临一些发展机遇

第一,从图 7 可以看出,80% 以上团队的活动资金为自筹或大部分自筹,其中有 47.9% 的团队每年自筹经费投入团队建设的经费在 3000 元之内,平均就是每月 250 元,按照团队平均 10~20 人左右的规模,平均投入为 12~25 元/人。而就是这微薄的投入,还有 50% 左右的团队是来源于团队成员的凑份子或家中工资等固定收入的倒贴,这对团队活动的频率和地域限制是相当大的。这从对第 23 题"您团队目前面临的主要困难"回答中得到了证实,其中选择"资金不足"的团队达到 72.8%,说明资金投入短缺确实是当前影响团队发展的普遍性问题和急需解决的大问题。

第二,从图 8 可以看出,团队的活动时机目前在很大程度上还是依赖于政府部门的安排或邀请,两者占比达到了 79.8%。同时,我们也注意到选择属于或接近市场行为的"参加政府主管部门的招标"、"群众在政府主管部门的菜单下单"、"群众邀请"和"根据自己对群众需求的调查或了解主动安排"四项总和也达到了

87％,这也反映出嘉兴自发性文艺团队正在逐步摆脱对政府主管部门的依赖,向市场化转化的趋势已经日益明显,正处于从依赖政府逐步转向市场的过渡时期。在这个阶段,急需政府有关部门对团队"扶上马再送一程",继续出台一些鼓励政策,继续给团队以宽松的市场化环境。

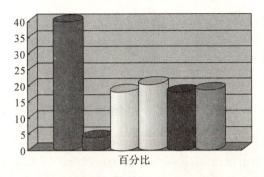

图 7　参加调查的 798 个嘉兴市群众自发性文艺团队活动资金来源

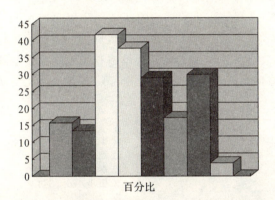

图 8　参加调查的 798 个嘉兴市群众自发性文艺团队活动时机的把握

　　第三,从图 9 可以看出,嘉兴群众自发性文艺团队在内容上的自创性有所加强,但创新性仍显不足。首先,选择"老一辈的口耳相传"、"政府主管部门相应辅导人员的传授"和"团队人员培训学来的"三项的团队占比仍然达到 71.9％,说明目前团队表演内容上还是以继承和学习他人为主。其次,选择"团队专门人员的创作"的团队占比 31.4％,说明团队内部的创新意识有所增强,创新力有所提高。再次,选择"购买其他人(非团队成员)的专业创作"和"与专业创作人员合作"两项的团队占比 22.7％,说明团队的市场化意识正在逐步增强,市场化改革已经具备一定的基础。如果加上"团队专门人员的创作"一项,选择三项的团队总量达到 54.1％,充分表明团队创新表演内容的意识和要求非常强烈。综合起来判断,嘉兴群众自发性文艺团队处于较好的发展状态,整体发展水平较好。

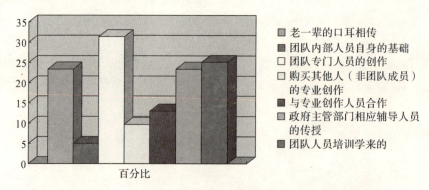

图例：
- 老一辈的口耳相传
- 团队内部人员自身的基础
- 团队专门人员的创作
- 购买其他人（非团队成员）的专业创作
- 与专业创作人员合作
- 政府主管部门相应辅导人员的传授
- 团队人员培训学来的

图 9　参加调查的 798 个嘉兴市群众自发性文艺团队活动内容脚本来源

第四，从图 10、图 11 看出，嘉兴群众自发性文艺团队因为如资金短缺等种种因素，走出去的能力仍然薄弱，在演出设施、演出场地方面仍需政府部门大力支持。在图 14 中，团队演出的地域范围由小到大呈现明显的阶梯下降趋势，表明团队后续发展的后劲比较欠缺，主要表现在与其他团队竞争的能力较弱，与兄弟团队相互交流学习的机会较少方面。在图 11 中，高达 80％的团队选择利用政府主办的活动室、活动中心、文化广场进行表演，少部分团队选择在团队负责人的家里进行表演或者没有固定活动场所，表明政府需要加大文化公共设施和场地的建设与调度安排，现阶段来说，文化基础设施建设仍然需要加强，政府部门在各个文化团队之间的协调非常重要。

图例：
- 本村(社区、单位)
- 本乡镇(街道)
- 相邻乡镇(街道)
- 本县(市、区)
- 相邻县(市、区)
- 大市(地区)
- 本省
- 外省
- 全国和国外

图 10　参加调查的 798 个嘉兴市群众自发性文艺团队活动地域范围

美国著名的管理学教授、世界组织行为学权威专家斯蒂芬·罗宾斯认为团队是指为实现某一目标而由相互协作的个体所组成的正式群体。一支团队一般应具备以下六个基本特征：(1)明确的目标。团队的每个成员可以有不同的目的、不同的个性，但作为一个整体，必须有共同的奋斗目标；(2)清晰的角色。有效团队的成员必须在清楚的组织架构中有清晰的角色定位和分工，团队成员应清楚了解自己的定位与责任；(3)相互的技能。团队成员要具备为实现共同目标的基本技能，并

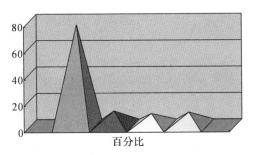

图 11　参加调查的 798 个嘉兴市群众自发性文艺团队固定活动场所情况

能够有良好的合作;(4)相互间信任。相互信任是一个成功团队最显著的特征;(5)良好的沟通。团队成员间拥有畅通的信息交流,才会使成员的情感得到交流,才能协调成员的行为,使团队形成凝聚力和战斗力;(6)合适的领导。团队的领导往往起到教练或后盾作用,他们对团队提供指导和支持,而不是企图控制下属。并按照团队组织结构的松紧程度可以分为紧密型团队与松散型团队。①

　　在本次调查中得到有效数据的 798 个嘉兴市群众自发性文艺团队中,按照这一标准来评价,总体上判断为:嘉兴群众自发性文艺团队大约有 40% 的团队勉强符合这一团队标准,算得上是真正的团队,如果考虑到"自发性"这一特征,最多也就 50% 的团队算得上真正的团队,其中,紧密型团队相对较少,如果以"团队固定成员都有一定的职责划分"作为紧密型团队的必备条件之一,那么紧密型团队最多只有 30% 左右,大约 70% 的团队都属于松散型团队,当然,按照"团队固定成员中有一定的职责划分而言",其中应该有 30% 左右的团队正处于由松散型向紧密型逐渐过渡的阶段。

　　总之,整体而言,嘉兴群众自发性文艺团队虽然整体发展水平较高,但对政府部门的依赖性仍然较强,对政策的敏感度较大。同时,从内部运行机制来看,部分团队市场化取向已经较为明显,市场意识正在逐步增强,已经具备了一定的市场化改革基础,这为下一步从"政府主导"逐渐向"政府引导、市场主导"改革奠定了一定的基础。

(二)影响团队发展的外部影响因素

1. 社会需求因素

　　本次调查中,《嘉兴市群众自发性文艺团队发展情况调查问卷(普通群众)》一共发放了 900 份,有效回收 815 份。从问卷调查的对象来看,基本上做到了城乡均衡分布和地域均衡分布,其中来自城市的被调查者占 30.6%,来自乡村的被调查者占 34.2%,来自城乡结合部的被调查者占 14.3%,来自小城镇的被调查者占

---

① "参考'一支团队'应具备的六个基本特征"一文,出自圣才学习网,http://guanli.looxuexi.com。

23%。为了真实地反映嘉兴群众自发性文艺团队的社会需求，这里有必要对调查对象的其他特征说明如下：

（1）在年龄结构上：21～40岁占比43%，41～60岁占比40%，61岁以上的占比14%，20岁以下占比3%，即调查的对象集中在21～60岁之间，两者之和为83%。

（2）在性别结构上，女性占比65%，男性占比35%，男女比例基本上在1：2。

（3）在文化程度上，大学及以上占比36%，高中占比32%，初中占比22%，小学及以下占比10%。其中，高中以上文化程度占比为68%。

（4）在职业或单位性质上，机关事业单位占比23%，企业工人占比25%，农民占比15%，自由职业者占比9%，其他职业占比23%，未就业者占比5%。其中，机关企事业单位占比48%。

总之，从以上信息来看，本次调查对象的年龄层次集中在21～60岁之间的工作阶段，文化层次较高，职业性质覆盖了大多数领域，虽然在性别上女性比例较大，但整体而言调查对象的代表性较强，无论是在社会经历、信息了解还是在表达个人意愿方面都具有充分的代表性。在此前提下，我们再来分析嘉兴群众自发性文艺团队的社会需求因素。

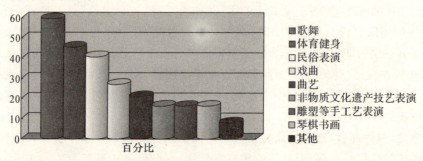

图12　参加调查的群众感兴趣的文化演艺或健身活动类型

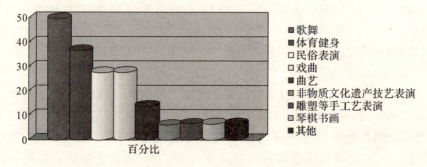

图13　参加调查的群众所在社区或村现有群众自发性文艺团队类型

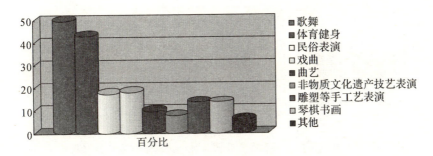

图 14　参加调查的群众愿意参加的群众自发性文艺团队类型

比较分析图 12、图 13、图 14 可知,参加调查的群众感兴趣的文化演艺或健身活动类型、所在社区或村现有的群众自发性文艺团队类型和他们自身愿意参加的群众自发性文艺团队类型在基本面上是一致的,其中排在前四位的分别是:歌舞、体育健身、民俗表演、戏曲,歌舞和体育健身类更可以说是供需两旺。这一结果与前述图 2 大同小异。因此,我们认为歌舞、体育健身、民俗表演、戏曲四大类是当前嘉兴市社会需求最大,同时也是供应最多的群众自发性文艺团队类型。从这个意义上说,嘉兴群众自发性文艺团队体现出鲜明的供求基本平衡的特点,也在一定程度上反映出嘉兴群众自发性文艺团队深深扎根于群众、真实反映群众意愿的特点。这就使得嘉兴群众自发性文艺团队发展具有了非常重要而深厚的社会基础和群众基础。

这一点在其他调研数据中也可以得到佐证。如在第 12 题中,有 72％的群众回答其所在社区或村有群众自发性文艺团队,可见团队分布地域非常广泛而普遍;在第 14 题中,有 43％的群众回答喜欢他们看过的群众自发性文艺团队的表演,有 37％的回答是部分喜欢,两者加起来总和占到了 81％,而明确回答不喜欢或说不上来的仅 11％,表明当前的群众自发性文艺团队表演内容和表演形式是得到群众的普遍认可和广受欢迎的。

2．政府政策因素

如前所述,资金投入的短缺是目前嘉兴群众自发性文艺团队面临的最大挑战,也是急需解决的最大的问题。这一问题,也是团队负责人和普通群众的共同心声。

从图 15、图 16、图 17、图 18、图 19 可知,虽然目前政府在支持群众自发性文艺团队方面出台了部分资金支持政策,如直接拨款、奖励、以奖代补等多种方式,但资金支持的力度太小,对于团队正常的发展来说可谓杯水车薪,所以,扶持的力度大小成为当前影响团队发展的最大政策性因素,加大资金扶持的力度成为绝大部分团队负责人和群众的普遍愿望。

其次,人才问题成为影响团队发展的又一个重大问题,所以在希望政府帮助解决的问题中"加大对团队成员的免费培训力度"成为仅次于资金扶持的又一大

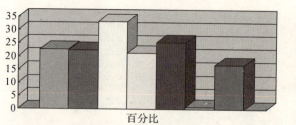

图 15　嘉兴市群众自发性文艺团队每年获得非自筹经费的渠道

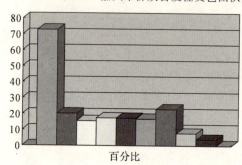

图 16　嘉兴市群众自发性文艺团队目前面临的主要困难

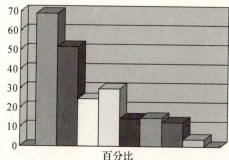

图 17　嘉兴市群众自发性文艺团队希望政府帮助解决的问题

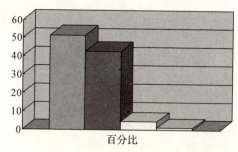

图 18　有效回答的嘉兴市群众自发性文艺团队对政府的其他建议（共 266 份）

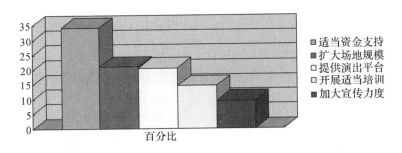

图 19　有效回答的群众认为政府应该给予嘉兴市群众自发性文艺团队的支持(共 824 份)

愿望。

再次,设施和场地问题也是希望政府能够帮助解决的大问题。在群众认为政府应该给予自发性团队的支持中,"扩大场地规模"成为仅次于希望给予资金支持的第二个大问题,在"团队目前面临的主要困难"中"设施设备跟不上"也是仅次于资金短缺的第二大困难。

综合以上分析,我们认为,在嘉兴市群众自发性文艺团队发展的社会需求因素方面,整体上判断是供求基本平衡。如果一定要找出相应的问题,那就是老百姓还没有形成花钱看表演的习惯,不太愿意掏钱看文艺团队演出,文化需求还没有上升到大多数人的"刚性"需求有关,当然这也和经济发展水平还没有达到市民对文化具有刚性需求的发展阶段有关。如果考虑到群众自发性文艺团队本身的以非营利性为主和表演具有自娱自乐型为主的特点,这一问题也可以不成为问题。但是,如果从政策方面而言,这恰恰反映了政府部门对自发性文艺团队实施积极主动的资金扶持的重要性。

单就政策的影响因素而言,目前的调研表明,最大的影响因素是资金扶持力度和方式,其次是人才的免费培训机制,再次是场地和设施设备的提供和扩大资助规模问题。另外,如果希望自发性文艺团队走"市场化为主,政府引导为辅"的路径的话,积极营造自发性文艺团队和公办文艺团队及其他自发性文艺团队之间同台竞争、相互切磋交流的政策环境和加大对自发性文艺团队的宣传也很重要。

三、基层群众自发性文艺团体面临的现实困境

在调研中,课题组发现基层群众自发性文艺团体发展面临诸多现实困境。

(一)人才资源匮乏使得群众自发性文艺团体创新式发展难以实现

具有较高文艺素养的人才不愿加入、团队人才老化后继无人以及培训的机会较少等因素已成为部分群众自发性文艺团体创新式发展的制约因素。调查发现,本科学历在 0%～10%有 121 个团队;在 11%～30%有 82 个团队;30%～50%有

30个；50%以上的仅12个。由于专门人才的匮乏，导致文艺表演的内容和形式难以实现创新性发展。比如，在南湖区对部分文艺团队的调研发现，只有21.2%是表演脚本来自于团队专业人员的创作，大约只占五分之一。

（二）组织体系不够清晰使得群众自发性文艺团体的规范化发展难以实现

从外部来看，群众自发性文艺团体在这个社会组织体系中的归属难以明确，政府相关的文化部门可以管，当地的镇村也要管，甚至一些政府部门如公安等也要管，导致整个组织体系较为混乱。而且，如何对其组织行为和业务进行管理和指导，也比较混乱，没有统一规范的制度，管多了，成为政府主导的文艺团体，体现不出"自发性"；管少了，导致其发展难以规范、持续。

（三）制度保障不力、政策环境不明使得群众自发性文艺团体的科学化发展难以实现

制度带有根本性的特点。从总体上看，目前还没有真正用来规范、扶持群众自发性文艺团体的专门制度，导致当前整个关于群众自发性文艺团体发展中涉及的组织性质、组织功能定位、人才保障、扶持等政策环境不明。在基层调研中，专门规范群众自发性文艺团体发展的制度没有，只是一些地方在其他政策文件中涉及群众自发性文艺团体的部分规定（如《平湖市业余文体团队考核补助办法（试行）》，《关于调整海盐县新农村文化建设九项工程目标任务和保障措施的通知》、《关于加强全县基层文化阵地建设推进城乡文化一体化的实施意见》、《嘉善县基层文化阵地建设与管理办法（试行）》、《嘉善县基层文化阵地管理考核办法（试行）》、《嘉善县文化大发展大繁荣实施意见》等，但这些政策有的刚刚颁布，实施效果现在不明，有些政策稳定性、执行效果也有待观察。总之，制度保障不力和政策不明导致群众自发性文艺团体科学化、规范化发展难以实现。

（四）财力扶持不足使得群众自发性文艺团体的稳定化发展难以实现

稳定的财力支持是群众自发性文艺团体持续发展的物质基础。但是，从调查的情况看，各群众自发性文艺团队基本没有活动的固定经费，经费大部分自筹，来源紧张。海宁市的调查结果显示，其中社会、企业捐助一部分，大部分自筹的队伍占队伍总数的39.7%；大部分自筹，政府拨款小部分，演出活动后政府以奖代补一部分的占35%；政府拨款小部分，自筹大部分的占11.5%；完全自筹，演出活动后政府以奖代补一部分的占10.8%；其他形式的占3%。财政扶持比例较小，自筹经费不稳定，导致群众自发性文艺团体的稳定化发展难以实现。

（五）舆论宣传不多、群众参与不够使得群众自发性文艺团体的持续化发展难以实现

舆论宣传与引导是让群众了解、接受并最终选择参与的重要渠道。但是，当前媒体对基层群众自发性文艺团体的活动宣传报道并不多，使得群众对群众自发性文艺团体的相关信息了解较少。比如在海盐县的95份问卷调查，当问到"您觉得目前的文化展演活动,哪些方面令您不满意?（可多选）",选择"活动信息很难及时了解"占 33.1％,达到了三分之一,可见,由于各种媒体对群众自发性文艺团体相关信息宣传报道较少而导致群众对群众自发性文艺团体活动信息很难及时了解,已成为一个不满意的重要原因。另外,由于部分群众自发性文艺团队在设施方面落后,文艺产品的创新力量不足,政府体制改革滞后造成与文化站、文化中心等公办文艺团体之间的不公平竞争,表演形式内容等难以找到老百姓感兴趣的点,和老百姓的文化需求对接难等原因,导致群众参与度不高,从而使得群众自发性文艺团体的持续化发展难以实现,这也是其面临的现实困境之一。

四、群众自发性文艺团队可持续发展的政策建议

(一)团队人才引领政策:保障群众自发性文艺团队创新发展

1. 核心管理类人才培养政策

各类组织间的竞争在于人才的竞争,核心竞争力来自于核心人才。所谓核心人才,即占组织成员 10％～20％ 的,从事核心业务,真正决定组织战略目标发展的人,因此,核心人才又被认为是组织的"形象代言人"①。在群众自发性文艺团队中,核心管理类人才的决策无疑在决定团队发展目标和发展策略上具有非常重要的作用,甚至在某种程度上决定团队的命运。因此,作为群众自发性文艺团队的领军人物,核心管理类人才的培养显得至关重要。

2. 综合艺技类人才培训政策

除了核心管理类人才外,对群众自发性文艺团队中的专业技艺类人才进行培训也显得非常重要。对综合性技艺人才的培训主要是是对口培训与对口交流。在对口培训方面,可以采取政府下派辅导员的形式进行针对性的培训,也可以采取各种人才对口专项集中培训的政策,由相应团队推荐有发展潜力的人员到政府指定培训点进行集中培训。对口交流,一方面可以采取竞技交流的方式,让同样性质的表演团队经常在某一个区域进行集中展演交流活动,另一方面可以采取同样性质的表演团队之间互派技艺人才相互学习的方式。

3. 团队人才激励政策

在对核心管理人才和综合技艺类人才进行培训的同时,还必须考虑对整个团队进行激励。激励的目标是群众自发性文艺团队能够充分发挥应有的功能,积极开展相关的活动,而且积极创新活动开展形式、不断推出新的群众喜闻乐见的内容,最终目标是满足人民群众日益增长的多元化文化精神需要。采取的政策措施是"绩效激励"＋"创新激励"。绩效激励就是采取绩效管理的方法去激励团队人才

---

① 参见王琪:《找出并管好你的核心人才》,《人力资源》,2009 年第 14 期。

脱颖而出；"创新激励"，就是在绩效激励政策设置中简化绩效激励的指标，使得每个团队人员承担的关键绩效指标数量大幅下降，只针对和人员岗位职责密切相关的工作进行设置指标，进行考核；对与人员岗位职责关系不紧密的工作，不设置考核指标，而是对其进行培训辅导，开展各种演艺竞赛、QC 小组、业务创新、管理创新、技艺创新等工作，把对人员和团队管理的关注点部分从绩效考核转移到促进创新合作上，相应的，对绩效的激励也部分转移到对创新的激励上来，转变绩效激励的奖励成功、惩罚失败为奖励成功、奖励作为和惩罚不作为上来，给团队人才成长以宽松的氛围。①

（二）公共财政扶持政策：保障群众自发性文艺团队长效发展

从调研可以看出，经费不足是当前大多数群众自发性文艺团队发展面临的最大难题，无疑也是所有群众自发性文艺团队最为关注的话题。因此，加大公共财政扶持力度，保障群众自发性文艺团队的长效发展是一个非常关键而急需解决的问题。建议采取的总体思路是"市场为主、政府扶持、社会参与、市场化运作"思路，突破单一的"官办文化"模式，防止财政的"越位"，但另一方面，也要防止财政支出"缺位"。

1. 制定公共财政稳定来源与合理增长政策

按照"增长优先，兼顾公平与稳定"的原则，在制定群众自发性文艺团队的公共财政扶持政策时首先要考虑的就是制定公共财政稳定来源与合理增长政策。

2. 公共财政扶持的区别化原则

在公共财政扶持时，应该避免"撒胡椒面"的做法，在整体上扶持群众自发性文艺团队的同时，采取有重点、有差别的扶持政策。一方面，为了保障内容健康、老百姓喜闻乐见的群众自发性文艺团队基本的生存需要，不仅仅因为经费问题而消亡，政府有关部门应该在核算成本的基础上，给予团队普遍性的基础扶持资金，给予基本的活动经费。另一方面，又要相对集中财力，用于重点支持和保障最急需提供公共财政扶持的群众自发性文艺团队建设，如非物质文化遗产技艺表演、有很强的群众基础但仅仅因为经费不足难以快速发展的团队、与城市文化形象紧密结合并受到群众欢迎的团队。

3. 鼓励公共财政扶持的机制创新

当前，就群众自发性文艺团队的公共财政扶持机制来说，大多数地区采取了"以奖代补"的投入机制。应该说，"以奖代补"一定程度上克服了以前公共财政直接拨款的弊端，加强了群众自发性文艺团队的绩效考核力度，有助于提高财政资金的使用效益。但是，当前的"以奖代补"政策也存在一定的问题，主要是完全以"以奖代补"来代替原来的财政直补，造成对较好发展基础的团队锦上添花，对发展基

---

① 参见《职场交流之如何突破绩效激励鸿沟》一文，http://www.iliyu.com/。

础相对薄弱的团队没有雪中送炭,反而是雪上加霜。建议在积极稳妥实施"以奖代补"政策的同时实施"项目立项"机制,每年拨出部分专项资金专门用于资助群众自发性文艺团队建设,可以考虑以项目申报的方式进行立项资助。另外,建议充分吸取公共文化服务领域较为成熟的政府购买服务的方式对群众自发性文艺团队进行资金投入。

4. 强化公共财政使用的绩效评估

对于公共财政的使用绩效要强化评估,但评估方式上要注意群众自发性文艺团队作为公共文化产品的特殊性,强化过程评估,相对弱化结果评估。而过程评估的重点是财政投入的杠杆效应和社会效益。

(三)外部环境优化政策:保障群众自发性文艺团队协调发展

从当前的实际情况来看,影响群众自发性文艺团队生存和发展的外部环境主要有五点:一是外部资金的进入与投入;二是与政府主导的文艺团队的公平竞争与交流;三是文艺市场供求信息的不对称;四是活动场地的协调;五是社会环境的影响。要改善群众自发性文艺团队生存与发展的外部环境,保障团队的协调发展,必须对以上五点进行政策性制定和制度性优化。

1. 强化政策导向功能,引导社会力量参与扶持与建设

建议政府在加大公共财政投入保障政策制定的同时出台配套政策,通过政策导向,引导社会力量参与群众自发性文艺团队的扶持与建设。因为,在当前情况下,由于受体制机制的限制和政府财力的制约,大幅度提高群众自发性文艺团队的公共财政支持力度基本上是不现实的。这些社会力量包括政府主导的文艺团队、民间组织、民营资本等。其中,与政府主导的文艺团队市场化改革相结合,通过政策的引领促使这些专业的文艺团队能够在某种程度上下沉,或者对区域内的群众自发性文艺团队给予专业技艺上的指导,或者从群众自发性文艺团队草根文化中吸取养料,或者到群众自发性文艺团队挂职,提升其管理水平,帮助一些有较好基础的群众自发性文艺团队逐步走向成熟。对于民间组织、民营资本投入群众自发性文艺团队的资金,建议参照企业办教育的优惠方式进行税收减免、信贷优惠等,提升其参与和扶持群众自发性文艺团队建设的积极性。

2. 构建信息互动平台,共享文艺市场供求信息

当前,文艺表演信息不对称和供需对接难成为困扰演出市场的一大难题,群众自发性文艺团队演出市场就更是如此。信息化,成为群众自发性文艺团队生存和发展的重要支撑。建议采用信息卡技术,构建互动信息平台,为政府部门、文艺表演团队或个人提供信息搜索、信息发布、信息互动等融为一体的信息服务模式,在信息互动中,建议采取菜单式实时更新模式,加强文化配送服务的研究和试验,使群众自发性文艺团队和需求对象之间实现供与求的无缝对接,以加强团队与群众的互动性,提高团队凝聚力和竞争力。

3. 创新团队活动载体，引导群众自发性文艺团队参与市场合作与适度竞争

当前，制约群众自发性文艺团队生存和发展的另一个因素是缺乏团队之间的交流与合作。在引导群众自发性文艺团队参与市场合作方面，可以出台相关政策鼓励团队之间的联合演出、联合编剧、联合创新、互派挂职锻炼人员等等，实现团队之间的合作互补。还可以鼓励文艺演出市场中介组织和专业性服装道具市场的建设，通过这些中介市场和专业性市场的构建，优化群众自发性文艺团队的生存空间和发展后劲。在引导群众自发性文艺团队适度竞争方面，可以采取适度竞演、组织较大规模的展演、将政府公共财政的拨付与演出场次、演出效果挂钩等方式促进团队适当参与市场竞争，提高团队的市场竞争力。

4. 建立跨区域协调机制，扩大群众自发性文艺团队生存空间

在群众自发性文艺团队的发展过程中，打破区域限制，使团队走向更为广阔的发展空间是群众自发性文艺团队做大做强的必由之路。

但是，在当前的行政区划条块分割情况下，作为地域性、基层性、草根性很强的群众自发性文艺团队要走向外区域发展并非易事。因此，政府相关部门需要建立跨区域的协调机制，积极实施群众自发性文艺团队"走出去"战略，把"请进来"与"走出去"相结合，引导群众自发性文艺团队增加交流机会，提高其市场竞争力。

5. 规范文艺市场行为，净化群众自发性文艺团队生存环境

客观而论，在当前社会的转型时期，人们的思想观念、价值观念表现出多元而混乱的特点，各种庸俗的表演冲击着原本纯净的文艺市场，过渡的娱乐化、庸俗化给老百姓的身心健康带来了极大的伤害，也污染着社会风气。建议文化部门联合工商、城管、公案等部门加大文艺市场的检查、巡查力度，建立文艺表演备案审查制度，对扰乱社会秩序、败坏社会风气的表演行为坚决予以取缔。同时，加大力度培育健康的群众喜闻乐见的群众性文艺活动，引导群众的文化消费行为，充实人们的闲暇时间，提高人们的欣赏水平，从源头上消除一切庸俗、低俗表演的生存空间。

（四）科学考核评价制度：保障群众自发性文艺团队健康发展

对于任何一项工作而言，考核评价体系都至关重要。它犹如一根无形的"指挥棒"，直接关系到工作成效的高低。构建一套具有针对性的群众自发性文艺团队科学考核评价制度至关重要。

1. 以团队成员认同感和社会群众满意度为重点，制度性界定考核评价的主体和客体

我们建议在构建群众自发性文艺团队的考评制度时，要大大增加民意考量的比重和"社会评价"的内容，以团队成员认同感和社会群众满意度为重点，尊重民意，并以民意作为考评制度是否科学的评判标准。在考评的主体上，针对当前群众自发性文艺团队的现实情况，我们建议以社区、村镇等基层自治组织群众代表组成考评团，成员由社区干部组织群众推荐或选举，淡化文化部门的行政化考评和管理

功能。在考评的客体上,建议不以群众自发性文艺团队的经济效益作为考核客体,仅考评其社会效益,具体指标为表演场次、频率、群众参与度、群众满意度等。

2. 以科学性和可操作性为目标,系统构建分层分类考评制度

在构建群众自发性文艺团队考评体系时,除了考虑科学性之外,还需要充分考虑其可操作性。由于各个地方经济、政治、文化情况的差异以及群众自发性文艺团队发展情况的不同,我们在构建群众自发性文艺团队的考评制度时切不可照搬其他地区的经验,必须因地制宜,充分调研,根据不同类型、不同发展层次的团队,系统构建团队分层分类考评制度,切不可一刀切。

3. 以考核的公信力与实效性为核心,科学建立考核评价结果综合运用制度

一方面,我们要有科学的考评人员选拔机制,如前所述,要尽量避免由文化行政管理部门直接进行考评;另一方面,在制定考评体系的同时,要确保考评过程的公正性和考评结果的公信力。这就需要加大考评过程的透明度和考评结果的公示力度。把考评人员、考评过程和结果都至于群众的阳光监督之下。此外,在改革完善群众自发性文艺团队考评制度的同时,还要特别注重机制创新和结果运用。在考评结果的综合运用上,建议将考评结果与公共财政的拨付挂钩。而且,根据考评结果建立配套的群众自发性文艺团队分级分类制度以及升级、降级制度。还可以将群众自发性文艺团队建设"项目申报"与考评结果挂钩,对于考评结果优秀的可以适当增加建设"项目",考评不好的适当减少甚至停止建设"项目",而建设"项目"与群众自发性文艺团队建设资金投入和培训力度相关联。要本着科学严谨的态度和实事求是的作风,根据考评实际情况和试行效果充分吸收符合群众性文艺团队发展规律和时代需要的考评因素,坚决取消不科学、不合理的考评指标,并合理拓展考评范围,做到客观、全面地反映群众自发性文艺团队发展质量和社会效益。

(五)组织运行规范制度:保障群众自发性文艺团队稳定发展

群众自发性文艺团队的扶持和建设始终离不开组织运行的规范,这是保障群众自发性文艺团队稳定发展的前提。

1. 建立政府对群众自发性文艺团队的管理服务制度体系

群众自发性文艺团队的扶持和建设必须明确建立相应的政府管理服务制度体系,做到各部门分工合作、协调有序、职责明确。首先,制度性界定政府主管部门。我们建议群众自发性文艺团队的政府主管部门设在文化部社会文化司,统一归口管理群众自发性文艺团队的扶持与建设,国家宣传部文化事业处、财政部、民政部民间组织管理局、人力资源与社会保障部协助管理和服务。其次,规范化建立制度管理体系。建议制定相关制度,要求所有群众自发性文艺团队都必须到文化部社会文化司所属地方行政管理部门和民政局民间组织管理局进行双重备案,较大型的演出也必须提前备案;达到社会组织构成条件的还必须同时到民政部民间组织管理局下属相关行政管理部门进行登记。至于备案和登记的方式,为了方便群众,

建议文化部和民政部统一建立群众自发性文艺团队网络在线备案和登记审查制度，最好是建立一个全国性的融合群众自发性文艺团队和政府主导的文艺团队演艺信息的综合性信息互动网站，把政府管理部门的备案、登记、团队的演艺信息和群众的需求信息统一放置和搜索，甚至团队考核过程和结果等等都在网站公示，打造全国统一的综合性演艺信息互动一站式网络平台。第三，科学化建立跨部门工作协调机制。多个部门协调工作，必然涉及跨部门工作协调问题。为了避免多头管理、重复管理和出现问题相互推诿，建议在部门之间职责划分清晰的前提下制定跨部门工作协调机制，统一协调各部门的工作。这个协调，包括与当地政府和基层自治组织的组织协调；与公安、民政等部门的工作协调；与新闻媒体的沟通协调等。

2. 指导群众自发性文艺团队自身组织规范化建设

除了建立政府对群众自发性文艺团队的管理服务制度体系之外，政府还应该积极指导群众自发性文艺团队进行自身组织的规范化建设，促使其顺利成长。首先，组织体系的规范化构建。根据群体发展理论，一般群体的发展要经历四个阶段：形成期、冲撞期、规范期、运转期。① 根据调研，当前大多数群众自发性文艺团队还处于形成期和冲撞期，少数具有规范期的部分特点，极少数处于运转期。因此，大量的团队需要政府部门提供帮助，使其缩短冲撞期，尽快进入规范期。其次，组织行为的制度性约束。成熟的团队组织行为上应该是有一套的制度性约束机制，领导的"作用"降低，集体的"决策"成为主流，而且团队依靠自身形成的"规律"有条不紊地运转，而不是依赖领导的个人意志在运转。第三，组织发展的科学化引导。成熟的团队应该成为学习型的组织，全体成员在团队中可以得到学习和提高。在组织发展的目标上，有全体成员共同参与制定的科学决策过程；在组织发展的关键性、阶段性环节和重大问题上能够通过充分的讨论形成一致意见，以保障组织发展的科学化。

---

① 参见：《群众发展阶段和团队特征》(PPT)，百度文库。

文化志愿者制度设计研究

——以鄞州区为例

韩雪峰　忻明飞 *

[摘　要] 本文在已有的文化志愿者文献研究的基础上,分析提出文化志愿者制度在我国推行的必要性与现实意义,并通过定性和定量分析相结合的研究方法,深入调研宁波市鄞州区文化志愿者服务的现状。从鄞州区文化志愿者服务的内容、参与者类型、服务针对的人群以及服务的经费来源、服务满意度等多方面展开调查,分析目前文化志愿者服务开展的局限与提升的空间,以制定出相应的文化志愿者制度。最后提出在建设文化志愿者队伍过程中,政府需要在提高文化志愿者队伍的品牌影响力,对志愿者的培训与管理,挖掘社会潜在文化价值,提供必要保障等方面发挥作用。

[关键词] 文化志愿者;制度;调查

一、文化志愿者研究文献综述

(一)志愿者与文化志愿者的概念认定

志愿者(Volunteer),联合国将其定义为"不以利益、金钱、扬名为目的,而是为了近邻乃至世界进行贡献活动者",指在不为任何物质报酬的情况下,能够主动承担社会责任而不关心报酬奉献个人的时间及精神的人。《中国志愿者协会》将志愿者定义为:基于某种道义、信念、良知、同情心和责任感而从事公益事业的人或人群。我国的志愿者,广义上指社会工作者,指"自愿参加相关团体组织,在自身条件许可的情况下,在不谋求任何物质、金钱及相关利益回报的前提下,合理运用社会现有的资源,志愿奉献个人可以奉献的东西,为帮助有一定需要的人士,开展力所能及的、切合实际的,具一定专业性、技能性、长期性服务活动的人。"

尽管对志愿者的概念、性质在国内有比较一致的认定,但国内对于文化志愿者的概念还缺乏统一的界定,文化志愿者只是作为志愿者当中的一大门类以各种表现形式为社会提供服务。特别是近年来,我国举办大型的国内和国际赛事,如北京奥运会、上海世博会、广州亚运会、深圳大运会等,充分地发挥文化志愿者的作用,

---

* 韩雪峰,女,浙江大学宁波理工学院讲师,硕士,宁波市文化与创意产业研究中心研究员,从事文化体制改革与公共文化服务研究;忻明飞,女,宁波市鄞州区文化广电新闻出版局副局长,长期分管文化工作。

从而文化志愿者越来越引起社会的关注和研究者的兴趣。如田思源的《北京奥运会与我国志愿者立法》、石岚的《上海志愿者管理研究》，均涉及大型事件中的文化志愿者活动及其关联。因此，对于文化志愿者的研究和分析，往往是散布在对北京奥运会、上海世博会志愿者的分析基础之上的。对文化志愿者的研究可以通过志愿者在相关重大活动中的体现进行研究，同时，志愿者与文化志愿者本身又是共性与个性之间的关系，可以在区别与联系中予以把握。

（二）志愿者制度的必要性

我国志愿者服务在近几年取得了显著的发展，不仅表现为志愿者组织和人数不断增加，而且影响力不断扩大，且在重大活动中发挥越来越重要的作用。郭嫄在《基于对比视角的中国志愿者活动现状、不足及对策》一文中指出，我国志愿者活动发展迅速，但同时存在缺乏社会认知、物质依托严重不足、缺乏自主空间及志愿者队伍建设不够稳定等问题。张锐、王东敏的《北京奥运会大学生赛会志愿者管理研究》，针对我国高校大学生志愿者的发展状况、大学生的优劣势以及奥运志愿者的管理和历届奥运志愿者经验分析，提出要结合我国国情、学生特点进行志愿者招募、培训、激励机制，以促进志愿者活动有序进行。

徐柳的《我国志愿者组织发展的现状、问题与对策》分析指出，1999年广东省第九届人大常委会通过的《广东省青年志愿服务条例》，是我国大陆地区第一部志愿者组织的地方性法规。该条例明确规定了青年志愿者及其组织的权益保障、青年志愿者的条件、青年志愿者享有的权利、考核以及所要承担的责任等。条例颁布以后，在国内外产生了较大的反响，标志着我国志愿者组织初步进入法制化、规范化的轨道。在随后到2007年间，我国已有20多省、市出台了志愿者服务条例，包括北京、广东、山东、福建、黑龙江、吉林、湖北、江苏、宁夏等省级行政单位和银川、成都、济南、南京、杭州、宁波、抚顺和深圳等市级行政单位。

但在各地通过法律法规保障志愿者服务活动顺利进行的同时，我国有关志愿者的制度管理建设仍然滞后。张琴、王峰的《我国的志愿者服务立法亟待完善》一文中指出，我国的志愿者服务快速发展，但志愿者服务立法尚不够健全。主要表现在：立法级别较低，缺乏统一的志愿者法律；志愿者法律的具体规定零乱；缺少协调志愿者服务的法律规定；志愿者权利保护制度比较粗陋；缺乏与突发事件有关的志愿者立法。文章指出，应尽快完善我国的志愿者立法，包括：提高立法级别，建立统一的志愿者法律；规范立法依据；理顺志愿服务中各方的法律关系；建立纠纷解决机制和志愿者的人身财产保护机制；把志愿者服务与社会保障制度挂钩等，尤其是要重视完善突发事件中志愿者服务的立法。志愿者制度的建设与完善，已经充分反映出其必要性，接下来设立诸如包括文化志愿者服务条例在内的专门类别的志愿者制度已经迫在眉睫。通过规范化的规章制度，保障文化志愿者活动有序进行。

(三)文化志愿者制度的建设

在设立文化志愿者制度的同时,需要同时考虑通过法律法规建设如何开创性地调动志愿者的积极性,全面提升志愿者的服务意识和服务水平。戴卫义、闪茜菁的《论建立和完善高校青年志愿者活动的激励机制》一文指出,建立和完善活动的激励机制是全社会倡导奉献、友爱、互助和进步的志愿者精神的需要,是志愿者活动规范化、制度化的需要,也是对大学生追求自我价值与创造的劳动价值的认可的需要。建立和完善活动激励机制就必须结合高校的育人目标,坚持精神激励为主、奖惩结合的原则,建立科学可行的评估体系,不断加大内、外激励的力度。文化志愿者制度的建设应立足于长远,积极吸纳社会成员、学校师生和其他人员积极参与到文化活动中。

曹锡康在《国内外志愿者研究成果综述》一文中指出,我国目前志愿者行动多为事件性,长期服务的比较少。即所服务的领域比较窄,奥运会、世博会、亚运会,每次大事件志愿者的招募都风风火火,社会影响很好,但很少有长期的志愿者组织存在。因此,随着日渐丰富的文化活动带来的文化志愿者内涵的扩充,文化志愿者制度应根据志愿者的不同类型,确定不同的活动目标和服务人群,同时长期、稳定地培育有责任感、有素养的文化志愿者队伍。志愿者服务不仅是青年人的志愿者服务,或是中年人的志愿者服务,它更是全社会的总动员,社会的志愿者服务。要动员社会的各种力量参与文化志愿者活动,加强政府、社区、高校三者的良性互动,形成长期性和高效性。

姜文明、刘宇光在《论志愿者服务立法的规制与转型》中指出,完善志愿者服务立法,需要对当前志愿者服务立法进行规制和转型。重点应从理顺法律体系、明晰法律主体、确定服务范围、完善服务行动协同机制四个角度对现有志愿者服务法律体系进行合理规制。要达到制度整合的目的,离不开观念和体制上的转变。实现从促进志愿者服务到保障志愿者服务的立法宗旨和由政府行政主导向社会自主发展的管理模式两方面的立法思路的转型,是完善志愿者服务立法的前提。本着关心和保障志愿者的理念,对文化志愿者活动的顺利开展,自文化服务活动一开始便进入科学的保障,建立服务和管理体系、规范志愿者服务活动,随之做好文化志愿者的业务培训,以及服务后期的后续保障工作。

二、文化志愿者调研

(一)调查对象和方法

本次调研根据调研对象,分两个部分:针对社区的大学生文化志愿者调研和针对基层文化站的志愿者需求调研。

大学生文化志愿者调研涉及社团组织性质、服务开展频率、服务开展内容、目前开展服务的局限、文化志愿者制度建立对社团组织发展的益处等。调研小组主要采访调研的高校为浙江大学宁波理工学院,社区为飞虹社区、东裕社区、凤凰新村和陈婆渡社区及部分公交站点;调研小组还前往共青团宁波市鄞州区委员会、鄞州区总工会、鄞州区妇联等部门开展机制研究的调查、咨询、求证,采访了浙江大学宁波理工学院就业处老师,学校社团组织的相关负责人。

文化志愿者需求方的调研,来自宁波市各县市区基层文化站站长,调研目的是文化志愿者用人方对文化志愿者的需求现状。

本次调查主要采用定量和定性分析相结合的研究方法,采用调查问卷法、访谈法、实地调研法和案例分析等方法完成调研。由于此次调研重点在宁波市鄞州区首南街道,采访调研均在宁波市鄞州区进行,使数据的采集更加具有针对性。

(二)调查的结果分析

1. 大学生文化志愿者调研的分析

(1)接受调查者的基本信息

根据高校社团组织的具体特点,调研小组将高校社团组织分为青年志愿者组织、专业社团、学生会组织。三者共同组成高校社团组织,但又具有各自的特点。青年志愿者组织崇尚"无私、关爱、奉献",主要开展社会公益事业;专业社团是以学生的兴趣作为出发点建立起来的组织,具有一定的专业性,与高校的专业课程结合较为紧密,或体现学生课余的兴趣爱好;学生会组织主要立足于学校,也不乏在校外开展各式各样的活动。

调查过程中,接受调查问卷的学生共计 100 名,收到有效问卷 84 名,问卷有效率为 84%,大学生文化志愿者包括了高校社团组织中的青年志愿者组织、专业社团、学生会组织三大类型,三类各占 34 名、12 名、38 名。

(2)开展服务活动的范围、频次及活动类别

①目前大学生文化志愿者服务活动的范围

调查显示,高校社团组织开展活动存在校内、校外和校内外兼有三种类型,在 34 个被调查的青年志愿者成员中,面向校外开展活动的有 28 名,占 82.4%;在 12 个被调查的专业服务社团中,选择校外以及校内校外都有的人员有 8 名,占 66.7%;在 38 个被调查的学生会成员中,选择校外以及校内校外都有的人员有 19 个,占 50%;在所有 84 个被调查成员中,选择校外以及校内校外都有的成员有 55 个,占总人数的 65.5%。因此绝大多数高校社团组织会走出校园,不定期在校外开展各种社会服务活动。

表1　高校社团组织校外开展服务活动

类别 项目	青年志愿者组织	专业社团	学生会组织	总数
接受调查者	34	12	38	84
选择校外活动	28	8	19	55
所占比例	82.4%	66.7%	50%	65.5%

②目前大学生文化志愿者校外开展服务活动的频率和活动类型

调查显示,55名不定期在校外开展各种活动的调查者中,其所在的社团组织每半年(每学期)开展校外活动1～2次的有21.8%,开展3～4次校外活动的有27.2%,4次以上的有51%,即在校期间的每月几乎都有校外活动。

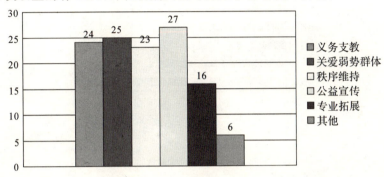

图1　校外主要开展的服务项目

从调查的数据中可以看出,高校社团组织在校外开展的各种活动中,以社会公益活动为主,如义务支教、关爱弱势群体、秩序维持及公益宣传等,而专业拓展类的校外活动较少。一方面说明,高校社团组织在校外开展社会公益活动较为便利,操作起来较为容易,另一方面也表明,专业拓展类的校外活动操作起来较难,专业与社会的联系不够紧密,因而缺乏活动的平台。今后高校社团组织除了开展以社会公益活动为主的服务活动外,更应拓宽校外高校社团组织的活动平台,发挥高校的专业性、技术性优势,如法学社应多开展普法宣传、计算机协会多开展计算机维修、邓研会多开展政策宣传等。

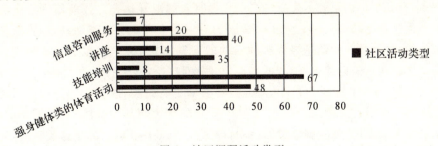

图2　社区调研活动类型

　　调查显示,接受调查者深入社区开展的服务活动中最多的为文艺活动类(纳凉晚会、排舞、书画、下棋、读报等),占调查总数的 80.0%,第二位的为开展强身健体类的体育活动,占调查总数的 57.1%,老年服务占调查总数的 47.6%,公益活动(捐款、环保)占调查总数的 41.7%,社区开展的活动还有信息咨询服务(法律、医疗、维修等)、讲座(安全知识讲座、生活小窍门讲座)、技能培训等。

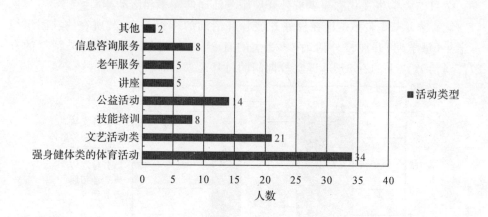

图 3　社区居民活动喜好分布

　　从调查数据分析中可以明显地看出,文化志愿者服务活动包括了社会服务的方方面面,参与服务社区各个年龄层的居民大部分都比较热衷强身健体类、文艺类的活动。随着生活节奏的加快,人们的健康受到极大的影响,对于身体锻炼方面都有很强的意识。当然各个年龄层也有各自喜欢和倾向的活动。数据显示,未成年人群体中,将近 1/5 的人喜欢或参加过文艺类活动;当然也有不乏有爱心的青少年,喜欢如捐款环保类的公益活动和有关安全知识、生活小窍门之类的讲座,各占到 11.5%。总体而言,除了体育方面,对文艺方面的活动也是比较热衷的;18～25岁的人群中,各有 18.2% 的人喜欢文艺类活动和信息咨询服务活动,在这个年龄层的群体中,他们对社会还需更多的了解,需要通过各类咨询服务活动来拓展他们的视野,有利于他们更好的发展。各有 9% 的人群则喜欢有关技能培训之类的活动和各类公益活动;25～35 岁的人群中,21.1% 的人喜欢文艺类活动,而喜欢技能培训类的、公益类的和信息咨询类的活动的人群都是 10.5%,也是占了相当一部分的比例。在这类群体中,他们的兴趣爱好相对广泛,喜欢的活动类型也是多种多样的。而在 35 岁以上的群体中,对公益类活动更有兴趣,他们认为公益类活动在社区里的开展很有必要。当然,对文艺类活动的热衷同其他群体一样,不在少数。对于退休人员来说,强身健体类的活动自然是他们最热衷的。除了这类活动,他们对老年服务类活动也是大力支持的,还包括文艺类活动,来丰富他们的老年生活。

通过对各个年龄层群体参与活动的类型分析,可以清晰地看出各个群体侧重的文化活动类型,今后社区在开展相关活动也应结合社区自身的特点和活动的主题考虑活动类型与参与人员,尽可能让更多不同的年龄段的居民参与到社区活动中来,提高他们的积极性,最终达到活动开展的真正意义。

(3)目前大学生文化志愿者开展服务活动的主要经费来源

在84个接受调查者所在的社团组织中,活动经费部分来源于成员入会的会费,主要来源是上级组织下拨以及各类企业赞助,数量为78名,占总数的81.25%,并且在这类调查者中认为经费不足的有38名,占总数的48.7%,因此社团组织活动举办的经费问题能否解决,直接关系社团活动举办质量。在调查过程中,调研小组成员与一社团组织的负责人了解社团相关情况,他表示目前高校社团组织在社区搞大型活动,尽管有较好的社会影响和较好的社会效益,但好的活动并不一定会有商家愿意提供赞助;活动经费的难以落实使社团组织无法长期开展校外活动;他还表示,活动经费的问题不仅影响活动的开展,活动中宣传包装、奖品礼物对活动的参与度也有很大的影响。

(4)目前高校社团活动的局限

有42.9%的接受调查者认为,社团组织开展活动缺乏相关支持,缺乏相应的政府组织、行政支持保证校外服务活动的顺利开展。44%的接受调查者认为社团组织成员受资金以及人力物力支持等多方面影响,导致其活动范围有限。总之,活动经费困难、缺乏相关支持、活动范围有限,这三方面的因素使目前高校社团组织校外活动较为单一,也难以有所突破。因此,加强政府相关机构对高校大学生的管理,积极增进在校大学生服务社会的意识,并发挥政府的力量给予大学生活动必要的经费支持也是十分重要的。

2. 文化志愿者的发展现状调研:来自志愿者使用方的意见

(1)文化场馆和文化志愿者使用单位对文化志愿者的总体印象:"很好"占32.84%,"比较好"占55.22%,"一般"占11.94%。文化志愿者基本上可谓广受使用单位的好评和欢迎。

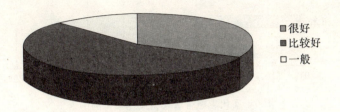

图4 文化单位对文化志愿者的总体印象

在调研中,没有发现对文化志愿者不满意的受访者,这也说明了文化志愿者由于志愿者的特性,具有积极的一面,而其消极作用则被控制在非常少的范围内。

(2)文化场馆接触到的文化志愿者的年龄段主要集中在:40~49岁32.84％,30~39岁31.34％,50~59岁22.39％,23~29岁17.91％。令人遗憾的是,大学生年龄段18~23岁,仅占8.96％。

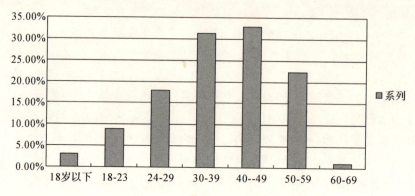

图5 文化志愿者年龄段分布

这一比例凸显出大学生文化志愿者的供应目前还显不足,可以成为下一步工作的突破口。目前,30岁以上人群是文化志愿者的主力。最多的集中在40~49岁,这一年龄段人群事业、家庭已经达到一定的满意度,更追求社会存在意义与价值,是宁波鄞州地区目前文化志愿者的主力。而大学生和青少年在文化志愿者中的作用并未充分发挥。

(3)文化志愿者最吸引文化单位的原因是:公益、有爱心(85.07％)、免费(47.76％)、年轻(23.7％)、专业(23.3％),服从管理(17.91％)

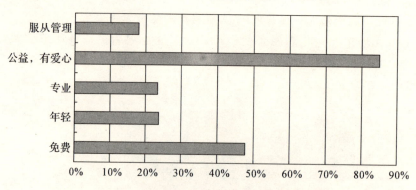

图6 文化志愿者最吸引文化单位的因素

从这一系列数据中可以发现,文化志愿者的公益和爱心特征,是其广受欢迎和最为使用单位认可的核心要素,其次就是志愿者不收取报酬。目前各个文化场所自身经费不足,文化志愿者的免费特征是吸引其使用的重要原因。相比之下,"服从管理"、"专业"和"年轻"都不够显著。

（4）文化志愿者最令文化单位不满的因素，分布比较平均。走过场，形式大于内容（38.80%），年龄太大（35.82%），管理难度大（34.33%），不专业（32.83%），年龄太小（2.98%）

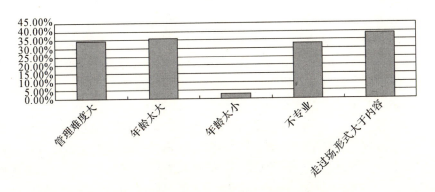

图7　文化志愿者令文化单位不满的因素

文化志愿者的积极意义很明显，而其负面因素则没有正面因素显著。相比较而言，走过场性质的"公益秀"最为使用文化志愿者的各个文化场所反感。而"年龄太小"是最不反感的理由，再一次验证青少年文化志愿者供应不足的现状。

（5）觉得需要对文化志愿者进行制度建设的达到80.60%，不需要为19.40%。

从中可见，文化场馆和志愿者使用方，对文化志愿者进行制度化管理与建设的需求非常强烈，这也彰显了本研究的必要性与重要性。

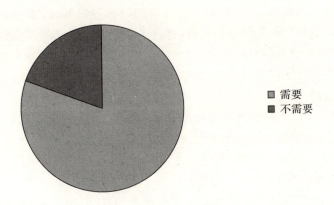

■ 需要
■ 不需要

图8　对文化志愿者进行制度管理与建设

三、关于大学生文化志愿者的矛盾：调研的深层次思考

（一）矛盾的提出：大学生文化志愿者供求矛盾的现状

大学生是世界各国文化志愿者的主力，但在本次调研中发现，基层文化站需要大学生志愿者，可是大学生年龄段 18～23 岁的志愿者，仅占 8.96％。也意味着，大学生志愿者并未能够成为基层乡镇公共文化服务的志愿者主力，相反，40～49岁的占居了 32.84％，为各年龄段最高。那么，大学生文化志愿者没有在基层文化站出现的原因有哪些呢？调研进入了深度访谈的阶段。

（二）阻隔大学生志愿者服务的瓶颈：志愿者的日常化

通过对鄞州部分文化站长的深度访谈，调研组发现，基层文化站需要的文化志愿者是能够从事日常化工作的，大学生的主要作用在于活动类的志愿者。他们难以提供经常性、日常化的志愿者服务。当把文化志愿者问卷中的活动志愿者单独立项之后，对大学生年龄段的选项达到了 63.2％。由此可见，基层文化部门急需日常化的志愿者，能够提供比较固定的时间，在相对固定的场所提供志愿者服务，而这是在校大学生难以做到的。同时，在文化活动的开展过程中，大学生受到了基层文化部门的高度认可和欢迎。

（三）如何使用好大学生文化志愿者

在调查中，首南街道团工委书记唐雪娜表示，"街道每年投入辖区的服务成本高，但没有取得较好的效果，政府投入资金与活动效果、群众反响不成正比。一方面是由于政府的经费毕竟有限，另一方面是由于一些专业性的服务活动，街道内部人员经验不足无法很好地开展；还有到了开展大型活动时，出现街道内部的管理人员常常人手不够等问题"。政府在实施社会公共事务服务时，需管理培养服务人员，完善制度，这样使服务的成本提高，财政支出加大；而为专业服务设立独立的基层服务工作部门，就显得机构冗余。这些问题不解决，将直接影响到政府行政管理的效率和水平，因此如何转变政府职能，利用所在辖区的特点，借用高校的优势解决矛盾迫在眉睫。

与此同时，大学生群体面临高校专业知识学习与社会需要的部分脱节，知识难以运用于社会中，使得大学生毕业无法很快的适应社会；实践机会少，缺乏实践的平台，使大学生无法走出校园，进行专业锻炼，自然无法把专业知识运用到社会生活中。在调查中，调研小组走访了浙江大学宁波理工学院，就大学生的专业学习和社团组织建设问题采访了学校就业处应中元老师，应老师表示"大学生需要走出去，不仅可以提高理论水平，还可以提高社团活动的有效性、实质性，可以使活动落实到具体，更加务实高效。在实际运作过程中，大学生和社团组织的确也部分因为经费不足，从而影响校内外活动的质和量；高校社团组织还存在社团组织发展思路

不能明确,缺乏活动平台等问题,非常希望高校、社会和政府能够共同搭建载体,促进大学生自身和高校社团组织的共同发展。面对现在大学生的就业形势,希望同学们能尽可能走出去,走出去才能提高大学生的综合素质,成为社会需要的人才。"

"大学的和谐发展,是指运用和谐的理念指导现代大学的建设,通过不断化解办学过程中出现的各种矛盾,来确保组织目标实现的持续过程。"自启动高等教育大众化发展战略以来,我国高等教育管理几经改革,虽然取得了一定的成效,但仍面临着相当的困难,还没有理顺大学与政府的关系,没有真正形成政府宏观管理、社会广泛参与、市场适度调节、高校自主办学的体制框架。随着经济全球化及我国社会的巨大转型,源于西方的新公共管理理念对我国公共部门的管理变革产生了相当程度的影响,这种影响也逐渐渗透到大学的管理之中。适逢本届政府提出建设和谐社会的重大举措,大学的和谐发展是和谐社会的重要组成部分,如何利用新公共管理理念的积极作用,消除其不利影响,促进大学和谐发展,是当前大学管理所要思考的问题。

因此,政府的需要与大学和谐发展的要求是相吻合的一对统一体,在大学生文化志愿者服务、社区服务需要与政府政策实施三者之间找到充分的联系点,从而实现三者的有序衔接。

四、文化志愿者队伍建设中政府的作用

(一)提高文化志愿者队伍的品牌影响力

文化志愿者队伍是一支为全社会提供文化服务、进行社会实践的团队。广大志愿者利用他们的业余时间,自愿为他人和社会提供无偿服务,帮助身边需要帮助的人。然而,文化志愿者队伍自愿组织形成的这种特征,使得文化志愿者队伍存在人员松散、缺乏凝聚力等问题。改变这种状况的有效途径是加强文化志愿者队伍的自身归属感,提高文化志愿者队伍的品牌影响力。政府部门需要尽可能地调动各方力量进行文化志愿者服务的宣传,塑造一支富有活力的文化志愿者队伍形象;在社会上弘扬志愿者"奉献、友爱、互助、进步"的新时期精神,以此不断提高文化志愿者的品牌影响力,志愿者自身的团队凝聚力。

(二)加强对志愿者的培训与管理

提高文化志愿者的素质,不仅要求志愿者本身具备一定的知识涵养,而且还应体现在对志愿者的培训与管理方面。培训与管理目前已经不仅仅停留在企业用人的培训与管理方面,加强对志愿者的指导也具有现实意义。政府部门给予志愿者提供相关服务技能的学习机会,可以使志愿者在服务中有所提高与充实。这样才能进一步发挥文化志愿者多次参与文化社会实践的积极性。政府建立对志愿者的培训与管理,提升了文化志愿者的素质,同时也建立起对文化志愿者管理的人才

库,可以"人尽其才",有针对性地投入到不同种类和层次的文化志愿者活动当中。

(三)挖掘社会潜在文化价值,提升城市文化精神

文化不仅是一种习俗,也可以转化成一种精神的象征。文化志愿者队伍中,有能歌善舞者,有民间的能工巧匠:不可忽视这些"被遗忘"的文化元素。政府需要不断挖掘社会潜在的文化价值,发现社区、城郊中的文化能人,将他们吸纳成为文化志愿者的一部分。文化志愿者除了服务外,自己本身也可以成为流动的文化感染力,诸如在博物馆,文化志愿者可以担当"讲解员";在主题公园担当"导游";在仿古茶楼展现"茶道"等。这些可以进一步推动与提升城市的文化精神,借助文化志愿者招募的契机提升城市的文化内涵。

(四)必要的社会保障

在志愿者服务过程中,难免会出现一些小的"磕碰",因此,必要的社会保障也是志愿者服务得以顺利开展的保证。政府对志愿者服务过程中出现的意外,首先要做好前期的估计,其次在出现意外后要予以监管。如在暑假期间进行志愿者服务,政府可以提供资金为志愿者配备防暑药、防虫剂,准备帽子等。同时,要合理把握好物质鼓励与精神鼓励之间的关系。志愿者本意是无私奉献,但可以适当考虑给予志愿者一定数额的经济补偿,也由此可以激发志愿者的积极性。精神鼓励方面,政府相关部门可以开展定期的评比、表彰,以提高志愿者的积极性。

[参 考 文 献]

[1] 田思源.北京奥运会与我国志愿者立法[J].法学论坛,2007(4).

[2] 石岚.上海志愿者管理研究[D].华东师范大学硕士论文,2010.

[3] 郭嫄.基于对比视角的中国志愿者活动现状、不足及对策[J].南通大学学报(教育科学版),2009(6).

[4] 张锐,王东敏.北京奥运会大学生赛会志愿者管理研究[C].北京论坛(2006),文明的和谐与共同繁荣——对人类文明方式的思考:"奥林匹克运动与人类文明的和谐发展—多元文化的碰撞和融合"奥林匹克分论坛论文或摘要集(上).

[5] 徐柳.我国志愿者组织发展的现状、问题与对策[J].2008(5).

[6] 张琴,王峰.我国的志愿者服务立法亟待完善[J].南京人口管理干部学院学报,2009(1).

[7] 戴卫义、闪茜菁.论建立和完善高校青年志愿者活动的激励机制[J],山东省青年管理干部学院学报[J],2003(5).

[8] 曹锡康.国内外志愿者研究成果综述[J].华东理工大学学报(社会科学版),2009(4).

[9] 姜文明,刘宇光.论志愿者服务立法的规制与转型[J].政法论丛,2011(4).

[10] 林琼云.建立志愿服务工作的完整体系.社会建设,1986(57).

[11] 曾华源、曾腾光.志愿服务概论.(中国)台北:杨智文化出版社,2003.

九

公共文化服务评价考核体系研究

公共文化机构的绩效评估研究

王水维　汪志铭　张武刚　金家厚*

[摘　要] 当前,覆盖城乡的公共文化机构网络基本形成。如何借鉴国际上普遍应用的政府管理工具——绩效评估,以公共文化机构规划、建设、管理及服务的绩效评估作为切入点和抓手,以公众满意度、文化价值功能及社会效益的实现程度作为绩效评估的核心,构建公共文化机构绩效评估框架,探索形成公共文化服务常态化、制度化、优质化的工作机制和管理模式,这是政府文化管理改革创新的需要,也是满足社会日益增长的精神文化需求、进一步提升公共文化服务能力和水平的需要。

[关键词] 公共文化机构;绩效;评估;框架

在推动社会主义文化大发展大繁荣战略下,全国各地兴起公共文化服务体系建设的热潮。当前,在广泛实践的基础上,如何以公共文化机构规划、建设、管理及服务的绩效评估作为切入点和抓手,以公众满意度、文化价值功能及社会效益的实现程度作为绩效评估的核心,构建公共文化机构绩效评估框架,探索形成公共文化服务常态化、制度化、优质化的工作机制和管理模式,这是政府文化管理改革与创新的需要,也是满足社会日益增长的精神文化需求、进一步提升公共文化服务能力和水平的需要。

一、公共文化机构绩效评估的背景

(一)公共文化建设与发展迎来跨越式推进的历史机遇

首先,文化建设成为经济社会发展的重大战略。20世纪末以来,从全球范围来看,文化的政治、经济及社会意义逐渐被人们所认识,其发展的战略地位日益凸显。如1998年由联合国教科文组织(UNESCO)组织召开的"文化政策促进发展"会议提出"文化是支持可持续发展的重要资源"、"文化是人类社会的终极发展目标"、"发展可以最终以文化概念来定义"、"文化的繁荣是发展的最高目标"等理

---

　*　王水维,女,浙江省宁波市文化广电新闻出版局副局长、博士,研究方向:公共文化;汪志铭,男,浙江省宁波市文化广电新闻出版局副巡视员、本科,研究方向:公共文化;张武刚,男,浙江省宁波市文化广电新闻出版局调研员、本科,研究方向:公共文化;金家厚,男,华东理工大学人文科学研究院副教授、博士生,研究方向:公共文化与城市文明。

念。[1]基此,众多国家纷纷将文化提到关乎国家"软实力"的战略高度,以一种更加自觉的国家意识和发展战略致力于文化建设。

在我国,2007年党的十七大将文化列为社会主义事业"四位一体"总体方略的有机组成部分,并提出"推动社会主义文化大发展大繁荣,兴起社会主义文化建设新高潮";2008年党的十七届三中全会提出"繁荣发展农村文化";2010年党的十七届五中全会提出"提升国家文化软实力,推进文化创新,深化文化体制改革,满足人民群众不断增长的精神文化需求";2011年我国国民经济和社会发展"十二五"规划提出"推动文化大发展大繁荣,提升国家文化软实力";胡锦涛总书记在建党90周年"七一"重要讲话中指出"要继续大力推动社会主义文化大发展大繁荣,坚定不移发展社会主义先进文化";2011年党的十七届六中全会提出建设社会主义文化强国的战略任务。

其次,公共文化需求旺盛,加快公共文化建设与发展成为社会期盼。随着我国经济社会发展,人们生活从整体上告别了物质匮乏时代,开始由生存型向发展型、享受型过渡,从而社会需求正在发生结构性变化,逐渐由物质需求主导转向由文化需求、精神需求主导。由之,公众对文化的需求逐步从单一性向多元化转变,从数量型向质量型转变,从被动接受向主动参与转变,且呈现出群体化、多样化、层次性、流动性等一些新的特征和趋势。

鉴此,政府提供的文化产品及服务与社会快速增长、变化的精神文化需求之间的矛盾日益突出,公众不再满足于看几场电影、观看几场演出等整齐划一的文化供给模式,而是要求政府部门不断创新工作机制和服务模式,真正从他们的文化需求出发,积极灵活地提供常态化、优质化的文化产品及服务来丰富精神文化生活,提高自身素质和生活品质。如杭州市2008年调查显示,在公众最想参与的文化生活中,"参与大众文化活动"的比例为39.39%,高于现实享受情况23.66个百分点;最想"参观展览"的比例为23.3%,高于现实享受情况17.52个百分点;最想"观看表演"的比例为20.56%,高于现实享受情况13.47个百分点。① 这表明社会实际的文化需求远未得到满足和实现,这也是公共文化建设与发展的内在动力和提升空间。

(二)覆盖城乡的公共文化机构网络基本形成,完善以机构为依托的公共文化服务体系建设是"十二五"时期的主要任务

"十一五"以来,全国各地公共文化服务体系建设蓬勃发展,成效显著,覆盖城乡的公共文化机构网络基本形成,文化基础设施建设基本完成。如截至2010年末,全国共有公共图书馆2884个、文化馆(群艺馆)3264个、乡镇(街道)综合文化站40118个和村文化室20余万个。[2]从区域来看,比如浙江县级图书馆、县级文化

---

① 参见2008年《杭州市文化需求调查报告》。

馆、乡镇综合文化站、村文化活动室平均面积分别达到 4420 平方米、3222 平方米、1084 平方米和 294 平方米，文化信息资源共享工程基层服务站点 4 万余个，其中乡镇覆盖率 100%、村覆盖率 98.5%。①

尽管如此，公共文化建设与经济社会发展的形势要求及公共文化需求还存在差距。主要表现：一是公共文化设施发展不均衡。如全国文化建设先进地区浙江省内尚有 28% 的县图书馆、24% 的县文化馆、20% 的乡镇综合文化站未达标。② 二是公共文化资源配置不合理。有些地方受经济利益驱动，将图书馆、博物馆、文化馆、青少年宫等建在偏僻地段，致使所提供的文化服务缺乏便捷性、公平性。三是公共文化投入与产出不平衡。"十一五"期间，全国公共文化财政投入大幅增加，从 2006 年的 685 亿元增加到 2010 年的 1528 亿元，年均增长 22.2%。[3]但由于绝大多数公共文化产品及服务均由政府拨付，缺乏竞争压力，很多是单向行为，对投入的规模量度等没有可行性、效益型分析，缺乏效益评估机制，造成公共文化资源浪费或使用低效。四是公共文化服务供给与需求不对称。主要是没有从公众需求出发，导致公共文化服务供不应求和供不适求。五是公共文化管理机制不健全。包括经费投入、产品制造、人员保障、人才培养、志愿服务、需求表达、需求反馈、服务供给、公众评价、绩效评估、文化资源配置等机制有待建立。

鉴于以上情况，按照公益性、基本性、均等性、便利性、优质化的原则要求，以公共文化机构网络为依托，继续完善以政府为主导、以公共财政为支撑、以全民为服务对象、以基层特别是农村为重点的覆盖社会、惠及全民的公共文化服务体系建设，是"十二五"时期公共文化建设与发展的主要任务。

（三）将绩效评估工具应用于公共文化机构规划、建设、管理及服务之中，是政府文化管理创新的需要，也是进一步提升公共文化服务能力和水平的需要

20 世纪 70 年代，为了解决财政赤字、政府管理低效和公众信任危机问题，以美国、英国、新西兰等为代表的发达国家掀起了一场新公共管理运动。从此，以公众满意度和服务质量为核心的公共服务绩效评估，作为一种有效的政府管理工具在世界范围内广泛应用。对公共服务绩效进行评估，预示政府管理理念及方式的根本性、方向性调整，催生以公共服务型政府为导向的政府管理改革与创新。政府管理就是最有效地运用公共资源为全社会提供公共产品和公共服务，政府只有通过提供充足优质的公共产品和公共服务才能证明自身的合法性和存在价值。

近年来，全国各地公共文化服务体系建设轰轰烈烈，表面上很热闹，但公共文化设施利用率不高、活动吸引力不大、服务质量不尽如人意等现象较为普遍，从而出现公共文化发展困境。为此，我们可以借鉴国际上普遍应用的管理工具——绩

---

① 参见《浙江省公共文化服务体系建设"十二五"规划》。
② 参见《浙江省公共文化服务体系建设"十二五"规划》。

效评估,对公共文化服务的目标、过程及效果实施全方位的绩效管理。由于当前公共文化服务体系建设是以公共文化机构网络及其设施建设为依托的,是通过公共文化机构来组织、实施和提供各种各样文化项目和日常文化服务的,城乡居民享受到的公共文化服务的多与少、优与劣也直接取决于公共文化机构的规划、建设、管理及服务状况,因此我们可以以公共文化机构规划、建设、管理及服务的绩效评估为抓手,依据政府、文化行政部门、公共文化机构等的职能及责任担当,根据"十二五"时期公共文化服务体系建设与发展的目标任务,以公众满意度、文化价值功能及社会效益的实现程度作为评估核心,来系统地构建绩效评估框架。

同时,绩效评估结果将为新的公共文化决策、财政投入优化和文化资源配置等提供直接的参考依据。这样,绩效评估便成为推动公共文化建设、促进其健康发展的一种重要机制,既为政府文化管理改革创新指出了方向,也为满足社会日益增长的精神文化需求、进一步提升公共文化服务能力和水平提供了制度保障。

二、公共文化机构绩效评估的基本问题

为了科学构建公共文化机构绩效评估框架,我们应厘清公共文化机构的定义、属性、绩效评估特点及意义等一些基本问题。

(一)公共文化机构的定义及属性

公共文化机构是指向社会提供公共文化产品和公共文化服务的公益性文化单位,包括享受政府财政支持或补贴的各级各类图书馆、博物馆、群艺馆、展览馆、美术馆、科技馆、纪念馆、文化馆(站)、文化活动中心、文化活动室、青少年宫、歌剧院、体育场(馆)等。

这些机构以公共文化活动场所为依托,凭借图书、文物、非物质文化遗产、艺术品、歌舞、科技、教育、卫生、体育等具有公共性、公益性、共享性的文化产品及服务,来满足公众日常的精神文化生活需求。这些机构除了承担各种各样的公共文化服务职能外,还被赋予一定的文化价值和社会价值功能,即保障公民基本文化权益、提升公众文明素养、弘扬社会主流价值观、促进社会文明和谐、建设民族的精神文化家园等。

(二)公共文化机构绩效评估的特点

公共文化机构绩效评估就是按照一定的标准和程序,运用数理统计、运筹学等原理和特定的指标体系,对公共文化机构规划、建设、管理及服务在一定期间的业绩状态进行综合评价。由于文化自身的特殊性,我们必须充分地认识到公共文化机构绩效评估既是必要可行的,但又是有限度的。

首先,公共文化机构绩效评估具有复杂性。比如说,现有 A 和 B 两家乡镇综合文化站。A 站组织了一场大众娱乐性质的歌舞演出,公众参与观看的比例为

90%；而 B 站组织了一场富有教育意义的话剧演出，这种演出能够帮助人们树立新的价值观、人生观和世界观，从而会改变人的一生，但公众参与观看的比例只有50%。如果仅从观众的人数或比例来看，A 站的绩效要远远高于 B 站。但如果从两场演出所实现的文化价值功能来看，绩效评估的情况恰恰相反，即 B 站的绩效可能要远远超出 A 站，因为 B 站的演出能改变人、塑造人而 A 站的演出则一笑了之。因此，当我们在对公共文化机构的绩效进行评估时，既要关注、设计管理效率类指标，同时也不能忽视文化价值功能和社会效益类指标，而是要根据公共文化机构的职能及功能属性，将不同性质的指标有机地结合起来进行综合评价。否则，评估的信度和效度是很难得到保证的。

其次，对文化功能性存在状况缺乏成熟的量化指标。公共文化机构的产出是"文化"，这种"文化"既是实体性存在，更是功能性存在。对于实体性的存在状况进行评估比较容易，如村文化活动室达 300 平方米、图书馆人均藏书量达 1 册等。但对于功能性的存在状况就很难进行量化评估，就好像一个人的体格和体重是可以称量的，但他的精神和灵魂是不可以称量的。因此，对文化功能性的存在状况要进行定性分析，先获得其状态属性，然后再转换为一定的参数指标纳入绩效评估体系。

(三)公共文化机构绩效评估的意义

公共文化建设的方针政策确定后，迫切需要各级政府有很强的执行力，将政策转化为全社会的实践。在公共文化服务体系建设的政策实践中，公共文化机构是具体执行公共文化服务供给的组织机构，政府依托这些机构将文化政策执行下去，社会公众依托这些机构享受到各种各样的公共文化服务，同时也凭借这些机构将公共文化需求反馈、传递给政府文化决策部门。这样，公共文化机构就成了沟通政府与个体及社会、对接公共文化供给与需求的桥梁。抓住公共文化机构这一关键的环节点，从引导和加强机构规划、建设、管理及服务入手，对其组织属性、运营能力、管理效益和社会效益进行综合评估，可以将政府、文化行政部门、公共文化服务机构等组织机构的组织职能、社会功能及相关人员的工作职责有机地结合起来，将机构、设施、项目、团队、活动、人员等元素有机地结合起来，将规则、过程与结果有机地结合起来，全部放在绩效产生的整体框架中进行系统的规划、建设和评价，这有助于推动由"政府理性"向"公共理性"转变，由"建设理性"向"规划理性"、"管理理性"、"服务理性"转变，由"政府形象工程"向"文化民生工程"、"文化惠民工程"、"文化价值工程"转变，从而进一步提升公共文化服务体系建设的内涵和水平。

我们知道，绩效评估永远只是手段而不是目的，绝不是为了评估而评估。通过评估，主要是检验公共文化机构尤其是公共文化政策是否实现了预期目标，公共文化资源的配置及利用是否合理，公众对公共文化活动及服务是否满意，以便于在快速发展的经济社会环境之下，及时了解不断变化的公众文化需求，积极调整、改进、制定新的政策，及时回应新的问题和挑战，不断改革完善文化管理体制与机制。同时，还可以促使公共文化决策及公共文化机构要对预期的发展目标负责，从而也加强了决策者和机构管理者的效能意识、问责意识。

三、公共文化机构绩效评估框架的构建

(一)公共文化机构绩效评估的要素

对公共文化机构的建设、管理及服务绩效实施评估主要涉及评估主体、评估客体及评估方法三大要素。三大要素有机统一，构成绩效评估的整体。

1. 评估主体

可以成立"评估委员会"和"评估工作组"来实施评估。"评估委员会"的组建，必须考虑在公共文化机构绩效产生的整体框架中涉及的利益相关方及机构自身特点，一般应有政府决策部门、主管部门、分管部门、监督部门、专家、公共文化机构代表、文化服务型企业代表、受众代表等共同组成，委员会负责人由委员选举产生。评估委员会对绩效评估过程实施领导和监督，对评估中出现的原则问题通过集体议决；"评估工作组"是评估执行组织，由第三方专业评估人员组成，按照评估规则和程序，严格、规范、独立地实施评估，对评估结果负责，向评估委员会报告评估情况。

2. 评估客体

从外在形态来看，对公共文化机构绩效进行评估必须涵盖四大方面：规划、建设、管理及服务，即文化设施和文化活动场所的规划是否科学合理；建设是否达标；管理是否有效率；服务是否到位或者服务质量怎么样等。从深层内涵来看，是对公共文化产品、公共文化服务以及文化价值目标和社会价值目标的实现程度的评价，也就是文化功能性存在状况的评价。同时，也是对文化政策、文化项目、财政支出等效益的一种评价，也是对管理体制与机制等有效性的一种评价。

3. 评估方法

运用公共文化机构绩效评估指标体系实施评估，并设计科学规范的工作流程对评估过程加以管理。具体操作方法：①指标数据采集。根据指标性质设计采集方法，如实地考察、问卷调查、材料审核、听取汇报、网络验证等。②指标状态评判。将每一项评估指标的实际状况分成六个等级，分别对应0、1、2、3、4、5分，然后根据所在的等级对号入座。这样，可以动态地准确反映每一项指标的方位和现实水平。③评估结果统计。对指标得分加总，然后根据加总后的得分状况，对同类型同级别的公共文化机构进行横向比较；对某公共文化机构而言，则可进行纵向比较。④评估问题研究。成立绩效评估研究课题组，对评估中出现的专业技术性问题加以研究并及时改进。

(二)公共文化机构绩效评估指标体系构建的原则

构建公共文化机构绩效评估指标体系应突出四大原则：

1. 科学性与操作性相结合

指标体系设计、指标选取、指标标准及数据采集方法等应符合科学性要求,同时又能对事实状况进行客观地反映。

2. 整体性与层次性相结合

指标体系作为一个整体,应能系统地反映和揭示公共文化机构规划、建设、管理及服务的总体性特征。在确定具体指标时,必须依据其内在的逻辑性,体现出合理的结构层次。

3. 过程性与结果性相结合

公共文化机构规划、建设、管理及服务是与地区经济社会发展阶段相适应、逐步推进的一个过程。没有对过程的规划与监管,就很难达到预期的结果,同时目标规划、结果预期也会对过程形成一定的引导和制约作用。因此,在评估时,既要看结果,更要看过程,目标管理与过程管理并重。

4. 定性与定量相结合

所有指标都应具有可测性,否则很难实现指标的功能。对于难量化的指标,要进行定性分析,先获得其状态属性,然后再转换为一定的参数指标,纳入评估体系进行量化评估。

(三)公共文化机构绩效评估指标体系的框架结构

公共文化机构绩效的实现及评估一个多环节有机联系的动态系统。首先,"规划"、"建设"、"管理"及"服务"是绩效实现路径,也为绩效评估创造了现实基础和条件。其次,"组织属性"、"运营能力"、"管理效益"、"社会效益"构成公共文化机构绩效评估体系的轴心架构。最后,"组织属性"、"运营能力"、"管理效益"、"社会效益"四大板块对应的核心属性及价值目标对绩效产生及评估起到一种引领和制约作用。

组织属性:主要评估公共文化机构的公共性、公益性、开放性等本质属性的坚守状况。

运营能力:主要评估公共文化机构的设施水平及提供、创造文化产品和文化服务的制度化、规范化、专业化状况。

管理效益:主要评估公共文化机构对文化产品及服务的营销能力,以及社会共享文化产品及服务的公平性和效率状况。

社会效益:主要评估公共文化产品及服务所追求的文化价值和社会价值功能的实现程度(见图1、表1)。

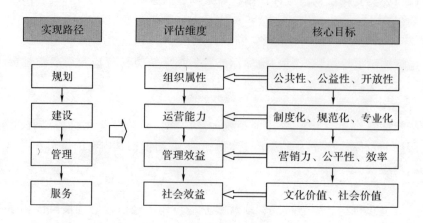

图 1   公共文化机构绩效评估框架示意图

表 1   公共文化机构绩效评估指标体系

评估维度	评估指标	评估方法	计 分					
			0	1	2	3	4	5
Ⅰ-1 组织属性	Ⅱ-1 制定公共性、公益性、开放性的组织宗旨,明确公共文化服务的功能定位,并向社会公布	材料审核 网络验证						
	Ⅱ-2 执行组织宗旨,实现公共文化服务功能定位的情况	听取汇报 问卷调查						
Ⅰ-2 运营能力	Ⅱ-3 公共文化设施规划、建设达标和获得的级别状况	材料审核 实地考察						
	Ⅱ-4 公共文化机构管理制度、运作机制等制度建设及执行情况	听取汇报 材料审核						
	Ⅱ-5 公共文化机构发展、工作、活动、项目等规划的制定及执行情况	听取汇报 材料审核						
	Ⅱ-6 公共文化机构人均经费投入、人员保障及经费使用情况	听取汇报 材料审核						
	Ⅱ-7 大型公共文化活动项目采购、运行模式及经费使用等情况	听取汇报 材料审核						

续表

评估维度	评估指标	评估方法	计 分					
			0	1	2	3	4	5
Ⅰ-3 管理效益	Ⅱ-8 公共文化设施利用率	材料审核 问卷调查						
	Ⅱ-9 公共文化活动参与率	问卷调查						
	Ⅱ-10 组织实施大型公共文化活动的场次	材料审核						
	Ⅱ-11 培育群众业余文化团队及协会的数目	材料审核						
	Ⅱ-12 公共文化服务人才培育情况	听取汇报 材料审核						
	Ⅱ-13 公众对公共文化服务的满意度 （公平、便捷、优质）	问卷调查						
	Ⅱ-14 公共文化服务品牌及获奖情况	听取汇报 材料审核						
Ⅰ-4 社会效益	Ⅱ-15 新闻媒体对公共文化机构及服务等宣传报道情况	材料审核						
	Ⅱ-16 文化志愿者组织培育及发展情况；文化志愿服务精神的培育及弘扬情况	材料审核 问卷调查						
	Ⅱ-17 因公共文化服务而扭转了赌博等不良社会习气，帮助居民建立了健康的生活方式，改善了家庭关系、邻里关系或社区关系等情况	问卷调查						

四、公共文化机构绩效评估运行的制度环境

对公共文化机构规划、建设、管理及服务实施绩效管理是一项系统的制度建设工程，需要在公共文化管理理念、管理体制、政策法规、组织架构及运行机制等方面配套改革与建设，从而营造一种较为稳定的制度环境。

（一）创造有利于实施绩效评估的体制环境

首先，树立以公众满意度和公共服务质量为价值取向的公共服务理念，推动公共服务型政府建设，加强政府文化管理的效能及问责意识。其次，将公共文化机构绩效评估作为公共文化管理体制改革的突破口，将财政预算由传统的"以养人为主"改为"以服务为主、重在绩效"的预算模式，把绩效评估与公共财政支出结构优化、文化资源配置结合起来，从而形成促进绩效评估健康发展的文化财政管理体

制。同时,逐步由单一的"行政管理"向"公共管理"过渡,构建起多元主体、机制和资源整合发挥文化管理功效的基本管理格局,这是公共文化机构绩效提升的制度基础。再次,制定相关的政策法规,提升公共文化机构绩效评估的法制化水平。最后,成立专门的绩效管理行政机构,如英、美等国在改革期间成立的绩效管理执行局等,从而在组织上保障公共文化机构绩效评估作为一项制度得到持续有效地推行。

(二)建立有利于实施绩效评估的工作机制

如何充分合理地应用绩效评估的结果,是公共文化机构绩效评估工作中不容忽视的环节。在评估之后,如果不对评估结果进行认真分析和利用,那么整个评估工作就会失去意义,且助长了形式主义,致使绩效评估变成一种劳民伤财、自欺欺人的众人游戏。但是,如果在制度上正式将绩效评估的结果纳入政府决策系统和干部政绩考核系统,建立起绩效评估结果应用的激励机制,这样就会大大增强人们执行评估制度的自觉性和主动性,切实推进绩效评估实践的广度和深度。此外,还可以建立公共文化机构绩效评估信息库,建立健全绩效评估的责任机制、申诉机制、监督机制、信息公开机制、奖惩机制等。总之,通过系统化设计、运行必要的工作机制,有助于提高并保障对公共文化机构实施绩效管理的整体水平。

本课题研究得到柏定国教授的指导,在此深表感谢!

［参 考 文 献］

［1］ Action Plan on Cultural Policies for Development[EB/OL]. https://www.zxproxy.com/browse.php? u.

［2］ 我国基本实现公共文化服务体系全覆盖[EB/OL]. http://www.gov.cn/jrzg/2011－09/11/content_1945452.htm.

［3］ 十六大以来我国公共文化服务体系建设综述[EB/OL]. http://www.gov.cn/jrzg/2011－09/24/content_1955692.htm.

公共文化服务公众评价指数研究

王水维　　汪志铭　　张武刚　　赵晓红[*]

[摘　要] 公共文化服务体系建设的主旨是为了保障公民的基本文化权利、满足公民日益丰富的文化需求。十七届六中全会明确指出,推动社会主义文化大发展大繁荣,必须以满足人民精神文化需求为出发点和落脚点。本文从中国公共文化服务体系建设的实际出发,以公共文化服务的目标状态为标准,以公众对公共文化服务的满意为归宿,以公共文化服务的公众评价机制为保障,构建"三位一体"的公共文化服务公众评价体系,以期进一步推进公共文化服务体系建设、进一步提升公共文化服务体系质量。

[关键词] 公共文化;公众评价;指数

加强公共文化服务体系建设,维护人民群众的基本文化权益,是政府的职责所在。由于目前还未制定规范化的公共文化服务公众评价体系,导致公共文化服务出现了"供不应求"、"供不适求"的状况:政府"送文化"轰轰烈烈,群众反映冷冷清清,甚至无人问津,制约了公共文化服务的可持续发展。鉴于此,建立科学的公共文化服务公众评价体系,已成为提升公共文化服务质量的迫切要求。

一、公共文化服务公众评价体系研究的重要意义

(一)建立公共文化服务公众评价体系是公共文化服务体系管理模式创新的契机

长期以来,我国的公共文化服务管理部门在管理模式上长期处于"单向约束"状态,即由政府主导的大包大揽式的统一管理:政府投入、政府管理、政府评价,这不可避免地带来资源浪费、效率低下等问题。兼之,缺乏广泛的社会参与和公众监督,公共文化服务体系建设事业缺乏活力,难以满足公众日益增长的公共文化服务的需求。这意味着我们必须要进行公共文化服务体系管理模式的创新。要使公共文化服务体系充分发挥其应有的作用,必须将公众评价置于其中,改变以往封闭单

* 王水维,女,浙江省宁波市文化广电新闻出版局副局长;汪志铭,男,浙江省宁波市文化广电新闻出版局文艺处处长;张武刚,男,浙江省宁波市文化广电新闻出版局文艺处副处长;赵晓红,女,华东理工大学人文科学研究院博士生、讲师,研究方向为文明与社会现代化。

一的内部评价制度，建立起公众广泛参与的公共文化服务体系管理模式，在公众评价中建立有效政府，促进我国公共文化服务体系建设事业的健康发展。

（二）建立公共文化服务公众评价体系有助于促进公共文化服务体系的信息化建设

公共文化服务工作评价体系是以提高公共文化服务质量和满足公众公共文化需求为导向的，因此信息交流与沟通是体现其民主价值的重要渠道。公众只有更完全地了解公共文化服务的内容，才能做出客观的评价；公共文化服务供给者只有真实、客观、全面地了解公众的公共文化需求，才能提供公众真正需要的、感兴趣的公共文化服务。

政府向公众传递公共文化服务的各类信息，如公共文化设施的地选址、功能、服务种类，公共文化产品的供给情况等；公众向公共文化服务部门传递反馈信息，如对公共文化服务内容的偏好与选择等。这种信息的交流与沟通，通过公众参与来实现，其中运用信息技术，通过网络是最为便捷的渠道。西方发达国家公共部门进行工作公众评价的实践经验也充分说明了这一点：以公众为导向的电子政务和政府在线服务，有助于公共文化服务信息的公开透明，对提高政府收集、处理、反馈、回应能力均有很大帮助。

（三）建立公共文化服务公众评价体系能更好地保障人民群众的公共文化权益

十七届六中全会指出：全面建成惠及十几亿人口的更高水平的小康社会，既要让人民过上殷实富足的物质生活，又要让人民享有健康丰富的文化生活。伴随着经济的持续增长，我国公众从整体上告别了物质匮乏的时代，开始由生存型需求转向发展型需求，由物质追求转向文化追求和文化认同，从谋生走向乐生，丰富精神文化生活越来越成为我国人民的热切愿望。这在很大程度上催生了人们对充裕的公共文化服务供给的热切期待。人们对公共文化服务的需求越来越迫切，对公共文化服务质量也越来越敏感，他们更加关心公共文化服务给自己带来切实而持久的满足感，而不愿成为文化政绩工程虚幻光华下的背景。

建立公共文化服务公众评价体系就是要从公众的公共文化需求出发，以公众满意为终极目标，建立起公众、公共文化服务部门和政府三者间的约束框架，使公众能够获得尽可能多的优质高效的公共文化服务，确保公众的基本文化权利得到保障。

二、"三位一体"的公共文化服务公众评价体系

本课题围绕公共文化服务的目标状态、评价机制、居民满意度三个维度，着力构建"三位一体"的公共文化服务公众评价体系，其中：（1）目标状态是标准。什么样的公共文化服务是让人满意的？这就要求我们确立一个公共文化服务的参照

系,以这个参照系为标准描述公共文化服务的目标状态,然后对照这个目标展开公众评价。(2)居民满意度是归宿。居民对公共文化服务的满意度是公共文化服务公众评价的落脚点,是公共文化服务的归宿和旨趣。(3)评价机制是保障。公共文化服务的公众评价机制是公共文化服务建设的目标能否实现的保障。没有评价机制,公共文化服务建设目标的实现只能是镜中望月、水中观花,流于空谈。

(一)"三位一体"的公共文化服务之"鄞州模式"

要想对公共文化服务进行评价,必先确立参照系,确立一个让人信服的标准。俗语云:不怕不识货,就怕货比货,缺乏一定标准的公众评价是无源之水,无本之木。缘此,我们在大量前期调研的基础上,选取了宁波市鄞州区作为典型样本,通过文献分析、材料审阅、实地走访,深入考察了宁波市尤其是鄞州区公共文化服务的现状。我们不无欣喜地发现,这一朵傲然绽放的公共文化建设中的奇葩带给我们太多的兴奋和惊喜,其公共文化发展主要指标和综合实力全省第一,并居于全国前列,入选全国首批"国家公共文化服务体系示范区",是全国唯一拥有创建资格的县(区)级单位。我们以宁波市鄞州区的公共文化服务为参照系,建立公共文化服务的"鄞州模式"。

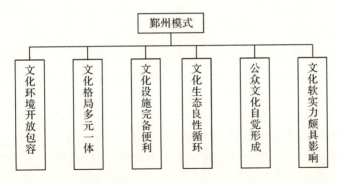

图 1

1. 开放包容的文化环境

环境,《辞海》的定义是"人类的外部世界"。文化环境体现的是一种氛围、一种风气,一种对于文化的源于内心的态度,它带给人们的是一种默会的整体感觉。越是开放包容,越是能兼纳各种文化之精华,融合各种文化之所长,越是能促进本土文化的发展。一个开放包容的文化环境是公共文化服务得以繁荣的先声。走进鄞州,扑面而来的便是一种对于文化的源自内心的尊重、热爱、理解和欣赏。调研过程中,我们听到最多的是"我们鄞州的领导是真正懂文化、爱文化的",也许正是这种氛围成就了鄞州,成就了"鄞州模式"。

2. 多元一体的文化格局

任何一个地区的文化，倘若走完全一体化的道路，势必丧失活力、缺乏生命力。正所谓：一花独放不是春，万紫千红春满园。只有建立多元一体、和谐共生的文化格局，才能使得公共文化服务真正落地生根，获得旺盛的生命力和影响力。以鄞州为例，在公共文化服务的供给方面，政府的投入力度自然是首屈一指的，但社会力量的参与更加让我们由衷赞叹。在公共文化服务的内容方面，既有主流的大众文化，又兼顾特殊群落的小众文化；既有为年轻人喜爱的项目，又有为年长者热衷的项目；既考虑本土人的习惯，又照顾外来人群的偏好……形成了公共文化建设的"无缝链接"。

3. 完备便利的文化设施

公益、均等、便利的公共文化设施是人们参与文化、享受文化、创造文化的基础条件，又是人们与公共文化服务实现零距离接触的物质载体。公共文化服务要想融入人们的日常生活，发挥应有的作用，必须依托于一定的公共文化设施。这些公共文化设施的公益性、均等性、便利性体现与否大大影响人们对于公共文化服务的满意度。现在，有不少地区（如宁波、上海、广州、深圳等等）提出打造"10分钟文化圈"、"15分钟文化圈"均是基于这一考虑。在鄞州，这一点可以说是得到了完美体现。我们在调研过程中无一例外地接受这样的邀请，"晚上来看看文化广场吧，真正的万人广场，热闹得紧"。也许，一句挂在墙上的普通标语能给我们一些启发，"上为政府分忧，下为百姓排难"，正是这种朴实的追求汇聚成不竭的动力，使得鄞州的文化设施真正变成了百姓的福祉。

4. 良性循环的文化生态

在现代化浪潮的猛烈冲击之下，大众文化挟西方工业文明的威力而来，以雷霆万钧之势席卷全球，对中国本土文化的多样性构成了毁灭性的打击，很多地区的本土文化急剧萎缩甚至黯然消失，在历史时空的坐标里留下永久的遗憾。当此之际，鄞州却给我们带来了别样的回答，星罗棋布的民办博物馆让世代相传的本土文化熠熠生辉，与现代文化、大众文化、主流文化一起，共同谱写了鄞州多样化的文化图景，形成良性循环的文化生态。

5. 公众意识的文化自觉

"文化自觉"这一概念一经社会学家费孝通先生提出，旋即成为有识之士的共识。文化涉及人们的情感记忆、思维习惯、精神感悟，涉及人们的历史认知、观念认同、理想追求。我们说公共文化服务不仅要"送文化"、"种文化"，更要催生人们对于文化意识的自我觉醒，以悉心呵护的姿态唤醒深藏于人们灵魂深处的文化意识，唤起公众对于文化的追求、思考、创造。鄞州民间文化的卓越实践证明，蕴藏于千百万人们心中的文化意识一旦被唤醒，形成全民的文化自觉，将会发挥难以估量的作用。

6．颇具影响的文化软实力

随着现代化进程的日益演进，在经济"硬实力"较量的同时，文化"软实力"日益成为一个国家、一个民族、一个地区最具深远意义的竞争力量。文化作为历史文明的积淀，作为社会发展方向的引领，是更深层次、更高境界的追求。它关乎一个国家、一个民族的安危，关乎一个地区建设的成败。在文化软实力的打造方面，鄞州无疑走在了前列，各式各样的奖杯无声地述说着鄞州文化的灿烂辉煌。

(二)"三位一体"的公共文化服务公众评价指数的建构

1．公共文化服务公众评价指数的性质描述

20世纪80年代以来，伴随着新公共管理运动的兴起，在顾客至上和结果导向的理念引导下，公共文化服务评估的关注重心逐渐转向公众满意，基于满意度的公众评价备受重视和推崇。然而，公众评价的理论预设是公众能够知晓政府运作的实际绩效并且公众作出的评价与公共文化服务的实际绩效状况相一致。

在实践中，无论是学者还是政府部门都把这种理论预设当作无需检验的公理。忽略了满意度调查样本采集的随机性和主观评价的信度和效度检验的问题，从而影响评价结果的权威性和说服力。

正因如此，我们要建立的公共文化服务公众评价指数力图克服这一缺陷。比如，公共文化设施的覆盖面，其实可以通过"硬指标"去衡量、去约束政府建立健全立体化、全覆盖的公共文化设施网络。而居民满意与否的主观感受情况，我们通过调查问卷等软指标去充实、印证。在此基础上，建立起"硬指标"与"软指标"相结合的复合评估指数，使得公共文化服务公众评价指数的调查建立在更加科学、更加规范、更加可比的基础上。

2．公共文化服务公众评价指数的建构原则

为了确保公共文化服务公众评价指数的科学性、合理性和实效性，指标的选取应该遵循以下原则。

第一，科学性与可操作性相结合

指标体系的设计既要符合公共文化服务体系建设与发展的趋势，又能对公共文化服务体系建设的现状进行评价，从而指导、推动公共文化服务体系的建设工作，并为科学决策提供依据。

第二，整体性与层次性相结合

指标体系作为一个整体，应该能全面综合地反映公共文化服务建设的总体水平和特征。在确定具体的指标时，必须依据一定的逻辑规则，体现出合理的结构层次。

第三，过程性与结果性相结合

由于受地区经济社会发展程度的制约和影响，公共文化服务体系的建设是一个逐渐推进的过程。没有对过程的规划与监督，很难达到预期目标；同时，目标规划、结果预期对过程也形成一定的引导和制约作用。因此，对公共文化服务进行公众评价时,既要看结果,更要看过程,也就是说目标管理与过程管理并重。

第四,常态性与绩效性相结合

指标体系的设计应能够体现对公共文化服务绩效的常态考核,让绩效回归常态,才能保证指标的可持续性运用。

第五,定性分析与定量考查相结合

所有指标都应具有可测性,否则很难实现指标的功能。对于难以量化的指标,通过定性分析,转换为参数指标,纳入评价体系进行量化评估。

3. 公共文化服务公众评价指数的框架

十七届六中全会明确指出:"满足人民基本文化需求是社会主义文化建设的基本任务。必须坚持政府主导,加强文化基础设施建设,完善公共文化服务网络,让群众广泛享有免费或优惠的基本公共文化服务。"

因此,无论对公共文化服务进行公众评价,还是对公共文化服务进行满意度调查,归根结底,是为了改进公共文化服务,提升公共文化服务的质量,提高公众对政府所提供的公共文化服务及产品的满意度。那么,到底什么才是好的公共文化服务? 什么样的公共文化服务才是居民满意的? 前已述及,我们以宁波市鄞州区为参照系,概括了"鄞州模式"的六大特征,我们便以这六大特征为维度建构评价指标,制定指数框架。

——文化环境开放包容。主要考察公共文化设施,公共文化服务活动准入条件的无差别性。

——文化格局多元一体。主要考察公共文化投入的多元性,公共文化活动类别的多元性。

——文化设施完备便利。主要考察文化设施规模、覆盖面、使用率、满意度;公共文化设施的管理水平。

——文化生态良性循环。主要考察现代文化与历史文化遗产共存情况,中华文化与地区文化共存情况。

——文化自觉。主要考察民间文化展馆的规模、影响力、满意度;民间文化艺术团体的规模、影响力、满意度。

——文化软实力。主要考察获奖情况、荣誉称号、影响力。

4．公共文化服务公众评价指数的内容

表 1　公共文化服务公众评估

评估维度	评估指标	评 估 内 容
文化环境 开放包容	文化 设施	公共文化设施使用手续的简便性
		公共文化设施准入条件的无差别性
	文化 活动	公共文化活动交流的情况
		公共文化活动准入条件的无差别性
文化格局 多元一体	文化 投入	公共文化事业投入情况
		社会各界对文化投入经费总量
	活动 类型	活动类型的多样性/参与率
		居民满意度/投诉率
文化设施 完备便利	设施 规模	公共文化设施覆盖面/使用率
		公共文化设施达标率
	管理 水平	公共文化设施管理水平
		居民满意度/投诉率
文化生态 良性循环	历史 文化	历史文化遗产保护
		非物质文化遗产传承
	地区 文化	地方特色文化保护
		地方特色重大文化活动场次
文化自觉	民间文化展馆	民间文化展馆数目/参观人次
		影响力(奖项、荣誉、媒体报道)
	民间文化团体	民间文化团体数目/活动情况
		影响力(奖项、荣誉、媒体报道)
文化软实力	获奖情况	国家级及以上、省部级、地市级奖项
	荣誉称号	国家级及以上、省部级、地市级荣誉称号
	社会 影响	媒体报道
		示范效应

三、"三位一体"的公共文化服务公众评价机制

(一)规范有序的评价运行机制

第一，公众评价的主体与客体。评价主体解决的是由谁来进行评价的问题。为了使评价真正体现公众意志，公共文化服务的评价主体无疑应是广大人民群众。但在本文的视角中，"人民群众"又有另外一层含义。它不仅应该包括一个地区的

户籍人员，还应该包括工作、生活在此地的外来人员；不仅包括群众个人，还应包括相关的文化组织尤其是民间文化组织、民间文艺团体，因为在某种意义上，他们对公共文化服务有更高的关切度和敏感度，也更能反映一个地区的文化活力。评价客体指的是评价谁的问题。在公共文化服务中，公众评价的客体应包括：文化环境、文化格局、文化设施、文化生态、文化自觉、文化软实力。

第二，评价组织者。评价组织者意指由谁来组织评价主体对评价客体进行评价。为了保证评价的公正性，公共文化服务公众评价的组织者只能是非官方的，比如独立于政府的、富有资质的、值得信赖的学术团体、研究院等智库机构。

第三，评价方式。公众参与公共文化服务评价的方式要多样化。材料审阅（主要是专家智库层面）、面对面交流、调查问卷、网络评价、大众传媒、热线电话等都应包含其中。只有构建一个立体化的评价网络，才能尽可能收集到全面、准确的评价信息，也才能真正使得政府通过公众评价反馈的信息改进公共文化服务的质量和水平，真正实现公共文化服务的目标，达成文化惠民的初衷。

（二）公开透明的信息发布机制

第一，公共文化服务信息公开，唯有知情，方能评价。公共文化服务的目标状态或称标准应该公开发布。将政府应该做到的公之于众，让公众在评价公共文化服务的时候心里有谱，有个比对的标准。惟其如此，公众对公共文化服务的评价才能有据可依，才能切中时弊。

第二，公众对公共文化服务评价的过程应该公开。比如，开展公共文化服务公开述职活动，让公众对其工作作出评价；开展公共文化服务网络在线问政活动，对网民在线提出的问题，诚恳交流、开门纳谏，取得公众的支持理解；通过电话民意调查、第三方评价等方式，积极拓宽公众参与渠道，构建"多元化、立体化、开放化"的公众评价渠道。

第三，公共文化服务公众评价的结果应该公开。在以往公共文化服务评价中，公众参与公共文化评价的结果往往成为内部消化的机密，严重影响了公众参与公共文化服务评价的可持续发展。唯有将评价结果公开，政府才能主动地、及时地捕捉来自公众的呼声，进而提高公共文化服务的质量和水平。政府与公众之间形成良性互动，打造一个开放包容的文化环境，塑造一个开明政府的良好形象，共同促进公共文化服务的进步与繁荣。

第四，公众对公共文化服务的看法、观点、思考，应能在主流媒体上发表。将公众对公共文化服务的评价常态化，形成政府与公众沟通的常态机制，促进公共文化服务的更好发展。

（三）满意导向的承诺认同机制

就公共文化服务居民满意程度的公众评价而言，有三个因素在起作用：第一是期望，第二是承诺，第三是表现。期望是指居民对政府提供公共文化服务的角色责任判断以及可能提供给居民的公共文化服务利益的判断。承诺是指政府公开告知居民的可以百分百做到的事情。承诺是居民形成的对政府提供公共文化服务的底线,如果政府的承诺做不到就应该有投诉的渠道。表现是居民评价公共文化服务的核心,是人们对于自己在实际生活中感受到的公共文化服务质量的有形化反映。期望和承诺最终是以表现为核心发生作用的。

以公共文化设施为例,当我们走进宁波市鄞州区图书馆的大门,一眼就可以看到"本馆所有服务一概免费"的承诺醒目地张贴于门口,怡人的阅览环境、淡淡的书卷清香和沉浸于其中的读者交织成一幅美好的画卷,让我们眼前一亮,顿觉风清月明,颇有乐不思归之感。而它的手续又是如此简单便捷,所有公民(包括外来人口)只要愿意,都可方便地进馆阅读。试想,当读者在这样的图书馆中感受到无比人性化的服务,对公共文化服务的认同感岂不油然而生?换言之,当读者已经感受了这样的氛围,再至另一图书馆而没有享受到同等的服务和便利时,他/她很有可能会选择在留言簿下签署不满的意见,甚至寻找机会投诉。在这样的情境和心态之下,这种切实的权益满足与否的感觉自然而然会促使公众积极参与公共文化服务的评价中去。因为,它带给自己的是实实在在的满足感,它与自己的权益相关。

(四)便捷畅通的需求表达机制

文化之于人类,是一种精神上的内在需求,也是终生相伴的需求。恩格斯说过:"文化上的每一进步,都是迈向自由的一步"。人们需要通过文化来启蒙心智、认识社会、获得思想上的教益,也需要通过文化愉悦身心、陶冶性情、获得精神上的满足和依归。政府大力推进公共文化服务体系的建设,就是为了满足人们的文化需求,保障人们的文化权益。

我们应当清醒地认识到,随着经济社会的飞速发展,人们对实现自身文化权益的要求越来越高,文化需求越来越多样化:有人喜欢话剧、有人喜欢听戏;有人喜欢综艺节目、有人喜欢高雅艺术;有人喜欢阅读、有人喜欢书画……只有让人们有充分的需求表达的机会,政府才能有的放矢,供给的公共文化服务才能更加多样化,也更加"对路子",避免陷入"供不适求"的怪圈。进而催生人们的文化自觉,建立良性循环的文化生态。

为此,要利用一切平台,创造一切机会(比如,网络、调查问卷、热线电话)等让人们充分表达各自的文化需求。在充分掌握人们文化需求的基础上,整合资源,让公共文化服务的阳光普照人民大众,让人们在多样化的公共文化服务的沐浴中生活得更加幸福。

(五)卓有成效的社会激励机制

公共文化服务建设任重道远,要充分调动一切社会力量参与到文化建设的伟大事业中来。政府要创造一切机会让蕴藏在民间的文化活力充分发挥,人民群众的广泛参与,是公共文化事业实现跨越式发展的源泉。要开辟渠道、搭建平台、创造条件,大力支持人民群众的文化创造,尤其要关注民间的"文化人才",一个文化人才辈出的地区,必然是文化兴盛的地区。

政府要想方设法营造有利于优秀文化人才健康成长、脱颖而出的良好环境,通过政策支持和资金扶持,调动他们的积极性、创造性,鼓励他们在文化大发展、大繁荣的大潮中建功立业,形成人尽其才、才尽其用,各类文化人才竞相涌现、创造活力充分发挥的生动局面。携手打造地区的"文化软实力"。

鄞州地区之所以能够在文化建设领域大放异彩,其民间文化的蓬勃发展功不可没。政府通过合理的政策扶持,提供了适宜民间文化发展壮大的阳光、土壤和空气,使得民间文化的种子在这片热土上生根发芽,茁壮成长,终于形成不可小觑的实力,促成了民间文化的觉醒与重生。

四、政策建议

(一)建立公共文化服务网站

通过建立网站公布所在地区所有的公共文化服务设施、场馆、活动等详细情况。此举益处有二:一是通过公开公共文化服务信息,督促政府查漏补缺,建立全覆盖的公共文化服务体系。对于财政收入丰厚和不足的地区,采取"削峰填谷"的财政支付方式,确保公共文化服务的均等性、公益性、全民性。二是公开公共文化服务信息,可以更好的保障和扩大公众的文化权利,让公众知道现有的公共文化服务的详细情况,以便更好地享受文化惠民的福祉。

(二)建立公共文化服务信息数据库

包括政府公共文化政策/法规数据库、公共文化服务机构数据库、公共文化服务设施数据库、公共文化服务社团法人数据库、文化民办非企业单位数据库、评估报告数据库、典型评估案例数据库等。以便政府在决策时有据可依、有章可循。

(三)设立相应的奖惩与资源分配机制

如果缺乏与评价挂钩的奖惩机制和资源分配机制等配套措施,就无法获得被评价对象的积极配合,评价效果会大大削弱。建议尽快开展相关配套措施的研究,早日制定相应的奖惩机制与资源分配机制,为评价活动提供保障。

(四)将公共文化服务的公众评价纳入法制轨道

公众评价的开展,是广大人民群众共谋文化发展大业、共商文化发展之策、共筑文化发展繁荣前景的过程,也是全体人民共享公共文化成果的过程。为使公共文化服务的公众评价可持续地开展下去,待条件和时机成熟时,应制订出关于公共文化服务公众评价的地方性法规,使公众评价做到有法可依、有章可循。

［参 考 文 献］

［1］张建平："我国政府绩效测评研究现状与发展"，《探索与争鸣》，2003 年第 9 期。

［2］青岛市政府办公厅："完善公众评价机制推动政府绩效管理创新"，《行政管理改革》，2011 年第 2 期。

［3］曾莉："走出公众评价政府绩效的困境"，《党政论坛》，2008 年 2 月号。

［4］褚凌云、邓屏、杨卫武："公共文化设施满意度实证研究——以上海市为例"，《经济师》，2011 年第 7 期。

［5］方李莉："文化生态失衡问题的提出"，《北京大学学报》(哲学社会科学版)，2011 年第 3 期。

［6］费孝通：《文化的生与死》，上海人民出版社 2009 年 7 月版。

［7］北京博纳支点企业顾问有限公司：《2010 年度宁波市文化服务生活需求及满意度调查报告》。

［8］鄞州区文化馆：《面向农村 面向群众 积极构建公共文化服务体系——全国第三次文化馆评估定级工作汇报》，2011 年 9 月。

图书在版编目（CIP）数据

公共文化服务：制度与模式 / 陈瑶主编. —杭州：
浙江大学出版社，2012.3
ISBN 978-7-308-09687-4

Ⅰ．①公… Ⅱ．①陈… Ⅲ．①公共管理－文化工作－
研究－中国 Ⅳ．①G123

中国版本图书馆 CIP 数据核字（2012）第 028835 号

公共文化服务：制度与模式

主编 陈 瑶 **副主编** 戴 言 **执行主编** 张卫中

责任编辑	余健波
封面设计	十米木
出版发行	浙江大学出版社
	（杭州市天目山路 148 号　邮政编码 310007）
	（网址：http://www.zjupress.com）
排　　版	杭州好友排版工作室
印　　刷	浙江云广印业有限公司
开　　本	710mm×1000mm　1/16
印　　张	21.5
字　　数	433 千
版 印 次	2012 年 3 月第 1 版　2012 年 3 月第 1 次印刷
书　　号	ISBN 978-7-308-09687-4
定　　价	55.00 元